明
室
Lucida

照亮阅读的人

Bowie on Bowie:
Interviews and Encounters with
David Bowie

大卫·鲍伊
访谈录

[英] 肖恩·伊根 编
蔡哲轩 译

前言

2013年，大卫·鲍伊发行了他十年来的首张专辑《第二天》（*The Next Day*），这让原本以为他早已悄然隐退的世界为之精神一振。和"滚石"乐队（The Rolling Stones）以及"谁人"乐队（The Who）等同行那些放任自流的后期专辑不同，《第二天》拒绝迎合听众，这也是鲍伊一直以来享有盛名的个人主义的一个标志。这张专辑在英国专辑排行榜排名首位，在美国则排在第二位，创下了其艺术生涯中的最好成绩。

唯一令人失望的是，这次鲍伊决定不接受媒体采访。

原名大卫·罗伯特·琼斯的大卫·鲍伊生于1947年1月8日。在20世纪60年代和70年代的交汇点，他利用人类登月的时机，凭借描写太空梦出现差池的名曲《太空异事》（"Space Oddity"）跻身当时所谓的"金曲阵营"行列。1971年，在宣传专辑《万事顺意》（*Hunky Dory*）时他显得有点心不在焉。虽然这张专辑如今已经位列经典，但当时他的创作精力都集中在下一张专辑《齐吉·星尘与火星蜘蛛浮沉录》(The Rise and Fall of Ziggy Stardust and the Spiders From Mars)上,因此在这样的紧要关头,他对《万事顺意》几乎没有了兴趣。《齐吉·星尘》这张 1972 年的大作,标题颇奇怪,表明了这是一张非常独特的唱片。这张专辑虽然很明显在追逐星途,却大玩所有从前的音乐人从未涉足过的性向和伪装。在 1973 年的专辑《阿拉丁·萨恩》(Aladdin Sane)里,他似乎想证明自己太过亵渎神灵和老于世故,因而不能成为一个流行明星,又因为太过愤世嫉俗和贪慕虚荣,也不能成为一个摇滚明星。经由 1975 年《年轻的美国人》(Young Americans)的"塑料灵魂乐"(plastic soul)和 1976 年《每一站》(Station to Station)的冷酷史诗,他走出了流行和摇滚(在可听性方面)的矛盾。他神奇地避开了英国在 1976 和 1977 年对朋克摇滚运动的嘲讽,因为那时他不在英国国内,而正在德国制作"柏林三部曲"——《低》(Low)、《英雄》(Heroes)和《房客》(Lodger)(1977 至 1979 年),这三张专辑里几近自杀式的实验主义让他绝缘于"新浪潮"音乐风潮中兴起的摇滚大咖圈的骄傲自满和追求名利。

虽然随后的三张专辑——从 1983 到 1987 年的《让我们起舞》(Let's Dance)、《今夜》(Tonight)和《永远不要让我失望》(Never Let Me Down)完成度都不高,口碑也不佳,但鲍伊最终完全掌控住了自己,确保那段时期不会像表面看起来的那样,是许多"传统"行为导致的长期而缓慢的衰退的前奏。"罐头机器"乐队(Tin Machine)的实验是一次艺术上的失败,但没有人可以指责说,一个明星屈尊加入一个重金属乐队是安于现状。鲍伊从专辑《黑领带白噪音》(Black Tie White Noise)(1993 年)开始重建自己的艺术声誉。如果 1980 年的《恐怖怪物(超级可怕)》

［*Scary Monsters*（*and Super Creeps*）］始终被公认为他的最后一张伟大专辑，那么他1993年之后的作品就都是有趣的，更重要的是，它们都是极具冒险性的。

鲍伊的艺术生涯在2004年年中因心脏病突发戛然而止。这件事非常令人震惊，因为他一直看起来特别年轻。不过本书的几个专访都提到了他抽万宝路香烟很凶的事实，这可能会减轻一些大家震惊的程度。这一突发情况导致了"一个现实"巡演（A Reality Tour）的最后14站被取消，而在此之前，一名观众用棒棒糖砸中鲍伊眼睛的事件已经影响到了巡演。随后十年是不祥的沉默，而突然问世的《第二天》则又是鲍伊喜欢让世界大吃一惊的老传统。

从1972年1月开始，大卫·鲍伊就一直是流行音乐界最好的受访者之一。那一年他告诉《旋律制造者》（*Melody Maker*）杂志自己是同性恋，一时成为热议话题。尽管此时的他还不是一个大明星，但那是史无前例的一刻。此后不久，他向青少年偶像市场发起冲击，而这一声明不仅没有对他产生困扰，反而帮助了他：买唱片的年轻人最初对此的反应和他们的父母一样是反感，但后来他们高兴地意识到，身为鲍伊的粉丝是一件可以震住他们长辈的事——每一代年轻人都是如此。

多年来，鲍伊参与的访谈没有一个是平淡无趣的。可以这样说，他习惯利用媒体来达到自己的目的，无论是发表争议性的同性恋言论，还是1976年因为呼吁新法西斯主义上了头条，抑或是在各种采访中报上几个作家或者画家的名字，以此急切证明自己不是人们印象中的那种摇滚粗人。但矛盾的是，在这些采访里，他也向来坦诚，不会羞于曝光自己的野心、私人生活甚至偶尔的厌世情绪（谁又能忘记他在1976年说过的那句话："我要老实和真诚地说,我不知道自己的专辑还能卖多久……不过我也真的不在乎。")。

这一切都得益于这样一个事实,即在鲍伊名声日隆的那个时代,专门的摇滚乐媒体也开始盛行起来,因此这位20世纪70年代的明星没有受到60年代那种平庸报道的迫害。要知道,老一代音乐人可是深受其害的。

《大卫·鲍伊访谈录》撷取了鲍伊在他近50年的艺术生涯中所接受的一些最佳采访,这些采访记录了他独一无二的艺术人生中的每一步。定格在纸面上的鲍伊,按次序分别是新潮歌曲的年轻创作者、头发茂盛的嬉皮士、"齐吉·星尘"、"阿拉丁·萨恩"、"瘦白公爵"(The Thin White Duke)、"塑料灵魂乐"歌手、脆弱的流亡德国者、新浪漫主义教父、80年代唱片销量之王、"罐头机器"乐队成员,以及最后,一位永远受人爱戴的、一直挑战流行音乐而在艺术上多次重生的元老。在所有采访中,鲍伊始终伶牙俐齿,同时非常礼貌。他不是那种常见的摇滚粗人,几乎每个采访他的人都会提及他的魅力。他也不喜欢硬性推销:值得注意的是,在本书收录的好几篇专访中,鲍伊几乎没有说到自己的新专辑,而是代之以对自己过往的剖析,或者阐述他最近研究的通常很神秘的理论。

这些被印成文字的采访其实比录音或者影像形式的鲍伊采访更有价值。这样说可能并不公平,但不可避免的是,在采访录音或录像中,他那环游世界和常年不待在英国都奇迹般乡音难改的伦敦腔,让人很难专注于(或者更确切地说:认真对待)他的睿智言语。影像中的鲍伊还有一个让人分心的地方:他那双诡异的左右不一样的眼睛。

本书收录的访谈涵盖了鲍伊的整个艺术生涯——除了最后

十年。鲍伊从音乐创作中退场，便意味着没有什么需要宣传的；而没有了宣传工作，也就意味着从2004年开始不再有鲍伊语录的出现。这次复出，他选择了让专辑制作人托尼·维斯康蒂（Tony Visconti）作为他与媒体之间的沟通桥梁，这表明，在鲍伊缺席音乐界的这十年里，他想通了一些以前没想过的事：尽管他很喜欢谈论他自己以及他的艺术，但其实他无须亲自出马。

本书收录的专访报道大多来自著名媒体[《旋律制造者》、《魔力》（Mojo）、《新音乐特快》（New Musical Express）、Q、《滚石》（Rolling Stone）]，另有一部分出自不太知名的媒体[《鼓手》（The Drummer）、《吉他》（Guitar）、《偶像》（Ikon）、"演艺圈先生"（Mr. Showbiz）网站]。著名不著名并不重要，无论采访他的杂志、报纸或者网站的声誉如何，鲍伊——这位史上首位始终将采访行为本身作为艺术表达手段的艺术家——都会让那一期成为最精彩的一期。

肖恩·伊根

目 录

001　异人大卫·鲍伊但求大家不要挖太深
　　　戈登·考克斯希尔
　　　1969 年 11 月 15 日,《新音乐特快》杂志（英国）

007　噢！你这个漂亮的小东西
　　　迈克尔·沃茨
　　　1972 年 1 月 22 日,《旋律制造者》杂志（英国）

018　多切斯特的大卫
　　　查尔斯·沙尔·默里
　　　1972 年 7 月 22 日、29 日,《新音乐特快》杂志（英国）

037　再见,齐吉；你好,阿拉丁·萨恩
　　　查尔斯·沙尔·默里
　　　1973 年 1 月 27 日,《新音乐特快》杂志（英国）

052　鲍伊找到了自我的声音
　　　罗伯特·希尔伯恩
　　　1974 年 9 月 14 日,《旋律制造者》杂志（英国）

063　当鲍伊遇见斯普林斯汀
　　　迈克·麦格拉斯
　　　1974 年 11 月 26 日,《鼓手》报（美国）

076	鲍伊：如今我是一个生意人
	罗伯特·希尔本
	1976年2月28日，《旋律制造者》杂志（英国）

085	挥别齐吉以及所有那些……
	艾伦·琼斯
	1977年10月29日，《旋律制造者》杂志（英国）

096	和大卫·鲍伊共处12分钟
	约翰·托布勒
	1978年1月，《曲折》杂志（英国）

106	一个精英主义者的自白
	迈克尔·沃茨
	1978年2月18日，《旋律制造者》杂志（英国）

140	未来今非昔比
	安格斯·麦金侬
	1980年9月13日，《新音乐特快》杂志（英国）

188	《面孔》杂志访谈
	大卫·托马斯
	1983年5月，《面孔》杂志（英国）

213	萨沃伊酒店里的布道
	查尔斯·沙尔·默里
	1984年9月29日，《新音乐特快》杂志（英国）

234	男孩继续摇摆
	阿德里安·迪沃伊
	1989年6月，Q杂志（英国）

257	《罐头机器2》访谈
	罗宾·埃加
	1991年8月9日

276	"孩子，总有一天这些都是你的……"
	斯蒂夫·萨瑟兰
	1993年3月20日、27日，《新音乐特快》杂志（英国）

307	**每一站** 大卫·辛克莱尔 1993年6月10日,《滚石》杂志(美国)
331	**男孩继续摇摆** 多米尼克·威尔斯 1995年8月30日—9月6日,《休闲时光》杂志(英国)
349	**动作绘画** 克里斯·罗伯茨 1995年10月,《偶像》杂志(英国)
363	**艺术怪咖** 斯蒂芬·韦尔斯 1995年11月25日,《新音乐特快》杂志(英国)
380	**不再是个疯狂小子** H. P. 纽奎斯特 1996年1月,《吉他》杂志(美国)
388	**时尚向左走,时尚向右走** 大卫·鲍伊与亚历山大·麦昆 1996年11月,《年少轻狂》杂志(英国)
405	**回到地球的巨星** 米克·布朗 1996年12月14日,《每日电讯》杂志(英国)
421	**改变·五十·鲍伊** 大卫·卡瓦纳 1997年2月,*Q*杂志(英国)
436	**鲍伊回顾展** 琳达·拉班 1997年3月,"演艺圈先生"网站(美国)
453	**"现在我要怎么说才好?"** 大卫·匡提科 1999年10月,*Q*杂志(英国)

466	鲍伊：最时尚男士
	迪伦·琼斯
	2000年10月，*GQ*杂志（英国）
474	"这个奖对我来说比任何畅销专辑意义更大，非常感谢"
	约翰·罗宾逊
	2000年12月2日，《新音乐特快》杂志（英国）
486	接触
	保罗·杜·诺耶
	2002年7月，《魔力》杂志（英国）
502	大卫·鲍伊：地球上的生活
	肯·斯克鲁达托
	2003年7月，《索玛》杂志（美国）
514	如此完美的一天
	迈克尔·乔莱特
	2003年7—8月，《滤镜》杂志（美国）
524	你还记得你的第一次吗？
	保罗·杜·诺耶
	2003年11月，《言语》杂志（英国）

异人大卫·鲍伊但求大家不要挖太深

戈登·考克斯希尔
1969年11月15日,《新音乐特快》杂志(英国)

(原编者按)大卫·鲍伊最早的两张专辑(分别于1967年和1969年在他的祖国英国发行,都以他自己的名字命名)有点怪异过头,而且听上去很明显,唱片里的那个人,并不太清楚怎么发挥他的才华。

不过,第二张专辑中的《太空异事》后来作为单曲发行(在有些地区,这张专辑的标题改成了《太空异事》)。这首歌说的是一个情绪不稳定的宇航员自我放逐于荒凉的太空深处孤独死去的故事,这样的题材似乎很难从尼尔·阿姆斯特朗迈出人类伟大一步所引发的全民狂热中蹭到好处,但这首歌让鲍伊成了在排行榜上拥有一席之地的歌手,同时也让他那与众不同的嗓音得到了认可。

在《新音乐特快》的这个占了半个版面的专访中,鲍伊对于名声的矛盾表达值得玩味。虽然他的下一张专辑《出卖世界的人》(The Man Who Sold the World)在一年后发行,但在《太空异事》这个早期成功之后的两年时间里,鲍伊一直保持低调,以至于有人认为这是他的一种隐退方式。

大卫·鲍伊的《太空异事》,看上去出自周密的计划,但它不是;看上去是一首怪兽级金曲,没错。这首歌的灵感来源于大卫看的电影《2001太空漫游》[*],并且就是在全世界熬夜看登月直播的时候发行的。

大卫这个谦逊的年轻人,把所有的功劳都归于他的唱片公司,但由于这首歌创作于去年11月,他很难否认自己神奇的未卜先知!

"就当是运气吧!"正在珀斯[†]准备开始进行一个苏格兰小型巡演的大卫通过电话对本刊说,"对这首歌的成功我真的很惊讶,虽然我本来就对它很有信心。

"这些年来我一直被看作一个男版的花瓶金发女郎,我已经开始对让人们接受我的音乐这件事绝望了。

"对一个男模特儿说他是个帅哥很正常,但对一个歌手这样说就没什么用处,尤其是如今那种对花样美男的审美狂热已经开始过时了。"

即便大卫对自己的音乐创作非常认真,但面对那些在他的歌里挖掘连他自己都不知道的深刻含义的学究们,他也觉得很搞笑:"我的歌全都是发自内心的、完全个人化的东西,我希望大家可以从这个角度欣赏它们。

"我很想被大家认可为一个创作者,但我也想请大家不要太

---

[*] 2001: A Space Odyssey,1968年由著名导演斯坦利·库布里克执导的经典科幻影片。——译者注(若无特殊说明,全书同)

[†] Perth,苏格兰中部城市。

过深入地解读我写的歌。很有可能除了你听到的歌词和音乐之外，并没有更深的含义。

"我想你注意到了我的歌很少描述男孩和女孩之间的感情，那是因为我还从来没有被女孩伤害过。

"我觉得我自己是个相当稳重的人，也从来没有和任何聪明姑娘有过不太好的交往经历。当然，如果一个女孩不够聪明的话，我连认识都不想认识。"

虽然大卫最近在"内脏馅饼"乐队（Humble Pie）的巡演上给观众留下了很好的印象，但他依旧觉得自己首先是个音乐创作者，甚至否认自己是个好的表演者。

"这是我的首次巡演。"他告诉我说，"我一直惊讶这个巡回演唱会竟然能继续下去。在我看来，组织得也太差了，不过我觉得其实每个人都知道自己在做什么。

"对我来说，这和艺术上的成功没有任何关系，主要因为我只有20分钟的表演时间，最后在一场混乱之中单独上台表演。

"我很高兴看到《太空异事》的现场反应很好，但我觉得听众应该更喜欢唱片里的管弦乐编曲版本。

"我把自己完全地交给观众，我真的需要他们的反馈，如果他们没有反应，我会迷失。尽管如此，我已下定决心要成为一名艺人，去夜店演出，去卡巴莱*音乐会演出，等等。

"流行乐界有太多妄自尊大的人了，很多乐队和歌手会在从没去过北方夜店的情况下诋毁卡巴莱。

"我只想给所有想听我唱的人唱歌，并不介意在哪里唱。请注意，我拒绝为任何人改变发型或者样貌，我对自己的样子非常

---

* Cabaret，一种集歌曲、舞蹈及戏剧等元素于一身的音乐表演，表演方式简单直接。

满意,各位要不就全盘接受我,要不就完全不用理我。"

大卫之前是一个商演音乐人,在一个现代爵士乐队中演奏高音萨克斯,"表演的是布鲁斯之类的"。在此期间他转行成为歌手,然后加入了一家法国传统哑剧团,在那里他认识了马克·博兰[*],并与其共事。

"马克对我的影响非常大,这影响倒不是音乐方面的,而是他对流行乐界的态度。他会把自己和那些负面因素隔绝,专注于干好工作。

"我也想成为那样的人,事实上,当人们开始议论我的时候,我离开了伦敦,没有真正重要的事就不回去。"

地下音乐以无可阻挡之势纷纷涌现,大卫对这场运动自有一番有趣的评论:"我想,当整件事开始的时候,很多新的、有音乐头脑的乐队组合会带着一些有意义的音乐涌现出来,并试着将其传播开来。我们听到了那些音乐,大部分都挺不错的,但我不是很懂大多数地下乐队的想法。

"在我看来,他们将自己的个人小圈子扩展到一定程度后就停了下来,满足现状了。这样是进步不了的,最终观众和乐队自身都会对同样的面孔和地点感到厌烦。

"关于歌迷的音乐鄙视链的问题已经说了太多了,媒体也写过很多了,但我觉得乐队本身在这方面也好不到哪里去。不知道为什么,即使是'语言类节目艺人'和'卡巴莱演员'这两个词,也会让他们感到浑身不自在。"

很显然,有了一张大热唱片以及从中赚来的可以挥霍的金

---

[*] Marc Bolan,英国殿堂级音乐人,"暴龙"乐队(T. Rex)创始人、主唱、吉他手和创作主脑,"华丽摇滚"(glam rock)的先驱和代表人物之一。马克·博兰和大卫·鲍伊于青少年时期相识,彼此关系紧密,合作颇多。

钱后，大卫的生活肯定会发生一些改变，尤其是他银行账户上的数字。

看上去他已经有了一个不错的开局："我买了一辆大排量的车，还买了栋小房子，不过还需要多花点时间和钱才能把它变成我想要的样子。

"我估计随着时间的推移，还会有这样那样的突发小事，不过目前，我更关心怎么才能永远22岁，或者甚至倒退一年回到21岁。

"这个行业会让你在精神上保持年轻的状态，不过在身体上，我觉得自己几乎已步入中年。我时常遗憾自己没有度过一个正常的少年时代。从16岁开始，我就没能在公开场合和小伙伴们踢球，很长时间里我也没法像一个普通少年一样和女孩聊天，信不信由你，我很怀念这些。

"我得先搞清楚女孩是否知道我是谁，以及她是为了我这个人还是我的名字而想和我好。这个问题比听起来的更复杂，不过就像我说的，我和女孩之间还没发生过什么大麻烦，算我走运。"

从眼下来看，大卫的未来一片光明，他想演多少现场都可以，将会在本周（14日）发行一张专辑，甚至还有他自己的电视节目。

大卫还没有开始担心后续的计划。"下张专辑？"他反问道，"但眼下第一张专辑还在宣传期呢，说实话我还没想过下张专辑。

"我不太确定有没有什么歌适合作为下一首单曲发行，但就算有，我也不想成为依赖大热单曲而活的歌手，这种歌手一年里有六个月和死了没什么区别。

"我希望从苏格兰回来后能有一些空闲时间搞点创作，但就算这样，写歌也不是有时间就能写出来的。反正江郎才尽的情况在我这个年纪还有点太早,是不是?所以我觉得自己会有灵感写点东西出来的。"

当下,大卫似乎就是流行乐界非常需要的那种人:充满了原创的想法、对工作有自发的热情、厌恶歌曲里描绘的吸毒场面或者阶级上的高低贵贱,对加之于他的名声和吹捧保持清醒,不会被冲昏头脑。

我相信他早已习惯了承受压力,就算承受不了,以他的聪明才智也会完美避开。

噢！你这个漂亮的小东西

迈克尔·沃茨

1972年1月22日，《旋律制造者》杂志（英国）

（原编者按）这篇访谈几乎可以肯定是史上发表过的最著名的大卫·鲍伊访谈了。

1972年初，当英国音乐周刊《旋律制造者》派迈克尔·沃茨去采访大卫·鲍伊时，鲍伊正在往音乐之路回归。在这个对音乐人而言知名度至关重要的时代，《太空异事》登上排行榜的三年以来，鲍伊却是沉寂的，即便这种沉寂中有自愿的成分——比如这个十年开始的时候，比起做音乐和当明星，他似乎对沉浸在贝肯纳姆艺术实验室（Beckenham Arts Lab）更有热情。而对那些害怕自己的偶像隐退或过气的孩子来说，鲍伊对艺术的迷恋毫无意义。

鲍伊的回归是有史以来最受人瞩目的事件之一。他1971年12月发行的《万事顺意》颇受欢迎，很快就位列经典。这张专辑充满了极佳的旋律和乐器演奏，也开创了另类的潮流。然而令人惊讶的是，这张专辑出了没多久，鲍伊很快又出了一张新专辑，以安抚唱片公司对鲍伊产出作品所花费的时间太长的不满。这张专辑就是《齐吉·星尘与火星蜘蛛浮沉录》——在本次访谈中，当鲍伊对沃茨大加恭维之时，他们旁边的唱机转盘上播放着的正是这张专辑。此专辑同样是经典之作，也开创了潮流——全新的潮流，没有故作高深，而是大玩感官刺激。鲍伊对一成不变毫无兴趣，他完全是一个创意火花四溅的人，也是一个非常清楚自己应该怎么走向星途的人。

请注意，在本次访谈中，面对鲍伊的装腔作势，沃茨仍然是那么淡定和半信半疑，而本书之后的多篇采访证明了沃茨这样做完全正确。尽管鲍伊在本次访谈中说出的"我是同性恋"的宣言并不全是真的，但对他而言，这依旧是一个巨大的风险，因为在当时，就连大多数嬉皮士和摇滚乐的消费者都对同性恋感到厌恶。然而，他下的这个赌注就像他跟沃茨预测的那样完美地得到了回报。另一个值得注意的点是，这个访谈里产生了鲍伊的另一句名言：在坠落到地球之前变得伟大。这个预言的后半句后来在鲍伊身上成真了。

虽然大卫·鲍伊没有穿丝质长袍，也不再把金色长发如大波浪般披散在肩头，但站在利宝百货*门口的他看上去依然秀色可餐。

他穿了一套有着优雅图案的军装，裤腿很紧，衬衫没有扣扣子，露出一片白色的肉体。裤脚卷到了小腿处，一双巨大的、橡胶鞋底足有三英寸†厚的红色塑料靴子因而更引人注目；维达·沙

---

* Liberty's，伦敦西区的一家老牌百货公司，以销售具有东方风格的工艺品及唯美主义的商品而闻名。

† 英寸，英制长度单位，1英寸等于2.54厘米。

宣风格的发型堪称完美，让人屏住呼吸，生怕从敞开的窗户外吹进来的一点微风都会把这发型搞乱。我真希望你们能在现场亲自舔他的颜，他真是美翻了。

大卫经常会说"舔颜""美翻了"这样的词汇，因为他说他是同性恋——嗯，你们品品。几个月前，大卫·鲍伊在汉普斯特德*的一个高档会所登台，那个会所是北伦敦的一个充满脂粉气的小型俱乐部，见证过各种激动人心的大场面。当晚，伦敦城里大约有一半的同志都去了那里，只为一睹大卫那顶巨大的天鹅绒帽。每唱完一首歌，大卫都会把那顶帽子拿在手里旋转几圈。

据会所经理斯图尔特·莱昂说，有个同志小兄弟整晚都坐在舞台旁边，一脸艳羡地看着台上，完完全全被大卫迷倒了。

但是大卫没空去搞同志解放，也不想去领导这个运动。他藐视一些小圈子化的身份限定。他的确醉心于"权力归花儿"运动†，不过身处其间时他依然保持着自己的个性。矛盾之处在于，他和妻子以及刚出生的儿子佐伊之间依旧有着他所称的"良好关系"。他觉得自己是人们所说的"双性恋"。

但人们还有更多的名号给大卫。在美国，他被看作英国的鲍勃·迪伦（Bob Dylan）和各种前卫风格的急先锋。《纽约时报》说他拥有"清晰和杰出的视野"，美国人还真是挺喜欢他的。回到他那隐忍保守的家乡英国——连艾利斯·库珀‡都能激怒那里

---

* Hampstead，伦敦北部的高档住宅区，也是知识分子、艺术家和文学家的聚集地。

† Flower power，兴起于20世纪60年代末至70年代初的美国反战运动。参与者身穿色彩明丽的衣服，头上戴花，并将花送给路人、警察和媒体等，后来渐渐演变成街头戏剧表演等形式。"权力归花儿"运动对美国20世纪后期的文学、戏剧和音乐等文化领域产生了极大的影响。

‡ Alice Cooper，美国著名摇滚音乐人，原名文森特·戴蒙·弗尼尔（Vincent Damon Furnier），以恐怖惊悚的化妆及舞台表演闻名。

的人——还真没几个人理他。他的上一张专辑《出卖世界的人》在美国卖了五万张,而在英国这里只卖了五张,还是鲍伊自己买的。

话虽如此,但在今年结束之前,所有恶心艾利斯·库珀的人都会把矛头转向鲍伊先生,而那些真正懂得其中妙处的人则会为他的歌声兴奋。大卫·鲍伊的声音似乎变化多端,在每首歌里都不同,而他的音乐创作能力更能俘获人心。他还颇有戏剧感,足以让最厉害的表演艺术家一边咬着眼线笔一边嫉妒他。所有这一切,再加上一个由超级主音吉他手米克·容森(Mick Ronson)领衔的技术惊人的乐队,他们的表演,动则能让你激情上头,静则能安抚你那颗不羁的心灵,有如重返青春。

这便是鲍伊的新专辑《万事顺意》,彰显了他的创作天赋,将令人无法抵抗的旋律和歌词结合得浑然天成。他的歌词多有深意,或是直截了当的叙事,或是哲学,抑或是寓言,至于到底是什么,取决于你愿意挖多深。他在创作上还有一种技巧,擅于用充满神秘感和晦涩暗示的歌词与编曲,去充实强烈而简洁的流行旋律。

所以,那首由彼得·努恩(Peter Noone)先唱红的《噢!你们这些漂亮的小东西》("Oh! You Pretty Things"),从浅层次上看,整首歌,尤其是副歌部分,说的是一个准爸爸的感受;在更深层次上,它展现的是鲍伊对超级人类——"超人"(homo superior)的笃信不疑。在歌里,他委婉地指出了这一点:"我想象一个新世界的来临/那里有转世金人的藏书/以痛苦和敬畏写就/迷惘的书写人探究着我们存在的意义/哦!那些陌生人今天已经到来,看上去他们是来定居的"。我一想到彼得·努恩唱着这么有深度的歌就觉得相当可笑,就像大卫自己说的那样:这太离谱了。

但鲍伊也有捣蛋的天性。专辑《出卖世界的人》里有一首《黑色乡村摇滚》("Black Country Rock"),在歌接近结尾的部分,鲍伊惟妙惟肖地模仿了他的朋友马克·博兰的颤音唱法。在专辑《万事顺意》里,他为"地下丝绒"乐队(The Velvet Underground)献上了一首名叫《荡妇皇后》("Queen Bitch")的歌。在歌里,他完美地模仿了卢·里德(Lou Reed)的嗓音和编曲,编了一段歌手的男朋友被另一个"皇后"勾引走的故事,整个风格非常"地下丝绒"。

另外,在鲍伊的多张专辑里他都使用过很浓重的伦敦口音,比如《出卖世界的人》里的《救世主机器》("Saviour Machine"),以及这张专辑里的《贝莱兄弟》("The Bewlay Brothers")。鲍伊说这是从托尼·纽雷[*]那里学来的,因为自己对《停止世界》和《格尼·斯莱德》很着迷:"他喜欢用这种浓重的伦敦口音来表达自己,所以我决定时不时也讲讲乡音。"

鲍伊精于模仿这件事,无疑源于他那与生俱来的戏剧天赋。他说比起音乐人,自己更像一个演员或者艺人。事实上,如果可能的话,除了演员,其他的他都不想干。"在我这副无法征服的肉身里,可能住着一个你们都看不到的人。""你开玩笑的吧?""完全没有。我对生命没有执念,可能成为一个星灵[†]对我来说更适合。"

---

[*] 原文"Tony Newley",此处应指安东尼·纽雷(Anthony Newley),英国著名演员及音乐人。后文中的《停止世界:我想下车》(*Stop the World: I Want to Get Off*)和《格尼·斯莱德的奇异世界》(*The Strange World of Gurney Slade*)分别是他创作主演的戏剧作品和电视剧。

[†] astral spirit,西方人认为,每颗星星都代表着世上一个人的灵魂。当有流星划过时,便有一个人去世。

本次采访在大卫·鲍伊的经纪公司——GEM 音乐的办公室里进行，房间里有一台录音机正在播放他的下一张专辑《齐吉·星尘与火星蜘蛛浮沉录》，其中的内容说的是"火星蜘蛛"这个虚构的乐队。专辑的音乐非常前卫，有点像《出卖世界的人》。这张专辑马上就要发行了，尽管《万事顺意》也没上市多久。

谁都知道大卫今年必将成为全球闻名的超级巨星，而他自己比大多数人更清楚这点。他说，虽然他的歌总是领先时代十年，但他预感自己会引领今年的潮流。"我会走红，但在某种程度上这让我害怕。"他边说边用他的红色长靴跟着音乐打拍子，"因为我知道，当我到达巅峰时，也就到了开始走下坡路的时候，这一路上难免起起伏伏。"

当然，这位向全世界做出预言的人之前就有过傲人战绩了——还记得《太空异事》吗？那首 1968 年的十大金曲之一，除了记叙宇航员"汤姆少校"（Major Tom）的太空困境，还带火了斯笛洛风电子琴*的销售。但从那以后鲍伊就几乎没再公开演出过。在他居住的肯特郡贝肯纳姆，他和别人共同创建了一个艺术实验室，他在那里出现过一段时间。但当他发现人们在周五晚上跑去那里，其实不是为了实验艺术的灵光闪现，而只是为了一睹流行歌手鲍伊的风采时，他似乎大失所望。要知道，大卫在那段时间里没法做国内巡演，就是因为要做这个艺术实验室项目啊！

因此，在过去三年里，他把时间都花在了三张专辑的制作上，包括由飞利浦唱片公司发行的《大卫·鲍伊》（收录《太空异事》

---

* Stylophone，一种以触笔弹奏的掌上电子琴乐器，发明于 1967 年。一开始主要用作儿童玩具，因被大卫·鲍伊在《太空异事》中使用而风靡一时。

的那张）和《出卖世界的人》，以及由 RCA 唱片公司发行的《万事顺意》。而他的首张专辑《爱你到周二》*是在 1968 年由一个新成立的厂牌德兰姆唱片发行的，但卖得不怎么样，因此迪卡唱片公司†对他失去了兴趣。

对大卫·鲍伊来说，一切开始于他 15 岁时哥哥给了他一本演奏乐器的书。因为那本书里主要说的乐器是萨克斯，因此鲍伊便学起了萨克斯〔那本书多半是格里·马利根（Gerry Mulligan）写的〕。1963 年，他开始在伦敦的一个节奏布鲁斯乐队里吹次中音萨克斯，然后又组建了一个半职业的前卫布鲁斯乐队，取名"戴维·琼斯和字幕条"（Davy Jones and The Lower Third，后来因为"门基"乐队‡的戴维·琼斯名声大振，大卫便在 1966 年把自己的名字改了）。1967 年，他离开了这个乐队，开始在民谣俱乐部里表演。

他从 14 岁开始就对佛教和西藏很感兴趣。首张专辑失利后，他完全放弃了音乐事业，将他的时间都贡献给了它们。那段时间里，他为建造敦夫里斯郡的苏格兰修道院出了力。他说他其实很想当一个西藏僧侣，如果不是遇到了在伦敦运营哑剧剧团的林赛·肯普§，他可能真的就去出家了。"哑剧和佛教一样神奇，我一开始学哑剧就全身心地投入进去了，成了一个离不开城市

---

* 大卫·鲍伊 1967 年的首张专辑和 1969 年的第二张专辑标题都是《大卫·鲍伊》，为了区别，人们一般习惯用专辑各自的主打单曲《爱你到周二》（"Love You Till Tuesday"）和《太空异事》来分别称呼这两张专辑。

† Decca Records，迪卡唱片公司是世界最著名的唱片公司之一，成立于 1929 年。德兰姆唱片（Deram Records）是迪卡于 1966 年成立的厂牌分支。

‡ The Monkees，美国著名流行摇滚组合，脱胎于美国全国广播公司 20 世纪 60 年代末的情景喜剧《门基秀》，演员戴维·琼斯（Davy Jones）是组合成员之一。

§ Lindsay Kemp，英国著名舞蹈家、哑剧表演艺术家。大卫·鲍伊以及著名歌手凯特·布什（Kate Bush）都曾师从于他。

的人。我觉得就是从那时候起,我对外在形象的兴趣一发不可收拾了。"

大卫现在的形象越来越像时髦高贵的女王,或者俊美的阴柔男孩。他那羸弱的手和吟唱般的声调,让他花俏得像彩色帐篷。"我是同性恋,"他说,"而且一直都是,当我还叫大卫·琼斯的时候就是。"不过他这话里暗藏狡黠,他说的时候嘴角还带着神秘的微笑。他知道,当今时代,男妓般的打扮举止能被接受,是经历了一个非常艰难的过程的,而流行音乐自始至终都在不断引发人们类似的震惊和恼怒,其经历的过程也是一样的。

就算大卫·鲍伊不够恼人,也至少可以给人带来乐趣:他那扑朔迷离的性向表现让人乐此不疲地玩一个游戏——探究他到底是不是同性恋。而在这段性向未明的时期里,他巧妙地利用了人们对于他是男是女的困惑。"为什么今天你没有穿女式连衣裙?"我问他(不是只有他才擅长开玩笑)。他回答:"哦!亲爱的,你要知道,不是女式连衣裙,而是男式连衣裙。"

大卫从两年前开始穿裙子,不分女式男式,但他说,早在社会能接受之前他就在做很多出格的事了。他也指出,近两年人们似乎开始渐渐接受这世界上有双性恋存在的事实,"以及一个更可怕的事实——还有同性恋存在"。他微笑着,显然对自己追加的那句话很满意。

"重要的是,我不必每次都旧事重提,我就想这样穿,就算这套不流行了我还会一直这样穿下去。我可能是个超级大傻瓜吧。我永远都只穿我自己风格的衣服,它们是我设计的。"他停顿了一下,向我展示了他手臂上的装饰:"这个是我自己设计的。""我就是不喜欢商店里卖的成衣,我也不是每天都穿裙子,而是每天换衣服的。我并不是出格,我只是大卫·鲍伊。"

我问大卫对"亲爱的"艾利斯（艾利斯·库珀）的看法，他轻蔑地摇了摇头："完全无感。我买了他的第一张专辑，但它既没有让我感到兴奋，也没有让我震惊。我觉得他就是想要表现得惊世骇俗。你看看他，瞪着血红的眼睛，太阳穴青筋暴起，真是用力过猛。和蟒蛇一起表演那一套，我朋友鲁迪·瓦伦蒂诺（Rudy Valentino）早就玩过了，所以当我看到'库小姐'也挂了条蟒蛇在身上时，就觉得挺掉价的。他的表演太处心积虑了，不过很符合我们这个时代的需要。眼下他可能比我成功一点，但我用雪纺和塔夫绸创建了一个全新的艺术门类，在美国，他们称之为'哑剧摇滚'。"

尽管大卫穿着荷叶边女装，但如果只是把他看作一位出色的变装艺人就大错特错了。如果一种舞台形象是勉强表现或者故意夸大的，那么艺人最终会因此受限，鲍伊现在也会碰到这样的问题。他预见到了这种可能的困境，因此他说自己不想太强调自己的外在形象。他的形象已经足够多变。今年他会把大多数时间放到舞台表演和唱片录制上，就像他自己所说的，音乐才是需要他不惜一切代价为此付出的，成败在此一举。

在音乐创作方面，有些人会觉得大卫很理性，我对此倒没有太大体会，相反，他那种全方位表达一个主题的直觉让我印象深刻。他写的歌更多的是自然的情感流露，而不是精心架构的想法。他说他很少为了想一个主题出来而和自己交流。

"如果我看到一颗星星是红色的，我不会去想它为什么是红的，我会考虑如何向别人更好地描述那颗星星的那种红色。我不太会提出问题，我只是叙述。想要知道的答案我会在别人的作品里找到。听我的作品堪比和精神分析学家交谈，而我的表演就是交谈时坐的沙发。"

正因为大卫的音乐根植于这种无意识,他才如此崇拜席德·巴瑞特*。他相信是席德那种随心所欲的歌词创作方法为他打开了大门。他觉得他和席德·巴瑞特两人都是为自己的作品而生的人。如果说是巴瑞特为大卫·鲍伊带来最初的突破的话,那么卢·里德和伊基·波普(Iggy Pop)则是助他持续向前并把无意识大为扩展的人。大卫说,卢、伊基和他自己将会名扬世界,他们两位是他很欣赏的音乐创作人。

他的另一大创作灵感来自神话。他的音乐让他对古老传说的笃信成为某种必要条件,尤其是有关亚特兰蒂斯大陆的那些故事;出于同样的理由,他创造了一个关于未来的神话,一个被称为"超人"的超级人种即将降临。他说"超人"是最后的一线希望,"他们能做到一切我们做不到的事"。

这种信仰来自对社会整体发展的失望。他对这个世界的未来并没有抱很大的期望,一年前他说过他再给人类 40 年的时间。他下一张专辑里有一首叫作《五年》("Five Years")的歌描述了他的这种信仰,从中可以看到,他是一个宿命论者,一个坚定的悲观主义者。

《小东西》这首"赫尔曼的隐士们"乐队†首唱的轻快歌曲,却把这种宿命论的观点和大卫在他儿子出生时看到的一线希望联系在了一起,就像一道关于"超人"的不乏诗意的方程式。"我想我们在某种程度上已经创造了一种新人。"他说,"我们生下

---

* Syd Barrett,英国著名音乐人,"平克·弗洛伊德"乐队(Pink Floyd)创始成员之一,1968 年因精神健康问题离开乐队,后来有过一些个人发展。1972 年左右隐退,此后便极少公开露面,直至 2006 年去世。

† Herman's Hermits,上文中的彼得·努恩担任主唱的英国流行摇滚乐队。彼得·努恩在首唱《噢!你们这些漂亮的小东西》时其实已经离开乐队独立发展了。

的这个孩子将会被媒体团团包围,他到了 12 岁时可能就不属于父母了。"

这和斯坦利·库布里克在《发条橙》*中对不久的将来技术发展的想象很类似。这部电影无疑是强悍的作品,和那些花里胡哨、粗制滥造的电影大相径庭。

所以,不要因为大卫·鲍伊喜欢在我们大家面前搞点小伪装,就不把他当成一个严肃的音乐人。

---

* *A Clockwork Orange*,斯坦利·库布里克 1971 年执导的经典电影,邪典文化代表作,改编自英国作家安东尼·伯吉斯(Anthony Burgess)出版于 1962 年的同名小说。

多切斯特的大卫

查尔斯·沙尔·默里

1972年7月22日、29日,《新音乐特快》杂志(英国)

(原编者按)从这篇分成两部分的《新音乐特快》专访的开头几句就能得出结论:1972年夏天,大卫·鲍伊已经是位巨星了。这时的他已经克服了1969年在同份刊物上由戈登·考克斯希尔撰写的采访中所表达出来的对于名声的矛盾心理,开始赤裸裸地追求商业成功,而6月6日发行的专辑《齐吉·星尘与火星蜘蛛浮沉录》的确销量颇佳。

这张专辑融雌雄同体、科幻小说、身份认同、新潮思维和伟大艺术于一体,再加上它的宣传攻势凌厉,因此没有多少人会去费心指正——甚至都不会想得那么深——这张专辑根本不像宣传说的那样是一张关于跨星际性别扭曲的概念专辑(注意,本次访谈中鲍伊回避了关于《齐吉·星尘》一些歌曲顺序的问题)。大家基本上都没注意到,专辑中只有少数几首歌是围绕着标题上的人物"齐吉·星尘"展开的,部分原因是鲍伊开始渐渐变得和这个角色难以区分了。"齐吉"似乎已经无处不在。

虽然眼下鲍伊还会在类似艾尔斯伯里（Aylesbury）的"修道士"（Friars）俱乐部的寒酸场地演出，但很明显他已经开始显露出巨星之相，而这一点在这篇访谈中被查尔斯·沙尔·默里预见到了（当然，在当年年初接受迈克尔·沃茨采访时，鲍伊本人也预见到了这点）。

不过令人难以置信的是，鲍伊此时甚至已经比所谓"全球最重要的音乐艺术家"还要重要了。这个专访的第二部分出现了一段和第一部分截然不同的热烈讨论，对象是由鲍伊创作和制作的"高个子莫特"乐队（Mott The Hoople）的新单曲《所有的年轻人》（"All the Young Dudes"）。正如本文提到的，鲍伊此时正将他的创作和制作才能以及仙气提供给那些他所欣赏的艺术家，那些因和他有关系而名声大振的音乐人，比如"莫特"、卢·里德和伊基·波普——鲍伊让这些人的音乐事业重获生机。

鲍伊在此篇访谈中提到的发生在六七十年代之交的事件，也就是他想说服观众"在视觉上刺激的东西"是有其优点的但未获成功这件事，表明他在尝试发扬光大后来被称为"华丽摇滚"的风格方面走在了时代的前列，而"齐吉·星尘"正是华丽摇滚中那个最为重要的巨人。

第一部分

吉尔和林恩都是17岁，也都对鲍伊着迷，很长时间以来，她们每周都要看三次大卫的演出。

她们都买了《齐吉·星尘》，也都不喜欢马克·博兰。

吉尔说她喜欢大卫的样子。她并不是觉得他好看，只是喜欢他的样子而已。

上周末,我和她们俩以及一屋子臭汗淋漓的人在艾尔斯伯里的"修道士"俱乐部看了大卫·鲍伊和"火星蜘蛛"乐队的演出。举着"齐吉"横幅的拥趸也在场内出现了,一切还不错,乐队成员都在,"齐吉"自己则弹着吉他。

"火星蜘蛛"乐队是一个超现实主义的摇滚乐队。特雷弗·博尔德尔(Trevor Bolder)脸上染成银色的络腮胡根根竖直,长达好几英寸。伍迪·伍德曼西(Woody Woodmansey)理了一个维达·沙宣的鸭屁股发型,发色是和大卫相似的橙色。整个演出进行得非常快速,一会儿就来到了最后的返场曲《妇女权利之城》("Suffragette City")。演唱这首歌的时候,大卫使出了最惊人的大招——他整个人趴在了米克·容森的吉他上。

大卫·鲍伊将会爆红。

演出后第二天,鲍伊在多切斯特酒店(Dorchester Hotel)专门为飞来这里过周末的美国记者开了一场大型的新闻发布会。酒店大堂凉爽宜人,一台台空调为进门来的嘉宾营造出典雅的环境,和刚刚门外沙尘漫天、酷热难当的大街形成鲜明对比。

走过二楼的镜廊,穿过一扇门,便会来到一个相当时髦别致的房间,各路媒体记者正在这里吃着蛋糕和三明治,喝着茶或苏格兰威士忌。

卢·里德和他的乐队来了,"蜘蛛人"们也都在那里。穿着博兰头像的T恤、涂着眼影、顶着一头银发的伊基·波普则蜷缩在一个角落里。

当我到达时,大卫穿着一件和之前完全不一样的衣服。当我离开的时候,他已经换上了第三套衣服。

体态轻盈、剪着平头的大卫的妻子正指挥着全场,安排着酒水,还被卢的巡演经理骚扰了。我进入室内时,这位巡演经理刚咬到了大卫妻子的肚子。因为她非常苗条,这一口直接咬到了她的腹部肌肉,在场的人都禁不住大笑起来。

伍迪给我倒了一大杯加桃子汁的尊尼获加黑标威士忌,而卢·里德正和大卫低声交谈。大卫戴着墨镜,指甲染成红褐色。诚惶诚恐的服务生不停地走进来,送上更多的苏格兰威士忌、葡萄酒和三明治。

查尔斯·沙尔·默里(以下简称默里): 眼下,摇滚乐记者最常用的字眼是放克、坎普风和朋克,你觉得你平时用到这些词的概率有多高?

大卫·鲍伊(以下简称鲍伊): 我认为这很可能是因为媒体界的朋友普遍不善言辞。他们的思维非常狭隘,的确一天到晚只会围绕着这三个词做文章。

默里: 不是围绕着,是它们不停地出现⋯⋯

鲍伊: 没错,就是如此。放克的话,我不认为我和放克有什么关系,也从来没有人觉得我是很放克的。你会这么形容我吗?反正我不会⋯⋯

默里: 那你想玩放克吗?

鲍伊: 我想,但那块儿水很深。说到坎普风,没错,我懂坎普那一套。我以前觉得那是用来羞辱艺人的,但自从那些老派艺人退出后,那些有明星梦的人涌现出来,他们不幸地成为坎普风的同义词。

那些在舞台上很自在,甚至比在台下更自在的人,我不觉得我比他们更坎普风。

默里：从来没人会说杰里·加西亚*坎普风。

鲍伊：对，没有人会这样说。但他是一个音乐人，而我不是一个音乐人，我不会像他那样钻研音乐。所以你瞧，我并没有把音乐作为我的主攻方向。除了音乐之外，还有其他一些东西对我同样重要，比如戏剧和哑剧。

默里：你说你不把自己看作音乐人，但我认为你有资格被称为音乐人，因为你制作的音乐是非常高级的。

鲍伊：好吧，那我换一个说法。我觉得自己不会被视为任何一种乐器的技术控。我有种创作上的力量，它自己就能写出音乐。

默里：你刚才还说你不觉得自己是一个音乐人。

鲍伊：音乐人的定义就是演奏乐器的能手？不管怎么说都不是这样的。话说回来，我中音萨克斯吹得不错，其实我最近在"莫特"的专辑里吹了一点萨克斯，我挺高兴的，因为我已经很久没有碰过萨克斯了。

默里：你在《万事顺意》里也吹了萨克斯。

鲍伊：是的，但那里面我只吹了几个乐句，而我在"莫特"的专辑里吹得就多得多了。（米克·格雷厄姆：你在台上也吹过萨克斯。）什么？哦，对，我有几场演出里翻唱了詹姆斯·布朗

---

* Jerry Garcia，美国殿堂级摇滚乐队"感恩而死"（Grateful Dead）主脑、主唱和吉他手。

（James Brown）的一些歌，唱《紧身裤》（"Hot Pants"）的时候我吹了一点萨克斯。有些演出的观众似乎很多是摩德族[*]，所以我们觉得应该吹点萨克斯，大多数情况下我都是即兴发挥。

默里：我记得五年前你想组一个布鲁斯乐队，但完全不成功，因为演出时站在前面的人都在喊"唱点吉诺[†]的歌！玩点塔姆拉音乐[‡]！"。

鲍伊：没错。但我是一个灵魂乐的大拥趸，是詹姆斯·布朗的歌迷，我一直很喜欢他那些非常放克的音乐，但我从来没觉得自己有能力……我永远不会去尝试黑人音乐，因为我是白人，完完全全的白人！

默里：但也有一种特别的白人放克，比如说"地下丝绒"乐队玩的那种。如果以这种放克而不是艾尔伯特·金（Albert King）的那种为标准，你会不会承认你正在做的音乐是某一种类型的放克？

鲍伊：我没法确切说出是什么类型。我创作的摇滚乐作品肯定逃不脱"地下丝绒"的影子，因为在摇滚乐范畴里，他们的音乐对我影响最大，比摇滚之父查克·贝里（Chuck Berry）对我的影响要大得多。

---

[*] 20世纪60年代在英国盛行的青少年亚文化族群，表现为骑轻便摩托车、穿美式大衣、留法式发型等等。摩德族对英国文化尤其是流行音乐文化有着深刻的影响。

[†] Geno，指美国著名灵魂乐和节奏布鲁斯歌手吉诺·华盛顿（Geno Washington）。华盛顿原为驻扎在英国的美国空军军人，后成为英国节奏布鲁斯界的著名歌手。

[‡] Tamla，著名灵魂乐和节奏布鲁斯音乐唱片公司"摩城"（Motown）最初成立时的名字。

默里：我想说，卢·里德对你的影响就好像查克·贝里对"滚石"乐队的影响一样。

鲍伊：是的，你说得很对。这是一个非常好的比喻，我完全同意。事实上，我自己也在很多场合说过相同的话。

默里：我提第二个先入为主的问题，那就是摇滚乐正越来越接近一种仪式，而不是像"感恩而死"乐队那样非常脚踏实地。摇滚乐正变得非常戏剧化，也非常公式化。

鲍伊：我认识那么多乐队，我倒没在他们身上注意到这点。

默里：艾利斯*就是一个很极端的例子。我认为在某种程度上你也是这样的，博兰也是，"沙那那"乐队（Sha Na Na）也是，但他们用的是比较特殊的方式……

鲍伊：在我理解你的问题到底是什么之前，你先得告诉我你自己对这个问题的感受……

默里：我对此感觉很复杂，在某些情况下这一套是奏效的。我觉得你那样做的时候就是奏效的，但有时候我觉得在那样的情况下观众是被排除在外的。

鲍伊：是，我真的觉得好的戏剧效果并不一定意味着要用大量道具去实现。正如你在我们乐队这里看到的那样，我们就没有使用道具，我们不喜欢道具。

如果我们的表演富有戏剧性，那是从我们每个人身上体现出来的，而不是从一个环境或从一个舞台上表现出来的。就像演奏

---

* 指"艾利斯·库珀"乐队。

乐器需要学习一样,戏剧技巧也是需要学习的。

接下来的几年,如果众多乐队在不懂技艺的情况下想要玩戏剧性,那就会发生诸多悲剧和错误。我是一个非常专业的人,我觉得我把自己所有的精力都贡献给了舞台表演。我在台上给予观众的比我在台下给予任何一个人的都更多。我一直在这方面努力,我曾在一个哑剧剧团工作,还有其他方面的戏剧经验。

我想说的是,了解你做的事并学会它是很重要的,学习乐器也是一样。随着戏剧技巧在演出中的滥用,很多乐队的舞台表达很快会沦为普通初中戏剧兴趣班的水平。

只有极少数乐队才有能力掌握戏剧方面的知识。伊基自带天然的戏剧性,这点非常有趣,因为这种戏剧性不符合戏剧的任何标准、规则或结构,那是属于他自己的一种戏剧性,是他直接从底特律街头带来的戏剧性。

要知道我们这轮巡演从开始到现在只有三个月的时间,所以一切还在形成中,但如果可能的话,我希望自己能成为我那些歌的道具。我想成为我的歌的载体。我希望为一首歌带来尽可能多的视觉表达,让它多姿多彩。

默里:我注意到一件事,就是你遣词造句的方式,比如在《安迪·沃霍尔》("Andy Warhol")这首歌里,你把"墙"这个词转换到"沃霍尔"这个词里面[*]。我指的是你把语言纳入到音乐里的那种方式。

鲍伊:一个人对三个人说同一句话,这三个人可能会对这句话有完全不同的理解。如果我作品中的任何一首能让大家感觉有

---

[*] "墙"(wall)和"沃霍尔"(Warhol)里的"war"音节是近音词。

点超现实主义,那其实都是我有意为之。

我的作品给了人们自行定义它们的自由。我写的东西有一半连我自己都理解不了。我回过头去看一首我刚创作完的歌,此时它所蕴含的意义和我刚开始写它的时候的意义是完全不同的,原因是环境和情况发生了改变,诸如此类。太多的人——尤其是美国人——会来告诉我我的那些歌是在说什么。

默里:那你要小心了,否则你的那个A.J.韦伯曼*就会来翻你的垃圾了。

鲍伊:我已经有一个我的韦伯曼了!虽然他还没到翻我垃圾的程度,但他肯定对我的歌曲表达的是什么意思有非常大的执念。这一点至少可以说是令人不安的。挺让人害怕的。

但美国这个国家是由学者构成的,他们在这方面非常"德意志化"。因为他们下意识地觉得美国是一个新的国家,在旧世界里没有被广泛认同的根基,所以他们要尽可能快地建立起自己的文化。任何东西不管需不需要都会被媒体吸收,这也成了美国生活方式的一部分。

美国人对一切事情都有可怕的自我意识。摇滚乐在美国已经成为一个学术课题,其普及程度简直令人难以置信。我走进书店,可以看到有关摇滚乐任何一个方面的书籍都是一排一排的。大量关于音乐创作人的书籍,连写梅尔策†的书都有,多到一层又一层。

---

* A. J. Weberman,美国作家、社会活动家。此人因疯狂痴迷鲍勃·迪伦而知名。20世纪70年代初他不断地跟踪和骚扰迪伦,并通过翻检迪伦的垃圾这种极端的方式,来表达他对偶像的崇拜以及对迪伦重回社会政治议题的音乐创作的呼吁。韦伯曼的行为和由此派生出的学说"迪伦学"(Dylanology)极具争议性,同时他也因此在公众中普及了"垃圾学"(garbology)这一概念。

† 鲍伊此处指的应该是美国摇滚乐评人理查德·梅尔策(Richard Meltzer)。

这是一种积累，美国人正在创造他们自己的文化。

默里：我想问你的另一句歌词，是《五年》里的"我从来不知道我需要那么多人"。

鲍伊：基本上，这句话的意思是，意识到世界末日的不可避免性，无论它的形式是怎么样的。我一直很留意不去说它会以什么样的形式降临，因为对我来说那将是极端的悲伤，我想试着用一句话来表达这种感觉。

这就有点像人在濒临死亡时，据说会在眼前闪现一幕幕……

默里：整个人生在眼前闪过。

鲍伊：对，就是那样，一种对生命的贪恋。

默里：对于那些视你为大师的人，你会为他们担心吗？

鲍伊：我不太相信眼下我能做得了谁的大师。我知道有很多人对我的所作所为很感兴趣，我们的曝光率似乎也非常高，但我不觉得我们正在引领任何一种时尚潮流。

默里：但不管你愿不愿意，大家几乎是在逐字逐句地解读你的专辑。

鲍伊：这样说吧，如果大家都认为将来写摇滚乐史的时候，不可避免地要解读我的音乐，那么未来我会尽力利用这个优势来传递一些乐观的感觉。这种乐观从《五年》里看是有点矫情的，因为这首歌想要嘲弄未来。

如果我能嘲笑和揶揄未来，那人们就不用这么害怕它了。大家对未来太过认真和恐惧了，我希望把人们的这种感觉扭转到另一面，变成一波乐观主义。如果人们能嘲笑未来了，那事情就会变成……

这件事在技术上非常难，并没有一个三角公式可以套用，我们也回不到如今真实的生活方式，那种事不会发生。

当然这也不是一件新事物。上帝啊，我脑子里从来没有什么新的想法，我只是想着玩儿的。但我想说的话其实之前已经说过无数次了，我今天再说一遍，我们必须对未来抱有乐观的态度。

默里：《五年》给我的印象就是一首非常乐观的歌曲。

鲍伊：它就是一首乐观的歌，这张专辑其实就应该这样去理解。《星人》（"Starman"）可以按照"天上有一个星人说，让孩子们来跳舞吧"这样的字面意思来理解，但它真正的主题是：天上有神灵这种想法就是很凡人、很真实的，我们应该对人际关系的未来更乐观一点。

默里：《齐吉·星尘》专辑 B 面的歌曲似乎是一个循环，但当你在现场演唱这些歌时，是不是不一定要按这个顺序来表演？

鲍伊：我得承认我为"齐吉·星尘"的演出已经做了预想，但这个预想需要大量的事先计划，我们还没有时间去做。在可以好好实施之前，我宁愿先把这事放一放。在能做好一件事之前，我不会去碰它。

默里：在旁边那个房间里，我看到一盘"高个子莫特"乐队专辑的磁带盒，上面我唯一知道的歌是《甜蜜的简》（"Sweet Jane"）。

鲍伊：没错，卢来的时候，我让他唱了这首歌。我要让伊恩*听一下,不过他还不知道这首歌的歌词。

默里:所以你是让卢·里德为"高个子莫特"乐队翻唱的这首歌唱和声?

鲍伊:我让卢一句一句地唱一下这首歌,这样伊恩就能理解这首歌怎么唱。

默里:"莫特"唱得如何?

鲍伊:棒极了,真的唱得非常好,我一会儿放给你听。这张专辑非常棒,他们从来没有过这么好的音乐。我第一次见到他们的时候,他们非常沮丧。

默里:当时他们和小岛唱片公司(Island Records)之间有麻烦,是吗?

鲍伊:哦,一切都很麻烦,一切都很糟糕。因为那时他们很沮丧,所以我想我要给他们多贡献一点音乐创作。现在,他们已经变得非常乐观了,新专辑中除了翻唱卢·里德的一首歌和我为他们写的单曲《所有的年轻人》,其他歌都是他们自己写的。

当时他们的经纪公司和唱片公司都对他们非常冷淡,因此他们毫无方向、焦头烂额。他们刚出来的时候,大家都很兴奋,但因为没有立刻大受欢迎,人们的热情就消散了。我第一次遇见他们的时候,其实也就是不久以前,我无法相信一个如此敬业、天真烂漫、情感丰富的乐队能够拥有那么多的拥趸却很少被人提起。

他们演唱会的观众反响极佳,但没有人好好经营他们,真

---

* 指"高个子莫特"乐队主唱伊恩·亨特(Ian Hunter)。

的很可惜。他们那时候正准备解散,我是说,他们解散第三天的时候我及时地找到了他们,让他们重组起来,因为其实年轻人全都很喜欢他们。

(此时,鲍伊开始播放"莫特"专辑的粗混样带,第一首就是"莫特"翻唱卢的《甜蜜的简》。这首歌听上去很棒,是我听过的"莫特"最好的一首歌。这首歌还在播放的时候,里德走进了房间。我想让里德也加入访谈,但他只是走过来吻了一下大卫。)

卢·里德:就这样吧。(走出了房间)。
默里:我还希望能有一个两人的采访呢。
鲍伊:刚才就是一个两人的采访嘛。

第二部分:重回多切斯特酒店

到目前为止,多切斯特酒店里的情形如下:"齐吉"阁下和他的朋友们在酒店里开席、喝酒、闲逛,也接受采访,总而言之,度过了超级明星才能拥有的那种快乐的一天。

"齐吉"夫人(又名"安吉·鲍伊")被卢·里德的巡演经理厄尼咬了肚子,而她自己,则将牙齿咬向了美国摇滚史学家莉莲·罗森(Lillian Roxon)丰满的左胸。

在一连串就算卢·里德这样的人都不愿意多谈的混乱中,一名记者(一个对这种奢靡的放荡感到困惑的怕羞的小镇孩子)继续进行他对大卫·鲍伊那划时代的采访。

在大卫·鲍伊和卢·里德完成了那个被"齐吉"称为"有记录以来最短的采访"之后，我和大卫之间的交谈又开始了。

默里：你在《太空异事》之后隐退了，还会再来一次吗？

鲍伊：至少到明年，我不太可能停止演出，因为我在演出这件事上感到很开心。

我以前从来没有在演出上那么享受过，我觉得我和合作的乐队是一体的。过去我从来没有这种感觉，那时我总觉得是我强拽着其他人和我一起做音乐。我以前有一个乐队，主音吉他手和现在这个乐队是同一个人。

默里：大约两年前我在"圆屋"*见过你和"乡村乔"†合作过一次。

鲍伊：那次在"圆屋"的演出就可以说明我刚才的话。那次演出我搞了一些乐队不感兴趣的东西——他们当时只想继续做乐手，所以大家只不过是在台上装扮了一番。

你来看的那次演出，我是不是穿了一件银色的超人服装？

默里：不是。你翻唱了《柏树大道》‡。

鲍伊：差不多是在那个时候，我们在"圆屋"还演过另一场，当时我们的装扮和现在非常像，那一次是和米克·容森一起演出的。我们打扮成不同的超级英雄，像在卡通连环画里一样。

---

* Roundhouse，伦敦一个著名的演出场地，由一个废弃的圆形机车库改建而成。

† Country Joe，美国乡村摇滚歌手"乡村乔·麦克唐纳"（Country Joe McDonald）。

‡ "Cypress Avenue"，北爱尔兰著名摇滚音乐人范·莫里森（Van Morrison）发行于1968 年的作品，原歌名是"Cyprus Avenue"。

默里：你扮演谁？

鲍伊：不是一个特定的角色，就是一个超级英雄类型的人物。我们穿的是银色的衣服，就像我之前在《太空异事》中穿的那件，那种银色紧身衣，完全一样。

想想吧，三年来一点没变，只是衣服布料不同。我穿的那件是银色缎面的，配蓝色和银色的斗篷，再加上染成银色和蓝色的头发。整个人看起来非常光彩夺目，鲜亮到那个程度。

默里：乐队成员当时有思想准备应对这样的穿着吗？

鲍伊：没有，完全没有，所以我们就这样完了。当然了，乐队的这些男孩子会说，瞧，我告诉过你的，我们简简单单重新做一个乐队就好。

那段时间我很崩溃。那次演出后我都要停止唱歌了。但我知道这个方向是正确的，也是我想做的，同时也知道总有一天大家是想要看这样的表演的。

但我不知道这一天什么时候到来，所以我一直坚持着。我知道这一天一定会到来，因为看到那些在视觉上令人兴奋的事物总会让我非常兴奋，我总是为这样的事物倾倒。我也喜欢看别人假模假样。

我的想象力很丰富。我不是一个植物人。我喜欢让我的想象力自由驰骋。我想，如果这对我有好处，对其他人也会有好处，因为我只是一个人。我没那么像超人。总之，我很高兴自己坚持了下来，真的。

默里：你能列举四到五首在早期影响你的作品吗？

鲍伊：可以。"好莱坞菱形"乐队（The Hollywood Argyles）的单曲《嗨吼》（"Alley Oop"），我喜欢它带来的那种感觉。对于这样的作品在技术上我可能没什么发言权，我能说的最多是它让我有种共鸣的感觉。

我说不清那种感觉，是作品中的古怪可笑还是其他什么。

默里：是那首关于穴居人的歌吗？

鲍伊：是的。其实是金·福雷（Kim Fowley）的歌，他以"好莱坞菱形"的名义写的。我喜欢模仿，因为……

默里：扎帕*？

鲍伊：是的，我仰慕扎帕，但我更喜欢查尔斯·明格斯（Charles Mingus）。我想让我的模仿更柔和一点，因为我天生是一个和平主义者，任何形式的敌意，即便是精神层面上的敌意，我都觉得不好。

我认为扎帕的问题在于，他觉得自己没有像明格斯那样被大家所接受，他一定要为自己找到听众。我认为他对此耿耿于怀。

默里：但是，《直立猿人》†与《穿棕色鞋子不会成功》‡是不太一样的。

鲍伊：这就是我对模仿的观点的重点所在。我天生是一个比较温柔的人，没有敌意，也不觉得自己是一个有攻击性的表演者。

---

* 指弗兰克·扎帕（Frank Zappa）。
† *Pithecanthropus Erectus*，查尔斯·明格斯于1956年发行的专辑。
‡ "Brown Shoes Don't Make It"，弗兰克·扎帕的乐队"发明之母"（The Mothers of Invention）于1967年发行的单曲。

我喜欢我为观众营造出的那种现场状态，大多数情况下都很有人情味。他们非常友好。

那种状态既不是尖叫，也不是混乱，反正就是感觉非常好。我爱我的观众，我觉得我没见过几个演出能比我自己的演出感觉更好。我从我的观众那里得到了一种非常温暖的感觉。

默里：如果我错了请纠正我，《出卖世界的人》这张专辑里是不是有一首歌是模仿马克·博兰的？

鲍伊：哦，是的，是的。那首歌是《黑色乡村摇滚》，我把它博兰化了。我在我的歌里模仿过很多人。

默里：除了那首《荡妇皇后》模仿得很明显之外，你还有哪些值得一说的模仿？

鲍伊：我在创作第一张专辑《爱你到周二》时，就用了很多纽雷（安东尼·纽雷）的风格。那是一张非常奇怪的专辑。

默里：那张专辑再版发行过吗？

鲍伊：将来会再版的。那张专辑是我在创作《太空异事》时发行的，但当时卖得不是很好。我预计几周之内唱片公司就会再版那张专辑。我保证他们会再版那张的。

其他歌，你还想知道更多歌曲吗？

当然，《等待那个男人》*是我一定要提及的一首歌，其实还有卢的很多作品。尤其要提这首，因为它可以总结卢早期的音乐

---

* "Waiting For The Man"，原曲标题《我在等待那个男人》（"I'm Waiting for the Man"），是来自"地下丝绒"乐队首张专辑里的作品。

创作，而他的创作从那时候起到今天已经有了很大的变化。我觉得我们接下来要制作的他的下一张专辑，里面的新歌会让很多人震惊。

这张专辑和他以前做的所有音乐都相去甚远。在《等待那个男人》里，我觉得卢比其他任何人都更好地抓住了纽约的感觉，纽约的某个特定区域的感觉，就是他在那个时候住的地方。

默里：关于纽约，我们这个时代另一首出色的作品是《城市的夏天》（"Summer In The City"）。

鲍伊：是的，我同意。我是"一匙"*的忠实歌迷，我爱他们。

另一个很出色的作品是明格斯的专辑《哦，耶》（*Oh Yeah*），特别是里面的《专属神学》（"Ecclusiastics"），我从那首曲子里获得了很大乐趣。我觉得它非常 90 年代，非常 2001 年——我说的是整张专辑。我当时很喜欢他那种爵士乐。

在"桑塔纳"乐队（Santana）出现之前，我对英国音乐圈很着迷，而对那类音乐一直没什么共鸣，因为我早前对柯川†和明格斯很有兴趣。其实扎帕的很多音乐我都觉得很平淡。

默里：有没有扎帕的什么作品是能让你产生共鸣的？

鲍伊：《我们只为了钱》（*We're Only In It For The Money*），在这张专辑中，我看到了扎帕的巨大潜力。但我不懂扎帕，我对探究他的问题或者找出问题的原因没有兴趣。

---

* Spoonful，此处指美国著名摇滚乐队"一匙爱"（The Lovin' Spoonful）。
† 指约翰·柯川（John Coltrane），美国萨克斯演奏家，爵士乐史上最伟大的音乐家之一。

默里：有没有人来找你参与詹姆斯·泰勒（James Taylor）做自传性歌曲的事？

鲍伊：有，我参与了一阵子，不过感谢上帝我抽身而退了。

默里：在你所有的作品中，哪些歌曲是你自己最满意的？有没有哪首歌让你在听的时候觉得，如果放到将来做可能会更好？

鲍伊：哦，有啊，很多时候都有。《出卖世界的人》里的很多歌我都有这种感觉，虽然那张是我出过的最好的专辑之一。那段时间是我的创伤期。

默里："齐吉"之后，你的下一步发展会是什么？你开始考虑做新专辑了吗？

鲍伊：没有，完全没有新专辑的计划。我依然全身心地投入到"齐吉"中。我可能会在几个月后让它从我的音乐里完全消失，然后我们会戴上另一个角色的面具。

默里：非常感谢，希望你和"齐吉"非常幸福地在一起。

鲍伊：噢，不。应该是我希望你和"齐吉"在一起会非常幸福。"齐吉"是我给你的礼物。

我的采访是这个充满着喧嚣、打闹和各种疯狂事情的漫长一天中的最后一个采访了。大卫即将动身去享受为期两周的假期，但我的采访一直让他不能立刻出发。而现在是时候握手告别了。你们都知道大卫很棒，他的宣传广告里说他是"闪亮的天才"，他可能真的名副其实。不管怎么样，他很有趣。"齐吉·星尘"万岁！我们需要他。

再见，齐吉；你好，阿拉丁·萨恩

查尔斯·沙尔·默里

1973年1月27日，《新音乐特快》杂志（英国）

（原编者按）1973年，是从大卫·鲍伊重塑自己的形象开始的。

"齐吉·星尘"，这个和大卫·鲍伊几乎是同义词的角色，甚至让某些公众已经搞不清这个名字是不是他的真名。但这个角色正在逐步退出舞台——据《新音乐特快》的查尔斯·沙尔·默里透露，"齐吉·星尘"即将被一个名为"阿拉丁·萨恩"的形象所取代。

鲍伊和默里针对这个不存在的人（据了解，这个形象基本上就是在鲍伊的脸上画一道闪电，然后在他的左锁骨上滴一滴液体）的特征进行了严肃的讨论。对习惯了20世纪60年代那些不太戏剧化的偶像的人而言，这未免有些荒唐，但在70年代，尤其在华丽摇滚让怪异的形象和音乐本身一样重要的英国，年轻的唱片消费者特别吃虚构形象这一套。

他们对鲍伊尤其宽容。默里得知鲍伊正在为一张标题也叫《阿拉丁·萨恩》的专辑做最后的润色，而这张专辑将会与《万事顺意》和《齐吉·星尘》一起，成为三张接连面世的经典之作。

1月17日，伦敦周末电视台南岸演播室（South Bank Studios）

如果你让出租车停在伦敦周末电视台南岸演播室的门外，就可以看到"大卫·鲍伊移动太空马戏团"在50码*远的地方优雅地从一辆豪华轿车里走出来。

鲍伊那猩红色的蓬松头发照亮了原本灰突突的南岸。他仿佛一条充满异国情调、通体发亮的鳄鱼，闪进了演播室的侧门，然后将会在里面待上一段时间，不再出现。

三号演播室里架起了一台风琴和一架电钢琴，很明显，没有连接放大器之类的设备。舞台监督、摄像师和导演们兴奋地忙前忙后，而扮演观众的临时演员对此却漠不关心，正在座位上打盹。

在大家显然都满意的休息之后，乔治·费姆（Georgie Fame）站到了风琴后面，艾伦·普莱斯（Alan Price）则在钢琴前坐定。

很明显，今天是伦敦周末电视台《拉塞尔·哈蒂升级版》（Russell Harty Plus）节目的摇滚日。费姆和普莱斯、大卫·鲍伊和埃尔顿·约翰（Elton John）接连被请进来在麦克风前定位，之后再被请出去。

费姆看上去颇圆滑世故，他大谈热门话题，还不停地咧嘴大笑，而普莱斯则穿着黑色西装，看起来有点郁郁寡欢。他们调高了伴奏带的音量，费姆开始唱起一首不太好听的小调，估计是他们的新单曲。普莱斯则时不时凑到麦克风前，对着口型模仿和声。

---

* 码，长度单位，1码约等于0.914米。

他们俩把这首歌又多排演了几遍，随后开始正式录制。

两人录完后离开演播室。现场没有人鼓掌——为什么那么好的音乐人会表演那么差的音乐？

接着，演播室突然热闹了起来。钢琴和风琴被撤走了，舞台监督开始担心在鲍伊表演的时候，拉塞尔·哈蒂的椅子要放在哪里。

当一套银色的架子鼓和一对马歇尔放大器被搬上台的时候，舞台监督对另一个也戴着耳机的人说："他们跟我说他们会在台上不停地走来走去。"

此时演播室一角发生了一阵骚动——鲍伊和他的随行人员从侧门进了演播室。大卫穿着一件绿色绗缝无尾礼服，一条黄色的长裤以及马甲和靴子，看起来十分奇怪。

鲍伊的眉毛不见了，取而代之的是两条精心勾画的红色线条。他涂着红色的眼影，让他看起来有一点像昆虫。他比以前更消瘦。和鲍伊同时出现的，还有特雷弗·博尔德尔，他的络腮胡还没有染上银色，看上去有些茫然。米克·容森穿着一件带条纹的缎面夹克，挎着他拥有的第二好的 Les Paul 吉他。伍迪·伍德曼西身着一件都市绅士风的衣服，与他一头浓烈躁狂的金发形成奇怪的对比。

当大卫在熟悉导演、安保以及各色闲杂人等时，技术人员开始播放鲍伊和他那些"蛛形纲动物"伙伴们一会儿要对口型表演的背景音轨的片段。

这些片段充斥着奇怪的"嘶嘶"声和"嗡嗡"声——非常诡异的电子声响。

大卫站定在他的麦克风前，"蜘蛛"们也已经就位，背景音轨再次响起——谁能想得到，竟然是他几个月前在佛罗里达州劳德代尔堡首唱的新歌《周六露天电影》("Drive-In Saturday")，这一阵子他所有的制作工作安排以及相关活动都是为这首新单曲服务的。

鲍伊几乎立刻打断了流程，他要求把背景音轨的音量提高。音量被提到了最高，他把歌重新唱了一遍。

《周六露天电影》是一首节奏舒缓但有着很强张力的歌曲，比起《让·精灵》("Jean Genie")或者《妇女权利之城》，这首歌更像《五年》或者《摇滚自杀》("Rock 'n' Roll Suicide")，听过一遍之后，接下来的六个月你都会不由自主地一直哼它。

第二首歌是鲍伊的独唱，放大器和鼓都用不着了。两首歌曲之间夹着一个采访，鲍伊从舞台走到那张双人扶手椅边坐下，接受拉塞尔·哈蒂的采访。整个过程是经过精心排练的。

接着，舞台上放了一把凳子和一对麦克风。鲍伊坐在了凳子上，抱着他那把特别笨重的 Harptone 吉他，开始演唱雅克·布雷尔（Jacques Brel）的《我的死亡》("My Death")。

大卫·鲍伊身为音乐创作者的非凡天赋，有时会让人忘记他也是一个他人作品的出色诠释者。他对《我的死亡》的翻唱引人入胜，极富戏剧性，却没有陷入做作过火的危险境地，同时也表现出一种对原曲歌词充分的共鸣。

现场的工作人员甚至都忘了工作，灯光也不打了，梯子也不扛了，也不对着对讲机说话了，他们都在听面前这个奇怪的生物唱着一首法国作曲家写的歌，而他们中可能只有一半人听说过这个法国人的名字。

当鲍伊演唱到最后一段时，吉他的一根弦因为绷得太紧断裂了，断弦挂在琴颈上，在灯光的照射下形成一条细长的银色线条。

鲍伊对歌曲中的悲剧内容的演绎震撼了整个演播室，他几乎完美地唱完了这首歌。

"卡特·斯蒂文斯（Cat Stevens）听到刚才这首歌的话肯定会放弃演唱生涯的。"对面看台上有个观众小声嘀咕道。

到了休息时间，鲍伊和同伴们走进了化妆间。

经过深思熟虑后，我走进了化妆间，却发现大卫正在……化妆以及穿舞台服装。看来，刚才那套绚丽得把整个演播室都震惊了的服装，对他而言只不过是街头便服而已。

一如既往地，鲍伊的发型由休·法西（Sue Fussey）打理。现在他头顶和后脑勺的头发都比以前长，休把它们往后梳到了耳后根。

一位名叫皮埃尔·拉罗什（Pierre LaRoche）的绅士正在为鲍伊化妆，而为鲍伊操刀服装的人——"东区弗雷德"也在化妆间里。这位弗雷德先生看上去就像一个以为自己是莱斯利·霍华德（Leslie Howard）的年轻女子。

他告诉我说他的服装公司以"扮酷"和"放肆"闻名，而大卫的服装大多来自"扮酷"的那部分。

大家彼此寒暄和闲聊了一阵，然后商定今天的节目录制完成后，鲍伊会把麦克风交给弗雷德，这样我们就可以讨论世界（以及东区）局势了。

鲍伊消失了一会儿，再出现的时候已经穿上了一整套耀眼夺目的演出服。这套被他形容为"对三件套正装的戏仿"的演出服简直让人心跳加速。他的单侧耳朵上挂着一个装饰性的耳环。

哈蒂对鲍伊的采访还算有意思，因为哈蒂先生的问题主要集中在鲍伊的外表以及易怒的情绪上。显然，真的要谈论音乐的话还是需要专业知识的。

不过，虽然大卫表现出一反常态的紧张，却依旧应对自如，清楚地表达了自己的观点，而且还能制造笑料。比如在一段冗长而沉闷的谈话中突然问一句"摄像机在哪里？"，或者用一句娘娘腔的"愚蠢！"来责备哈蒂对他那双长筒袜浓厚的兴趣。

接下来是录制《我的死亡》。在录影过程中，很多观众看的都是监视器屏幕，而不是舞台上那个光彩夺目的身影。或许是因为电视上的形象看起来更真实吧。

奇怪的是，在柔焦镜头之下，鲍伊的脸与全盛时期的玛琳·黛德丽（Marlene Dietrich）相像到令人不安。到了预录结尾部分时，舞台监督开始鼓动观众鼓掌。当鲍伊唱到整首歌的倒数第二句时，掌声渐渐变小，然后变成了令人尴尬的冷场。最后一句歌词唱完时，大家稍稍有些迟疑，直到在场的每个人都确定这首歌真的结束了。

几分钟之后，混乱嘈杂的食堂里，在一片咀嚼食物和说话的声响中，在私人助理此起彼伏的、让不同的人到不同的地方报到的叫喊声中，我对大卫·鲍伊的采访突然就"预备，开始"了。

采访从一个稍有冒犯的比较开始——我把新近扩员的"火星蜘蛛"乐队与猫王（Elvis Presley）巡演的阵容相提并论，就好像猫王真的会允许一个像我的英雄大卫这样打扮怪异的左派基佬在他的圣洁之地演出一样，该死的！

"我的乐队是一个九人乐队，不像猫王的乐队那么大。在我想象的猫王巡演中，他会带上一个大型的管弦乐队，一切非常完备。

"我想澄清一点：'蜘蛛'乐队并没有扩员，依旧是特雷弗、伍迪和米克三个'蜘蛛'。我们只是增加了些高音萨克斯、钢琴与和声的后备乐手。

"我看到一些报纸上说'蜘蛛'乐队正在扩大规模——这是不可能的，这个乐队就是三个'蜘蛛'，加上我和后备乐手。"

乐器的增加是否也意味着视觉上有相应的增强？

"我想强调的是，我把主要精力都集中在音乐上，如果还有多的时间，我才会在戏剧效果方面下工夫。我从来不相信在我们的工作中时间会流逝得那么快。

"我们的下一场演出是2月14日，在纽约的无线电城。在那之前，我们必须在这个月的24号完成手头这张新专辑，也就是下周了。做完之后我就得远渡重洋到纽约。到那之后，我只有十天的时间来排练整个演出。

"在美国我们基本不和外界接触，第一次去美国的时候我们很有戒备心。下一次去的时候我们可能会有更多的机会出去走走。我们对美国还是非常多疑的。"

这种多疑是有原因的吗？

"我一直没法说清楚原因。我快离开美国时已经非常喜欢它了，我很喜欢身处纽约的那种感觉。"

就算不是在身体层面上，在精神上大卫·鲍伊也喜欢活得危险刺激。

"我喜欢走钢丝的感觉，它给了我生命中所需要的兴奋感。"

但如果他不是一个艺术家，还能在钢丝上生活吗？

"也许不能，但在我的生命中，没有一刻不是生活在钢丝上的，我总是以这样或那样的方式做音乐。我想，如果我不在音乐这个领域工作，我依旧会去旅行。我非常喜欢旅行，旅行可以让我从一个社会转到另一个社会。"

和大卫·鲍伊坐着对谈时，最令人不安的一个点是，你其实并不真的知道这个对谈是在哪个时间点上发生的。在两三个月前的一篇文章里，我把鲍伊描述为"一个70年代的人站在下个世纪的某个点上回顾80年代"。

"这就是我在很多时候有的那种感觉。我所处的立场可能是被迫的，但也是我所希望采取的立场，如此可以让我的创作不受影响，并朝着我想要的方向发展。"

我问鲍伊，当"齐吉·星尘"被无声无息地扔在了他脑海中某个角落，在那里他的这个旧的第二自我被放逐时，谁会出现并代替他呢？

"是一个叫'阿拉丁·萨恩'的人。《阿拉丁·萨恩》其实只是这张专辑里的一首曲目。这张专辑是在美国创作完成的。那些歌放在一起本来无法形成一张概念专辑，但回过头去看，每首歌之间似乎又都有明显的联系。

"这些歌是没有顺序的，它们是在不同的城市创作的。但整张专辑又有一种整体的感觉，我也说不清楚是什么感觉。

"这是一种我以前从来没有在专辑制作过程中产生过的感觉。我觉得这张是我创作过的最有趣的专辑，在音乐上和我创作过的其他所有东西一样有趣，其中的《周六露天电影》是相对更商业化的曲目之一。

"我觉得所有人都想要我再出一首《让·精灵》那样的歌，但我们就是要把《周六露天电影》作为主打单曲推出。"

在《新音乐特快》那异常复杂的文件系统里流转的关于大卫·鲍伊的读者来信中，其中有一些人似乎认为大卫·鲍伊和"齐吉·星尘"其实是可以互换的,还有一些读者提到"齐吉"时甚至完全没有提到大卫本人。可以这样说,他们中的很多人认为,"齐吉·星尘"比他的创造者来得更重要。

"是的,他们可能也是对的。我完全不觉得大卫·鲍伊重要。我认为我创作的音乐所营造的概念和气氛比我本身来得更重要。

"我一直觉得自己是某样其他东西的载体,但我从来没有真正弄清过是什么东西。我想,每个人在某个时候都会有这样的感觉:他们那一刻的存在并不仅仅是为了自己。他们中的大多数人会去翻阅《圣经》寻求解答,然后觉得可能是为了耶稣和上帝或者是宗教中的这类东西。他们会有一种感觉,认为他们的存在还有其他的目的——在我心里,这种感觉就非常强烈。

"这是一个概率问题,我只是在计算概率。我看到一些当下正在发生的事情,试图把它们引向某些焦点,好让它们能在未来融汇。

"我有时会选择不同的年代,回到30年代或40年代,挑选那时发生的事件,把它们放到80年代,看看所发生的事情会有什么样的结果。"

像是通灵坐标?

"通灵坐标,没错,这个词非常好。还有一个词,我想不起来了,不过前几天晚上我看电视里说有人写了一本关于这个问题的书,显然,现在这类事都是用电脑做的了。但我是一个创作者,我不想卷入到电脑创作这件事当中,这样的话我会觉得自己完全没有用处。我喜欢创作,我喜欢把我自己关于概率的理论融入创作。这样的创作不一定会非常准确,但我相信如果把这件事交给电脑,它会给出与我的创作完全不同的答案。"

黑洞（宇宙中的负反物质区域）问题是鲍伊颇有兴趣的另一个概念。

"是的，黑洞是绝对惊人的。纽约外面就有一个黑洞。"

毫无疑问，鲍伊说的是新泽西州的伊丽莎白市。我告诉鲍伊，在1970年的夏末到过这个可怕的小城后，我自己也变成了反物质。

"真的？你到过那里？那应该损失不小了。"

对于我如此天马行空的幻想，大卫却泰然自若地接下了话题，这让我非常震惊，甚至忘了自己的下一个问题是什么。注意到我的窘态后，他毫不掩饰地露出了欢乐的神情。

我对他说："你做聊天节目时会紧张，而我做采访时会紧张。"在这场对话中，我完全处于守势。

他回应说："我接受采访时也会紧张，因为我害怕不停地重复自己说过的话，像一张坏了的唱片。"

鲍伊再次提到了"阿拉丁·萨恩"，回到了令他舒适的主题。"我觉得'阿拉丁'不像'齐吉'那样是一个在定义和刻画上很明确的角色。'齐吉'在定义和刻画上是很明确的，同时留存了互动的空间，但'阿拉丁'的刻画是非常随性的。他是某种情况而不仅仅是某个个体，我觉得这个角色包含了各种各样的情况，而不仅仅只有一种个性。"

如今唱《让·精灵》的那个人是不是比以前唱《太空异事》的那个人更像一个虚幻的存在？

"我现在真的没法与当时的那个人产生共鸣了，因为他当年经历的那些冒险，我已经有好多年不曾经历了。他的生活方式与现在的我很不同，非常非常不同。

"我现在完全没法和那个人产生联系，也无法与他产生共鸣，无法像他那样思考。我们之间唯一的联系是《太空异事》这首歌，是那个时期的歌里我现在唯一依旧有感觉的一首。要说再有一首的话，就是《小天鹅委员会》（'The Cygnet Committee'）。"

当然，《太空异事》是鲍伊第一首使用了特别巧妙的创作手法的歌曲，这一手法就是由前后不同的叙述者分别说出在"这里（我坐在我的锡罐里）"和"（你能）听到我吗，汤姆少校？"这两句歌词里的双关语*。

鲍伊说："我必须承认双关语这个技巧是我从'披头士'乐队（The Beatles）那里学的。关于列侬的创作，我最喜欢的一个方面就是他对双关语的使用，极其出色。我认为玩双关语没有人能比列侬更强。我使用双关语会需要比较长的篇幅，但列侬会在短短一句话里就抖出包袱。我更倾向于用双关语去构建一整首歌。我对待双关语更严肃一点。"

鲍伊从列侬那里借鉴的另一个重要之处，是把《佩珀军士的孤独之心俱乐部乐队》（*Sgt. Pepper's Lonely Hearts Club Band*）里的《可爱的丽塔》（"Lovely Rita"）的和声放入《齐吉·星尘》里的《明星》（"Star"）一曲中，把两者揉捏在一起。

"我一定要和其他创作者有所交集，因为我一直以来都是别的音乐人的歌迷。如果我不是歌迷，那么在创作上可能会有个性得多——那是另一种与世隔绝的个性，在我的自我意识里埋得非常非常深。于我而言，如果我要和社会紧密连接，那么在音乐上就必须利用目前社会上已有的创作手段。这就是为什么我要从其他

---

* "Here (am I sitting in my tin can)"里的"here"和"(Can you) hear me, Major Tom?"里的"hear"是同音词。

音乐人以及他们的音乐中汲取和使用养料,并且深深为之着迷。"

我小心翼翼地提出:这种对已有手段的再利用,容易让某些说话不留情的媒体人给鲍伊贴上纯粹模仿者的标签。

"我知道你说的那个人是谁,他写的那篇评论是我见过的最苛刻的文章。我注意到,自从写了那篇文章之后,那个人的态度就有了改变。他在那篇文章里对卢·里德的专辑的评论其实更让我火大,他基本上都是在批评那张专辑的缩混,虽然这点和我自己关系不大,但我还是很不开心。我就是想为卢做点我能做的事。

"我必须指出一点,即使是我自己写的东西,我也未必都知道是什么意思。我的创作就是把我感兴趣的点组合起来,然后花点工夫合成一首歌。听歌的人也许能从这首歌中得到些什么,那就可以看看他们从歌里收集到的信息是否和我收集的相一致,然后接下来就是,我能做什么?

"我所能做的只是说:'你注意到这句了吗?你注意到那句了吗?这句是什么意思?那句是什么意思?'这就是我用一首歌能做的全部了。我不能说:'这是这首歌的全部意义。'我不能那样做,因为我不知道!我不知道!

"我所能做的就是汇总我收到的信息。新专辑里我创作了一首歌,名字很简单,就叫作《时间》('Time')。我觉得这首歌是关于时间的,在里面我写了大量关于时间的内容,以及我对时间的感受——那些时不时泛起的感受。当我们录制完这首歌,回放的时候,我的上帝!我发现这是一首关于同性恋的歌!可我本来根本没打算写任何关于同性恋的内容。我听这首歌的时候,简直无法相信。我就想,好吧,这是最奇怪的……"

就在这时,一块巨大的牛排上桌了(供鲍伊品尝)。

"查尔斯,我要吃饭了。我们就聊到这里吧!"

1月20日,伦敦三叉戟录音室(Trident Studios)

周六晚上的三叉戟录音室。来访者将门推开后,会被从巨型扬声器中轰出的高能再造版的《约翰,我只是在跳舞》("John I'm Only Dancing")迷得神魂颠倒。米克·容森穿着一件镶钻的玛丽莲·梦露T恤坐在角落里。无处不在的法西小姐也在那里。大卫戴着一顶天鹅绒报童帽,在音控台后向大家神采飞扬地挥手打招呼,他身边则坐着乐坛上几乎所有最亮眼的名字背后共同的录音工程师和/或制作人肯·斯科特(Ken Scott)。

新版本的《约翰》一曲蕴含了致命的高能量,相形之下,之前的单曲版本听上去就像是一首用三弦琴伴奏的歌。新版本几乎要刺穿耳膜,也让"'火星蜘蛛'是我们这个时代最好的乐队之一"这一事实越发毋庸置疑。

除了两首歌外,新专辑里的其他歌曲都已经在上周六前完成了,没完成的也只缺人声部分了。对此最合理的解释是,鲍伊还没有写好歌词。

专辑同名曲开始播放。鲍伊把写有歌词的笔记本递过来,那一页的顶部写着"阿拉丁·萨恩:1913—1948—197?大卫·鲍伊1972年版权所有。结束"。

关于这张专辑的音乐,如果愿意的话,你可以这样想象:假如第一次世界大战期间使用了原子弹,那30年代的卡巴莱歌舞厅播放的就是那样的音乐。伴随着"谁会爱上阿拉丁·萨恩?"的声声诘问,迈克·加森(Mike Garson)在一架夜总会钢琴上弹奏出华丽的音符,这些音符最后逐渐消散,变成隐约闪光的冰屑。这张专辑的冲击性令人难以置信地强,而加森在其中的演奏也将让很多人对摇滚乐的键盘手产生全新的认识——谁弹得好，而谁又不会弹。

接下来播放的是《分裂戏子》（"Cracked Actor"），讲的是一个上了年纪的好莱坞明星为了性而勾搭了一个年轻女孩，但这个可怜的傻瓜并没有意识到她之所以和他在一起，只是因为她是个瘾君子……他还以为自己给她提供了社会人脉。这是一首十分好莱坞的歌，有一点点伊基·波普和"傀儡"乐队（The Stooges）的影子，也有一点点像卢·里德和兰迪·纽曼（Randy Newman）的风格。再来是前面提过的那首《时间》："时间，他像个妓女一样能屈能伸"，以及那句不断重复的歌词"我们现在应该开始了"。

除了这两首单曲（以及一首混音版的《让·精灵》），专辑里还有一首《小心那个男人》（"Watch That Man"）——这首歌吵闹、重型，你能跟着跳舞。另外还有一首很可爱的《最漂亮的星星》（"Prettiest Star"），这是鲍伊为妻子安吉写的歌的新版本，最初版本是作为接力《太空异事》的单曲发行的。

《最漂亮的星星》播放完了，但遗憾的是，结束得不太好。跟着还有一首额外附加曲目——"滚石"乐队《让我们共度良宵》（"Let's Spend the Night Together"）的一个精细打磨的翻唱版。虽然翻唱"滚石"合情合理，但这首歌从大卫嘴里唱出来还是让人觉得有点奇怪。即使录音室里音乐震天价响，容森也能在咫尺开外的沙发上睡得很香甜。

大家一致决定专辑还需要多加点贝斯，因此特雷弗·博尔德尔被匆匆召来录音室，并且由容森留下来监棚。此时鲍伊觉得累了，便叫来自己的奔驰车，司机把他送回了贝肯纳姆，而我也坐地铁回了伊斯灵顿。当鲍伊离开录音室时，我注意到，他的靴子和房间里的烟灰缸还挺相配的。

"谁会喜欢阿拉丁·萨恩？"这个问题简单，小家伙。你会喜欢的。

《阿拉丁·萨恩》就要来到你身边了，你会喜欢这张专辑里的每一分钟。

鲍伊找到了自我的声音

罗伯特·希尔伯恩

1974年9月14日,《旋律制造者》杂志(英国)

（原编者按）《旋律制造者》的这篇专题文章主要介绍了鲍伊1973年的翻唱专辑《明星海报》(Pin Ups)、《钻石狗》(Diamond Dogs, 1974年)、演唱会现场专辑《大卫现场》(David Live, 1974年)，以及标志着他音乐生涯新阶段起点的专辑《年轻的美国人》的录制。

《钻石狗》这张半概念专辑标志着鲍伊告别了华丽摇滚、红头发、"齐吉·星尘"以及相对传统的摇滚乐。这张专辑收到的评价毁誉参半［好评如潮的先行单曲《反抗，反抗》("Rebel, Rebel")除外］。不过，鲍伊显然已经对此泰然自若，对自己的下一张录音室专辑的喜爱之情却溢于言表。正如他在本文中所说的："我做的每一件事，最终都会让我感到厌倦。"

"我真不应该这样做。"大卫·鲍伊一边穿过他在贝弗利山酒店住的套房，走到一堆磁带设备旁，一边调侃道。此次我来是为了采访他,听一听他新的现场专辑(双碟装,选自他目前正在进行中的美国巡演),但他想先让我听一些别的东西。

"这张不是新的现场专辑,而是再之后的一张。唱片公司不想让我和你聊这一张,他们想让我聊新的那张,即将发行的那张现场专辑。但是我对这张专辑非常兴奋,我们在费城用了一周的时间把它做了出来,关于我现在的情况,它能告诉你的比我自己能说的还要多。"

这是鲍伊自今年6月开始他的大型美国巡演以来首次接受采访。这次巡演的舞台表现太过野心勃勃,以至于很多评论都把它誉为有史以来最壮观的摇滚表演。

鲍伊不喜欢接受采访,如今也的确很少接受采访,因为他觉得采访并非他和听众之间必要的沟通渠道。

像很多音乐人一样,鲍伊觉得自己的音乐已经传达了他想说的一切。另外,他也不喜欢在几个月后看到采访刊出时,发现自己对某事件的看法已经被篡改得面目全非。

而大卫对很多事情的看法也确实瞬息万变——他是第一个承认这点的艺人。

走进房间的时候,鲍伊有点紧张。他走到磁带设备前,在一堆箱子里翻找了一阵才找到他想要的那盘磁带,然后把磁带放到机器上,调试旋钮。

要告诉那些依旧关心鲍伊时尚的人,他现在把头发留向一边,有点像30年代的发型。

曾经流行一时的"齐吉"发型已经不在了,如今鲍伊穿着黑色燕尾服长裤,蓝白格子衬衫和颇大胆的白色吊带。他的鞋子是黑色的,没有松糕厚底,像是守旧的金融家才会穿的那种。

终于把磁带机调试满意后,他坐到一张椅子上,开始听扬声器里传来的音乐。

从开场曲（《约翰，我只是在跳舞》的新版本）可以听得出，鲍伊在这张专辑里的风格有了一些变化。

伴奏音乐具有强烈的节奏布鲁斯特色，但更引人注意的是鲍伊那更宽、更厚的自信嗓音。现在他的嗓音不像以前那样平面单薄，而是更有真人味，更"真实"。

下一首曲子《有人喜欢我》（"Somebody Up There Likes Me"）更有说服力。这首歌是一篇社会政治评论，歌词非常直接。

其他曲目——包括一首关于爱情从指缝间溜走的歌谣，以及一首关于这个时代情感缺失的挽歌，后者里有一句歌词"难道就没有一首该死的歌能让我崩溃和哭泣？"——则比鲍伊以往的许多作品更直接、更容易理解。这张专辑没有诉诸科幻小说或者间接陈述的形式。

当磁带播完时，鲍伊也显得不那么紧张了。他显然对新专辑很满意，仿佛里面的音乐给了他极大的信心。

随着访谈的进行，鲍伊的紧张状态还会时不时地重现。当感到紧张时，鲍伊通常会以神经质的笑声来结束自己的话，似乎想以此来强调他对回答的不确定。

"我觉得我在这张唱片上做的音乐是最最接近我自己的。"他说，"我以前一直说我在大多数专辑里只是在表演，基本上就是一个角色而已。

"这张专辑是从第一张非常个人化的《太空异事》以来离我最近的一张专辑，我对此真的很兴奋。"

和之前的《阿拉丁·萨恩》和《钻石狗》相比，这张暂名为"一首该死的歌"（One Damn Song）的新专辑似乎少了很多张力，但多了一些专注。

我就此向鲍伊提问。他说他在那两张专辑里都经历了紧张的考验。

"《阿拉丁·萨恩》来源于我对美国的多疑心理,"他说,"那时候我还没能接受它。如今我接受了,我知道自己最喜欢美国的哪些地方。

"我也知道自己喜欢美国的哪些人。我已经在这里待了很长时间,从4月开始就在这里了。我终于有机会理清我的感受。我在这里住得相当开心,遇到了各种各样的人。

"但我在做《阿拉丁》的时候碰到了一些非常奇怪的偏执狂,很复杂的人,我感到很不高兴。结果就做出了《阿拉丁》……我知道自己对摇滚乐已经无话可说了。

"我的意思是,《齐吉》真的说了我一直想说的东西,而《阿拉丁》其实就是美国版的《齐吉》。两者一样,就是到处看看,看看我脑子里都在想些什么,然后写下来。

"制作《明星海报》很过瘾,同时我知道乐队('火星蜘蛛'乐队)已经到头了。那张专辑在某种程度上就是对他们的最后告别。而《钻石狗》其实是这张新专辑的缘起。

"类似《和我一起摇滚》('Rock and Roll With Me')和《1984》那样的歌是我想在这张新专辑里做的音乐的雏形。我尝试了各种各样的风格。这张专辑不是一张概念专辑,它就是一些歌的集合。

"另外我也没有乐队了,这就是压力所在。当我做完这张专辑时,我都无法相信我竟然完成了它。我一个人做了那么多事。我不想如此再来一次。

"在没有乐队支持的情况下试图做一张专辑很可怕,什么事都要靠自己。这是我在制作上最困难的一张专辑,能把它做得这么好,我很是宽慰。"

做《钻石狗》的时候,他是否担心在音乐方面下一步要往哪里去?

"没有担心,就算在那个时候,我也知道我的音乐会朝着这张新专辑的方向发展。《钻石狗》里我最喜欢的几首歌,比如《和我一起摇滚》《1984》,让我知道至少对下一张专辑我会发自内心地满意。

"我的意思是,如果我做不出让自己满意的专辑,那还不如不做。我不会跑进录音室做十几张差不多的专辑出来。我做的专辑必须是对我有意义的。

"碰巧我创作得很快。我写了很多歌。这就是为什么我好像出过很多很糟糕的专辑。"

虽然这张新专辑对鲍伊来说是一个全新的开始,但这其实早就有迹可寻。即便是在"齐吉·星尘"功成名就的巅峰时刻,鲍伊就说过他对只做一个摇滚歌手不感兴趣。

他想要的是一个更宽广、拥有更多面向的音乐生涯。虽然新专辑是朝这个方向迈出的最大胆的一步,但是像《阿拉丁·萨恩》中的《时间》等作品早已提供了暗示。

"的确如此,"他说,"解决之道始终都在那里,问题只在于我什么时候走出自己的桎梏,而答案显然是——当我足够自信的时候。

"下一张专辑可能会更上一个台阶,但也可能会来一次复古。我们走着瞧吧。"说着,他又冒出了一阵短促、神经质的笑声。

我问他节奏布鲁斯音乐对他的影响。这是一种新的影响吗?

"不是。但是,直到现在我才有充分的信心去唱那样的歌。

节奏布鲁斯是我一直想唱的。我是说，我最喜欢的那些音乐人……杰基·威尔逊（Jackie Wilson）等，他们都是那种类型的。

"这次美国之行的好处之一，就是我可以去任何一个美国黑人的活动场所，而且不会被认出来。真的很奇妙。

"唯一一次我们被大多数人认出来是在'杰克逊家族'合唱团的演唱会上，因为观众群比较年轻。

"但在大多数节奏布鲁斯演出里，观众都是已婚夫妇，而不是孩子，所以我能在这样的演出里纵声歌唱是很了不起的事。我常去阿波罗音乐厅，那里人很多。"

他是什么时候对自己的演唱有信心的？

"当我开始和乐队一起为这次巡演排练的时候，我突然觉得自己又开始喜欢唱歌了，之前已经有很长一段时间没有这种感觉了。

"演唱就是阐释我的歌曲的一种方式。但当我开始排练时，我又享受到了唱歌的美好感觉，并且觉得自己真的唱得还不错。

"对此我真的很兴奋。我的声音有了一个飞跃性的提高，很多音乐人对我唱歌的评价让我受宠若惊。

"我非常希望作为一个歌手被大家认可。我喜欢那样。"

唱歌一直是你的目标吗？

鲍伊笑着说："我不知道。以前……在我还很年轻的时候……好像是22岁还是多少岁……我还是有过那样的想法的，但从没当真。

"以前我对自己的嗓音一点信心都没有，只知道我的声音是独特的，但如今我开始相信它的确是好声音。

"可能我只是想成为一个歌星吧……"那种笑声又冒了出来。

新专辑中最有趣的歌曲之一是《有人喜欢我》，说的是对于英雄崇拜的危险性的警告。

"这张专辑里有几首歌来源于我做过的一些别的事。"他说。

"我其实是个非常一根筋的人。这些年来，我用各种方式说过'小心，西方世界会有一个希特勒出现！'。我已经用一千种不同的方式表达过这个意思，《有人喜欢我》就是其中一种。

"我只是觉得我们非常容易……"他说到此处停顿了一下，然后说自己不喜欢以这种方式进行说教。他说他只是觉得，我们都容易被让别人为自己做决定所诱惑，因而会被别人牵着鼻子走。

"'齐吉'就是如此，他们……那些我创造的小角色都是如此。"

我问他，如此多的粉丝把他当作一个领导者——一个可以给他们答案的人，这不是很讽刺吗？

"的确如此。"他说，"这就是我在《和我一起摇滚》中说的，里面有一段谈到了……你们就是这样对我的。停止吧。"又是一阵神经质的笑声。

"这就是我很高兴我的音乐正朝着新方向发展的原因。我做的是有社会责任的音乐。我完全可以愚弄世人，但我不想那样做。鼓动大众这种事对我来说很容易。

"坦率地说，有时候我可以指使观众去做任何事情，这很可怕。我肩上有了社会责任，所以我必须对自己的言行非常谨慎，也需要有一些深谋远虑。"

他觉得听众对这张新专辑会有什么样的反应？

"我们在录这张专辑的时候，有一群孩子整晚都等在录音室外面，一直等到第二天早上十点钟，所以我们就让他们进了录音室，给他们播放了专辑中的一些歌。他们很喜欢，这点很奇妙。太神奇了，因为我之前真的不知道他们对我在音乐方向上的改变会怎么想。"

这张新专辑不再有科幻小说的成分了,这是由于他的自信心增加了吗?

"是的,某种程度上来说是。以前我在专辑里用了很多科幻小说的元素,因为我想提出各种概念、想法和理论,但这张专辑里没有这些东西。

"这张专辑只由情感推动,是我第一张极富情感冲击力的专辑,里面没有概念。"

他是不是曾经觉得概念非常重要?

"是的,非常重要。是概念让我觉得自己是一个创作者,但很显然我已变了。当我做完这张专辑时,我心想:'我的上帝,我是一个和以前不一样的创作者了。'在你把那些素材放到一起之前,你不知道最后会得到什么,那只是些零碎的元素。

"可是在我们把这些元素放到一起做成一张专辑并听完它之后,很明显的是,我确实真的改变了,变得远比我想象的要多。每次我播放一张制作完的专辑时,我都会感到震惊。我会想:哇,这就是现在的我了吗?"

此刻似乎是鲍伊播放另一盘磁带的好时机。这张是现场专辑,预计将于本月(9月)发行。

这张专辑名为《大卫现场》,包含17首歌曲,其中大部分进行了重新编曲,和原来专辑里的版本有极大的不同,演唱上也有了声音风格提升后的特征和质地。

唱片的第一轨《1984》突然响彻整个房间,鲍伊再次靠在椅背上听了起来。专辑播到一半时,鲍伊的几个巡演乐手和"大人物"(MainMan)经纪公司的几个工作人员走了进来,一起听起歌来。

在聆听自己的音乐时，鲍伊在很大程度上是一个音乐人，而不是像许多摇滚明星那样代表了某种"个性"。

此时他就像一个歌迷，一一指出音乐中那些令他开心的高光时刻——或者是几个爽利的吉他扫弦，或者是一段热辣的萨克斯独奏。毫无疑问，整张专辑里让鲍伊开心的地方有很多。

尽管仅仅根据一次聆听就做出判断有点危险，但我还是想说，《大卫现场》很可能是我听过的最好的摇滚乐现场专辑，一辑高能不断、可听性极强、表演出色的作品的集合。

这张专辑的特点之一，是歌与歌之间没有长时间的停顿（因为有观众的掌声），一首歌刚结束，另一首歌就开始了。最后就像有一种鲜活的、连续不断的脉动。

就像迪伦的现场专辑《洪水之前》(*Before the Flood*)一样，《大卫现场》让鲍伊的一些旧歌有了升级版——尽管其中的几首才刚发行了几个月而已——和原来的版本几乎有了天壤之别。

鲍伊的歌声给他的歌词带来了各种新的见解和诠释，特别是在《改变》("Changes")和《所有的年轻人》等歌曲中。专辑中唯一一首非鲍伊的歌是《老天保佑》("Knock On Wood")，这是一首经典的节奏布鲁斯金曲。

以下是专辑的曲目顺序：

第一面：《1984》、《反抗，反抗》、《月光白日梦》("Moonage Daydream")、《甜蜜东西》("Sweet Thing")；

第二面：《改变》《妇女权利之城》《阿拉丁·萨恩》《所有的年轻人》《分裂戏子》；

第三面：《和我一起摇滚》《小心那个男人》《老天保佑》《钻石狗》；

第四面：《老大哥》（"Big Brother"）、《圆的宽度》（"Width of a Circle"）、《让·精灵》、《摇滚自杀》。

显然，这张专辑是鲍伊音乐生涯的这个阶段的一个证明，就像《摇滚年代》（*Rock of Ages*）之于"乐队"乐队（The Band）音乐生涯的第一阶段那样令人满意。而鲍伊也相当确定，这张专辑是他音乐生涯一个阶段的终结。

当有人建议这张现场专辑的副标题应该叫作"大卫·鲍伊第一辑"时，他笑着表示同意。

而新阶段的第一步——甚至在下一张录音室专辑发行之前——是他会停止那种精美绝伦的舞台表演。

这次洛杉矶演唱会结束后，鲍伊将会开启另一个巡演，再度横穿美国。但新的巡演不会再有巨大的舞台，而将是相当简洁直接的演唱会。

"我觉得我一直知道什么时候应该停止做某件事。"他说，"就是当你不再乐在其中的时候。这也是我改变了那么多的原因。我从来不觉得为了守住成功而一直重复某件事是明智之举。

"这就是我更愿意飘忽不定的原因。我认为这不是一个任性不任性的问题，只是为了确保自己不会感到无聊，因为如果我感到无聊的话，别人就会马上看出来。我不太善于把情绪隐藏起来。

"我做的每一件事，最终都会让我感到厌倦。一感到厌倦我就知道该停止了。

"现在我已经完成了我在三四年前想做的事情，那就是举办一场精心制作的、令人眼花缭乱的演出……实现一个幻想……我觉得这个部分我不想再做下去了，因为我知道我已经可以做到。

"我知道我可以把舞台制作做得更宏大、更壮观，但是，当我知道可以做到的时候，也就不必再做了。

"现在，做一个简单直接的表演更吸引我，在这轮巡演之后能立即跳入另一种全新的巡演模式里会让我非常兴奋。我无法想象自己一遍又一遍地去做同样的表演，那是非常无聊的。这就是我之前放弃巡演的原因，也是我上次说要'退休'的原因。"

除了新的音乐方向，鲍伊目前的热情聚焦在一群新的音乐人身上，他们会在今年晚些时候加入他的乐队阵营。

鲍伊觉得自己终于重新拥有了一个乐队。"斯莱和斯通家族"乐队（Sly & The Family Stone）的鼓手安迪·纽马克（Andy Newmark），以及曾与艾瑞莎·弗兰克林（Aretha Franklin）等多位歌手合作过的贝斯手威利·威克斯（Willie Weeks），他们将在完成手头的工作后加入鲍伊的团队。

这两位乐手都参与了鲍伊新的录音室专辑的录制。就像很多读过有关鲍伊饱受争议的形象的文章的人一样，这两人在刚开始接触这个项目时也带着颇多的不确定。

"当安迪和威利第一次来录音室和我见面时，他们显得非常警惕。"鲍伊笑着说道，"他们不知道会看到什么。我估计他们进来的时候应该是在找银色斗篷之类的东西。

"但是，一旦我们开始在一起表演了，问题自然就解决了。最终我们结成了非常非常坚固的友谊，并且成了一个合作无间的团体。"

因此，在这个再次横穿美国的巡演即将展开之际，相比前两次的美国之旅，鲍伊似乎显得更自信，也更充满热情。

他认为，目前一切进展顺利。这一论断可能会在未来某个低落的时刻令他颤抖不已，但就目前而言，它的确和事实吻合。

"没错，我现在比以前更自信了。我不确定是不是已经到了信心的顶峰，但至少我比以前更快乐。"

当鲍伊遇见斯普林斯汀

迈克·麦格拉斯

1974年11月26日,《鼓手》报(美国)

(原编者按)很难想象大卫·鲍伊和布鲁斯·斯普林斯汀(Bruce Springsteen)这两位差异如此巨大的艺术家会凑在一起。斯普林斯汀被认为是极具真实性的人,专为工人阶级关注的事物和趣味制作"传统"和"值得骄傲"的摇滚乐。而鲍伊,尽管他的工人阶级背景并不比布鲁斯差多少,却被看作是一个为了"追求雅致"而摒弃了粗俗的人,一个用歌词玩弄现实的人,一个用音乐嘲讽传统思想的人。

迈克·麦格拉斯的这篇文章刊登在《鼓手》上,这是一份费城出版的非主流报纸,而费城正是鲍伊为了录制"塑料灵魂乐"专辑《年轻的美国人》而移居的城市。虽然人们绝对无法想象斯普林斯汀会像鲍伊那样大谈飞碟(就像此文中布鲁斯离开后鲍伊做的那样),但这篇文章显示,鲍伊和布鲁斯之间的共同点可能比大家想象的要多得多。

顺便一提,迈克·麦格拉斯写这篇文章的时候,鲍伊比斯普林斯汀更有名，后者要到第二年发行专辑《生为奔跑》(*Born to Run*)时才取得商业上的突破。同一年，鲍伊在斯普林斯汀的祖国也立下了自己的事业里程碑——《名声》("Fame")在美国获得了排行榜首位的成绩。但这首单曲所在的专辑《年轻的美国人》却没有收录鲍伊翻唱的斯普林斯汀的《都市圣人难为》("It's Hard to Be a Saint in the City")，这首使鲍伊和布鲁斯首次产生联结的翻唱歌曲直到1989年被收录在套装专辑《声音+视觉》(*Sound + Vision*)里才得以面世。

麦格拉斯说："当人们知道你有着十年采访摇滚明星的经历时，他们总会问：'他们私底下是什么样的？'诚实的回答是：'他们和台上完全不一样。'这二位私底下就像两个出去找乐子的工友：布鲁斯有一点不自在（他在台下一直如此），而鲍伊则像一个外星人，努力要融入我们，可怎么也做不到。在外人看来，他们俩似乎很放松，讲话时轻声细语。但不知道人们能不能感受到这两位巨人相遇时屋子里充满着的巨大能量。"

为了让文章内容更丰富，本文还另附一栏，探究了鲍伊的痴迷者在想些什么。

当布鲁斯·斯普林斯汀前一阵在淘儿剧院*演出时，报幕员宣布了几场即将举行的音乐会。当宣布大卫·鲍伊即将在市政中心演出时，观众席里有人发出一声巨大的倒彩声，这让大部分毫无防备的观众和报幕员本人都感觉错愕不已。

几周后，在光谱体育馆（The Spectrum）举行的"沙滩男孩"

---

* Tower Theatre，位于美国加州萨克拉门托，美国历史最悠久的电影院之一。因著名唱片连锁店"淘儿唱片"（Tower Records）在此创立而得名。

乐队（Beach Boys）的演唱会上，工作人员又宣布了鲍伊的两场即将举办的演出，这次，观众席里开始了嘘声和欢呼声的比赛。很明显，不论是支持鲍伊还是反对鲍伊，都是一种潮流——而且从观众的反应来看，很多喝倒彩的人到时还是会来看的。

11月25日，周一，凌晨一点，正在西格玛之声录音室（Sigma Sound Studios）录制新专辑的大卫·鲍伊迎来了与布鲁斯·斯普林斯汀的会面。在这次开放和坦诚的夜谈里，鲍伊说到了自己最近的演唱会，也聊了听众和飞碟。

周日晚上七点，大约十几个怪模怪样的鲍伊粉丝正在里滕豪斯广场巴克莱酒店（The Barclay）的正门外探头探脑。在这些人里，有人留着鲍伊的橙色发型，有人只是双手插在口袋里站着，等着看某个人一眼，好让他们的等待有价值。

迈克·加森是鲍伊的键盘手，也是他的音乐总监。当我们准备离开巴克莱酒店，前往北十二街的西格玛之声录音室时，门外的孩子们呼唤起了鲍伊的名字，我们便停下来和他们聊了一会儿。有一个粉丝举起一张漂亮的大尺寸亚光彩色特写照片，那可能是在周一的演唱会上拍的。

迈克："很漂亮啊，你要把它送给鲍伊吗？"

女孩："不，我想让他给我签名！"

28岁的键盘手迈克已经和鲍伊合作两年了，之前他从没在一个乐队里待过那么长时间，目前也不打算离开。很明显，迈克来自布鲁克林，在那里，他的妻子正等着这轮巡演结束（大约一周时间）后迈克回家去，这样她就可以把他们的第二个孩子塞进他怀里——"我们计划好的，孩子会在我回家后第二天出生"。

迈克七岁开始弹古典钢琴（他的大女儿三岁时就已经开始

弹了），接着弹爵士钢琴，然后转到了摇滚乐。他曾为玛莎和范德拉斯组合（Martha and the Vandellas）以及南希·威尔逊（Nancy Wilson）等人做过乐手。影响他的音乐家有很多，包括巴赫、贝多芬、阿特·泰特姆（Art Tatum）、奇克·柯里亚（Chick Corea）、斯特拉文斯基等。

像奇克一样，迈克也是一个科学教*信徒。不用逼问他加入的原因，他只提到自己对科学教持了大约六个月的怀疑态度，但最后还是一头扎了进去。不管作为一个音乐人还是作为一个人，科学教对他都有所帮助。

他是如何成为鲍伊的音乐总监的？"我当时正在演出，和一个前卫爵士乐队合作。有天晚上我接到好几个电话……其中第三个是鲍伊打来的。我不知道他是谁，当时我正痴迷爵士，从来没听说过他。我在他和米克·容森面前弹了4个和弦……然后就被雇用了8个星期……那是120个星期前的事了。"

迈克·加森的乐队为鲍伊周一晚上的演出暖场。对他们来说，光谱体育馆的声音效果是完美的。他们表演了一组精炼紧凑又不失专业的节奏布鲁斯-爵士-摇滚音乐作为开场曲目，观众的反应先是有点冷淡，继而是嘘声加喝倒彩，以及为把他们赶下台的不怀好意的鼓掌声。乐队却不为所动，在八首暖场曲后下台，休息之后又回来表演了一首。在观众猛烈的起哄中，他们逐渐淡出舞台，然后是鲍伊上场。

差劲的现场音效配上气若游丝的嗓音、一些缩短版的老歌，

---

* 由美国作家 L. 罗恩·哈伯德（L. Ron Hubbard）于1952年创立的宗教，一度非常兴盛，近年来则争议颇大，信众锐减。

再加上几首节奏布鲁斯新歌的糟糕演绎,使得这场演出成为鲍伊在费城演过的最差的一场。不过观众对他不错,他以往很少返场,这次他应观众要求唱了几首安可曲。

第二天对这场演唱会的评论表达的都是不佳的体验和受骗的情感。一些演唱会的观众愤然致电 WMMR 调频电台,认为门票钱花得不值(还有个海军陆战队队员在提到加森乐队的暖场时说:"让那些黑鬼滚下舞台!")。

对此,加森评论说,他很喜欢这场演出,也不知道现场声效很差。"在舞台上我们只能听到监听器里的声音,而监听器里的声音听上去很好。观众的反应看上去非常非常好……其实,对这次巡演的评论总体上比对'钻石狗'巡演的要好。"

关于鲍伊,加森说:"他想做一些没有戏剧成分的演出。他可以回到以前那种很戏剧化的演出,也可以不回去。这一次他不想要那些戏剧的成分,就只是唱歌。他从不害怕改变,也一直在改变……总是充满惊喜。

"状态好的话,他现在的声音表现比以前的更好。"

我们在八点多一点到达西格玛之声录音室。专辑制作人托尼·维斯康蒂在一个巨大的调音台前弓着身子,调着调音台上的各种按钮。维斯康蒂对音控室里的六七位音响工程师和乐手相当友好,同时他也一直紧盯着自己正前方大玻璃后面的录音棚。

专辑基本上算做好了。几周前鲍伊录完了基本曲目,第一次粗略的缩混也已经完成,这周主要是做些修改和叠录工作。今晚是这张专辑在录音室里的最后一晚——现在正在做最后的润色。

录音室里开始放起了"我只是在跳舞(她让我兴奋)"[I'm

Only Dancing（She turns me on）]，巴勃罗*在录音棚里给一段已经制作得非常完满的片段叠录牛铃和管钟的音色。巴勃罗完成后，毫无疑问，维斯康蒂对最终成品非常满意，他高兴不已。这一轨饱满而丰富的音乐仿佛菲尔·斯佩克特†"音墙"录音法的节奏布鲁斯版，背景里混合了鲍伊的演唱。

晚上十点半，录音室里的聊天发展成了各种玩哏和低级趣味的笑话。托尼给乐队的一个乐手解释手相，说已故的李小龙的生命线（根据一张李小龙张开手掌的巨大特写照片）显示他应该能活到 90 岁。

晚上十一点半，一台又小又旧的棕色吉他放大器不知怎么地出现在录音室的一个角落里。托尼自豪地向大家宣布，这台放大器是恰比·切克‡的，在录制原版的《扭曲》（"The Twist"）时用的就是这台放大器。托尼还唱了起来："学了一种新的舞步，是这样跳的……"这台放大器的特色是一种精致的肮脏音色，那是只有 20 年前制造的放大器才能发出的声音。在听了一些从这台放大器里传出来的声音后，房间里的每个吉他手都在盘算怎么才能偷走它。

午夜前七分钟，录音室的门开了，埃德·西亚基和朱迪·西亚基§走了进来，护送着今晚的特邀嘉宾出场，他就是刚从新泽西阿斯伯里公园开来的长途大巴上下来、旅途劳顿的布鲁斯·斯

---

* 巴勃罗·罗萨里奥（Pablo Rosario），《年轻的美国人》的打击乐手。
† Phil Spector，美国传奇音乐制作人、录音师，"音墙"（Wall of Sound）录音法的发明者。"音墙"录音法指在录音室运用多种乐器合奏混合出更丰富饱满、具有浓烈的管弦乐质感的音乐，仿佛一面声音之墙。
‡ Chubby Checker，美国摇滚乐歌手、舞蹈家。
§ Ed and Judy Sciaky，西亚基夫妇是著名的音乐人推手和电台主持人，当时是上文中的费城 WMMR 调频电台的主持人。

普林斯汀。布鲁斯上身穿着一件满是污渍的棕色夹克，上面大概有17条拉链，下身穿着一条破洞牛仔裤，打扮颇时尚。他看上去像刚从长途汽车站滚爬出来的一样，事实上也真的如此。

似乎是因为鲍伊这次翻唱了布鲁斯的《都市圣人难为》，所以托尼·维斯康蒂给WMMR电台的埃德打电话，问他能不能把布鲁斯请到录音室来。周日中午，双方终于联系上了，布鲁斯搭车到阿斯伯里公园，然后坐九点的旅途大巴（Trailways）到了费城。埃德到汽车站接他时，发现他"和车站里的流浪汉混在一起"。

布鲁斯谈到这段大巴历险时说："这趟车上个个都是人物……每辆车上都有一个军人，以及穿着棕色大衣、头上戴着小黑帽子的老太太，还有在你身旁摔倒的醉汉。"

在更多的叠录和加森乐队的路德*（他唱得非常好，在本已非常强的专辑里，他的唱功又为之增添了很多能量）的即兴演唱中，一小时又过去了。就在这时，大卫·鲍伊和他乐队里的白头发灵魂乐歌手艾娃·彻丽（Ava Cherry）一起走了进来。

大卫了解了一下今晚的进展，他先用那双摄人心魄的眼睛在房间里扫了几圈，接着又听了一盘磁带，然后留下托尼继续工作，而他则去和布鲁斯聊天。

五个人蜷缩在大厅一角，看起来更像是歌迷（真有六七个歌迷还站在门外，回味着刚刚见到偶像所带来的震撼感受）而不是明星本人。

大卫回忆起自己第一次见到布鲁斯时的情景，那是两年前在堪萨斯城的麦克斯俱乐部，他被布鲁斯的那场演出所震撼，从那

---

* 路德·范德鲁斯（Luther Vandross），美国著名节奏布鲁斯／灵魂乐歌手，当时在为大卫·鲍伊做和声。

时起就想翻唱布鲁斯的歌。众人逼问鲍伊除了布鲁斯·斯普林斯汀,还想翻唱哪个美国音乐人的歌(就像他在《明星海报》里翻唱英国音乐人的歌那样),大卫想了一会儿,回答说没有了。疲惫的布鲁斯此时露出了开心的笑容。

接着,话题转向了两个人都碰到过的问题:演出时跳上台的观众。

鲍伊:"他们这种行为本身倒不会让我困扰。我只想知道,他们跳上台以后想干什么?"

布鲁斯:"有一次我在舞台上唱得大汗淋漓,整个都湿透了。有个人跳上台,张开双臂抱住我。这时候电吉他漏电了,我被巨大的电流电到了,而那个家伙却完全没有感觉!我被电得疼死了,他却什么都没感觉到。他没什么感觉,我却心惊肉跳,他还死抱着我不放。最后是我的鼓手'疯狗'跑过来把那家伙给打跑了。"

鲍伊:"那家伙回去后会对他的朋友说:'嘿,伙计,布鲁斯真的很来电!'……我碰到过最可怕的一次,是有个人跳上舞台,我看到他的眼神——像是被催眠一样——感觉他的魂都已经不在了。他的眼神非常可怕,我只能想:'我一直在等你,四年来我一直在等一个像你这样的人跳上台来。'我只是对着他笑,他的眼神又恢复正常了,然后我走近一看,发现他手里拿着一块砖头……"

鲍伊简直就是一个又高又瘦的骷髅精,头上戴着的红色贝雷帽歪向一边,而另一边露出了一缕蓬松的橙色头发,留在耳后,近看实在太像火神伏尔甘。他有一双炯炯有神的鹰眼,如果这双眼睛友善地看着你,那整个房间都会变得温暖起来,但如果它们不友好甚至充满怀疑地盯着你,那你会被盯得不得不转过身去。他穿着一条用红色天鹅绒背带吊着的高腰黑裤,一件白色套头毛衣——这一整套看上去非常怪异,但随着时间的推移,你会觉得越看越好看。

事实上，随着时间的推移，鲍伊自己也在不断地成长和充实。他从一个被媒体描绘为神秘的隐世人物，变成了一个有着各种古怪习惯的人，但随着你和他之间的相处增多，你会发现他其实非常平易近人。

又过了一个小时，我已经无法理解迈克·加森为什么会说和鲍伊一起工作是非常轻松友好的。当鲍伊和维斯康蒂站在调音台前监督和音演唱时，他对乐队的指示非常简短、直接。又过了几个小时，他们休息了一下，聊了一些关于飞碟的话题，这时鲍伊身上才开始慢慢渗出了一个真实的人的感觉。

凌晨三点，录音室变成了一个覆盖着毛毯的温暖洞穴。大家的脑袋和身体开始慢慢地东倒西歪。黄色的、蓝色的、红色的和绿色的灯光被调到了最暗，仅供照亮音控室和录音棚。音控室就像一艘星际飞船，内部有着一排排望不到头的、具有未来主义风格的控制设备：插口面板、混音台、磁带机以及明灭的发光二极管。这艘星际飞船像是被一群海盗操控着。显然是被劫持了。

话题转向了上周一光谱体育馆演出时的调音问题。（鲍伊：“那就是个坑，绝对是个坑。”）维斯康蒂当时负责改善声音效果，但下午五点就开始的调音基本没什么用，因为有人指出，当这个场地填满一万四千个吸音体时，音响效果会发生巨大的变化。

如果有人能看起来既疲惫不堪又精力充沛，那只能是大卫了。他一拉开录音室的窗帘，楼下等着的那些沉默的"哨兵"们就开始活跃起来，疯狂地朝鲍伊挥手。这一刻是他们今天的重要时刻。

鲍伊试着录了一段独唱，但听起来很糟糕，他的声音显得嘶哑且疲惫。"现在还是太早，我还没有完全醒……我要到五点半才能录东西。"

他回到录音室,用他特别细长的手指握住一个冷掉的牛排三明治［他以前从未遇到过这种三明治,刚学会了正确的拿法,并就特大号三明治为什么叫"豪杰"（hoagie）这个问题得到了七种不同的解释］。

接下去是关于光谱体育馆声音效果的更多讨论:"其实我之前就很担心了。因为所有在那里演出过的人都警告我说音效有多糟糕。我觉得那里的声音效果不会好,但我们还是试了试。"

早上五点,和鲍伊约好在纽约再见并且深聊之后,布鲁斯和埃德、朱迪一起去了布罗德街上的一家餐馆。堪萨斯城麦克斯俱乐部的那场演出是布鲁斯的第一次正式演出。鲍伊从布鲁斯音乐生涯的开端就参与其中了。布鲁斯没能听到鲍伊版本的《都市圣人难为》就离开了,因为鲍伊感觉这首歌还没完成。

鲍伊:"有件事在座的各位可能还没听说,因为被美国政府掩盖起来了。加拿大到处都在传……是大约三四周前在俄亥俄州的阿克伦发生的。就是卡尔教授说的在帕特森空军基地发生的那种事情。发生了一起减压事故,他们发现了一艘飞船和四具尸体:尸体是白种人,有三英尺*长的尾巴,虽然尸体都风化了,但看得到和我们一样的器官——生殖器和肺之类的,但不同的是,他们有更大的大脑。

"你们知道吗,巴里·戈德沃特（Barry Goldwater）要退出政界,去当 UFO 组织的主席……他并不是真的要退出,而只是意识到他们没法把所有的秘密再保守下去了,他想在秘密公开的

---

* 英尺,英制长度单位,1 英尺约等于 0.305 米。

时候掌控全局。秘密很快就会公开的。"

鲍伊的下一步计划，是沿着亚马孙河漂流而下。他巡演的下一站是1月份的巴西，但他不会坐飞机过去。也许漫长的水上航行可以缓解他喉咙的不适。新专辑（是张单曲唱片，可能包含翻唱斯普林斯汀的那首歌）的有些曲目里，鲍伊的嗓音清晰而有力，但在其他一些歌里，加森和整个制作团队尝试着去克服鲍伊羸弱、沙哑的声音带来的问题，便把它们缩混到了很靠后的位置。

但不管怎么样，这张专辑里的每一首都是好歌。见鬼，你甚至能跟着它跳舞。

太阳升起的时候，大卫已经聊到了苏联人和他们向太空发射通信信号的3000个飞行器（"Klattu Barrada Nikto"*？）。经过一整夜有说有笑还大聊科幻的录音，此刻录音室里留存的只有温暖。那种温暖会让你在离开时收获满满，觉得对这些人有了更深入的了解。

我很不舍得离开这间温暖的屋子，但工作还是得继续，太阳越来越高，这篇采访的截稿期限也越来越近。我和鲍伊握手告别，他握得很坚定，和布鲁斯一样坚定有力——他俩非常像。

大楼外面，十几个"哨兵"有的挤在汽车里，有的站在人行道上，还有的坐在台阶上，他们等待着奇迹的出现，一点点也好。昨晚是鲍伊在录音室的最后一晚。当他离开录音室时，这些粉丝将会开上自己的车，赶在他之前到达巴克莱酒店，好看上这个在费城制作专辑的人最后一眼。

---

* 正确拼法应该是"Klaatu Barada Nikto"，出自1951年美国经典科幻影片《地球停转之日》(*The Day the Earth Stood Still*)，是片中主人公——外星人克拉图（Klaatu）发出的求救信号。

疯狂鲍伊粉的背后

本期杂志的封面是一组挂画的拼贴，这些画曾经挂在玛拉·"鲍伊"·费尔德斯坦位于劳尔梅里恩的父母家的墙上。说"曾经"，只是因为她的房间正在重新粉刷（在此之前，四面墙壁上至少挂着十几张鲍伊的海报），一旦粉刷工作完成，她就能"更好地挂画"了。

玛拉和她的朋友帕特、莱斯利及黛比，从周四到周六一直在伦巴底街"电厂"售票处排队，连吃饭睡觉也都在那里，就是为了买到鲍伊在光谱体育馆演出的第一排座位。她们最终如愿以偿。

她们也是在巴克莱酒店和西格玛之声录音室外等待一睹鲍伊风采的那些粉丝里的骨干分子。玛拉看过十三场大卫的演唱会：1973年2月两场（大卫与"火星蜘蛛"乐队）、最近在淘儿剧院的全部六场（她还持有后来被取消的日场的门票）、纽约三场（11月1日、2日和3日），以及光谱体育馆的两场周一演出。

对于饱受质疑的光谱体育馆的演出，她们的看法又是怎样的呢？"那场演出绝对比纽约的三场要好……我们喜欢那场演出，因为我们了解鲍伊的一切——很多人不喜欢那场，是因为他们喜欢的只是鲍伊的形象、衣服、发型……但我觉得他最近的确太辛苦了。他的嗓子需要休息。"

除了观看偶像在舞台上的表演，玛拉还开玩笑地说，鲍伊能上迪克·卡维特（Dick Cavett）的节目，有她一份功劳。

有一天她在费城市中心看到卡维特从一辆车上下来,便对着他喊道:"做一次鲍伊的节目!"据说卡维特听到后转过身来,嘴里嘟囔着说:"好的。"

玛拉和她的伙伴们也去纽约录了那个节目(将于12月5日播出)。"他太紧张了,我们不断地拍手鼓掌,希望这样能让他感觉好一点。节目录了大约一个小时,他唱了《年轻的美国人》《1984》《你能听见我吗》('Can you hear me?')和《跺脚》('Footstompin'')。

"他在演唱会上是为我们唱的。如果他走出酒店看到门外有20个人,他会认出我们的。"

鲍伊会认出他们,可能是因为玛拉和她的朋友们是少数几个有幸提前听到新专辑的人——大卫把她们邀请到录音室里,举行了一个小型的庆祝活动,对她们付出的一切表示感谢。她们还知道乐队中每个乐手的名字,叫起来特别亲热。连录音室的门卫和录音工程师都对她们很熟悉了。

"我不知道在他身上花了多少钱……我妈妈可能知道。我都不知道这些钱是打哪里来的……我才16岁。我省下了午餐费——每天75美分,一周就有3.5美元。"

最近几个周末的大部分时间,玛拉和她的朋友们都是在蹲守中度过的。不幸的是,学校已经开学了,她不得不早早地回家。习惯晚睡晚起的鲍伊总是在凌晨一点离开酒店,看来玛拉是等不到了。

说一句总结性的话?"他做的事没有一件是我不喜欢的。"

鲍伊：如今我是一个生意人

罗伯特·希尔本

1976 年 2 月 28 日，《旋律制造者》杂志（英国）

（原编者按）虽然 1976 年的大卫·鲍伊已经有了吸食毒品的问题，但公众后来才知晓其中细节。此时的他看上去比以前快乐很多，而这份快乐似乎是他在 1974 年解雇了那臭名昭著的"重量级"经理托尼·德弗里斯（Tony Defries）的直接结果。

也许正是因为沉浸在这种快乐里，鲍伊才能足够放松，对自己艺术家的身份发表了一通观点和看法。《旋律制造者》的罗伯特·希尔本让鲍伊评论他自己的作品，发现他几乎有一种不设防的坦率。鲍伊认为，《年轻的美国人》虽然很适合舞蹈，但并不好听。另外，他都懒得夸赞一下自己的新专辑《每一站》。

在本篇专访中，鲍伊还谈到了他的电影表演首作《天外来客》（The Man Who Fell to Earth），他在片中的表演大受好评。不过，文中提到的其他几个角色后来他并未接演，其中包括《猛鹰突击兵团》（The Eagle Has Landed）、一部关于"齐吉·星尘"的电影，以及，他想成为的英国首相。

希尔本透露说:"1972年'齐吉·星尘'巡演期间,我采访过大卫几次,而这次采访在洛杉矶。每次采访我都发现他很有挑战性和煽动性——不断变化方向,而且思维很快,有时候很难分辨他说的什么是真的,什么只是戏剧化的修饰,换句话说,只能把他的话当作他当时所扮演的角色的一部分。我们知道,大卫说的话多少都有点真实性,但他在这次采访中显得特别开放和脆弱,这是我最接近他内心的一次采访。现在回想起来,我觉得他一直比我们想象的更掏心掏肺。"

对大卫·鲍伊来说,旧金山牛宫体育馆(Cow Palace arena)演唱会上的第二次返场是一个特别令人满意的时刻。当鲍伊1972年的"齐吉·星尘"巡演在同一个城市举行时,拥有5000个座位的温特兰大礼堂(Winterland Auditorium)只坐了1100个人,令人失望的上座率使得鲍伊在接下去的美国巡演中完全跳过了旧金山。

但这一次,由于单曲《名声》的成功以及过去四年来受到的极大关注,鲍伊在拥有一万四千个座位的牛宫(旧金山最大的摇滚表演场地)的演出反响相当惊人。

尽管鲍伊在演出中主打的是新歌,让这场90分钟的演出有点慢热,但随着他唱响《改变》《反抗,反抗》和《让·精灵》等早年的著名作品,场内气氛开始变得狂热起来。而在歌迷强烈要求下的第一次返场之后,发生了一件异乎寻常的事。

场内亮起了灯,一般这就是演唱会彻底结束的信号,但观众们仍然久久地呼唤着鲍伊。鲍伊最终兴奋地再次回到舞台,演唱了一版明显没有事先准备、临时和乐队配合的《钻石狗》。

虽然鲍伊唱错了几句歌词,但观众们还是尖叫着表达他们的支持,甚至在场灯再次亮起后,还整整尖叫了五分钟之久。一位牛宫的管理人员说,这是他多年来见过的对一个摇滚艺人最强烈的回应。显然,鲍伊已经以摇滚巨星之姿降临美国。

"太难以置信了!"鲍伊在演出结束后于牛宫后台举行的一场简短的记者招待会上如是说。在这场记者招待会上,他收到了由演出主办人、菲尔莫尔大礼堂前老板比尔·格雷厄姆(Bill Graham)赠予的一件银色斗篷,还获得一家电台为表彰《名声》获得单曲排行榜首位的成绩而颁给他的牌匾。

"今晚太棒了!"鲍伊说,"洛杉矶站应该更棒。今晚的观众数量对我们来说有点挑战,我们和观众人数是四比四,有时候会感觉有些阻力。在洛杉矶,我们将是魔术师五人组,和观众形成五比六的局面,那样场面就会比较舒服和愉快。那晚一定会非常成功。"

总的来说,比起以往的几次巡演,鲍伊在这次巡演中显得更快乐、更自信、更放松——台上如此,台下的交流更是可以佐证。他在"齐吉·星尘"巡演中的摇滚巨星做派,以及1974年"钻石狗"巡演中精心设计的舞台表现和高冷超然的态度都已经一去不复返。

这次巡演的布置和基调,以及鲍伊在台上的穿着风格——时髦的白色西装衬衫(配有法式袖口)、黑色背心(一侧口袋里有一盒欧洲香烟若隐若现)、黑色便裤——让他更像一个欧洲大陆的卡巴莱歌手。

除了音响和灯光设备,舞台上没有更多的布置,而鲍伊也表现得相当热情亲切。

这次巡演和以往数次更大的不同在于,鲍伊不再像以前那样孤立和超脱。

比如，鲍伊在拥有一万八千个座位的洛杉矶论坛体育馆（The Forum）举办的三场演唱会里的第一场结束后，他在妻子安吉和五岁儿子佐伊的陪同下，来到了论坛体育馆的豪华酒廊，参加了一场招待酒会。出席酒会的大约有 200 人，包括林戈·斯塔尔（Ringo Starr）、洛德·斯图尔特（Rod Stewart）、艾利斯·库珀、尼尔·塞达卡（Neil Sedaka）、卢·阿德勒（Lou Adler）以及福特总统的儿子斯蒂芬·福特（Steven Ford）。鲍伊以前很少在这样的场合抛头露面。

虽然《名声》和《年轻的美国人》在美国的商业成功是鲍伊展现全新姿态最显而易见的原因，但鲍伊说，更重要的因素是，他现在对自己的商业和经济事务感到满意。

他说自己之所以会周期性地宣布停止巡演，是因为那些巡演累积起来的挫败感。

"唱片销量也就只能给你带来那么一点点信心。"鲍伊在旧金山演唱会开始前几小时在他的酒店套房里如是说。

"真正的自信来自和你关系更密切的事物——能够以几乎一个人的力量扛起这样一次巡演，看到它进行得非常顺利，以及看到我周围的人都非常享受演出。

"过去一年，我变成了一个商人。我以前认为艺术家必须远离商业事务，但现在我意识到，如果你在艺术之外还关注着商业，你就会有更多的艺术自由。

"（以往的巡演里）很多事情都处理得太糟糕了，在那样的情况下去参加招待酒会，和一群人在一起假惺惺地庆祝是很痛苦的，因为其实没有任何值得庆祝的事情。那些巡演路上总是会发生充满仇恨的可怕争吵。

"所以我宁愿一个人待着,把巡演做完,最后说一句'我再也不巡演了'。我并不是拿这件事来扮酷或者扮聪明,我只是在每次熬过一场巡演时都无法想象怎么去做下一场巡演。

"新专辑和这次演出的曲目里有首歌叫《翼上的祈祷》('Word on a Wing'),那是我感觉与这个世界和解时创作的,我终于第一次和熟悉的人建立起一个舒适的环境。

"我把这整件事写成了一首赞美诗。一个人如果获得了一直梦想达成的成就,有什么比写一首赞美诗更好的方式来感谢这一切呢?"

大卫·鲍伊写赞美诗?

鲍伊认为他现在正处于某种过渡时期。

《每一站》似乎充满了重生的感觉。他在评论这一点时说:"是的,在某种程度上我确实觉得我重新开始了。"

比如,这张专辑的主打歌《翼上的祈祷》就带有一种乐观和喜庆的意味("请你们高举酒杯……憎恶已经太迟")。

"我觉得自己现在已经相对成熟了,这点你可以在这张专辑里听到。我一直说我作为一个创作者是相当脆弱的。你听听以前的那些专辑,就能理解我的感受。

"从一张专辑中跳脱出来,真正地体会一下它之于我的意义,有时候需要花点时间,但我可以回去听一下以前的专辑,看看一路以来发生了什么。

那《万事顺意》呢?

鲍伊回应说:"那张专辑中有一种乐观和热情的情绪,反映的是我当时的所思所想。

"专辑里甚至还有一首歌,叫《献给鲍勃·迪伦的歌》('Song

To Bob Dylan'），这首歌表达了我梦想为摇滚乐做的事。在那段时间里我说过，'好吧，如果你（鲍勃·迪伦）不想做这些，那我来'。

"我看到这件事的领导者虚位以待。尽管《献给鲍勃·迪伦的歌》并不是专辑里最重要的歌，但它代表了这张专辑想表达的一切。如果没有人好好使用摇滚乐，那就让我来。

"'齐吉·星尘'说的是，'如果我想做一件事，我要采取什么态度去做呢？'，《齐吉·星尘》用了一整首歌来概括这种态度。而《阿拉丁·萨恩》则是'齐吉'版本的'哦，上帝啊，我真的做到了，太疯狂了，我都不知道是怎么做成的……'。

"那张专辑充满了自我怀疑，虽然专辑里还有一半是我在扮演（'齐吉·星尘'），但其实是在讲，我不知道如果做回自己，能否更快乐。"

鲍伊说在《钻石狗》里，他好像看到了自己的计划以及之前的乐观情绪的破灭。虽然这张专辑表面上是关于社会的，但它其实反映的是鲍伊自己的内在混乱。

"既有微观世界，又有宏观世界。"他说，"我的意思是，我觉得如果一个音乐创作者是认死理的保守派，那他们写的歌通常都是在说自己。"

鲍伊录制《年轻的美国人》时，一直在盘算着怎么结束和原来的经纪公司之间的紧张关系，他觉得那种关系给他带来了很大的压力。

"《年轻的美国人》是对结束关系的一种庆祝。"他说，"里面的《名声》就是一首快乐的歌。从旋律感觉上来说，整张专辑从里到外都透着快乐。我很少演唱《年轻的美国人》里的歌，这是我做过的最不悦耳的专辑之一，但我会听着它跳舞，这是一张很适合跳舞的专辑。

"至于《每一站》,因为才出没多久,所以不好说。不过这张有点像'让我们重新开始',这次我多花了点时间来确保一切都不会出界,但是你永远不知道接下来会发生什么。

"这有点像走钢丝,你滑了一下,恢复平衡后又滑向另一边,但这并不意味着你掌握了再也不滑倒的技能。情况多变,总会有危险存在。"

尽管过去四年里,鲍伊在情绪上和艺术上都经历了起伏,但他觉得他一直在坚持自己的目标,那就是拥有一个多栖发展的艺术生涯,不让自己被局限和定型在某个特定领域(比如摇滚乐)里。

"不管怎样,我觉得我的一切都在正轨上。发展得不错。"鲍伊说,"我想我正在做自己想做的事,比如拍电影。我还没被大众认同,真的,我只是刚刚成了地下音乐人里销量最大的那个罢了。"

在鲍伊参演的第一部电影《天外来客》里,他扮演了一个屈服于周遭压力的企业家托马斯·牛顿。

鲍伊在谈到这个角色时说:"和现实太像了。我觉得这部电影对我来说就是我个人的隐喻,但公众是不会理解的。他们看到的托马斯·牛顿是一个类似于霍华德·休斯[*]的形象,因为电影一定会有艺术夸张成分。

"但这部电影在很大程度上说的是,一个人一开始有着一个纯粹主义的目标,但在完成的过程中完全变质了。这是一部非常非常悲伤的电影。"

---

[*] Howard Hughes,美国传奇实业家,创办了休斯飞机公司,同时也是著名的航空工程师、飞行员以及好莱坞制片人。

目前，鲍伊除了另一个电影邀约［和迈克尔·凯恩（Michael Caine）、唐纳德·萨瑟兰（Donald Sutherland）等一起出演《猛鹰突击兵团》，电影情节是"二战"期间德国密谋绑架温斯顿·丘吉尔］外，他还想拍一部关于"齐吉·星尘"的电影。

此外，他还对另一个领域感兴趣——当然这是一个长远的目标——成为首相候选人。

当被问到这个终极目标时，他的回答带有调侃，但这番话似乎让整件事显得极有可能性，而且感觉他的确在尽力达成目的："我唯一确定的事就是，有一天我会成为英国首相。"说完，他突然大笑起来，继而又回归正题说："这是我唯一确定的事。

"如果当不了，那我就做一个快乐的、无忧无虑的人吧……我只想在英国搞一场革命。"说完，他又笑了起来。

但过后不久，鲍伊的话题又回到了政治上，而且这次更严肃了一点。他说："我回到英国后想做一件事，就是看看那里接下去在政治上会发生些什么。

"当我年纪足够大了，懂得自己讨论的政治话题时，我想进入英国的政界。我仍然有一种王者情结，而且永远都会有，在这方面我是极端的摩羯座。

"我觉得为了避免被归类为（特定类型的）艺术家，政治是很好的理由之一。保持个性是件好事。之所以用辛纳特拉*来解释我所说的始终保持一个角色形象，是因为他是唯一一个这样做的人。

"他不仅仅是一个演员或者歌手，他超越了所有这些界定。

---

* 指弗兰克·辛纳特拉（Frank Sinatra），美国著名歌手和演员，20世纪最具影响力的文化人物之一。

他就是一个公众人物,我也想让大家这样看待我。

"这就要看你如何处理人格形象,以及能让自我超脱出肉身多远。我觉得我的音乐从来就不能被单纯地看作音乐。

"你对大卫·鲍伊也一样,必须抱持一种态度,就是绝对麦克卢汉*式的,对吧?我也在试图把自己延伸成为讯息,这就是20世纪的交流方式。"

但是肯定有人会问,一定有某些艺术是鲍伊最真心投入的吧?比如,他最希望看到自己墓碑上名字的下一行写着什么呢?(歌手?表演者?词曲作者?演员?)

"墓碑?!"鲍伊有点吃惊地回答。不过,他很快就扬起了眉毛:"我想要的是一座纪念碑,我可永远不会满足于只有一块墓碑的。"

---

* 马歇尔·麦克卢汉(Marshall McLuhan),加拿大理论家、思想家、作家,提出的原创媒介理论包括"媒介即讯息""媒介即人的延伸"等。

挥别齐吉以及所有那些……

艾伦·琼斯

1977 年 10 月 29 日,《旋律制造者》杂志（英国）

（原编者按）在刊登艾伦·琼斯采访鲍伊的那期《旋律制造者》的封面上，不仅有大卫·鲍伊，还有"冲撞"乐队（The Clash）一个成员的照片——那个星期，"冲撞"乐队想把他们那有都市特色的咆哮音乐带去饱受战争蹂躏的贝尔法斯特，但没能在那里成功开演。距离上一次鲍伊同意接受媒体采访已经过去很久了（1977 年 1 月的专辑《低》他没有做宣传），一切都发生了巨大的变化。1976 年他用颓废的、自我放纵的纳粹手势呼唤法西斯主义回魂那一套，在当下的朋克时代并不受待见，这可能就是为什么他每次接受采访都不得不花大量时间去否认自己的所言所行是有意的，甚至澄清说自己根本没有行过纳粹礼。

事实上，鲍伊已经位列功成名就的艺人之列，无须跟着新潮流起舞。他对艺术不懈的实验精神以及对赚快钱的不屑都表明他不是一个追求销量光环的人。即便如此，鲍伊在本文中承认录音歌手对他来说并不是一项使命，而是一个画家拿来充当探索新的艺术领域的幌子，这一点一定会让很多自诩摇滚乐爱好者的人惊讶不已。

周四下午，大卫·鲍伊穿着泡沫塑料高跟鞋，带着阿斯泰尔式*的优雅，摇曳多姿地穿过多切斯特酒店的旋转门。他会受到酒店非常隆重的迎接——此酒店的氛围庄重而宁静，很容易让人觉得重返中古时代，就算是再傲慢自负的花花公子，来到这里都会立刻收起气焰。

酒店大堂内有一个由不同大洲的人组成的口音复杂的合唱团，为那些不起眼的门童和行李搬运工的来回忙碌提供断断续续的背景音乐。他们身着漂亮的绿色制服，像是雇佣军团里光鲜的吹号手。

这些门童和行李搬运工举止温雅轻快，与那些冷漠迟缓的年长侍者形成了微妙的对比。后者踮脚跛行，在酒店大堂绿色的墙壁前来来回回，把银质茶盘端向早已等得不耐烦的顾客。这景象让人想到患有关节炎的人在湍急的尼亚加拉瀑布之上走钢丝时的犹豫不决。

在这样一个周四下午，哪里才能寻到欧陆绅士？

大卫·鲍伊挥舞着双手，仿佛他正向一个盲人描述一些难以形容的抽象设计，甚至像在试图凭空变出一只用于踢踏舞表演的鸽子。

他的笑容驻留短暂，且有些紧张。他笑时薄唇微启，露出几

---

* 弗雷德·阿斯泰尔（Fred Astaire），美国著名舞蹈家、编舞家、演员及歌手，在好莱坞歌舞片中留下诸多经典舞蹈。

颗小尖牙,笑声则像静电的噼啪声——不过这笑还是颇有感染力的。他讲话喋喋不休,却不显得急躁。言谈间,他的口音会从迈克尔·凯恩扮演的哈里·帕尔默*那种清脆的伦敦腔,变成流畅低沉的舞台腔,像是某个草台剧团的演员扮演的大老粗政客。

有时他又礼貌到让人周身舒坦,感觉都能哄得天使卸下翅膀。

大卫·鲍伊这次来伦敦只有一个目的——宣传他的新专辑。不过对于为什么和媒体之间只有少得可怜的交流这一点,他没有给出任何解释。

他后来承认说:"我答应接受这些采访的唯一原因,是要证明我对这张专辑很有信心。《英雄》和《低》两张专辑都得到了一些迷惑的反馈,当然这早在预料之中。不过,因为我之前完全没有为《低》做宣传,所以有些人以为我对那张专辑没有用心。

"这次我想全身心地投入到新专辑的推广中。我觉得我在最近这两张专辑上的投入是前所未有的。我回过头去听我以前的很多作品,虽然其中大部分我都很欣赏,但真正喜欢的不多,我觉得它们一点都不讨人喜欢。

"在《低》和新专辑里,尤其是在新专辑里,我放了很多心力和感情进去。只要能让大家相信这一点,我愿意一直待在这间屋子里,尽我所能回答所有的提问。"

有种观点认为,大卫·鲍伊最近这两张在柏林和布莱恩·伊诺(Brian Eno)合作录制的专辑,属于那种对摇滚听众而言最

---

* 哈里·帕尔默(Harry Palmer)是英国一个谍战系列电影的主人公,此系列共有四部电影,其中有三部由迈克尔·凯恩饰演哈里·帕尔默。

需冒险且明显带有挑战性的唱片。有关这两张专辑的争议是无可避免的,因为它们结合了现代电子乐的理论和技术,而在歌词方面鲍伊又放弃了传统的叙事方式,转而追求一种新的音乐语汇,用来表达他曾预言的当代社会那种无处不在的绝望和悲观情绪。

他指出:"当我在美国的逗留快要结束的时候,我意识到必须实验出一种全新的创作方式,实际上就是发展出一套全新的音乐语言。这就是我在做的事,也是我回到欧洲的原因。"

当你读到这句话时,大卫·鲍伊正在解释他结束美国的客居生涯并最终决定返回欧洲的来龙去脉。

他一边翻找着吉坦香烟*一边开始解释。"情况是这样的:那个时候我正想离开美国。像我喜欢说的那样,我在美国'逗留'了两年多。我很怕说我'住'在那里,因为说'住'的话就成了一个真正的承诺,但我没有准备做出这样的承诺。

"所以我说,我在那里'逗留'了一段时间,然后感觉对这个国家产生了厌倦。我还对我的创作方法产生了厌倦,我想跳出原先的叙事方法和形象塑造。总的来说,我想重新考虑我在做的事情。

"我意识到美国那个特定的环境让我倦怠。另外,那个环境对我的创作产生的影响,让我担心如果继续在那个环境里工作我会开始重复自己,我感觉我正在朝那个方向滑去。

"那段时间我在所有的工作过程中都得不到乐趣。但《每一站》除外,制作这张专辑的过程让人相当兴奋,因为它对我来说就像一个让我回到欧洲的借口。这件事有点像自己和自己聊天,

---

* Gitanes,法国著名香烟品牌,其香烟味道浓烈。"吉坦"的字面意为"吉卜赛女郎"。

那种一个人时不时会和自己进行的交流。"

他突然扔下了香烟，好像跟自己生气似的。"天啊，不……我在说些什么？这类事多了去了。还有《年轻的美国人》，那张专辑也很让人郁闷，那是一段极其痛苦的时期，我当时的状态也很糟糕。一想到我还在摇滚圈子里，我就非常生气。

"而且我不只是在摇滚圈子里，我还处在圈子的中心。我得跳出来，我从来没想过和摇滚牵扯得那么深……而且我就在洛杉矶——摇滚圈子的中心。

"不知道是幸运还是不幸，我绝对容易受到环境的影响，而环境又会极大地影响我的创作，这种影响有时候甚至到了荒谬的程度。

"当我回首某些往事时，心里充满着恐惧……不管怎样，我意识到，洛杉矶的环境、美国的环境此时对我的创作和工作已经是有害的了。在那样的环境里，再也不可能抓到灵感了。

"我意识到，这就是我会感到被幽闭和被孤立的原因。我变得如此虚伪，物质主义和唯美主义在我心里打得不可开交。我从来都没想过委身于摇滚乐，这一点我从来没有掩饰过。坦白说，我只是一个老派画师，想找一种新的手段来创作而已。

"摇滚看上去就是一个非常好的手段，但人总会在成为摇滚明星的诱惑和想成为艺术家的多愁善感之间摇摆不定。我就活在这样一个疯狂而肮脏的摇滚马戏团里，摇滚圈真的就是一个马戏团而已。

"我本不应该在摇滚圈里，我本不应该成为这个圈子那么重要的一分子，对我来说这太令人沮丧了。现在我重新回到了健康、开心和理想的状态，多年来第一次享受唱片制作的整个过程，而这个过程不仅仅是一份工作。这也是我说我对结果没那么感兴趣的原因。

"如今我更关心自己的作品在个人层面上是否会被欣赏。我曾经怀抱各种远大梦想。噢！那些梦想啊，实在太有野心，直到后来懂了如何享受工作和生活过程中的那种简单快乐，我才放弃了梦想。

"现阶段我觉得自己很快乐、很充实，感觉自己不再是流水线上的一个产品，也不再是一个被用来操纵一万个粉丝的偶像工具，虽然就连我放一个屁他们都觉得是香的。"

大卫·鲍伊捻熄了一根吉坦烟，但转眼又把另一根放在了双唇间，手指还轻轻敲打着打火机。

他继续说："我在摇滚圈中的这种艺术家的角色，和大多数人都不太一样。在做音乐这件事上我速度很快，很短时间就能完成，一般两三个月左右能做完一张专辑。总的来说，我的原则是，一旦一个系统或一个流程正常运转了，那它对我来说就过时了，我会转到另一件事上，再花一段时间去完成那一件事。

"我不得不用一些幼稚的比喻来回答这些疑问，我发现自己一直在拒绝思考自己在这件事——也就是这个摇滚乐游戏——里扮演的角色。

"我从来没想过自己要成为摇滚圈的一分子，这只会阻碍我的发展。意识到这一点后我便开始逃离，我经常跑去日本或者其他一些地方。我真的从来没想过要成为这个圈子里的一分子。不过，与此同时，既然事实上我已经进了圈子，那我也只能接受挑战，偶尔也很享受因为这件事产生的争议。

"但你不会相信，对于这件事，我在很大程度上是完全无意的。我想，根据一般的摇滚乐定义，我的确玩得有些出界。我的所作所为有些是纯粹的任性,有些是自负,有些则是无意的,但无可否认,我一直在朝前走。

"尤其是'齐吉'这个形象,是我出于某种自负而创造出来的。但请记住,那时的我还很年轻,充满了活力,这个形象就像我的一个非常积极的艺术宣言。我觉得'齐吉'就是一件美丽的艺术品,我真的是这么认为的。我觉得'齐吉'整个形象就是一幅壮丽且通俗的画作。

"然后这个浑蛋附身于我好几年不肯离开,整件事就开始变糟,而且变糟的速度之快令人难以置信。我花了很长时间才寻求到心理平衡,但我的整个人格都受到了'齐吉'的影响。完全是自找麻烦。

"回头看那段时间,我不会说遗憾,因为'齐吉'给我的生命带来了一连串的精彩。当时我觉得为什么'齐吉'只能出现在舞台上?每次媒体采访我时,我甚至都想让'齐吉'一起来回答问题。现在回过头想想,真是荒谬。

"一切开始变得非常危险,我真的曾经怀疑过自己是否失去了理智。我无法否认那段经历的确以一种非常夸张和明显的方式影响了我,我把自己推向了危险的边缘——不是身体上的,而明显是心理上的危险边缘。我那时和自己玩心理游戏玩得太过了,现在回到欧洲我感觉很放松、很高兴,感觉很好……你看,我一直都是个幸运儿。"

大卫·鲍伊说:"《大卫现场》那张专辑宣告了'齐吉'的最终死亡。天哪,那张专辑,我自己从来都没有播来听过。那里面蕴含着一种张力,感觉就像吸血鬼的獠牙要向你咬来。还有封面上的照片,上帝啊,看上去我就像刚从坟墓里走出来似的。

"我真心觉得,这张专辑的名字应该叫'大卫·鲍伊还活着,活得不错,但只在理论上活着'(David Bowie Is Alive And Well And Living Only In Theory)。"

鲍伊在柏林录制了最近的两张专辑。关于柏林这个工作环境,鲍伊指出:"柏林是一个充满了酒吧的城市,悲伤失意的人可以去买醉。我利用在柏林工作的机会仔细深入地考察了这个城市。谁也不知道那里的现状会保持多久,有人认为很快就会改变。

"当然,这也是我被这座城市吸引的原因之一,我试着将这种感觉放进我的画作里。我在柏林的时候画了一系列关于居住在柏林的土耳其人的画。这次新专辑里有一首歌叫'新克尔恩'('Neukoln'),那是柏林的一个区,环境非常恶劣,土耳其人都蜗居在那里。

"这是一个被孤立的群体,让人为他们悲伤,非常非常悲伤。这样的现实很明显地影响了《低》和《英雄》两张专辑的基调。

"我是说,有过这样的经历就很难再唱出类似'让我们都想着和平与爱'那样的歌词了。'不对!大卫,你为什么这么说?'——因为那是一句愚蠢的话,因为当你亲眼见过那样的景象时,你自然而然会有和我一样的感受,那种悲天悯人的感受。《英雄》的专辑同名曲说的就是要面对这样的现实,勇敢对抗这样的现实。

"在这样的境况下,我们唯一能扭转乾坤的英雄行为就是好好生活。就算生活里有各种各样想置你于死地的情况发生,你还是要从活着这件简单而美好的事情里获得一些快乐。"

人们还记得鲍伊去年在伦敦演出时那引起极大争议的开场

白——关于英国实行法西斯统治的可能性。他的这番言论被某些人解读为对极右翼政治的鼓吹,另一些人则将之视为预言,是一种警告,而不是对法西斯主义的支持。

"我无力澄清。"在谈到这个问题时鲍伊意兴阑珊地说,"我只能说,基于对英国社会的观察我说过两三句油腔滑调的戏言。现在我唯一能回应的是,我不是法西斯分子,我并不关心政治。

"我游历的地方越多,就越不能确定哪种政治哲学值得肯定。我看过的政府体系越多,就越不愿意效忠于任何一批人。因此,如果让我抱持某种明确的观点,或者加入某群人中,说'这些人是我的同志',那对我来讲都是灾难性的。

"我想,一切都是戏言,而且说起来,我也不是那种八面玲珑、精通社交礼仪的人。如果我跳进游泳池,那我肯定会实诚地喝下所有的水。"

鲍伊被问到在维多利亚车站对全英国敬的那个纳粹礼,并被要求解释一下那个手势是什么意思。

他整个人几乎从椅子上弹了起来。

"没有的事!根本没有那样的事!我对那个摄影师很生气!我只是挥了挥手,我只是挥了挥手而已!请相信我,我以我孩子的生命起誓,我只是挥了挥手,可那浑蛋就在我手挥到一半的时候抓拍了那张照片。天啊,那张照片传得铺天盖地,可我真能蠢到玩那种噱头吗?!我看到那张照片的时候都快被气死了!连当时和我同行的人都来问我:'大卫!你怎么能做这种事?'浑蛋!我没有……

"天哪,我完全不能相信会发生这种事!"

大卫·鲍伊今年 30 岁了,他觉得这挺有象征意义的,而且他现在对年华流逝也不觉得怨恨。他说他在 20 岁出头的时候,对"有一天会变老"这件事非常害怕——"那是一个很可怕的念头"。如今,他能坦然接受变老了,觉得那是成长的责任。他甚至接受了人最终会死亡这件事。

"我觉得有了儿子这件事对我影响很大。"他说,"一开始我很害怕,尽量不去考虑变老意味着什么。现在,我只关心这个孩子的未来,而我自己的未来则可以忽略不计。我为他的未来做好了一切准备,直至那最后时刻。

"不过,现在还是有那么多人在追求长生不老,我觉得很好笑。大家为了长寿可以做任何事,又觉得人类的平均寿命理应比现在的更长——我不同意这种观点。我是说,我们人类从来不会活那么久,在整个历史长河里,这个星球上的人类都不会活那么久。

"就在没多久以前,人都活不过40岁,如今我们对活到70岁还不满意。我们到底在追求什么?因为我们太自负了,有谁想拖着衰老而日渐腐朽的躯体活到90岁,只是为了维护自己的自尊?反正我肯定不会。"

既然说到年龄,还有变革进程的问题,我不可避免地要提到那些新浪潮的追随者们,现在他们正努力叩响成功之门并取得了一些知名度,而这样的知名度鲍伊早在五年前就享有了。

鲍伊说:"可悲的是,他们称之为一场'运动'。而我希望参与其中的人能被当作独立的个体来对待。我真为他们担心,也对他们不满意,因为我不能容忍一个人会想要组织一场运动,或者说成为它的一部分。

"任何事情最终都应该归依于个体。我觉得现在某些个体有着非常令人兴奋的思维,至少他们中有些人有。我希望这些人能一直存在,因为我对他们的激愤感同身受。"

门外有几只狗在叫,仿佛催促我们结束这个本来就很简单的采访。

有人提出,《低》和《英雄》两张专辑里流露出了极端的悲观主义,粗粝的音乐氛围则预示了暴力和灾难即将到来。

"恐怕我得说我很悲观。"鲍伊说,"我对未来完全不抱乐观心态,但我也并不是完全听天由命,我希望怜悯多少能带来一些安慰。虽然我知道'怜悯'并不是我的作品里会经常用到的一个词,但我希望《英雄》这张专辑是有怜悯心的。

"要对人们以及他们陷入的那种愚蠢而绝望的境地抱有怜悯之心。我们每个人在很大程度上都会因为无知愚昧和草率做出决定——比如决定加入或留在某一个圈子里——而使自己陷入那样的境地。

"我们真没比原始部落时代进步多少,懂吗?不明白的话,抡起一把斧头试试。

"要知道人类根本无法应对这世界变化的速度。这世界变化太快了。自从工业革命以来,世界不断地螺旋式上升,而人类一直拼命地坚持着跟上这个节奏,但现在所有人都开始撑不住,开始往下掉,接下去情况会变得更糟。"

"其实真没太多理由去抱有希望。"大卫·鲍伊最后说,"但我还没有放弃,我觉得自己还有些斗志。我不是一个勇敢的人,我也的确把这世界看成一个巨大的笑话,一个非常糟糕的笑话。然而,总有一块天地是值得乐观的。

"就算是费心劳神写下这一切或者只是想一想,都算某种抗争。不过,即便如此,我还是忍不住想,这世界就快完蛋了。"

他抬头望天,问上帝:"不过,请给我们一个日期,好吗?"

和大卫·鲍伊共处 12 分钟

约翰·托布勒

1978 年 1 月,《曲折》杂志(英国)

(原编者按)这篇来自英国《曲折》(ZigZag)杂志的访谈非常有趣,因为它不像本书的大部分内容那样由一个大卫·鲍伊的狂热拥趸来负责采访。本篇访谈的采访者约翰·托布勒是一个对鲍伊并无特殊感情的人,他甚至还搞混了《钻石狗》和《年轻的美国人》这两张专辑。托布勒事后回忆说:"这个采访是给 RCA 唱片公司用来做《英雄》的宣传资料的。鲍伊不是我心目中的英雄。大家说得没错,采访他这活儿不该由我来干,但这就是个工作,而且我对鲍伊取得的成就非常崇敬。"

曾经有段时间,创办带有粉丝杂志气质的刊物蔚然成风。《曲折》便是诞生于那段时间的杂志,因此算是制作比较粗糙的出版物,这一点可以从这篇访谈独特的文风和语法,以及按采访原话一字不差刊登的方式看出来。

一字不差刊登采访总给人有点呆板的感觉,但这篇访谈最尴尬的是,托布勒可能在无意间提到的鲍伊的老朋友兼竞争对手马克·博兰不久之前的"翘辫子"。

事实上,这次采访,托布勒只有一刻钟不到的时间(他说"当时采访时间可能不止12分钟,但为《曲折》编辑这篇稿子的人认为'和大卫·鲍伊共处12分钟'是一个很好的标题")。不过,即便采访时间如此之短,鲍伊还是成了那一期《曲折》的封面明星。

《曲折》:你最近的几张专辑是今天访谈的主角。对某些人来讲,这些专辑有点难以接受。我记得你在某个时候曾说你决意做一个"无法被预知"的人,所以这就是造成这些专辑接受度差的原因吗?

鲍伊:并不是。针对这个问题,我的回答都是可预知的。真实的原因是,我已经厌倦了我在美国时用的那种传统的创作方法。回到欧洲后,我重新审视了我正在做的创作以及创作的环境,然后决定为自己找到一种全新的音乐语言来进行创作。我需要有人来帮我,因为对这件事我有点迷失,而且有种"只缘身在此山中"的感觉。所以我找了布莱恩·伊诺,看看他能不能帮上忙。一切就这样开始了。比起外在的"无法被预知",更多的是在尝试创作的新方法和新流程。到现在为止,已经用同一种新方法做出了两张专辑,这也是我之前没有预料到的。你瞧我这个人矛盾的,连自己都没法预知自己。

《曲折》:我听说,嗯,伊诺第一次与你和伊基见面时,你们给他留下了深刻印象。听说你可以哼唱他的《不要不告而别》("No Pussyfooting")?

鲍伊:(笑)是的,我对他的作品非常熟悉。

《曲折》：你有没有尝试和研究过在音乐中注入更多的"出界"元素？

鲍伊：这一直是我感兴趣的方向。我有一条特殊的工作准则——如果一种方式行得通，那就说明它已经过时了。我把这条准则用于我工作的方方面面，音乐、巡演或者其他事情，但主要用在音乐上。我几乎不听任何当下正在流行或者非常风靡的音乐，我更倾向于接受那些奇特古怪的东西。

《曲折》：比如？

鲍伊：让我想想。我最近买了斯蒂夫·莱奇（Steve Reich）和菲利普·格拉斯（Philip Glass）的唱片，然后一直在听，听了很长一段时间。说回音乐，我创作音乐的灵感更多来自我对周遭环境的观察。如果你研究一下我的专辑以及它们相应的制作地点，就会发现一张专辑非常能映照我做它时所在的地方，甚至还多多少少能说出我当时在哪个城市的哪条街上。比如，做《年轻的美国人》时是在费城，《钻石狗》那绝对就是在洛杉矶和纽约了。

《曲折》：你会提到《钻石狗》还挺有趣的，因为你说过那是你做的一张"塑料灵魂乐"专辑……

鲍伊：我说的是《年轻的美国人》。

《曲折》：啊对。对不起，是《年轻的美国人》，你说那张唱片就是个笑话。

鲍伊：不，那张唱片并不是个笑话。那是一张认真的塑料灵魂乐专辑。它绝对就是我的风格，以一个英国白人的视角去展现美国黑人音乐,是从外部审视灵魂乐,而不是真的身在其中。

《曲折》:相比你可能更熟悉的 60 年代灵魂乐,你是不是更喜欢现在的迪斯科音乐?

鲍伊:呃……不。我完全不是个迪斯科粉丝,我很讨厌迪斯科。我的唱片在迪斯科舞厅里很受欢迎,这让我觉得挺尴尬的。拥有两首大热迪斯科金曲这件事让我走进那种艺术氛围浓厚的俱乐部时都抬不起头。没错,我是一个 60 年代灵魂乐的铁粉。灵魂乐是我接受的粗浅但相当多样化的音乐教育的一部分。

《曲折》:的确。我听说你很快就会开始巡回演出了?

鲍伊:是的。计划是明年展开一个世界巡回演出。

《曲折》:你会请哪些人参与巡演?

鲍伊:目前还很难确定。我当然很想和伊诺还有弗里普[*]同台演出,但光把布莱恩从他的公寓里请出门就需要花一周的时间,所以让他参与巡演几乎没可能。但我想,他应该会参与几个特定城市的演出。如果是一个他没去过的城市,他可能就会去演一场——这就是他的工作风格。弗里普就比较好办,他巡演没问题,对他来说这不是个事儿。不过,我不确定他是否愿意参与一个时间非常长的巡演,他大概只能坚持四个星期吧(笑)!他们俩都是不喜欢巡演的人,所以我还得多找几个人试试。

《曲折》:你是"绯红之王"乐队(King Crimson)和"洛克

---

* 指罗伯特·弗里普(Robert Fripp),"绯红之王"乐队的创始人。

西音乐"乐队（Roxy Music）的歌迷吗？

鲍伊：我的确非常喜欢"洛克西"的第一张专辑，那是张令人兴奋的佳作。那张专辑的概念是全新的，里面还有很奇妙的反差，这些我以前在别处都没听到过。至于"绯红之王"，一直以来我都……说来奇怪，弗里普是我唯一喜爱的炫技大师。我不喜欢炫技，但弗里普的表演总是非常吸引我。

《曲折》：据说在创作《低》这张专辑的时候，你的诗意缪斯一度离你远去，所以专辑里的歌词都比较短，而你以前写的那些歌词都比较长。现在情况如何了？

鲍伊：这种说法是有点道理的。其实这个问题就是我之前说到的，严格来说是一个试验和求索的问题。关于《低》这张专辑我没什么可说的，它本身就是一张低调的专辑。对我来说，它也是一张可以非常任性地在音乐上做实验的专辑。《低》最奇怪的一点是，在我探索音乐创作的新流程和新方法的过程里，我和伊诺回过头去听这张唱片时，才意识到我们在里面创造了很多新的内容，而我们甚至都没有察觉到。我们还意识到，在创作上我们并没有刻意地写某些东西，却反而把这些东西写出了深意。另外，当时我们也没意识到自己在做一张概念专辑，我和他都没有明确地说过"让我们来做一张概念专辑吧"这种话。这张专辑就是这么不可思议。我们想着，好，既然整件事那么令人兴奋，那么我们不如再做一次。所以我们又用这一套方法做了《英雄》。在《英雄》里我们使用了大量的意象，并把它们一个一个拼合起来。在歌词创作上我们用了很多极其冒险的技巧，比如从书里随机摘选几个词出来。在旋律以及和弦变化上用的也是类似方法。我们有时真的非常任性。可当我们坐下来聆听最后的成品时，整体的效果把我们俩都震撼了。

《曲折》：你们是不是打算坚持往这个方向去了，不准备回到以前那种更抒情的路线上了？

鲍伊：不，呃……是的（笑）！我们总说，因为我俩都是附庸风雅之人，我们说好要做一个三部曲，出三张专辑才算完成，所以接下去至少还得再做一张。我和伊诺之间的关系的确非常稳固，而且我觉得这种关系在音乐领域之外也很强，因为当我们在一起的时候，音乐经常是我们聊得最少的话题。可能你也很清楚，伊诺是一个非常健谈的人，听他说话你可以坐在那里笑一整晚。另外，我正在参与弗里普的下一张专辑的制作。他让我去美国和他做点合作，我还不知道具体内容是什么。我对此非常兴奋，因为我不知道他要我做什么。

《曲折》：你是不是把你的抒情能力用在了伊基专辑的制作上？我倒不是说你负责写词……

鲍伊：这件事得这样看。吉姆（伊基·波普）已经至少两年没出来工作了，这段时间对他来说很艰难，他在情感上、精神上还有物质上都需要我们更多的支持。我觉得他在第一张专辑里解决了大部分问题，而这张专辑几乎没有体现我的影响和风格，至少没有我们将来会做的东西那么明显，我们接下来会再做一张专辑。吉姆是一个非常能掌控自己状况的人，他知道自己想写什么。他正在成为一个杰出的音乐创作人。其实我觉得他一直就是个杰出的音乐创作人，只是经历了一些起起落落。

《曲折》：确实，他在舞台上的表现令人印象极为深刻。

鲍伊：噢，他太出色了！我一直觉得他和我很搭——那种摇滚范儿，绝对的摇滚精神，毫不妥协的摇滚精神。

《曲折》：他第一次巡演的时候是你陪他一起去的，你是不是担心他一个人应付不来？

鲍伊：不，完全没有。他让我在巡演里和他一起弹钢琴。我觉得这个主意很有诱惑力，我这么做真的是出于勇气。从来没有一次巡演像那次一样让我如此享受，因为我完全不需要承担责任。我只需要坐在那里，喝点酒，抽点烟，对乐队抛几个媚眼，还有就是在旁边看着他就行。

《曲折》：对，他真的很有看头。

鲍伊：噢，没错。

《曲折》：几年前你是不是说过不再关心自己专辑的销量了？

鲍伊：是的。

《曲折》：这句话是不是也适用于伊基的专辑？毕竟你在里面参与了很多。

鲍伊：不，那只限于我个人的专辑。当然我很希望吉姆能重新获得老歌迷的喜爱，并且吸引更多、更新的歌迷。因为我一直认为他是个非常重要的音乐人。我那句话只适用我自己的专辑。

《曲折》：现在还适用吗？

鲍伊：我依旧非常坚定地抱持这样的想法。不过现在可能不得不自相矛盾一下了，因为我对于我新的音乐输出非常激动，希望大家都能听到，所以有点左右为难……一方面我想继续说"我不在乎"，另一方面我真的在乎新专辑的销量，因为它们真的很棒。我觉得它们真的是很好的专辑。

《曲折》：当你回过头去听以前做的东西，有没有可能会说"这首真的不怎么……"，你明白我想说什么吗？

鲍伊：是的，我明白。我回头去看之前所有的专辑，没有一张是我喜欢的，我……我唯一喜欢的一张是《年轻的美国人》，因为这张是唯一一张"讨喜"的专辑，但是其他的专辑都几乎没法用"讨喜"这个词来形容。其中有几张原本是粗略的想法，但我没有努力做好，所以出来的结果没有预想中的好。这就有点像画画，你画的画并不是每张都很好，但已经画完了，木已成舟，也只能那样了——出专辑也是一样。我承认有些想法最后没有实现，但多少还是有些好作品留下来了。这件事有个时间上的逻辑，如果脱离时间空谈那些专辑，那对我来说没有意义。在每张专辑上我都能看到我创作它的那一年的情况，我想我可以这样说："是的，这张专辑非常好地体现了当时的周遭环境。"这一点是很好的，也是我现在在创作上准备走的方向。

《曲折》：一直以来，有很多人参与到你的事业中，但除了极少数例外，比如米克·容森，你似乎很少去参与对方的音乐。这和很多其他的摇滚明星不一样。你最近见过米克·容森吗？

鲍伊：我已经有好多年没见到米克·容森了。不过，为了反驳你说的另外那个观点，我得说我的乐队已经和我合作了四张专辑，我们在一起工作差不多有两年半到三年了（笑）。

《曲折》：但基本上来说，是你发掘了他们。我想说那几位……我的意思是，有点奇怪的是，和你合作过的马克·博兰、宾·克罗斯比*最近都翘了……

鲍伊：你真的要我……我该说什么呢？

《曲折》：我是说，你有没有看到这里面有什么凶兆？

鲍伊：我没看到。

《曲折》：听你这么说我就放心了。你上过宾·克罗斯比的节目吧？

鲍伊：对，我上过。

《曲折》：那应该挺有趣的……你有再找其他人合作的计划吗，类似"女宇航员"乐队†那样的？

鲍伊：没有。不过，我这里想提一个乐队，我真的很喜欢他们，是一个还没有出过唱片的美国乐队，叫"退化"（Devo）。他们寄了小样的磁带给我，我听了很长时间，希望今年年底我有时间能录这些歌。"退化"有点像一个乐队集合了三个伊诺或者好几个埃德加·弗勒泽‡在一起，相当奇特。这很好地说明了他们的情况。

---

* Bing Crosby，美国殿堂级的歌手、演员，20世纪最重要和最有影响力的人物之一，于1977年10月14日逝世。

† The Astronettes，大卫·鲍伊在1974年打造的三人乐队，主唱歌手是他当时的女友艾娃·彻丽。但在《钻石狗》发行后，鲍伊就放弃了这个乐队，不过留下了三个人做他的和音歌手。

‡ Edgar Froese，德国电子音乐先锋人物，"橘梦"乐团（Tangerine Dream）创始人和主脑。

《曲折》：我们该来聊聊你正在拍的新电影了。

鲍伊：这是一部关于 20 世纪早期表现主义画家埃贡·席勒[*]部分生平故事的传记片，说的是席勒和他的模特儿之间的隐秘关系，不是那种煽情片。和以前的电影一样，这部影片也是对我上一部电影的回应。我的大多数作品都是对上一部作品的回应，而不是仅仅为了做而做。

《曲折》：你拒绝了一部要你演青年戈培尔[†]的电影，是吗？

鲍伊：是啊（笑）！这件事不出大家所料吧？！

《曲折》：太好了。非常感谢，见到你很高兴，要经常回来啊！

鲍伊：谢谢！

---

[*] Egon Schieler，奥地利画家，20 世纪初表现主义画派及维也纳分离派的代表人物。

[†] 约瑟夫·戈培尔（Joseph Goebbels），纳粹德国时期国民教育与宣传部长，极其擅长演讲，被称为"宣传的天才"。

一个精英主义者的自白

迈克尔·沃茨

1978年2月18日,《旋律制造者》杂志(英国)

(原编者按)在《旋律制造者》这篇迈克尔·沃茨和大卫·鲍伊再次聚首的访谈里,鲍伊重谈六年前在同一本杂志上刊登的宣言"我是同性恋",就是那句话让鲍伊(在某种程度上也让沃茨)出了名。

这篇访谈的另一个有趣之处是,它告诉读者,那个被认为信奉"任何宣传都是好宣传"的鲍伊觉得,自我表现也有一定限度。

在这篇访谈中,除了谈及年至三十的体验,鲍伊还谈到了他与导演戴维·海明斯(David Hemmings)和尼古拉斯·罗伊格(Nicolas Roeg)的合作,以及他的"剪裁"创作手法,这种手法往往给他的歌词带来一种独特的支离破碎感。

本书前文提到的埃贡·席勒的传记片此时依旧在拍摄,但已经改名为《奢与罚》(Excess and Punishment),同时鲍伊已不再参与其中。

这次采访是在大卫·鲍伊拍摄《舞男》(Just A Gigolo)的四天里找了个简短间隙进行的,采访者不得不忍受剧组成员正在演奏的小号、现场播放的德国进行曲老唱片,以及临时演员在钢琴旁引吭高歌的电影插曲。鲍伊说:"我真讨厌这些布鲁斯音乐的部分。"话虽如此,他很久以前也在桑尼·博伊·威廉森*背后演奏过萨克斯……

迈克尔·沃茨(以下简称沃茨):上次采访你是1973年2月,当时你在纽约无线电城音乐厅演出。那时各路媒体都在争相报道你离开"大人物"经纪公司和托尼·德弗里斯的事。现在你怎么看德弗里斯?

大卫·鲍伊(以下简称鲍伊):(长时间停顿)这是一个有趣的问题。我的怒气好几年前就消散了。被利用也好,被欺骗也罢,所有的感觉或多或少都淡忘了。

所有这一切在某种意义上影响至今。如果没有那些胡说八道的流言蜚语,我不会那么声名狼藉。如果我是一个利己主义者,我想我也会做出他对我做的那些事,因为我那时太红了,但谁知道呢。

如果没有一开始那些荒唐的闹剧,有些好事可能永远也不会公开。多亏有他,还有当时那些到处乱跑乱说的疯子们,这些事才为人知晓。所以我觉得,在某种程度上我还应该感谢那段时间发生的事情。

但我决不会完全宽恕那时候发生的每一件事。我不知道当时

---

* Sonny Boy Williamson,美国布鲁斯口琴演奏家、唱作人。1965年大卫·鲍伊在伦敦华盖俱乐部(The Marquee Club)演出时曾和他同台过。

我本人是否被完全操纵了，但我相信我的整个事业是被操纵的。我觉得很多最初非常好的想法都被廉价化了，为的是捞到一些经济上的利益，而不是全力以赴把事情做好。

那时候的演出永远都不像预想的那样，因为总是突然之间钱就不见了，没法买那些我最初想要的东西。财务上永远都是捉襟见肘。我就不明白了，明明我们非常非常受欢迎啊……那钱到底去哪里了呢？

往事如烟，我们已经和解了——不是说相亲相爱，但大家现在都能轻松看待一切。我们之间达成了互相谅解，时不时地还要和对方打个交道，但都是公事，不是私人之间的事。

沃茨：你再也不会回他那里了吧？

鲍伊：噢！上帝啊！绝对不会！我想都不会那么想。我完全不知道他现在在哪里，在干什么，将来还会干什么。那段时间真是充满了惊奇和混乱，非常乱。

沃茨：你现在如何看待性向这个问题？（1972年1月，鲍伊在"大人物"公司事业刚起步时向《旋律制造者》杂志坦承自己是双性恋。鲍伊是首个做出此等声明的摇滚明星，此番言论曾引起轩然大波。）

鲍伊：大家现在似乎比以前任何时候都更容易接受这件事。我对此有两个看法：首先，这是一个非常好的辩论话题，可以拿来和人唇枪舌剑；但在另一方面，在很长很长的一段时间里，这件事对我作为一个音乐创作者的声誉造成了灾难性的影响。

沃茨：你当时为什么把这件事告诉我？

鲍伊：你知道吗，我自己也一直不明白为什么。当然不是事先策划好的。当时我正开始创造"齐吉"那个角色，他在慢慢成形，我也自然而然地深陷在这个角色中。创造"齐吉"这个角色就好像投入我自己的经历，把我生命中的一点一滴都放进去，然后"嘭"的一声他就在眼前了。就这么简单。

沃茨：前几天我又读了一次那篇访谈，感觉非常害羞和尴尬。

鲍伊：是啊！不过你想象一下，几年后，那篇访谈将成为那个时期乐坛的一个原型采访吧！你无须觉得尴尬。我完全明白你的意思，但你等着瞧吧，记住我的话，记住我的话就行。一切都是麦克卢汉那老一套了，陈词、原型之类的。

我敢说，根据麦克卢汉那一套理论，卓别林也会对自己拍的最早的几部电影感到非常非常尴尬。但你看看后来呢？在他之前没有人做过类似的事，他的电影自然就成了"原型"，之后一大群人就会跟着他走了。

我说我开创了摇滚乐的"自命不凡派"时，有一半是认真的。我知道自己为什么会那么说。现在我未必还会同意那种说法，那时同样只是脱口而出而已。但那句话里还是有分量在的，这点我很肯定。

沃茨：我记得大概一年半以前，《村声》（*Village Voice*）杂志做过一次彻丽·凡尼拉（Cherry Vanilla，曾是鲍伊在"大人物"公司时的美国公关宣传人员）的采访，是关于同性恋营销的……

鲍伊：啊，上帝啊！同性恋营销！

沃茨："她说：'我们像内森*兜售热狗那样兜售大卫的屁股。'"

鲍伊：天啊！不过他们老这样干，不是吗？我希望她只是说说而已吧！我懂她的意思，她非常卖力地推广我的这一面，因为这让她很容易拿到头条新闻。当然，那段时间我一直身处另一个国家，所以对这事没有任何控制权。

那时候我是做出妥协的，我到了美国后便接受了这一切。发现我其实是被骗到那里去的时候，我心想："我的天啊，我是没法和这么庞大的体制斗争的，我只有先接受它，然后逐步地改变，让事情越来越可控。"

我那时刚开始创造"齐吉"这个角色，不能突然就放弃。"齐吉"是我创作的作品，我的戏剧作品。我想："那我就来当'齐吉'，展现上帝赋予他的一切吧！"（他短促地笑了几声）

所以在美国的头几个月，我不得不在一段时间里显得比较合作。

沃茨：你参与其他艺术家的音乐事业这件事也让你饱受非议。我一直不解，你的个人事业如此成功，为什么还想要构建或者重建他人的成功呢？比如卢·里德、伊基·波普，现在又有"退化"乐队。

鲍伊：我想，我的内心还是有粉丝心态吧，就是情不自禁地喜爱新事物。如果感觉某件事我自己做不到，那我就想参与到其他人的工作里，试试在那里能不能……尤其是那些还没有被大家注意到的人。

我很乐意担负起帮助他人的责任。我觉得这样可以满足自我。

---

*"内森名牌"（Nathan's Famous），美国著名连锁快餐品牌，以热狗最为著名。

沃茨：不是纯粹出于善意？

鲍伊：噢！不！不！上帝啊，不是！

沃茨：但你的确因此遭受了不少严厉的批评，尤其是在和卢的关系上，很多人说你模仿他。

鲍伊：我的确看到很多说这个的报道。我从来没有驳斥过什么，因为对于我所做的事情，那些报道都太肤浅了。我和卢·里德之间几乎没有相似之处。

我觉得我只写过一首和他的风格很像的歌，就是《荡妇皇后》。只有这首歌被认为是卢·里德的歌——这是事实，因为在这首歌的标题旁边我就写着"给卢"。

沃茨：旁边还有一首叫《安迪·沃霍尔》的歌。

鲍伊：噢，是的。两个名字是在一起。但我觉得我的艺术生涯并不是建立在这两首歌的基础上的，我没有写过其他任何接近卢·里德现在或者过去风格的歌。在我和卢之间很难找到能用来比较的地方。

我从来没有写过流浪汉或者类似"今日头条"那样的歌。我走路不像他，穿着不像他，长得也不像他，表演更不像他。他们那样说真的很肤浅。我和他相处得很好，我觉得他很聪明，很有纽约范儿。我还想补充一句，同样的道理也适用于年轻的伊基，因为关于我和他很像的文章我也已经读到过两三篇了。

但我这么做的部分原因是好玩——我发现，只要我拿一个名字出来说我是受他的影响，大家就都盯上了那个名字，然后就说我肯定是受他影响了——我每次这样玩，他们每次都是一样的反应。每次！每次！每次！

那我可以说,对我影响最大的实际上是"小蒂姆"*,他们就会说:"啊,当然了!很明显大卫·鲍伊从'小蒂姆'那里抄了不少。"——永远都是这个模式。

对此我不责怪任何人,因为我是有意这样做的。当然这种故意混淆视听的事我以前也常干,就是为了看看大家会不会上钩。让我觉得好笑的是,他们就是会相信,然后转头再说给别人听。

沃茨:过去就过去了,让我们谈谈现在。相比《天外来客》,你觉得现在在拍的这部电影如何?

鲍伊:完全不同的两部电影。迄今为止,拍这一部的感觉要愉快得多。因为这样那样的原因,我和戴维(戴维·海明斯)的关系要比和尼克(尼古拉斯·罗伊格)的关系亲密得多。尼克不那么平易近人,戴维的性格则要大度得多。

沃茨:罗伊格是个知识分子。

鲍伊:当然。虽然戴维这方面稍逊,但他社会阅历很丰富。在创造力方面,戴维也是超凡的,和罗伊格一样,只是两人的方式不同。

沃茨:你觉得《天外来客》成功吗?

鲍伊:所有看过电影的人都在争论这个问题。我知道有很多正面意见,也有很多负面意见。我自己到现在只看过一次——是在电影院里看的——我还是觉得在电影实际拍摄过程中学到的比

---

* Tiny Tim,原名赫伯特·布特罗斯·考瑞(Herbert Butros Khaury),美国歌手、尤克里里演奏家。

看电影成品的收获要多得多。

就电影而言，我觉得它并不好看。这部电影太紧张了，就像一根将要弹开的弹簧，蕴含了极大的张力。当然，那就是所谓的"电影的魔力"，有种极度的压抑感在里面。

影片里自始至终都有某种被压抑的情感或者表面下的暗涌，无法爆发出来，让人感觉像是在看某些被禁止的东西一样不舒服。

沃茨：你是否同意这部电影说的是一个原本纯真无邪的人最后变得堕落并痛恨自己的故事？

鲍伊：通过尼克的剪辑，你可以发现他诠释"纯真"是用了一种反常的方式，那种纯真是有点尴尬和笨拙的。主人公的纯真有点不太对劲。我觉得，从表面上来看，这就是尼克的电影所要表达的。

尼克还有很多其他的表达意图从来没有透露过——至少没对我透露过。他是个神神秘秘的人。当然，那时候的我也是个不想和任何人说话的人，真的。

沃茨：我想问问你是否觉得你和你扮演的影片主人公托马斯·牛顿很相似，这也是你接下这个角色的原因吧？

鲍伊：噢，那真是个危险的陷阱！在某种程度上，演这个角色对我来说非常容易，当时我还以为被骗了呢（笑）！我是说，尼克会在心理上给人施加巨大的压力，以至于我拍完电影后有段时间无法从那个角色里走出来。

沃茨：这是一个冷漠、面无表情的角色。这就是那时候你本人的形象吧？

鲍伊：我想，我当时非常害怕表达任何一种情绪。当然，之后的"每一站"巡演那极其戏剧化和痛苦的经历，又让我过于情绪化。我历经消沉和狂喜的大起大落，好几年里我都在压抑自己的情感。

沃茨：所以那是你人生中的宣泄时刻？
鲍伊：哦，上帝啊，是的。不过现在情绪稳定多了。

沃茨：但至少可以说，你是个情绪多变的人。那些事有可能再发生吗？
鲍伊：是的。因为那次巡演的种种经历，我很害怕下一次巡演。一朝被蛇咬，十年怕井绳。我希望自己不要再陷入那种境地。

沃茨：你是指毒品，还是其他东西？
鲍伊：我是指所有东西，对一个人个性考验的所有方面——你能应付得了一次巡演吗？当你肩负着整件事情的责任时，是很容易崩溃的。要么闭嘴，要么放纵，只有这两条路可走。天知道那次巡演的经历对我影响有多大。不过，这次拍电影前我的健康和状态要比那时好多了。

沃茨：看起来你很享受演电影啊。
鲍伊：这次拍摄时，我发现能真的进入角色是很吸引人的。会有人指导和示范怎么演这个角色。我真的觉得很舒服自在。

沃茨：你一直对创造角色这件事很有兴趣啊！

鲍伊：噢，是的！但从来没有像这次一样。这真的有点难以解释，这是一种需要通过思考而不是像鹦鹉学舌那样背台词的演戏方式……很美妙！（中断）

听上去像这样（假装用一种清脆的戏剧腔）："当然，《奥赛罗》一共只有 3584 个词。正如彼得·布鲁克斯（Peter Brooks）曾经说过的那样，你认识所有的单词，你所要做的就是把它们按正确的顺序排列。"（笑）我讨厌谈论表演，我对表演了解得还不够多。

沃茨：该给我们讲讲你是怎么参与到关于埃贡·席勒的电影了。

鲍伊：最初是克莱夫·唐纳*提议让我去演这部电影的，他拍过《看管人》和《爱情游戏谁来玩》。他把原始剧本发给了我。我欣然接受邀请，因为我知道席勒是个人物。

Wally 是席勒的女友之一，名字发音是"沃利"。"沃利"现在只是电影拍摄中的暂用名，我觉得之后会换名字的。影片从席勒离开他的老师克里姆特†并成为一个画家开始说起，一直说到他被判入狱，以及和女友沃利关系的终结。

目前确定是夏洛特·兰普林‡来演沃利。我对选角没有太多发言权。我不是很了解唐纳，但他非常非常聪明。似乎我一直都选择与英国或欧洲导演合作。

几周后我要去见的下一个导演是法斯宾德，我有可能和他合作《三分钱歌剧》(The Threepenny Opera)的电影重拍版。他

---

* Clive Donner，英国新浪潮电影导演。大卫·鲍伊后面提到的《看管人》(The Caretaker)和《爱情游戏谁来玩》(Here We Go Round the Mulberry Bush)两片由克莱夫·唐纳分别于 1963 年和 1967 年执导。

† 古斯塔夫·克里姆特（Gustav Klimt），奥地利象征主义画家，维也纳分离派创始人，席勒的老师。

‡ Charlotte Rampling，英国著名演员。

现在开始拍英语电影了。

我在柏林时见过他几次,但一直没有人把我介绍给他,我也没有机会和他交谈。他应该是个奇怪的人,很古怪。他会拍《三分钱歌剧》也挺奇怪的。

我觉得应该是经过了很多人的努力,才能把各种奇怪的人聚到一起,看看最后会出来什么样的结果。我完全赞成这种做法。周密安排之下的意外之喜。

沃茨:《猛鹰突击兵团》和《异乡异客》(*Stranger In A Strange Land*)这两部电影发生了什么事?

鲍伊:《猛鹰突击兵团》把我换了,而《异乡异客》是我自己不想参演,因为我觉得那个角色会让我的表演定型(短促地笑)。那个时候我还在"大人物"公司,但我强烈反对接演《异乡异客》,我的意识里总觉得"不要碰那部片子"。

如果接了那部电影,我一辈子就是个外星人了。我会被困死。我能接到的就只有那种拥有绿色皮肤和五颜六色头发的角色——唯一能变的只有头发的颜色。

沃茨:人们总是把你和未来主义的东西联系在一起,是吧?

鲍伊:我不知道现在自己有多未来主义。我从来不觉得自己是个未来主义者。我一直觉得自己的形象是很当代的,很"当下"。摇滚乐永远比其他艺术落后十年,总是在拾人牙慧。

我是说,我也只是在巴勒斯*出了他的文学作品好多年后才

---

* 威廉·巴勒斯(William Burroughs),美国著名作家,"垮掉的一代"文学运动的发起者之一,和艾伦·金斯伯格与杰克·凯鲁亚克齐名,最著名的作品是《裸体午餐》。

从他那里取了一些经，然后放到我自己的创作里。那个时候这种风格已经算是死亡了，在文坛早就过时了。

摇滚乐也是如此。现在大概是玩达达主义的阶段吧。所以，与其说我是个未来主义者，倒不如说我的当代性取决于自己需要的程度，剩下的很大一部分就是对过去消失的东西的复古。

一般来说，摇滚会落后于时代大环境五年。摇滚的很多东西看上去很能代表当代，但其实不是，它用的都是几年前的参照物、情感和情绪。

沃茨：我一直觉得19世纪80年代的英国文化对你的影响很大，比如比亚兹莱和王尔德等人。

鲍伊：噢，是的！唯美主义和精英主义对我影响很大（笑）。这一点我和布莱恩（布莱恩·伊诺）相同。我认为我之所以干这一行，在很大程度上就是因为自命不凡吧。

沃茨：有一次你和我说你"是一个演员，不是一个知识分子"。但评论家们在你的唱片里看到的更多是理念，而不是情感。

鲍伊：我已经决定改做一个全才了！

沃茨：全才？

鲍伊：是的。我想做所有领域的通才，这样就可以做任何我想做的事。比如，我发现我很想认真地画画，而不是画着玩，现在我一有时间就很认真地画画。

如果某一天我有勇气把我的画作公开展示出来，我希望那时我的身份是画家。不过，目前我想要被大家认可为全才，而不是歌手、作曲家或者演员。我觉得全才这个职业非常棒。

沃茨：那理念和情感之间的矛盾呢？评论家们在你的作品里听到的理念真的比其他音乐人的多。

鲍伊：我还是觉得，我做音乐时的想法一个个积累起来之后，会比最初的理念多很多，向来如此，我近些年做的东西尤其是这样。如果将大量且多样的想法放入专辑中，最后出来的结果便和我一开始设想的非常不同了。

对我来说，听《英雄》的那种全新体验，和其他听众的体验是一样的。那些歌的效果绝不是我当初预想的样子。

沃茨：和伊诺一起在录音室里工作时，氛围显然是相当轻松愉快的。不过，你们做出来的音乐却完全不是那个感觉。

鲍伊：是啊，和伊诺在录音室里的氛围就好像轻松的练手，但做出来的唱片非常扎实，让人很满意。

沃茨：事实上，我认为《低》比《英雄》更凄凉。

鲍伊：是的，大概因为那段时间是情绪的低潮期吧，感觉比较内收。

沃茨：参与制作《低》的托尼·维斯康蒂曾和我说，你之所以要做这张专辑，是因为你觉得从那时候开始自己变得不够出人意料了？

鲍伊：是的。我那时觉得自己做的东西都可以被大家预测到了——这是非常无聊的。我进入了一个受大众欢迎的中庸状态，这是我不喜欢的。虽然那个时期做的迪斯科和灵魂乐很成功，但那是一种错误方向上的成功，我想要的成功是兼具创造性和艺术性的。

我要的不是作品的数量而是质量，我也并不想要一个摇滚乐手的生涯。从我的抱负来说，我想以作品的价值被大家认可。当我感到事业进入一个瓶颈期时，我会觉得不安，希望能够取得突破，往前走。

沃茨：你觉得你的唱片有没有一个共同的主题？

鲍伊：（停顿，然后搞笑地模仿起了布洛诺夫斯基博士[*]的腔调）"人类的精神里有没有荒谬的成分？"（笑）当然有。要说共同的主题，荒谬是其中很大的一个，还有错误的元素在正确的时间、错误的地点的组合。

沃茨：听上去很含糊啊……

鲍伊：对，我的确不愿意从头到尾分析我自己的作品。

沃茨：除了《万事顺意》和《明星海报》之外，你的专辑都有种冰冷的科技感。

鲍伊：你觉得有点冰冷？我倒认为并不能用一般表示感情的词语来形容我的作品，比如爱，比如愤怒，或者任何明显写在脸上的那种情绪（露齿而笑）。我的唱片所表达的情绪是很少有作家写过的那些，所以会给人一种冰冷的感觉。

但我倒也不认为那种情绪是冰冷的——我觉得那是深藏在人们脑海深处、极少能够被抒发出来的另类情感，人们可能会觉

---

[*] Jacob Bronowski，波兰裔英国数学家和历史学家，被称为"全球最有声望的知识分子之一"，著有《人之上升》（*The Ascent of Man*）一书。

得没有合适的场合可以表达这类情感。

我也不知道是否有能表达这类情感的场合，但如果有人需要的话，我会在我的唱片里表达出来！

沃茨：显然他们需要，因为他们买了你的唱片。不过，虽然我不知道具体的销量，但我猜你最近的两张专辑可能没有以前卖得好？

鲍伊：噢，是的，当然没有以前的销量好。

沃茨：这会对你造成困扰吗？

鲍伊：一点也不会。从另一种角度来看，这还挺让人高兴的。

沃茨：这就有点自命清高了。

鲍伊：是，我知道。布莱恩说他最尴尬的事就是，他的专辑《科学前后》(Before And After Science)在纽约卖得非常好。当然，他这是在睁眼说瞎话，他其实高兴着呢，但他嘴上说的是："我竭尽所能地不让人们买它。我亲自去了纽约，极力劝阻人们购买那个东西。"而事实上，《科学前后》在美国的反响非常好。

沃茨：但就目前而言，你有没有可能因此失去了一部分听众？

鲍伊：噢，非常可能。

沃茨：但这会对你形成困扰吗？

鲍伊：不，不！总有一天你会摆出一副最可笑的姿势说："如果大家都不再买我的唱片，我会真的很高兴，这样我就可以转身去做别的事情了。"这张专辑上市的时候，我的思维深处有那么一小个疯狂的想法："让我们看看这张专辑会不会惨败。"我的一小部分自己真的在这样想。

沃茨：因为这意味着，现在你不会受某些听众的束缚去做他们想听的唱片？

鲍伊：绝对是。这样你就可以一门心思地做你想做的东西，比如把卡式录音机或者其他什么录音设备放到桌子底下随便录点什么。我说了，总有一天我会去做这样的事。

沃茨：但是卢·里德在他的《金属机器音乐》（*Metal Machine Music*）里已经用过这个手法了，不是吗？好像没有很奏效？

鲍伊：我有段时间没和卢说上话了，所以很难了解他脑子里在想什么。当然，在那张专辑之后，他马上开始制作非常市场取向的专辑了，所以我不太清楚《金属机器音乐》到底是不是他摆脱RCA唱片公司的策略。

沃茨：后来他回到了原来的创作主题——底层社会。

鲍伊：是的。不过，我觉得他对其他内容也不太感兴趣吧。我不清楚，我觉得卢在纽约待得太久了。话虽如此，我听说他现在在日本，所以我说的也不尽然。

沃茨：让我们来聊聊你和伊诺的合作。你觉得你从他那里得到了些什么？

鲍伊：这个问题问得很让人讨厌啊，真是糟糕的问题。

把问题改成"他给我的音乐带来了什么"，可能更准确一点。他带来了一种全新的看待音乐的方式，或者说另一种创作的理由。他让我摆脱了常规的叙事,而叙事这件事我也已经厌烦到了极点。

讲点故事,或者写点当时美国发生的小片段,然后把它们用拐弯抹角的方式放进专辑里,比如费城、纽约或者洛杉矶,比如《底特律惊魂》("Panic In Detroit")和《年轻的美国人》。这就是我以前的创作方式。

布莱恩真的让我见识了一种新的理念,一种把沟通交流变得抽象的手法。我和他并不是在每件事上都能达成一致的,当然,也不是那种不管对方说什么都能张开双臂表示欢迎的虚假和谐。

也有可能我对于歌词的掌控有一点点影响了他的思维。他很喜欢我作词作曲的方式。

沃茨:什么样的方式?

鲍伊:我的创作吸收了很多巴勒斯的理念,并且有意地解构一切,即使这样做会产生太多含义。比起之前,我现在做的拆解更多,不过,仍然是在三四个陈述元素之间建立关系。

现在我不像以前那么爱用具象的文字表达。我不太用"剪裁法"[*],但如果我写了一句歌词,我会再构思另一句歌词和它搭配,然后用笔工整地写下来。现在我经常系统性地使用这种方法,以前用得很随性。

对于《低》,我相对随意得多,而在《英雄》上,我就多了一点思考。我想用一个字词去表达某一种特定的情绪,而不是用一整首歌——我对情绪从来没有完整的概念。

---

[*] "剪裁法"(cut-up)原是巴勒斯的好友、画家布里翁·吉辛(Brion Gysin)在绘画上的手法——剪拼,后来被巴勒斯运用到文学创作中。从20世纪60年代到80年代,巴勒斯用"剪裁法"写就了多部实验性作品,这一手法成为他的标志。

我想让每一行歌词营造一种不同的氛围，所以我会用巴勒斯风格去创作歌词。我的每首歌里都会有两到三个主题，但是，当它们交织在一起时，每一行歌词会产生一种不同的氛围，有时甚至一整段歌词都会有不同的氛围。

但我不想把自己限制在一种创作手法上，所以我可能会先用直接叙述的方式写两行歌词，再回过头用比较模糊的写法写下面几句。《英雄》的同名曲是这张专辑里最具叙事性的一首，内容是关于柏林墙的。

沃茨：它让我想起了《低》里面的那首《新城市新生涯》（"New Career In A New Town"）……

鲍伊：不过那首歌没有一句歌词（有点迷惑）。但听完之后，你是不是感觉它有歌词？其实是有歌词的，不是吗？那就是我说的，各种想法综合起来就产生了意料之外的结果。你真的会觉得从这首歌里悟到了一些东西。

沃茨：《做我的妻子》（"Be My Wife"）的歌词就很具体明确了。这首歌描写了真实的痛苦，还是你只不过是说说而已？

鲍伊：是真实的痛苦感受。但这痛苦也可以是任何一个人的痛苦。这两张专辑总的来说风格很杂，从叙事性歌曲到某种特别的超现实主义，什么都有。事实上，其中有些歌非常像我很久以前写的那些歌，比如《万事顺意》里的《流沙》（"Quicksand"）。

沃茨：《声音和视觉》（"Sound And Vision"）说的是什么？

鲍伊：那是一首彻彻底底的离别之歌。事实上，这首歌是我和布莱恩在城堡*开始做这张专辑时写的第一首歌,说的是我离开美国的事,就是那段非常令人沮丧的时期。我度过了一段非常糟糕的时期,所以描写了一个冰冷的小房间,墙壁全刷成靛蓝色,窗户上挂着百叶窗帘。

我真的觉得我和布莱恩非常合拍,之前我从来没有过像和布莱恩那样愉快的合作经历。我俩的兴趣所在大相径庭,却也因此能在录音室撞出很多非常有趣的火花。能有一个这样的朋友,能在这样的关系中工作,真是太好了。我从没想过能那样工作,之前我都觉得自己是单枪匹马。

沃茨: 你和鲍勃相处得如何?
鲍伊:(长时间停顿)

沃茨: 我是说鲍勃·弗里普(罗伯特·弗里普)。
鲍伊: 噢!我还以为你说的是鲍勃·迪伦呢!我和鲍勃·迪伦关系不怎么样,我们之间有过一段不愉快的经历。绝对可怕。有次我和他聊天,我在那里讲了好几个小时,讲得我都快疯了,只有我一个人不停地讲。

最可笑的是,我一直在聊他的音乐,讲他应该做什么,不该做什么,以及他的音乐有什么好的,有什么不好的。聊到最后,他转向我说——我希望他是在开玩笑,但我感觉不像——(模仿起老派美国腔)"你等着听我下一张专辑吧"。

我暗想:"噢!不!我才不要听你的专辑!拜托!只要不是

---

* 指法国埃鲁维尔的埃鲁维尔城堡(Château d'Hérouville)中的录音室。《低》于1976年9月在此录制。

你的专辑，什么都成！"我不确定自己是不是用了正确的方式去听他的音乐，但那次是我和他唯一一次见面。

他再也没有联系过我（狂笑）。那次见面是在纽约。我也没觉得他古怪，这就是问题所在——当人们见到我时，他们一般都会发现我并没有他们想象中的大卫·鲍伊那么奇怪，我想，这就是人们给自己预设印象的表现之一。

必须承认，那次之后他在我眼中再无一点魅力，虽然我在多年前非常迷他。

沃茨：现在你还对哪个摇滚圈人物感兴趣吗？

鲍伊：我真的不觉得有，真的不觉得。现阶段我只觉得自己离摇滚圈很远了，这也是我一直在努力做的事。我现在不听摇滚唱片，甚至基本不听音乐了。

沃茨：连"发电站"乐队（Kraftwerk）都不听了？

鲍伊：不听。我觉得他们还没找准定位——关于"定位"我本来想说个双关语，想想还是不要了吧。我觉得他们很多早期作品比最近的东西更有生机活力。我喜欢形态上更自由的东西。

当然，那些都是他们和"新！"乐队（Neu！）还在一起时的作品。一个乐队里存在着两种非常矛盾的元素——"新！"更着眼于全局，相反弗洛里安*更喜欢计划得井井有条。

他们现在的音乐已经没法令我满足了，虽然我还是非常喜欢他们几个人，尤其是弗洛里安。他们挺无趣的。我去杜塞尔多夫

---

* 弗洛里安·施耐德（Florian Schneider），德国音乐人，"发电站"乐队成员及创始人之一。

的时候，他们带我去西饼店，我们一起点了很多甜点。但他们竟然都穿着西装，真有点像吉尔伯特和乔治*……上帝啊，这两位到底怎么了？我以前还真挺喜欢他们的……我上一次来欧洲巡演时——那是我第一次在欧洲大陆巡演，我自己开了辆奔驰来，因为当时我不能坐飞机。

弗洛里安看到那辆奔驰后说："这车好棒！"我说："是的，它以前属于一个伊朗王子。王子被暗杀后车就流进了市场。我为了这次巡演把它买下来了。"

弗洛里安说："是啊，车永远都比人活得长。"他就是这么刻薄。不管他表现得是热还是冷，我都能感受到。有点像流水线生产的民谣。

沃茨：你在做《低》时是否受到"发电站"的影响？

鲍伊：我不知道在音乐上是不是受过他们的影响。但他们做音乐的初心我觉得还挺有趣的。

沃茨：你说你已经不听摇滚乐了，但你和伊诺正在科隆为"退化"乐队制作专辑对吧？

鲍伊：是的。会合作的原因是，首先，我喜欢他们的音乐；其次，和他们见了面之后的感觉也和最后确定合作有关系。我觉得他们非常有趣，他们说话的样子和布莱恩以及弗里普很相似，只不过是美国版。

我觉得他们对自己的最终目标有着极大的热情。他们非常有潜力，我认为现阶段他们还远远没有将其全部发挥出来。你真的

---

* Gilbert and George，英国行为艺术双人组合，两人因在公开场合总是着正装而闻名。

应该去看看他们的现场演出。

我对他们一开始的"退化"论调不是很感兴趣。我只是很喜欢他们的音乐还有他们写的歌词。

沃茨：《猿人》（"Jocko Homo"）那首歌有点让我想起《钻石狗》里的《不断循环的骷髅家族之歌》（"The Chant Of The Ever Circling Skeletal Family"）。

鲍伊：是的，我很喜欢，那首歌非常好。其实我觉得那张专辑里的有些歌已经非常接近我现在在做的东西了。那首序曲，先别说里面那首诗，光是音乐部分就非常有趣。

我想把《唐豪瑟序曲》（"Overture From Tannhauser"）按照《着迷，烦恼和困惑》*的风格来处理。《钻石狗》很难被当时的时代接受，但它也在成长，不是吗？随着时间的推移，它获得了被认可的潜力。

我自己的专辑很多我都不喜欢。我很难说出一张整张内容我都很喜欢的专辑。我只会喜欢其中几首或一首里的几个部分。有些作品非常棒，但很多作品只是还行而已。

沃茨：你喜欢迅速地做音乐，迅速地发唱片，是吗？
鲍伊：是的，绝对是。我不喜欢太多企划。

沃茨：我听说你使用一种特殊的记谱法？
鲍伊：我是用画来记录音乐的，把它们应该具有的形状画下

---

* "Bewitched, Bothered And Bewildered"，美国经典流行歌曲，出自1940年的音乐剧《花红酒绿》（Pal Joey）。

来。我没法用言语解释感觉，所以只能用画的。和我一起合作的乐手现在也学会这套语言了，这对音乐创作非常有帮助。

沃茨：最近的两张专辑都古怪地糅合了迪斯科放克和"新音乐"，是吗？

鲍伊：是的，两张里都有。是吧？最近两张专辑混音时我把贝斯的声音提得非常高，还在小鼓的音色上动了点非常规的、有点调皮的手脚。我想让小鼓的声音有一种混乱失序的感觉。

我对常规的鼓声感到无比厌倦，尤其是过去四五年里美国人打的鼓，又大又沉，低音鼓太靠前，听上去就像是个木箱子。这种情况从《我能听到雨声》（"I Can Hear The Rain"）就开始了。

我说这样不行。所以我们就在鼓上捣鼓了几下，发现如果把整套架子鼓作为一个整体来使用，就会得到某种迷幻的声效。因此，我们把鼓组分开，每个鼓单独处理。

这样我们发现，在小鼓上做失真处理就会让整个鼓组的声音听上去和普通处理的鼓大不相同。

沃茨：在《年轻的美国人》和《每一站》那个阶段，你是怎么产生"塑料灵魂乐"这个想法的？

鲍伊：嗯，和我住的地方关系很大。那个时候我住在纽约和费城。我并不创作灵魂乐，但我很喜欢听。我还喜欢不正经地写歌词。这一点不那么"灵魂"。

所以我把不那么"灵魂"的歌词和受灵魂乐影响很深的旋律搭配在一起。我的创作方式就是一直去吸收，然后去改造。这真的是我一直秉持的工作方式。

既有的风格都是不会出人意料的，因为我会吸收其中的一些，研究一下，然后说，好吧，现在让我们把它改造一下，看看是不是能让我们舒服点——虽然这种方式本身其实有点不舒服。

沃茨：你从来没有玩过雷鬼乐，是吗？

鲍伊：是的，我不是很喜欢雷鬼，我对这种风格有偏见……我很小的时候听过很多雷鬼，十几岁的时候听了更多雷鬼的变种，比如斯卡（ska），还有蓝节拍（bluebeat）。不幸的是，现在我发现自己很难再喜欢上雷鬼，我知道这是偏执，但雷鬼就是没法打动我，可能是我不太有节奏感！

沃茨：说回"塑料灵魂乐"，《名声》这首歌你是怎么写出来的？

鲍伊：其实这首歌是从卡洛斯［卡洛斯·阿洛玛（Carlos Alomar）是鲍伊多张专辑的吉他手］为《踩脚》演奏的吉他连复段里衍生出来的。我想翻唱《踩脚》，就对卡洛斯说："《踩脚》里的吉他连复段太好了，我们把它从歌里扒出来，看看能拿来搞点什么。"

然后列侬（约翰·列侬）走了进来，说（模仿利物浦口音）："太他妈的棒了！这段连复段真是太棒了！"于是，约翰就站在那里和着这段连复段随意哼着。当时他哼的就已经和后来最终面世的《名声》没什么两样了。

我经常这样的，随意哼点什么东西，接着把它变成有意义的词，然后就会想："有歌词了，现在在歌词上创立一个主题，把这个主题发展成形吧。"创作经常就是这样开始的。

沃茨：你能把这个过程和制作《低》里的《华沙》（"Warszawa"）

的过程比较一下吗?

鲍伊：就我的部分来说，开始是一个非常正面的想法，就是想做一首波兰乡间的音乐风情画那样的歌，但这点我没告诉布莱恩。这首歌的制作过程非常简单。

我和他说："听着，布莱恩，我想创作一首非常慢的歌，但希望它非常感性，近乎一种宗教感，目前我就想到这些，你觉得应该怎么开始？"

他说："我们去录一条打响指的音轨。"于是，他在空白录音带上录了一段，我估计上面大概有430个响指声。我们在一张纸上把这些响指声都列成点并给它们全部编上号。我从里面挑了几段，他也挑了几段，都非常随意。

然后他回到录音室配和弦，每到数字点就改变和弦，整首曲子都这样处理，而我把我选的段落也做同样处理。完成后，我们把响指声拿走，只留下音乐部分，最后根据小节的长度加上其他东西。

沃茨：听上去非常像数学啊！

鲍伊：噢，是的，是相当严谨的。不过那张专辑里每首器乐曲的做法都不一样，非常非常不一样。这就是我对这几张专辑一直保持着兴趣的原因。

沃茨：那说说《V-2 施耐德》（"V-2 Schneider"）这首歌吧？

鲍伊：那首歌主要基于顺序的理念。在歌的开始部分我们把连复段完全倒过来了，这纯粹是意外。我从弱拍开始演奏萨克斯连复段，而不是从强拍开始，演奏到一半我才发现"噢！我吹错了！"，但我们依旧继续演奏。

这段超凡的前奏因为错误而美丽。这种美丽有意写是写不出来的，所以我就将错就错，把歌按照这个错误继续下去。

我必须说，这就是我如此执着于这些专辑的原因：里面的每首歌用的都是完全不同的创作方法体系。这是我一直感兴趣的，太不可思议了！现在我还在不断学习，和布莱恩合作的每张专辑都让我受益匪浅。

他的一些创作方法我已经彻底学会了，这些方法我都能驾驭，所以可以用在我自己的创作中，但我还在继续从他那里学到更多东西。

沃茨：你的创作是不是比较自发随性？

鲍伊：不，他比较随性，不过是比较慢、比较有条理的随性。他习惯让事情慢慢发展，而我做事就比较快，所以布莱恩花在录音室里的时间可能比我多得多。因为我们经常分开工作，我们俩不会在录音室里同时出现，所以我们听不到彼此在做的音乐。

听上去挺糟糕，但我不在乎。就像你说的，一切都很像数学，很冰冷，但这不会影响到最终做出来的音乐效果。这种效果绝对是某些情感力量的编排和呈现，是能打动人的。

沃茨：你觉得"氛围音乐"的将来会怎样？就是那种标榜"怀旧感""阴郁感"的唱片。

鲍伊：噢，我和布莱恩还真认真聊过写洗澡时听的音乐呢！是的，绝对聊过。音乐对一天里不同活动产生的微妙的情感效应，可以成为一个人购买唱片的动机，而不像从前——60年代那样，购买唱片只是为了寻找认同。

我觉得崇拜偶像这件事一直会存在。环境音乐，这种刚出现在世界上时还被叫作"背景音乐"（Muzak）的音乐，它的流行很可能会演变成一种非常重要的原型，我们不能对它嗤之以鼻。

当我们做的音乐被有些人叫作"背景音乐"时，我一开始很愤怒，但后来我又想了一下，"好吧，没错，的确是有渊源的"。

我们正在做的音乐是一个目前尚无定义的领域，因为它们相对来说是全新的音乐理念，至少在摇滚圈如此。我觉得我很难向别人解释清楚我们做的是什么样的音乐。

我觉得布莱恩会解释得更清楚一点，而我只是出于本能在做音乐，并且受环境、人、热情等影响很大。

沃茨：3月的巡演里你会表演这些歌吗？

鲍伊：我会表演最近两张专辑里的很多歌。当然，布莱恩也想要参与，但因为一些他自己的原因，没法全程参与长时间的巡演。

他肯定会时不时地在某几站和我合作一下，下一次巡演很可能也会如此（美国和欧洲巡演到6月底结束），但我在想，巡演的最后几站（秋天在日本和澳大利亚）他是不是可以多来做几次。

这种情况有两个原因，一是他有自己的工作；二是他更愿意去他没去过的地方演出，因为他并不喜欢舞台表演。不过目前的计划是，他与弗里普会和我合作六场，只有他俩到齐了我才能开演。

我会和罗杰·鲍威尔（Roger Powell）一起演奏合成器，他主要和托德·朗德格伦*合作。不过，最初我想找的是拉里·法斯特（Larry Fast），他做的效果会和布莱恩的不一样，因为我不希望有人去复制别人的作品，但我当然会在可行的框架之下去丰

---

* Todd Rundgren，美国著名摇滚音乐人，音乐风格非常多样。

富这些作品。

另外，这次由西蒙·豪斯（Simon House）拉小提琴，斯泰西·海登（Stacey Heydon）弹吉他，丹尼斯和乔治也会回来［丹尼斯·戴维斯（Dennis Davis）打鼓，乔治·默里（George Murray）弹贝斯］。这次卡洛斯不参加，因为我对乐队阵容太有信心了（苦笑），每次都这样！

最大的考验是我自己给自己找的，就是要把一些被认为是舞台表演必需的配置给抽走，安排上新的乐器。我要用一把小提琴代替两把吉他中的一把，并用一台合成器代替一台键盘，然后看看用和当初写这些歌时不同的乐队配置会出什么效果。

我一直需要让我惊喜的东西，否则就不能保持在警戒状态，好让一切都充满活力。如果太过被保护或者太柔弱，那看上去就会非常糟，让人感觉非常自满。

所以我现在非常期待彩排，我不知道这个阵容会带来什么效果。我有点担心，但也对将和新的人合作感到非常兴奋。

沃茨：可能是因为最近两张专辑的音乐的多样性，你没有为它们构建任何形象或角色，这是不是意味着你决定不再玩这招了？

鲍伊：目前阶段肯定是不会再做了。老实说，我对此已经没有热情了。打从离开美国开始，很多类似招数就死了，因为它们给我带来了大量烦恼，也让我困惑不已。我当时都以为自己就是"齐吉"了，然后，当然，"齐吉"也开始和其他角色融合。我都不确定自己是不是从我创建的最后一个角色中完全走出来了，或多或少还有些东西留存着吧。

沃茨：我很迷你这种角色扮演游戏。对你来说现在可能已经厌倦了？

  鲍伊：是的，有一点，不过……

  沃茨：我想给你念一段皮特·汤森*跟我说过的关于你的话。他说："他几乎创造了另一个现实世界，他在其中是一个虚构但确定的形象，人们对他很有共鸣，因为他自己的状态并不稳定，他一直在变化之中。"我想他这段评论特指"齐吉"。你对此有什么看法？

  鲍伊："一直在变化之中"？听上去就像我要成为先锋派的死神一样！（笑）是的，从艺术上说，当然我一直在变化之中，但作为一个人，一个活的生命体，我觉得随着年龄增长我变得更理性，情绪上也更平和了。我很愿意张开双臂拥抱变老。

  沃茨：那段扮演"齐吉·星尘"和"阿拉丁·萨恩"的时期，你的情绪是不是不稳定？

  鲍伊：噢，是的，非常不稳定。不过我在《星期日泰晤士报》上读到过一篇关于超现实主义的文章，说有人建议所有的革命分子一到30岁就应该被射杀。我似乎悟出了其中的道理，那是因为，人的确一到那个年纪就开始特别岁月静好了。

  但我真的很喜欢这样。虽然我在20多岁的时候总觉得要完成某些伟大的事业，就算那只是我自己心里觉得的伟大。

  但如今我觉得成功更多的是要满足事物本来的样子——并不是说无动于衷，而是不要那么理性。

  我最近决定接受这样一个原则：一个人在35岁左右达到其

---

* Peter Townshend，英国著名唱作人、吉他手，"谁人"乐队主脑。

创造力的巅峰。我多给了自己五年,哈哈!

沃茨:你曾说过一些有争议的话,比如在一篇《花花公子》的采访里你说想让音乐"重回工人阶级的敏感性"。

鲍伊:嗯,我一直很喜欢发表明显具有争议的言论。其实说那句话的时候我在洛杉矶,那段时间非常糟糕,我的一切都支离破碎,那一整年我都完全不在能正常接受访问的状态。

但其实,我在给自己下定义或者发表实质性观点的时候一直很谨慎,因为稍一不慎就给自己下了套。我至今没什么实质性观点,也和从前一样欢迎大家对我提出任何建议。

沃茨:谈谈你拥护的尼采和"超人"吧!

鲍伊:相比其他学说,尼采的学说更常被用来表达反抗。有段时间我非常喜欢在众人面前抛出些可疑的观点,主要就是用来试试人们的反应。我觉得挺有收获。

在艺术上坚持异类很难,成为正统派和建制派却很容易。那么问题来了:"我该如何避免这样的事发生?"我不愿意成为公认的文化体制中的一员,那种"就是这样""非常好""很到位"的东西,那不是艺术家应该追求的。

沃茨:你之前连续几次角色扮演总是引来各种批评,大家说你更在意形式,在意合成形象,而不在意内容。

鲍伊:是的,我觉得现在自己在某种程度上依旧对合成形象很感兴趣。

沃茨:但不能以牺牲内容为代价?

鲍伊：是，完全不能牺牲内容。我认为这是一种非常重要的创作模式，形式是事物在表面上的呈现，把几种形式放在一起就会产生非常重要的艺术元素和效果。

沃茨：你会经常看关于你自己的媒体报道吗？

鲍伊：隔几个月会去看一些几个月前的报道，比如我现在就在看一些《英雄》的乐评。我刚看到一篇非常精彩的文章，又是那种"他在加速自己的死亡"的论调。那篇文章还说"这张唱片永远都卖不出去""空洞无物——他显然已经江郎才尽"。

其实我觉得文章里有一句"他再也写不出好歌了"还挺他妈对的（忍俊不禁）。我估计这文章是美国人写的，但我现在红到得克萨斯州了，得克萨斯人似乎挺喜欢这张专辑，这还是我第一次在得克萨斯有点反响。

但是你知道，对当下事物始终保持生机活力只有一个办法，就是一直以新的方式去创作。对我来说，变化将一直存在，我无法想象自己的创作进入一个风格固定的阶段，也无法面对一个躺在既有荣誉上停滞不前的自己。

我知道如果我那样做了便是灾难，那样我就是可被预测的了。再说一遍，这就是我内在的精英主义。很难说我现在还算流行或摇滚圈的一员，虽然我也不是很确定到底怎样才算身处圈中。

我的意思是，我大概是圈中第一个说自己已经和十几岁青少年思维完全脱节的人，我一点也不懂他们在想什么。

沃茨：也不懂朋克？

鲍伊：从艺术上说，我懂朋克，但我不知道现在街上那些十四五岁的孩子对朋克的想法是不是和我十四五岁时想的一样，但揣测他们肯定想的不一样好像也有点过分。

同样道理，30多岁的人思维方式也非常相似，因为看看我自己就知道，我25岁时有人说你到30岁时就会比现在成熟很多，如今我30岁了，真的成熟很多，这是事实。

沃茨：是的，人们认为朋克被传统以及像你这样的人物给压制着，当然，更多的是被"滚石"乐队和"披头士"乐队压制着。

鲍伊：是的是的，我觉得这就是问题所在：现在音乐对我来说不再是某一代人的表达了。我认为那种想法已经过时，这点非常重要。当我年轻的时候，我为特定的一代人创作音乐，我把他们视为我们这一代。

现在我对音乐的兴趣拓宽了，做音乐不再是为某一代人发声，而是表达一个人在一个特定环境中的情绪力量。音乐对我来说无关年龄，而是关乎地点，地点是适用于任何年纪的人的。

因此我现在做的音乐是适合所有年龄的，只要你想听都可以听。它们不再局限于某一代人。这代人可能以前对我的音乐表达很感兴趣，当然我希望他们现在依旧对我的音乐感兴趣。

事实上，我们正在经历一个非常重要的时代。我觉得从某种程度上说，70年代对未来世代的吸引力，和20年代对我们的吸引力是一样的，同样出自混乱的吸引力。

沃茨：我希望那不是另一场浩劫的先兆，就像20年代曾经发生过的那样。

鲍伊：是的。不过我觉得自己也不再会写那样的东西了，虽然早期的确给过我一点启发。

沃茨：当然，我们已经进入了水瓶座时代，据说会有很多可怕的事情发生。

鲍伊：会有大量的事发生。过去经常有人断言这个时代会陷入令人无法想象的混乱中。当然，哈雷彗星会在1988年到来，和确凿的科学研究相吻合。

不过我以前在这方面犯过很多错，所以这次我就不多说了。只知皮毛可能会导致很大的危险，这一点光用在艺术上倒可能产生很好的效果。略知一二如果是用在艺术上可以非常好地表现人们的所思所想。

沃茨：谈谈你曾说过的对政治的研究吧。
鲍伊：我对政治完全没有兴趣，以前没有，可能将来也不会有。

沃茨：你这又是在刺激我们所有人了吧？
鲍伊：是的，绝对的。

沃茨：拿德国举例，你对这个国家的政治局势没有兴趣，是吗？
鲍伊：我对德国的那种兴趣只是身为一个外国人的兴趣。你们就让我做个艺术家吧！话说回来，长久以来的确有很多艺术家在利用这些政治小把戏来吸引人们的注意。

沃茨：我们不会看到一部真人版的《特权》[*]吧？

---

[*] Privilege，1967年由彼得·沃特金（Peter Watkins）执导的英国电影，讲述一个流行巨星被政治操弄的离奇故事。

鲍伊：（大笑）不会，不会。

沃茨：不过那部电影也真是太烂了。

鲍伊：你是最近看的吗？其实最终成片比拍摄时好多了，真的很值得一看。我第一次看的时候也很不喜欢，但几个月前我在肯尼亚航空的飞机上又看了一遍，觉得这部电影非常棒。

去好好看看吧，然后可以想起多年前我在伦敦办的一次可怕的演出。我记得是隐退演唱会，在奥林匹亚展览中心[*]举行的，那个巨大的场馆。那场演唱会气氛热烈但造型都很可怕。

那时的俗套如今却别有意义，尽管和我们当时认为的意义并不相同。

沃茨：你和简·诗琳普顿[†]搭档可以扮演美国总统和第一夫人。

鲍伊：我觉得不行，我们都过了那个阶段了。

---

[*] Olympia London，位于伦敦西肯辛顿，启用于1886年，是英国规模最大的建筑之一。
[†] Jean Shrimpton，英国超模、演员，曾出演上文中的《特权》一片。

未来今非昔比

安格斯·麦金侬

1980 年 9 月 13 日,《新音乐特快》杂志(英国)

（原编者按）大卫·鲍伊的演员生涯令人敬仰,尽管他在 1976 年首部电影《天外来客》中的救世主外星人的角色可能有点平淡无奇,但他的表演依然精彩。在之后的影视作品中,鲍伊在不同的电影中脱颖而出,有重量级佳作 [《战场上的快乐圣诞》(Merry Christmas Mr. Lawrence)、《轻狂岁月》(Basquiat) 和《基督最后的诱惑》(The Last Temptation of Christ)],也有纯娱乐的边角料 [《初生之犊》(Absolute Beginners)、《千年血后》(The Hunger) 和《魔幻迷宫》(Labyrinth)]。进行本次采访时,鲍伊正准备把自己主演的舞台剧《象人》(The Elephant Man) 从英国移植到百老汇的舞台。他称这部剧为他的"首部正统表演作品"。

除了表演工作,鲍伊在这篇访谈中也谈了音乐。"柏林三部曲"以 1979 年的专辑《房客》收官之后,鲍伊正在准备发行《恐怖怪物（超级可怕）》,这大概也是他最后一张还有（正面）舆论的专辑了。一个令人吃惊的事实是，此时的鲍伊早就被公认为一位伟大的艺术家，而他却仍对自己的能力充满了怀疑。更让人吃惊的一点是，他承认自从"齐吉·星尘"让他成为巨星之后，流失的听众已经给他带来了经济上的损失。鲍伊的歌迷把他的专辑抢购一空的现象是从他下一张专辑《让我们起舞》开始的，但那是三年后的事了。

这篇专访再现了《新音乐特快》杂志巅峰时期的盛况：当时的一篇文章可以长达一万四千字，作者通篇使用第一人称，而且仅凭读过的一些宣传采访文字就宣称自己对采访对象非常熟悉和了解。

要不是因为浮夸的外墙和闪烁的霓虹灯广告牌，从黑石剧院（Blackstone Theatre）不起眼的外观上，你很难把它和芝加哥市中心的其他建筑区分开来。穿过剧院装有镜子的门厅，便会来到宽敞而舒服的观众席，面对观众席的是一个宽而深的舞台。

剧院的墙和天花板都采用了低调的新古典主义风格，只有空调吹出的阵阵凉风在提醒你这里不是伦敦西区。伦敦的观众也极有可能看不到这部正在黑石剧院上演的新戏——由大卫·鲍伊主演、美国国家戏剧学院制作的舞台剧《象人》。此剧编剧是在纽约土生土长的剧作家伯纳德·波默朗斯（Bernard Pomerance）。

《象人》于1977年在伦敦汉普斯特德剧院首演，当时便获得了不少奖项。其后此剧又在百老汇和外百老汇上演，最近则在伦敦做第二轮演出，由保罗·斯科菲尔德（Paul Scofield）出演主人公"象人"约翰·梅里克。梅里克之所以被称为"象人"，是因为他是一个身体异常畸形者，来自莱斯特（Leicester）。在维多利亚时代，他成了怪人秀上的一个展品，后来被著名外科医生弗雷德里克·特里夫斯从悲惨生活中解救出来,并被安置在白教堂区(Whitechapel)的伦敦医院。从1886年开始,梅里克就一直住在伦敦医院里,直到1890年去世,终年27岁。

和大卫·林奇(David Lynch)即将上映的同一题材却截然不同的影片一样,舞台剧《象人》对梅里克的真实生平做了很大的改编。尽管如此,舞台剧简洁明快、情节紧凑、引人入胜,时而极其严肃,时而妙趣横生,这也对主演提出了很高的要求。

梅里克的身体严重畸形。他巨大的蛋形头颅直径大约有36英寸。他的脸肿胀得厉害,被张开的、流着口水的大嘴占据了大部分。他的身体长满了下垂的皮肤皱褶,而这些皱褶又被菜花状的真菌赘生物覆盖着,发出难闻的气味。他的右手和手臂是一个毫无用处的大肿块,只有左臂、几乎和女人一样赢弱的左手以及性器官还算正常。

因此,让扮演梅里克的演员穿上模拟溃烂皮肤的服装在舞台上跛着表演两个小时是不切实际的,也是不可能的,所以波默朗斯用了些舞台表达技巧。剧中通过特里夫斯医生展示"象人"一开始被伦敦医院收治时拍的一系列幻灯片的方法,让观众很快就明白了梅里克的残疾情况。

此时,幕布重新拉起,舞台上出现了被聚光灯照着的鲍伊。他只穿着一条缠腰布,两腿分开站立着,双臂展开。随着特里夫斯冷静地一一列举梅里克的病痛,鲍伊缓缓地蜷缩起身体,摆出佝偻的姿势,以此来展现医生讲解的症状,而除了很短的一幕外,接下去的整部戏鲍伊都将保持这样的姿势。这段不长的哑剧式表演已经足够震撼观众,但好戏还在后头。

鲍伊不但要模仿"象人"一瘸一拐的走路姿势,还得使用一侧嘴角以一种像长笛那样尖厉的奇怪声音说话,因而他的面容会严重扭曲。另外，因为现实中的梅里克由于脸部骨骼结构的问题无法做表情，所以这个角色不能有任何面部表情，鲍伊必须靠眼睛和头的动作来传达感情。在这一点上，鲍伊的表演真实到甚至令人感到不安。

鲍伊最大限度地展现了梅里克这个角色的戏剧精华，更令人瞩目的是，他赢得了《象人》这个著名专业剧组的信任和支持。而今年9月《象人》在百老汇复排时，鲍伊却不再和他们合作。我只能说，鲍伊的表演深深地打动了我。

梅里克（真名其实是约瑟夫·梅里克而不是约翰·梅里克，现实中是特里夫斯搞错了）无疑是个了不起的人，在他骇人的外表下拥有过人的智慧和丰富的情感。这两种特质在他被带往伦敦以后更是得到长足发展，这一点在剧中也有深入描述。要表现封存在腐朽躯壳里的非凡灵魂的初次悸动已非易事，更难的是，《象人》要求扮演梅里克的演员以一己之力不断表达出对自我困境的认识，拿鲍伊自己的话说就是"梅里克思维上的'全新'和身体上的'脆弱'之间的矛盾"。

鲍伊对其首个"正统"戏剧角色的把握至少可以说令人印象深刻，尤其鉴于他之前在电影《舞男》中的表演夸张到让人难以忍受，梅里克这个角色更显成功。《象人》不停在正剧和通俗剧之间游走，时而温情，时而感伤，而鲍伊显然完全沉浸在梅里克这个角色之中，表达出了波默朗斯剧本中的每个精妙之处。鲍伊的歌迷丹是一个时髦的纽约黑人，因为出差经过芝加哥，他在看完周四的演出后对我们说："这出戏太精彩了！谁来演梅里克真的不重要，只要他演得够好——没错，鲍伊演得非常非常好。"

这次采访困难不少。比如名义上统管鲍伊全球媒体对接的芭芭拉·德·维特（Barbara De Witt）的远程干预，她从洛杉矶打电话和我说我有"一小时时间和大卫在一起"；又比如 RCA 唱片公司芝加哥办事处的不专业，只给我听了五首《恐怖怪物》里的歌，还对鲍伊"巨大的创意投入"喋喋不休。尽管如此，我和摄影师安东·寇班（Anton Corbijn）还是在周四晚上早早地到了黑石剧院。头天晚上演出结束后我们其实和鲍伊打过一个照面，但时间太短，彼此没有留下什么印象。

我们走到后台，再次被引领着进入鲍伊那狭小的化妆间。安东问是否可以在采访中拍摄照片，被鲍伊一口回绝："我从来不允许这样做，从来没有过，那会让我非常分心。"安东和可可·施瓦布（Coco Schwab）便退出了化妆间，后者是鲍伊的私人媒体助理，一个神秘、高冷但颇能干的姑娘，跟着鲍伊已经六七年了，鲍伊到哪里她都跟着，她对他也有着强烈的保护意识。

鲍伊笑意盈盈，看上去状态非常好。他点了一根万宝路烟（后来才知道这只是第一根），坐在了我的对面，脸上似乎充满了期待，但其实有种居高临下的气势。我紧张得差点把可乐倒在了纸杯外面，然后以德·维特那让人恼火的时间限制为采访开场。

鲍伊对我的难处表示理解，但对我的玩笑没有兴趣。我以前从没见过他，但很快就发现这个人不好惹。我怀疑他只要一觉得不满意就会停止采访，优雅地转身走出房门。

他用他那双犀利的眼睛打量了我一会儿，然后深深吸了一口烟。突然，他好像接受了我的存在，也好像接受了把这次采访当成他应尽的义务一样，出乎意料地用迟缓的语气回答说："问题是，你瞧，这几年来我都不接受采访的原因是，我变得……我想低调点。另外（停顿），老实说我也没那么多东西可以说。不过我们还是开始吧，看看能聊出些什么。"

我怯怯地表示同意,便开始了采访。在40分钟的访谈里,鲍伊之前表现出来的自信似乎偶尔会消失。如果我直接问他事实性问题,他会回答得很迅速,但如果我触及一些敏感的问题,他总会设法闪避。让我气恼的是,他要么全盘同意我说的,在下定决心转换话题之前透露很多(也没有很多)内幕,要么就索性用反问来回答我的问题。

在采访中鲍伊经常会笑,有时是因为他真的觉得好笑,但更多时候是因为他太清楚一点,那就是伊恩·麦克唐纳(Ian MacDonald)后来和我说的谈话中的"双向性"(double vector)。也就是说,每当鲍伊意识到在这个私下的访谈里自己说的或者承认的内容已经被录下来,过后会被公开出来供公众消费的时候,他就会笑。似乎通过这样的条件反射,他就能多少摆脱掉一些暂时生发出的焦虑,比如在他可能觉得自己已经说得太多的时候。

和鲍伊的访谈比以往的任何采访都更让我意识到采访过程中内在的种种荒谬。为什么鲍伊要和我说这些?他这样做得不偿失。我们彼此是完全的陌生人,只是因为各自的地位和职业才被迫在这一段短得可怜的时间里面对面坐着。在鲍伊看来,我可能就想早点完事儿回去,用笔把他"大卸八块",然后印成铅字。在这样的情况下双方自然很难互相信任。

如果鲍伊真的有这样的担心,倒是大可不必。采访过程中我一直在努力抵御他那不停散发的魅力——他真是随时随地散发着这种魅力,不管是对我还是对每晚在黑石剧院门口迎接他的那群疯狂又好奇的崇拜者来说都是。我很喜欢这个人,其实他出人意料地可爱。

尽管鲍伊是我见过的最不遵守道德规范的人之一,但他那敏锐的自我意识还是会对他有所束缚，令他时常出现呆滞甚至崩溃的状态。我觉得他有的时候真的不太喜欢自己，同时他又非常内省。他那超级活跃的大脑像是一个巨大的旋涡，把五花八门的想法、兴趣和影响元素吸引到他思维的轨道上，将它们极速地重组，又再打乱。如果让他只专注于一件事情，不论时间长短，后果都会很严重。

至少从表面上来看，鲍伊是一个非常没有安全感的人，这点倒不是他拿来博取同情的工具，更像是他的一种强迫症。他口中的"重审往事计划"（old re-examination programme），很明显就是在不断地重新评估，甚至往往是重写过去。这是一种彻底的自我治疗的方法，反过来又让他永远在重新定义那些他创造并扮演过的人物的行为和动机。

从这个角度说，约瑟夫·梅里克这个角色自然也不例外。"象人"的悲惨人生显然让鲍伊着迷，因此梅里克，或者更确切地说是鲍伊所理解的组成梅里克这个人物的元素，无疑会在他的脑海中不知不觉地和他以往对"齐吉"等角色进行自我分析所得的元素相融合——从这个角度上来说，一切都没变。鲍伊总是把自己那些不负责任的，或者在他自己的认知中莫名其妙的行为"归咎"于他创造的那些角色。这种夸张的、自认倒霉的身份认同的对象无非就是他自己的第二人格而已，而且如此行为很可能会继续为他带来一些必要的安慰。

当然，类似事情我们大多数人也会偶尔为之，但鲍伊执着于使用摇滚这个热衷形象的载体，用多棱镜扭曲幻化出光鲜亮丽的角色，已经到了极端的程度，而且在这个过程中他也完全迷失了自我。事实上，鲍伊将自我坦露得太多、太频繁，已经让他无法面对一些基本问题。当我问他为什么人们始终觉得他很有趣时，他立刻回避了，并言明自己从来没想过要回答这样的问题——由此看来，他觉得精神交流非常难但又非常吸引人也不足为奇了。

"软弱"是绝对不可以拿来形容鲍伊的，我想不出比他更任性的人了。有鉴于他复杂多变的脾性，在我俩于芝加哥面对面的这一个半小时内，我从他这潭深不见底的池水里只舀得了一两杯水而已——此人有多反复无常、前后矛盾，早已无须多言了。

但这并不意味着鲍伊说的话都不能简单接受，远非如此，只不过他往往都是将那一瞬间脑子里闪过的念头脱口而出罢了——每次鲍伊做深度访谈时都是这样。不过我相信，这些话的价值将会随着时间的推移而增加。另外我也觉得，鲍伊的用词遣句可以完全卸下采访者的防备。他还拥有一项神奇的能力，那就是只说那些他认为你想听的话。

我的心理分析到此为止，毕竟到了最后，一切还是要听鲍伊自己的。

安格斯·麦金侬（以下简称麦金侬）：你怎么会出演梅里克这个角色的？

大卫·鲍伊（以下简称鲍伊）：很简单，我在去年圣诞节过后看了这部剧，挺想它在被过分修改前能在外百老汇上演，但我当时不在美国。我觉得这剧的剧本写得不错，想着如果有人来找我演的话我一定会答应，但那时没有人找我。

直到2月我回到纽约录《恐怖怪物》时，导演杰克·霍夫西斯（Jack Hofsiss）找到我，问我愿不愿意在今年年底接演这个角色（在百老汇演出）。

我不确定是不是应该接演，我不知道他有没有看过我的表演，或者对我的了解有多少。不过他开始和我聊我的演唱会之类的东西，我才知道他真的对我有所了解，如果不是，那就是他有个很好的编剧。我觉得要是他来导演的话我愿意试试看。这是我的首部正统表演作品，所以想着要不就试试。这是个非常复杂非常难演的角色，不过既然我投入进去了，就要把它演好。

麦金侬：在看剧之前你是否知道"象人"？

鲍伊：当然知道。我十几岁的时候对这类奇人异士的故事非常感兴趣，一直都记得。什么长毛女人（笑），什么长着15个嘴唇的人之类的。我可喜欢看这种东西了，关于梅里克我当然也做足了功课。

麦金侬：对你来说，演这出戏一定是很紧张的经历吧？上一次你和观众距离那么近应该还是"齐吉"时期吧？

鲍伊：是的，这部剧让我突然意识到自己的身体和面部表情的表达作用之大。就是……你真的感觉公众对自己的审视已经达到了你无法忍受的程度，那感受并不好。

但这只是我需要克服的第一个难题而已。排练结束后，我们在丹佛开演。那晚演出我很生自己的气，因为整场演出我的注意力全在观众对我身体动作的反应和理解上，根本就没在角色本身。我花了整整一个星期才摆脱这个感觉，这才开始投入到梅里克的舞台表演上。

麦金侬：我猜你一定会想，观众之所以来看这部剧，只是因为你在里面演出。

鲍伊：没错，但我也知道如果我在开演最初的15到20分钟内没有演好，那么他们就会起身离开。坦白说，这个角色真是不能随便糊弄的,你必须演得可信,在舞台上你必须是一个可信的梅里克,否则就全完蛋了。

麦金侬:这出戏的特别之处在于,梅里克的畸形是通过其他演员的反应来表现的,是他们脸上表现出来的震惊、恐惧和着迷让观众理解了梅里克的畸形。虽然你必须在台上模仿梅里克一瘸一拐的走路姿势,但你并没有通过化妆来表现梅里克那褶皱的真菌状皮肤。

鲍伊:当然。你得表达某种身体上的脆弱,用来反衬你拥有的思维敏锐且"全新"的头脑。以梅里克这个角色来说,他有着相当完美的头脑,但之前一直没有合适的场合让他发挥,他以前从没有进入过上流社会。从这个角度说,梅里克就是一个可怕外表下的全新灵魂,在舞台上你必须同时把这两样表演出来,对演员来说压力很大。

麦金侬:表现这个角色的体态困难吗?比如他走路的方式,比如只能用嘴的一侧说话,等等。

鲍伊:我觉得没有任何问题。排练这部剧的时候我用到了以前演哑剧的表演经验。表演之前和之后都要做准备练习,这才能让我尽快进入或走出角色。演这部剧对于我的脊椎伤害很大,有次演出之前我没做准备练习,结果脊椎疼了一整夜。我时不时地要去看脊椎理疗师以确保我的脊椎没有移位。脊椎移位是很容易发生的,尤其因为要采用那样的坐姿,当你听到"咔嗒"一声时就知道脊椎移位了。第一周演出时我尤其害怕,不过慢慢会知道应该用多大的力,或者什么时候要放松一点。

麦金侬：你现在应该对这个角色有很深的了解了。梅里克映照出我们每个人，而人们对这个角色也都有些先入为主的观点。

鲍伊：就像后面有句台词说的："我们改造了他，让他能更好地反映我们自己。"

麦金侬：是的，所以我觉得你应该很享受演这个角色的过程。

鲍伊：在这个角色身上，我看到了他和其他人的高度相似性，这一点是我想去表达的。是的（坚定地说），这就是我在对这个角色有所了解后想到的。

麦金侬：我没听懂……

鲍伊：（笑）好吧，让我们倒退回去一点点，嗯，倒退到最开始对梅里克的研究上。我是在开始排练前没几周才被告知要演这个角色。

一切发生得非常快，我得迅速地做出决定。幸运的是，我连临阵脱逃的时间都没有。我想，如果给我几个月的时间考虑的话我肯定会退缩的，比如担心在没有麦克风的情况下我是不是能把自己的声音传到整个剧院之类的小事，以及类似的一些听上去很荒唐的想法。不过到了关键时刻，这些事其实挺重要的。

但我没有退缩的机会，必须在24小时内答复演还是不演。我觉得对方也清楚这点，霍夫西斯知道如果给我时间考虑我一定会退出的，他非常聪明地在心理上逼迫我必须接演。

麦金侬：那个时候你应该已经完成《恐怖怪物》的制作了吧？

鲍伊：是的，那时我有了点空，好像正准备回东部还是怎么的，霍夫西斯这时就跑来找我……

确定出演后我做的第一件事就是去伦敦医院,看看那里还有没有关于梅里克的蛛丝马迹。看到他制作的那个教堂模型的时候我真是失望啊,他制作的那个真迹——就是他送给肯德尔夫人然后夫人又捐回医院的那个模型——看上去五颜六色的,真的很廉价。那模型其实是护士们帮他裁好的纸板,他就弯折几下粘在一起而已。我真失望啊,原本我以为那是一个由他耐心细致地用手工打磨的精巧木制模型呢。

麦金侬:不过剧中对此做的改动也是可以理解的吧?

鲍伊:噢,是的,因为我们必须看到,梅里克制作教堂模型这件事是他一点点生出人的纯真本性的具体表现。把老教堂作为一个象征是个很好的主意,它同时也象征着他对于天堂的执念以及相信自己最终将会被上帝拯救的信念。

毫无疑问,这些都深印在梅里克的脑海中。尽管上帝在他身上强加了如此可怕的现实,并且袖手旁观,等待他的忏悔以求宽恕,梅里克却依然深信天堂,因为他相信耶稣,而不是因为相信上帝。

麦金侬:其实梅里克很像沃纳·赫尔佐格*的电影《卡斯帕尔·豪泽尔之谜》里的主角。这个角色由一个叫布鲁诺·S 的人扮演,赫尔佐格是在街上找到他的。他展现了同样的"新"思维。和梅里克相似,那个角色在言谈间既有极度的天真,也有着令人惊讶和不安的洞察力。赫尔佐格真的相信孩子就是这样的,他们

---

* Werner Herzog,德国电影导演大师,德国新浪潮电影代表导演。《卡斯帕尔·豪泽尔之谜》(*The Enigma of Kaspar Hauser*)是赫尔佐格 1974 年执导的电影。

比成年人懂得更多，年龄的增长和经验的累积只会摧毁人们思维的力量和敏锐。

鲍伊：这种观点实在太过时了。我认为这种过时观点现在依旧掌控着公众的想象力的原因，和当初"象人"吸引维多利亚时代人的注意力的原因是一样的，就是他看上去很奇怪。不过这出戏表现的，其实是把那种纯真的"新"灵魂置入到肮脏的社会里，然后看看观众能从中体会到些什么。

麦金侬：一方面，你在这出戏里讽刺了维多利亚时代的道德观念以及帮助甚至"改造"人的观念；另一方面，戏里也表现了英国人那种对怪诞丑陋的痴迷，其历史可以追溯到很久之前，比如伊丽莎白时代的逗熊游戏*等。

鲍伊：绝对如此。我不得不说，在《天外来客》里也有相同的元素，虽然那部电影里角色的纯真最终腐化了。

麦金侬：你说出了我心里所想的。纯真的托马斯·杰罗姆·牛顿在一定程度上堕落了，但他是极高科技的产物，必要时他也能有效地使用那种科技，因此他很迷人，具有很大的吸引力，但也非常冷酷无情。

鲍伊：是的，他可以用高科技来控制情感，同时他对人类和人类的价值观不屑一顾，所以他的纯真其实是种错觉。从这个意义上来说，这是非常尼克·罗伊格的风格。对不起，尼克，我是爱你的，但……尼克的思维中就是有种堕落，像（停顿）……

---

* 将熊用锁链锁起来，然后挑逗它们和狗或者其他动物相斗的表演。逗熊游戏在12世纪到19世纪的英国非常风行。

麦金侬：尼克的这种堕落在他的《性昏迷》(*Bad Thing*)里达到了巅峰，或者说低谷，取决于你从哪个角度看。

鲍伊：《性昏迷》这部我已经看过了，正在等他下一部电影上映。新的这部于圣诞节在海地开机，是关于伏都教的，如果剧组能活着从那个岛上出来我会很惊讶的。尼克的电影总是拍得让人摸不着头脑，但表面上看又似乎就是观众第一印象中该有的那些东西。

《天外来客》似乎说的是一个纯洁的灵魂来到地球然后堕落了的故事，其实不是这么回事，这是电影隐藏的谎言。牛顿这个人在影片最后其实比他刚降落地球时好多了，他那时找到了某种真实的人类情感驱动力，他知道了如何与人类相处，而人类对他产生的一切影响是次要的——他刚降落地球的时候，对人类可是不屑一顾的。

麦金侬：我一直觉得罗伊格是一个宿命论者，有时甚至是一个相当恶毒的宿命论者。

鲍伊：我觉得他更像精灵帕克*。比起某些导演，比如安格［肯尼思·安格（Kenneth Anger），《好莱坞巴比伦》(*Hollywood Babylon*)一书的作者］，我更愿意和罗伊格共事。

尼克的思维有着非常纯真的一面，说起来有点复杂，不过就是有着纯真的部分。他脑海中的思想斗争非常激烈，非常紧张。他问自己为什么要创作这些东西，为什么要拍电影，虽然他知道自己拍电影时就像在施展某些厉害的魔法——我不敢用"下咒"

---

* Puck，英国民间故事里的精灵。

这个词——但他拍电影时就像在举行某种仪式。我的意思是，如果你了解这个人，很难在看了这部电影（《性昏迷》）后不去回顾和他在一起时的那种感觉。这是一部非常私人的电影。

麦金侬：说到《天外来客》，我印象中在拍摄时罗伊格好像对你很专横？他一直说那是他的电影，所以他对于你在片中的形象有绝对主导权，也不在乎你对电影拍摄的任何有趣想法。这些东西都可以在片场外讨论，但如果真要贯彻到电影里，那只有他一个人说了算。

鲍伊：绝对是这样的，整个拍摄过程都是如此。这部电影里没有……应该说只有一点点我自己在里面。我被赋予的唯一自由就是可以为我的角色挑选服装，就这点了。我唯一的贡献就是给自己选了服装，然后在衣服里放了些日本风格——日本风格也是我不得不加的。这么做可能是因为我在外星人和西方人眼里的东方人之间进行了牵强类比——一种原型性质的概念。

麦金侬：你说你在那部电影里没有多少发挥，但我倒觉得有很多大卫·鲍伊或者我们想要看到的大卫·鲍伊的成分在里面。我想你在片中不单裸露了身体，在精神上也是。

鲍伊：是的，我也同意，这点很奇怪。很少有导演能像尼克那样，对演员约束极大但又能从演员身上挖掘出很多东西。

麦金侬：在《天外来客》里，你几乎没有施展演技，而是按照你所说的罗伊格的规定去演，但在《舞男》里，你明显非常努力地演戏，可结果却非常糟糕，可以说是可怕……

鲍伊：是的，那部电影就是一堆屎（大笑），一堆货真价实的屁。每个参与了那部电影的人，他们现在遇见的时候，都会假装看不到对方（捂脸大笑）。

那部影片就是那些所谓"烂片"的其中一部。噢，好吧，每个演员都得拍一部烂片，希望《舞男》就是我的那部了。我觉得我最大的失败就是，因为导演是这个人（戴维·海明斯）就冒险接演，都没想到看一下剧本说了什么——其实那剧本什么也没说，内容非常空洞。我也没想过了解下海明斯作为导演是否有经验。

我很喜欢海明斯，这家伙不赖，我很欣赏他。他人很好，是个极其健谈的人（笑）。你没参与拍摄都说失望，那想象一下我们的感受吧，真是有点丢人啊！我只能说，戴维和我仍然是很好的朋友，我们也知道自己干了什么。我们不会再合作了，没有工作之类的，但至少友谊还在。

好在时间已经过去很久，现在当我说起这部电影时也不会那么动怒了，但拍完电影后的一年左右的时间里，我经常为此发火，主要是对自己。我是说，上帝啊，我应该了解清楚一点再拍的。我遇见的每一个真正专业的演员都跟我说过一句话，那就是，只有你知道剧本足够好才能去接演那部电影。如果电影剧本不好，那电影拍出来是不可能好的。

麦金侬：说点之前的事，你为《天外来客》写的配乐是怎样一个情况？

鲍伊：我为电影创作的配乐只有一首留存了下来，后来成了《低》里的歌曲《地下人》（"Subterraneans"）。我真的不记得细节了，只记得发生过一次很大的争吵——不是发生在我和尼克之间，因为我们俩不会介入对方的工作领域，我也不想和尼克发生争执——是我和英国狮子（British Lion）电影公司一帮管事的人因为制作问题争吵,那些人就是组织拍这部电影的人。

一开始我以为是我负责为电影创作配乐,但当我写了五六首之后,有人来问我愿不愿意把我的音乐和其他人写的音乐一起交给剧组使用……我说:"去你的,你们一首都别想拿到!"我实在太生气了,我可是在那上面花了很大精力的啊!

虽然事实上后来电影的配乐也不错,但如果用我创作的音乐,可能会给电影带来完全不一样的效果。我写的那些音乐后来有了更好的表现方式,当然也推动我进入了另一个新的领域——我在器乐曲方面的创作能力,这一块我之前还真没认真做过。这个领域让我突然兴致勃勃起来,以前我还真没想过写器乐曲。也就在那时,我萌生了和伊诺合作的想法。

麦金侬:在我的印象中,《每一站》里有几首歌在歌词上和《天外来客》有着很紧密的联系,比如《TVC 15》和《翼上的祈祷》,另外还有联系不那么直接的《狂野如风》*和《金色年华》 ("Golden Years")。

鲍伊:我可以说说《翼上的祈祷》这首。在拍摄罗伊格那部电影的那段时期,我的心理恐惧非常严重,到了几乎要考虑来世的程度。

那是我第一次认真地思考基督和上帝之类的深度问题,《翼上的祈祷》则是一种保护,是对于《天外来客》里的元素的彻底颠覆,歌里都是真情实感。也是在那段时间里我重新开始考虑是不是要戴这个(指着他胸前挂着的一个小小的银制十字架),不

---

* 此处采访者说的是"Wild As The Wind",其实这首歌的歌名为"Wild Is The Wind"(《狂野的风》),应是口误。

过现在它只是那个时期的一个遗留物了。

我还戴着它,我也不知道现在戴着它的意义了,但那个时候我是真的需要它(笑)。我们聊得有点远了……但的确,这首歌就是发自我内心的创作,用来保护我自己免受片场发生的一些状况的伤害。

麦金侬:我写过一篇《房客》的乐评,在文章最后我说你是时候准备信奉宗教了,我的结论可能下得有点轻率,但那张专辑听上去太绝望了,太与众不同了,就像一本忧伤旅人的快照剪贴簿,似乎你唯一拥有的就只剩上帝了。

鲍伊:(笑)是,我懂你的意思,不过我觉得你说的时间还晚了点,在那之前我就经历过打击了。有段时间我近乎钻牛角尖,觉得十字架才是全人类的救赎——大约是在和罗伊格合作的那个时期。

在我的"重审往事计划"里,整个那段时间一直到1976年可能是我人生中最糟糕的一年或一年半。

麦金侬:我猜柏林这座城市把你身上很多不好的东西都洗去了吧?

鲍伊:噢,是的!那是我人生中发生过的最好的事了。当时我刚走出美国那堆烂摊子,带着(停顿,叹气)破碎的理想,那些最后发现一文不值的理想。我太任性,从一个想法变到另一个想法而不考虑后果,就这样逃离了美国这个牢笼。是的,柏林绝对是我去过的最好的地方。

麦金侬:至少《低》和《英雄》两张专辑在情感上有一致性,

尽管那是一种抓狂的、孤僻的,甚至有点愤世嫉俗的表达,但至少你在重新,或者说第一次专注于事物本身,而不是执着于形象或者人们的反应。

鲍伊:是的,专注于事物本身。只是我其实不太确定自己的看法是对是错。我觉得那三张专辑帮助我明白,我所做的更多的是表现一个社会的缩影,而不是以旁观者的角度说"社会就是这样的"。

在那之前一直到1976年的那段时间,我更倾向于觉得,自己在社会如何构成以及它代表什么上有着自己的一套观点。但现在我感觉自己的内心就是一个社会,它是那么支离破碎,我最好能躲进(停顿)……

麦金侬:躲进保护圈?那不就代表着某种迟到的成熟吗?或者意识到自己也是会犯错误的吗?

鲍伊:是的。套用一句被说滥的话:为什么不呢?这就是……某种成熟。

麦金侬:这就引出你1975年底那次特别的维多利亚车站事件了。黑色奔驰车、帅气金发警卫等等,我看到这些时特别震惊。我当时就在现场(此时鲍伊笑了两下,似乎有点尴尬)。我离开的时候一边走一边想,你应该是个法西斯狂热分子。这件事你一直没有给外界一个满意的解释,我猜想你可能是在洛杉矶的时候可卡因吸多了(鲍伊明显在偷笑)。我看到《滚石》杂志的采访里你说的那些黑屋子、黑蜡烛还有窗外掉下来的尸体之类的,差不多同一时间还看到电视里播的《分裂戏子》*里的"钻石狗"巡演，等等。这些都让我和很多人觉得你已经完全疯了，想要统治全世界，或者有什么愚蠢和狂妄的计划。

鲍伊：（仍然在笑）没有，和你说的这些都没关系。

麦金侬：那究竟是怎么回事？

鲍伊：其实，维多利亚车站那件事（长时间停顿）……你肯定不会相信我接下来说的话，但你刚才说的其他事都是对的。有很长一段时间我真是因为这件事被骂得无处可逃。

那其实是我的几个朋友策划的一个逃跑计划，我不会说他们是谁，就是他们帮我逃离了美国，回到了欧洲。整个"每一站"巡演是在受到胁迫的情况下完成的，那段时间我整个精神不正常，完全疯了，真的。但有件事我很清楚，那些关于希特勒和右派主义的事都是神话。

我那时深陷神话之中，我遇到了亚瑟王。一切和你们知道的不太一样，因为……我的意思是，后来发生的这个种族主义事件很大程度上是不可避免的。我知道我说的听上去特别幼稚，但我真的从没有过那些想法，尤其是最近的六七年，我一直在和黑人音乐家合作，现在也还在一起做音乐。我们得把亚瑟王时代、纳粹年代的奇幻事件和神话放在一起说。

所有这些东西一直在我耳边飞来飞去、嗡嗡作响，我可以看到它们。不管我看向哪里，都能看到来自过去和未来的巨大魔鬼在我的脑海里交战，诸如此类……我迷失在神话里，里面当然还

---

* *Cracked Actor*，英国广播公司 1975 年播出的一部有关大卫·鲍伊的电视纪录片。此纪录片拍摄于 1974 年，正值大卫·鲍伊深陷毒瘾的时期。

混杂着我自己创造的那些该死的角色,比如"瘦白公爵",好像是我把他给扔……踢进去的。能够乘风破浪,把各种魔鬼送到它们该去的地方这件事是很让人上瘾的。

总之,一个人如果没有特别坚不可摧的意志,就不要去做这样的事。

麦金侬:的确,但误入歧途的诱惑力又很大。你一定会注意到,有些东西已经进入主流文化了。我说的东西是指,书店里"神秘学"架子上的那些书,像史密斯公司*出的关于第三帝国的书,以及所谓的神秘学倾向。

鲍伊:噢,上帝啊,我知道……很可怕的书。

麦金侬:是啊,这类书越来越多了,甚至还有人拿这个题材写低俗小说的,把亚瑟王时期的文学和传说与第三帝国联系起来。比如詹姆斯·赫伯特(James Herbert)的《长矛》(The Spear),还有邓肯·凯尔(Duncan Kyle)的《黑圣城:党卫军和他们的圣杯城堡》(Black Camelot: the SS and their Grail castles)。这些书非常具有颠覆性和危险性。

鲍伊:是,我非常了解,真是十分阴险恶毒。当然,我到了柏林以后碰到的第一个问题就是要面对类似情况,因为我交到的朋友都是天生的极左翼分子。

当时我突然就要面对这样的情况:我遇到和我同龄的年轻人,他们的父亲可能就是实实在在的党卫军。不过那也不失为一

---

* WH Smith,英国大型零售企业,成立于 1792 年。史密斯公司是世界上第一个连锁经营企业,主要经营书籍、文具、报纸、杂志和娱乐制品等。

种从进退两难的困境里抽身而退的好方法，然后以更有序的方式恢复过来——不算完全有序，但你懂的……没错，我回到欧洲后就一下子变得比较务实了。

所有不好的事情都是在洛杉矶发生的，这该死的地方应该从地球上被抹去。任何与摇滚乐有关的事，还有去洛杉矶生活，在我看来都会走向灾难，真的就是这样。就算布莱恩（布莱恩·伊诺）那样适应力强、像现在的我一样能够在各种陌生和奇怪的环境中生活的人，都没法在洛杉矶待超过六周，必须得离开。不过他比我聪明，走得比我早得多。

麦金侬：也就是说，你在洛杉矶时精神躁狂不稳定，去了柏林后则处于调整状态，某种程度上是这样吧？不过在《房客》里的《不义之财》（"Red Money"）结尾处，有一句歌词是"责任，取决于你我"，而新专辑里的《退回山巅》（"Up The Hill Backwards"）更像是在承认失败，又或者是在暗示所有人对事物的发展全都无能为力？

鲍伊：承认失败？我真的不同意这种观点。先岔开一下，我还是坚持一种观点：音乐——我指器乐——本身就能传递信息。表达意义并不一定需要歌词，因为音乐本身就暗含了信息，而且非常明确。如果不是这样的话，那古典音乐便不会如此成功了。古典音乐就是蕴含着很多确定观点和态度的，其中有些很可能无法用语言表达。

所以我挺生气你没有好好听这张专辑，因为音乐编排传达的深层次信息对流行音乐来说是非常重要的，如果没有这部分，歌词本身就没有意义了。我不是生你的气，而是气所有人都只把注意力集中在歌词上，认为音乐本身并不传达意义，那就等于抹杀了古典音乐数百年来的传统，这是非常荒唐的。

麦金侬：如果是这样的话，那我想我最好还是把注意力集中在我自己听到和看到的东西上。《尘归尘》（"Ashes To Ashes"）的音乐录像很吸引人，是戴维·马利特（David Mallet，《房客》三个音乐录像的导演）执导的吗？

鲍伊：那是我导演的第一部作品。好吧，也不算啦，这样的话他会和我吵架的。《房客》里的另外三个音乐录像是我和他共同执导的，我给了戴维完全的控制权，而不是我想拍什么就拍什么。但《尘归尘》是我自己做的分镜脚本，分镜头真的是我一帧一帧画出来的，然后他完全按照我的要求剪辑，并同意我公开地（这三个字模仿了爱德华·希思[*]的腔调）说《尘归尘》是我导演的第一部作品。我一直想当导演，这次是一个很好的机会，终于可以从唱片公司那里搞点钱来玩点花样了。

麦金侬：音乐录像里那些反复出现的宇航员形象，总是让人想起 H. R. 吉格为雷德利·斯科特的电影《异形》[†]设计的场景。

鲍伊：没错，我们是故意这么做的。我们想把片中场景打造成人们想象中的 80 年代由人类建造的未来殖民地的样貌。有组镜头表现了地球人把体内的东西抽出来，再把一些有机组织注入体内的过程，这一段受吉格的影响非常深，就是那种生命体和高科技碰撞的概念。

---

[*] Edward Heath，1970 至 1974 年任英国首相。

[†] Alien，英国电影大师雷德利·斯科特（Ridley Scott）1979 年执导的经典太空科幻恐怖片。瑞士超现实主义画家 H. R. 吉格（H. R. Giger）为这部影片设计了外星生物并因此获得了第 52 届奥斯卡金像奖最佳视觉效果奖。

这个音乐录像里有很多老套的元素，不过我觉得自己把这些老套的元素用某种方法结合在了一起，使得整个作品不再显得老套——至少总体的感觉是一种对未来世界的怀旧。我一直被套牢在这种感觉里，我做的所有事里都有这种情绪，再怎么努力也摆脱不了。这种情绪会不停地出现，我承认我没法……显然它已经是我作为一个艺术家的一部分意义所在了（说这句话时他出乎寻常地坚定）。

现在我选择接受这种情绪而不是摆脱它，因为很明显，就算我拒绝面对它，它还是非常吸引我。那种对未来的熟悉感，那种我们曾经到过未来世界的念头一直萦绕在我心间。

麦金侬：从这个意义上说，你是否相信"文明轮回"的存在？

鲍伊：我觉得那是把事情过分简单化了。我不……我觉得这些年我更依赖梦境来创作。

麦金侬：那你一定对集体无意识的起因有所了解了？这类事情理解起来有点难啊，是不是都要归结于《2001太空漫游》的影响？就是"他们"从另一个世界来传授我们知识之类的。

鲍伊：（突然变得情绪高涨）你有没有读过一本名叫《二分心智的开端：人类意识的起源》的书？书名听起来很糟糕，但其实是一本浅显易读的书。应该说是一本非常棒的书，是一个叫 J. P. 海恩斯（？）的人写的。* 作者认为在某种程度上，大脑绝对

---

* 采访者把大卫·鲍伊说的这本书听成了"J. P. 海恩斯"写的"The Origins of Consciousness in the Dawn of the Bi-Camaral Mind"，其实是朱利安·杰恩斯（Julian Jaynes）写的《二分心智的崩塌：人类意识的起源》(*The Origin of Consciousness in the Breakdown of the Bicameral Mind*）。

是分裂的,不,是双重性的,右手感知到的信息传递到左侧大脑,反之亦然。这本书写得非常学术,不过非常非常有趣。

我对此极为感同身受,因为我自己也经常有那样的感觉,就是……就像鲍勃·迪伦说的,旋律就在空中飘着。我依然相信那种带着天真的创作方法,需要动脑子的事情留给伊诺和弗里普就好,我还是更喜欢用感知的方式去做事,我想这也是我和他俩合作无间的原因。

麦金侬:我们本可以在人类智慧的复杂性上谈个几小时,不过时间所限就不能离题了。说到伊诺和弗里普,我以前很喜欢他们在专辑里做的大多数东西,不过现在我对他们那些无休止的概念化产生了怀疑,我觉得他们最终没有在音乐上把概念表达出来。弗里普的专辑《天佑女王／行礼如仪》(*God Save The Queen/Under Heavy Manners*)是一个很好的例子。专辑的那些理论是很吸引人,但在实践上,最后落实在专辑里的东西却非常无趣。我觉得伊诺的专辑《机场音乐》(*Music For Airports*)也有这个问题。

鲍伊:我得说我很喜欢和布莱恩一起工作,你说的情况的确会在概念艺术家身上发生。他们真的拥有催生革新的能力,我觉得布莱恩就有。

在音乐这个特定领域,我真的认为布莱恩是我遇见过的最聪明的人,当然他在行业内多次被模仿。看看所谓"更严肃"的绘画界,那里遍地都是概念艺术家,音乐行业里概念艺术家很少,布莱恩肯定是其中之一,他也有很多天才的作品。我觉得《另一个绿色世界》(*Another Green World*)里的一些作品非常……卓越——我想不出更好的形容词。我肯定我和他将来会再次合作。

麦金侬：还有些更具体的问题。第一个问题关于在《尘归尘》中再度出现的"汤姆少校"……这似乎是一个无法被磨灭的角色，你为什么对他一直那么有兴趣？

鲍伊：《尘归尘》中的潜台词其实很明显，它有着童谣般吸引人的旋律，但对我来说，这首歌说的是堕落。另外，这首歌的意义还在于它在流行音乐方面的颠覆性，因为我很乐意看到BBC播放一首歌词里含有"瘾君子"的歌，我想那挺成功（露齿笑）！现在我们都是无聊厌世之人，能做的有趣事已经不多了（笑）。

我希望人们从"汤姆少校"的故事里得到一些更严肃的东西，而不是只把它当作科幻小说看。我最早创作"汤姆少校"这个角色的时候，还是一个非常务实和自负的毛头小伙，认为自己对"伟大的美国梦"了如指掌，知道它何时开始，何时终结。

伟大的美国科技把这个人送进了太空，但是当他到达了太空，却对来太空的原因毫无头绪——我当时的角色塑造到这里就停住了。到了现在，我发现他其实知道这个送他上天的计划是失败的，从一开始就是失败的。这个计划正一点点地摧毁他，他正在走向死亡，但他希望回到他温暖的家——地球，回到他出发的地方。

就是这么简单，我真不觉得整件事隐藏着更奇怪的含义。这首歌就是对童年的一首颂歌，如果你愿意，可以把它当作一首流行童谣，讲了一个宇航员变成瘾君子的故事（笑）。

麦金侬：新的简化版《太空异事》是怎么回事？

鲍伊：因为马利特想让我为他的节目录点什么，他选中的是《太空异事》。

我答应重录这首歌,要求是把原版里所有的修饰都去掉,只用三种乐器。之前有次表演这首歌时我只用了一把原声吉他伴奏,没有任何弦乐和合成器,出来的效果之强大让我很震惊。这次这个版本视觉方面还在其次,重要的是我真的想把它做成一首"三大件"的作品。

麦金侬:《恐怖怪物》里的两个音乐录像也是你自己做的分镜头脚本吗?

鲍伊:噢,是的。拍视频这件事一旦开始,就没人能阻止我了。另外,过去半年多我在回看自己1972年时的第一部作品,嗑嗨了之后拍的那些录像,录在黑白盘带上面的,非常精彩。还有一些是那之后我在"钻石狗"巡演上拍的。

在那些带子里我重现了"钻石狗"的舞台布景,是在纽约皮埃尔酒店(Pierre Hotel)里录的。我在几张桌子上用黏土做了三四英尺高的建筑模型,有些立着,有些塌了,然后在相机上装上微距镜头,将桌子之间的"街道"拉近拍摄。

我想把它做成动画片,加入各种角色,风格非常怪异。我会把它全部录到录像带上。因为是默片——除了几段奇怪的音乐什么声音也没有,所以我用了《钻石狗》里的歌当作背景音轨。

我太想太想拍一部"钻石狗"的电影了。我实在太想拍了,连旱冰鞋之类的东西都准备好了,因为那个时候的设定是燃料短缺、没有汽车。现在回过头去看,那些东西还是超级棒的,那些角色穿着巨大的、生锈的、有点像有机生命体的旱冰鞋,不太好控制,旱冰鞋的轮子还吱嘎作响。那些半机器半人类的角色到处乱走,看上去很朋克,如果能发行录像带一定很棒。我还想为这片子创作新的音乐,那种可以搭配怪异黑白画面的音乐。

麦金侬：是不是因为《钻石狗》在当时是一种反潮流思维，所以要过了那个时期才开始慢慢为人们所接受？

鲍伊：《钻石狗》在编曲上比较古灵精怪，这让它成了70年代有代表性的作品。

麦金侬：扯远一点，《时尚》("Fashion")和《这不是游戏》("It's No Game")的第一部分我都听过了，谈谈这两首歌吧。

鲍伊：《这不是游戏》第一部分里的日文歌词和英文歌词的意思是一样的。这首歌我用了比较本能的方式去唱，然后我的一个朋友——一个年轻的日本女孩用日文重复我的英文歌词，感觉就像是揭穿那些性别歧视者说"日本女孩都很古板"的谎言。那个日本女孩念歌词时就像个武士，不是人们印象中的艺伎小女孩那类的，这种性别刻板印象真的让我很生气，因为她们根本就不是那样的。

麦金侬：那《时尚》呢？你在里面提到"暴徒帮"，是法西斯主义吗？

鲍伊：真不是，这首歌说的是为时尚献身。我在雷·戴维斯*的时尚理念上再进一步，讲那些为时尚献身的人的那种咬紧牙关的决心以及不确定感，但就是不得不这样做，就好像再怎么样也得去牙医那里钻牙一样。面对时尚，你就是不得不献身，并忍受由此而来的恐惧和烦恼。这首歌讲的就是这种对时尚的感觉，当下看来是有点太压抑了。

---

*　Ray Davies，英国著名音乐人，"奇想"乐队（The Kinks）主唱。

麦金侬：今天那么多年轻人离开学校找不到工作，也不奇怪，是吧？如果真是如此，那他们应该在迪斯科舞厅或者其他类似的地方玩得很开心。

鲍伊：我不清楚。70年代早期，迪斯科舞厅作为新生事物风靡纽约的时候我去过，不过不像现在的人，我从来不觉得那是非去不可的地方。在伦敦我的确感受到了迪斯科热潮，我有次被带去一个很特别的迪斯科舞厅，好像是史蒂夫·斯特兰奇*开的？天啊，那地方叫什么名字来着，我忘了。所有的人都穿着维多利亚时代的衣服，我觉得他们应该是新新浪潮那一派的，要不就是"永恒浪潮"或者其他什么派的……（此时可可走进来，做了一个割喉的动作）女武神来了（笑）！我们还可以再多聊一点，不过得把时间控制到最短。

采访就这样结束了。我对鲍伊的这个时间"最短"表示了不满，和他添油加醋地述说了一番我的苦境。他突然打断我，说："行了，行了，别跟我卖惨，安格斯，我不吃这一套。"我不得不打住，感觉自己在这一小时不到的时间里老了好几岁，然后只能黯然离开。

周五下午，我和安东在黑石剧院对面一家破旧脏乱的小酒吧里等着鲍伊和可可。他们准时到达。因为安东在点唱机里找到了辛纳特拉演唱的《上帝的脸就长这样》（"That's What God's Face Looks Like"），鲍伊为此非常高兴，当即答应了我们的摄影师就在酒吧里拍一组照片的要求——当然他还是先问了下可可

---

* Steve Strange，英国新浪潮乐队"面容"（Visage）主唱，曾同时经营多家夜店。

的意见。

酒吧的老板是个奇卡诺人*，左脸上有一道显眼的刀疤，一直延伸到脖子。他在边上看着我们，一脸惊讶。

我们回到黑石剧场，鲍伊一时兴起，提议我们就在舞台上做采访，我自然同意，然后桌椅就位。这个采访环境和昨天那逼仄的化妆间形成了鲜明的反差，因为昨天我和鲍伊彼此之间有着紧张的戒备，今天我俩都放松多了。为了今天的采访，我准备了几十个简单的事实性问题，如果被他拒绝，我就准备放飞自我，随便问。鲍伊今天看上去放得很开，好像我们对彼此的分寸已经知根知底。

随着采访的深入，气氛变得越来越随意。让我感到惊讶的是，在闪避最初几个问题后，鲍伊开始愿意聊自己了。在无须多少提示的情况下，他也肯回答我那些临时起意的问题了，而我本来都做好了他完全不回答那些问题的准备——至少看上去是这样。

反复考虑之下，我觉得纠结鲍伊是否真的袒露了心扉或者如他表面看上去那样云淡风轻真没必要。把他描绘成一个变色龙般的操弄者、一个总是躲藏在他用言语做成的烟幕弹之后的人，这样既不明智也不公平。在熟悉了环境之后，鲍伊和我紧锣密鼓地聊了大约 35 分钟。如果你觉得我们的访谈天马行空没有逻辑，那只是因为大多数访谈都是如此。鉴于这篇访谈非常流畅，我便一字不改，原样刊出。

麦金依： 新专辑里你为什么翻唱了一首汤姆·魏尔伦[†]的《末

---

* Chicano，指墨西哥裔美国人。
[†] Tom Verlaine，美国唱作人、吉他手，著名朋克乐队"电视"（Television）主脑。

日降临》("Kingdom Come")？

鲍伊：那首歌是他专辑里最吸引人的一首。我之前一直想要通过某种方式和他合作，不过没想过要翻唱他的歌。其实是我的吉他手卡洛斯·阿洛玛提议我们做一个《末日降临》的翻唱版的，因为那首歌太棒了。

麦金侬：那首歌是关于"恩典"的，你是受这个影响选这首歌的吗？

鲍伊：可以说是，也可以说不是。这首歌恰巧适合放进专辑里，仅此而已。

麦金侬：为什么你又发行了两个新版本的《约翰，我只是在跳舞》("John, I'm Only Dancing")？

鲍伊：因为我们最近又把它们翻找出来了。这首歌的节奏版没能收录在《年轻的美国人》里，以当时的情况来说这个决定还是非常正确的。不过 RCA 唱片公司还是想发行这首歌，我也完全同意。我还有不少束之高阁的素材以及封存起来没有发表的歌，这些歌我是很想发表出来的，比如和"火星蜘蛛"乐队合作的《白光白热》("White Light White Heat")。

麦金侬：你对 RCA 唱片公司用你的名字发表作品拥有完全的主导权吗？

鲍伊：噢，没有，他们可以不经我同意就发表我的作品。我突然想起《天鹅绒金矿》("Velvet Goldmine")那首歌，发行之前我自己都没机会听到歌的缩混母带，他们找其他人做的缩混，实在太厉害了！

麦金侬：最近你有没有和 RCA 唱片公司重谈合约？重谈的话肯定能阻止类似的事发生吧？

鲍伊：没有，当然没有，我和他们的合约离到期还早着呢，走一步看一步吧。

麦金侬：有传言说 RCA 对《房客》不是很满意。

鲍伊：是真的，他们对《低》也不满意。那段时期他们有人跟我说过这么一句话："要不要我们在费城再给你找一套公寓？"他们觉得这样的话我就能再做一张像《年轻的美国人》那样的专辑出来了。我得一直和持有这种认知的人打交道。

麦金侬：你自己有兴趣再做一张像《年轻的美国人》那样的专辑吗？

鲍伊：我不知道。反正我自己在 1973 到 1974 年间在那块地方住够了，我已经在那里待得尽量久了，受够了费城人和纽约人。我在那样的环境里待了太长时间了。

麦金侬：要不我们换个话题吧……

鲍伊：没关系，我正在兴头上呢！

麦金侬：《房客》里的《红帆》（"Red Sails"）有很强烈的"新！"乐队的风格，是有意为之吗？

鲍伊：是的，绝对是有意的，尤其是那鼓和吉他的声音，非常梦幻。当然也有一些部分和"新！"不一样，主要是阿德里安［阿德里安·贝鲁（Adrian Belew），鲍伊当时的吉他手］的演奏。他从来没有听过"新！"乐队，所以我就跟他说我想要的那种氛围，他弹出来的效果和"新！"乐队的感觉是一样的，我觉得非常好。这首歌里那种"新！"乐队的风格实在太棒了。

麦金侬：有段时间你似乎喜欢用歇斯底里型的主音吉他手，比如厄尔·斯利克（Earl Slick）、瑞奇·加德纳（Ricky Gardiner），后来就是贝鲁。

鲍伊：其实那是我自己想出的办法啦！比方说，同一段吉他独奏我录四轨，把它们分别分解开，然后用一个小型的四轨混音器再把这些片段组合起来。在某个长度里我会放进随机小节的音乐，然后正放或者倒放这些音轨。经过这样处理，出来的效果还挺夸张的。

麦金侬：再来说说《恐怖怪物》里的《少年野火》（"Teenage Wildlife"）这首歌，是你特别为谁所写的吗？

鲍伊：我觉得……不是。但如果我有个虚构的弟弟的话，这首歌应该就是为他而写的。这首歌是为那些还没有在心灵上有所戒备的人写的。

麦金侬：戒备什么？

鲍伊：戒备一种"弹震症"*，当他们在社会上立足并主张自己新确立的价值观时会遭受的"弹震症"。我觉得那个虚构的弟弟其实就是青春期的我自己。

麦金侬：谁是歌词里说的穿着"血染的长袍"的"历史接生婆"？

---

* shell shock，又称"炮弹休克"，是一种创伤后应激障碍（PTSD），一般指士兵因为战争而受到惊吓、感到恐惧和困惑而产生的一种精神疾病。

鲍伊：（笑）我也有我自己的接生婆，我们每个人都有。我的接生婆就不让你们知道是谁了。这首歌里的接生婆是象征性的，就是那些阻止你人生有成的人。

麦金侬：你似乎还挺热心给年轻人提建议的。

鲍伊：我觉得我更多的是在给自己建议，我常常会自问自答，虽然时间比较短。我真不觉得自己可以给别人提什么建议，那种事大概只有像（暗笑）阿尔弗雷德·E. 纽曼（《疯狂》杂志已故封面画家和幽默作家）*那样博学多才的人才能胜任吧？我不擅长这种事。

麦金侬：我觉得我必须问这个问题——对于像加里·纽曼[†]和约翰·福克斯[‡]这样风格很像《钻石狗》的音乐人，你怎么看？

鲍伊：只是因为媒体问了，我才发表了一些对他们的看法，上个月我已经被媒体问过一次对纽曼的看法了。

关于福克斯，我觉得他可以给自己更大的空间，他在做的音乐以及能做的音乐应该可以更多样。

至于纽曼，我不太好说。我觉得他做的音乐有点类似《出卖世界的人》和《救世主机器》那种风格，他把这种感觉把握得非常好。在这种类型上他干得很出色，但我觉得这对他来说也是一种自我限制。我不知道他打算往哪个方向走，或者想做什么类型的音乐，但我认为他给自己设限挺厉害的。不过那是他自己的问

---

* 这里搞错了，阿尔弗雷德·E. 纽曼（Alfred E. Neuman）是《疯狂》杂志著名的封面形象——一个缺牙的小男孩的名字，并不是画家的名字。

† Gary Numan，英国新浪潮／合成器流行音乐人。

‡ John Foxx，英国音乐人、学者，新浪潮／合成器流行乐队"超声波"（Ultravox）主唱。

题，是吧？

纽曼干得不错，但一直在重复，你只要听过他的一首歌，就会发现他别的歌都是在一遍遍地重复相同的东西⋯⋯

麦金侬：一首又一首描写荒芜的未来世界的歌。

鲍伊：这种题材真的很狭窄。这是对高科技社会还有各种⋯⋯并不存在的东西的错误理解，我相信我们离那样的社会还远着呢。那就是一个巨大的神话，不幸的是，那个神话一直流传着，至少根据我对摇滚乐界的了解是如此。在消费领域，电视则要为这种编造的计算机世界神话负很大责任。

麦金侬：我突然想到《尘归尘》里面的几句歌词——"我从没做过好事／我从没做过坏事／我从没做过什么出乎人意料的事"，你似乎是在说还没到为你自己标榜功绩的时候。你是否会——我该怎么说呢——会因为推动传播了我们聊的这种错误的神话而感到内疚？

鲍伊：那你是怎么解读这三句歌词的？

麦金侬：和你的很多歌词一样，它们自相矛盾到令人窝火（听到这句鲍伊笑了）。它可能特指"汤姆少校"那个角色，换句话说，我觉得在你的艺术生涯中有大量的方案规划以备使用，你自己也说过你有计划A、计划B和计划C⋯⋯

鲍伊：是的。

麦金侬：(停顿)但其实你还有计划D、计划E，一直到计划Z，而且这些计划都奏效，从这方面说你很幸运。我觉得，一个人成为公众人物后品行往往会彻底变坏的原因，就是公众对于这些他们倾注了太多关注的人的预设和猜想太多。

鲍伊：我同意（停顿）……

麦金侬：那你是要和那三句歌词划清界限咯？

鲍伊：（叹气）不，并不是。这三句歌词表达了一种我时常会有的感觉，就是我做得还不够（鲍伊下意识地用手指在嘴唇周围画圈，小心翼翼地组织着语言）。我对自己做的事有很多保留，因为我觉得它们没什么意义，过了几天我又会觉得自己很重要，因为贡献良多，但其实对于我以往做的事情我并不觉得特别满意。

麦金侬：哪些事属于你积极的成就呢？

鲍伊：有一种观念，人不必完全按照社会既定的道德观和价值观活着，而是可以去探索其他的领域和认知途径，然后在自己的生活中实践——我就是这么活的，在这一点上我觉得自己是相当成功的。有时候，就算只是在理论层面上，我都能做到这一点，不过随着时间推移，我不知道还能不能……

现在我身上有着很重的中产阶级枷锁拖着我的后腿，我也在努力打破它。我一直在试着找到我内心的杜尚*，不过越来越难找到了（笑）。

麦金侬：为什么中产阶级会成为一个问题呢？这种被夸大的

---

* 马塞尔·杜尚（Marcel Duchamp），法裔美国艺术家，20世纪实验艺术先锋，达达主义和超现实主义的代表人物，对西方现当代艺术有着重要影响。

阶级意识是不是英国特有的烦恼？

鲍伊：是的，当然是。阶级意识是一堵横在我面前的争议之墙，总是挡住我的去路。

麦金侬：你的感受是什么？是不是因为你的艺术或者其他什么而"饱受折磨"？

鲍伊：噢，不，并不是，没到那程度。我只是始终觉得自己的视野被遮蔽了，变得狭隘了。我一直试着去打破它、粉碎它，但恐怕这也让一切变得危险。

麦金侬：相比刚开始写歌的时候，你现在对自己的创作能力是不是有更清楚的认识了？媒体上那么多对你的评论是否对你的创作有帮助？

鲍伊：我不知道。你瞧，没有几家杂志报纸或者电视节目会像你们《新音乐特快》这样和我聊这么深的。对大多数媒体来说，我已经江郎才尽很多年了，这些媒体一致认为我在"齐吉·星尘"之后就什么也不是了。

麦金侬：可是，"齐吉"也是你自己制造出来的幽灵呀！比方说，你把巡演的现场录下来做成的专辑《舞台》(*Stage*)，第一部分总是老歌，非常老的老歌，可能是我反应过度，但我就是有种被骗了的感觉。

鲍伊：真的？

麦金侬：是真的。我那时对《低》和《英雄》两张专辑印象深刻，虽然我现在对它们印象有所改观，但我当时觉得你是有意要把那些老的听众给找回来，而这样做像是在抹杀新歌的存在感。我可能太天真了，以为那就是你玩的小把戏而已。

鲍伊：我觉得我会这么做是因为两个执念。一是我真的很想把《齐吉·星尘》从头到尾、从第一首到第九首完整演一遍，因为我有天突然发现那真是一张很好听的专辑，我也有很多年没有在台上唱这张里面的歌了。另一方面，有人想要来听我的那些旧歌，我会毫不犹豫地唱给他们听，但我也会唱我现在在做的音乐。对于唱那些大家喜欢的旧歌我完全不会良心不安。

麦金侬：接下来有巡演计划吗？

鲍伊：有，会在明年春天。我每次巡演都希望能在小一点的场地演出，希望哪次真能实现。我觉得这次的这部舞台剧对这点很有帮助，更加鼓励我去小型场地里演出。

麦金侬：眼下百老汇也在向你招手，毕竟《恐怖怪物》会是进军百老汇的一个很方便的跳板。"鲍伊的新专辑来了！""他都好久没出专辑了！"所以不管你巡不巡演，这张应该也会卖得很好。现在或者接下来你有没有其他舞台剧或者电影主演的邀约？

鲍伊：就像我们昨天聊到的我那部"猫王电影 32 合 1"的电影*，现在我不会来者不拒了，不管是什么，我都得先看看剧本是不是像《象人》那样强才行。

麦金侬：通过演这部戏以及这个角色，你已经证明了你自己，

---

* 大卫·鲍伊这里是嘲讽电影《舞男》野心太大却眼高手低。这句话以及上文中的"每个参与了那部电影的人，他们现在遇见的时候，都会假装看不到对方"后来都成了这部电影的经典评论。

这让人印象深刻。

鲍伊：是的。我很惊讶自己能成功出演舞台剧。首演那晚我对自己一点信心都没有，真是害怕极了。

麦金侬：你一定也向自己证明了你在摇滚领域之外一样能干得很出色……

鲍伊：这方面我已经对自己满意挺久了（笑），其实从1976年就开始了。

麦金侬：但那时没像现在这么满意吧？

鲍伊：我自己是完全满意的……呃，你是说在公众层面吗？

麦金侬：是的。

鲍伊：噢，那可能还没那么满意吧。

麦金侬：很明显你对玩音乐的兴趣还在，但似乎有点浅尝辄止，一会儿这里加点非洲元素，一会儿那里来点日本风格。你担不担心这是对你喜欢的文化的一种错误呈现？

鲍伊：我不觉得我借用一点日本或者非洲的文化符号或者意象就等于表现整个文化。我想将某种特定的文化和我自己的音乐相连接的意图是很明显的，但我从来没想过要去表现这种文化。

麦金侬：这种连接会到哪种程度？直到让你自己满意吗？

鲍伊：因为我到过那些地方，那些文化就在那些地方，这就像……对我来说这些文化采风是从歌的草稿阶段开始的。《房客》可以算所有这类采风的草稿。

麦金侬：你会不会觉得你的年纪对创作摇滚乐来说已经太大了？

鲍伊：我都不知道多摇滚的歌能被称为摇滚，至于音乐，我觉得自己也没老到不能创作我想做的音乐（笑）。这话说起来也挺爽的，上帝啊，我最近一次写摇滚是什么时候的事？你能记得吗？我也不记得了，记得才怪。

麦金侬：那要看情况，比如把你最近的几张专辑和"范·海伦"乐队（Van Halen）的专辑放一起，那你的就不是摇滚了。

鲍伊：你说对了。我已经不会再写以前的某些力量和情感，比如"齐吉"的那种。我不会再写那种东西，因为我已经没法在角色扮演这件事上得到正面的东西，那是青春期才有的自信和自负，（他边谦虚地说着边笑）我写不了年轻人的那套了。

麦金侬：但你也一直把歌唱给年轻人听啊，比如《恐怖怪物》里的《因为你们正年轻》（"Because You're Young"）。

鲍伊：这事我想过，因为我有一个九岁的儿子，所以我觉得我有资格对年轻人讲我经历过的事。

麦金侬：那你有没有觉得这些年来你的听众在和你一起成长？
鲍伊：没觉得。这些年我的听众流失了好多。

麦金侬：这会对你造成困扰吗？
鲍伊：不，完全不会。

麦金侬：那这样会不会对你造成经济上的影响？

鲍伊：会。像这样演舞台剧赚的钱和摇滚乐手演出赚的钱不能比。当然，我也从来没在巡演上赚过钱，一分都没有。

麦金侬：直到今天大家还是会觉得你很有趣，你对此有什么感想？

鲍伊：这个问题该你来回答，我连想都没想过要回答这种问题。

麦金侬：因为你不想回答这种问题？

鲍伊：我不想回答，也不能回答，对这种问题我也没有兴趣。我情愿花多点时间搞清楚我是不是还觉得自己有趣，对我身处的这局促的、小小的社会一隅是不是还有感知、认同和理解的能力。

这才是我的兴趣所在。我通过音乐表达出我的困惑，不管这些困惑听众是不是有共鸣，我的责任都到此为止。我只能写我自己的感受，或者对我的存在和我做的事表达困惑，不能超出这个范围。

麦金侬：这番话让你显得很脆弱、很没自信。你会为你的作品划定道德标准吗？你觉得像你这样的公众人物需不需要承担某些责任？

鲍伊：我认为这不是一个人的责任，而是一种集体的责任。不管喜不喜欢，无论我做什么或者说什么，都会被各种媒体以公平或不公平的方式解读。

所以这不是我一个人的责任。我的确必须考虑自己应该为这件事贡献些什么，但又得冒险猜测我做的这些会被如何解读。就像我说的，我在这里依旧被看作一个橙色头发的双性恋者，除此之外我什么都不是，就这样。

毕竟（笑），如果要说世界上有哪个国家充满了刻板印象和偶像人物，那就是这里（美国）了。如果你没有确定的风格或是阵营，那人们就会不遗余力地帮你寻找，直到找到一件非常肤浅的、具体的事情，成为他们可以到处为你挥舞的旗帜。

麦金侬：或者成为埋葬你的棺材。

鲍伊：完全正确。总的来说，这种情况在美国比在英国或欧洲严重得多。另一个国家的人也会这样，那就是日本，虽然我很喜欢日本人。日本人也很喜欢"某某主义"。

麦金侬：不过在日本事情是反着来的，日本的的确确是被美国文化入侵的。

鲍伊：当然，那边的反美情绪也很严重。

麦金侬：为什么日本一直这么吸引你？

鲍伊：日本吸引我的地方是那种形式上的表达，或者说，我可以解读为新的、现代化的进步和古老的、神秘的思维与存在方式之间的动态平衡。

麦金侬：那种挺戏剧化的传统日本生活方式是不是很吸引你？像是围棋棋手，一生都活在围棋的规则里，随着年龄增长，棋艺娴熟精进。这种忘我的自由是不是可以理解为，你越是遵守某种特定的规则，越能自由？

鲍伊：是的，非常对。这种生活方式非常吸引我，但我自己做不到（笑）。回想过去，我觉得的确有些东西我希望能在人生里经历一下……

麦金侬：比如说什么？

鲍伊：我曾经对佛教挺有兴趣，佛教也是一套必须严格遵守的价值观和处事规则。那时候我不受控地生出些关于人生和潜能的想法，我觉得对这些想法得有些限制。知道梅里克是怎么定义"真理"的吗？他说那就是"限制、治理和惩罚"（笑）。对我来说那就是一种自我鞭挞吧……

麦金侬：这和受过教育但并不满足于此的西方人会对"简单"的真理产生嫉妒感有关系吧？比如他们会嫉妒那种需要严格信奉的东方宗教。你觉得呢？

鲍伊：是的，我也这样觉得。我常常在一个寒冷的早晨醒来，希望自己在京都之类的地方的禅寺里。这种感觉会持续五到六分钟，然后我要去抽根烟，喝杯咖啡（笑），绕着街区散个步才能摆脱那种感觉。我时常会有被美学价值观掌控的念头。

我一直会做这样的白日梦：当我变成一个老家伙的时候，我要去远东，抽抽鸦片，在极乐中死去。

麦金侬：你觉得你会转世吗？
鲍伊：我觉得我肯定会转世（笑），而且转很多很多次。

麦金侬：来世你想变成谁？
鲍伊：我想变成谁和我会变成谁是完全两码事（笑）。我想变成谁？天啊……我不想变成卢·里德（高声大笑），可能……变成一个摇滚记者吧。

麦金侬：我不想转世成为大卫·鲍伊。

鲍伊：(笑)不会，没有人能转世成为大卫·鲍伊，这一点我很肯定。

麦金侬：回到中产阶级这一话题，你能详细解释一下你在烦恼些什么吗？

鲍伊：我觉得它限制了我的思维……

麦金侬：具体而言呢？是道德方面还是审美方面？

鲍伊：审美方面。在道德方面我从来没有……在道德方面我的处事方式比较像野蛮人。我更多是指自己作品的美学价值，这方面我觉得自己的创作还不够好。

麦金侬：和什么比？和你欣赏的人的作品比？

鲍伊：和热内*比。我真的会把自己和其他作家相比，然后发现自己既不敏锐又无趣，这让我非常生气。

麦金侬：你是不是因为要忙于撇除别人的影响以至于没法真正表达你自己而生气？或者你会觉得并没有属于大卫·鲍伊的独特思维可以马上拿出来？你是不是觉得杜尚和热内这些人之所以会脱颖而出，是因为他们有非常卓越的思维体系？

鲍伊：我觉得我也有自己的思维体系，但我没法定义它。另

---

* 让·热内(Jean Genet)，法国当代著名小说家、剧作家、诗人、评论家和社会活动家。鲍伊的《让·精灵》一歌的名字就有暗指让·热内的意思。

外我也不想定义它,因为下定义是件危险的事。你说的思维体系我有,但我的那套精神价值观很难用语言准确表达。

它行踪不定,一会儿不见了,一会儿又出现了,就像你走在树林里遇到的溪流,你一会儿看到它闪着粼粼波光,一会儿又不见了。当它不见了的时候,我会很生气(说到这里鲍伊的声音变轻了,有点听不清,几乎像是在自言自语)。其实我应该觉得高兴,因为那是很自然的事,不过当它真的消失,也就是我才思枯竭之时,那真是最让人感觉沮丧的。

我一直觉得那种感觉……(可可走进了剧场,鲍伊提议我们可以再谈五到十分钟)在不停重现,重现(他的左手挥舞着,好像要从空气中拔出什么东西一样)。

麦金侬:消失的溪流……

鲍伊:是的,我一直觉得……我记得有人说过,上帝开的最大玩笑就是让你成为一个艺术家,且是一个平庸的艺术家。如果这个玩笑在你身上成真,那你就会有那样的感觉了,你会变得沮丧、悲伤和(放低音量,刚能让人听见)爱挑事儿。孩子,我看上去像挑事儿的人吗?

麦金侬:但像你这样处在特权地位上的人就不能纵容自己顿足捶胸、发个脾气吗?

鲍伊:(非常吃惊地)你真的相信可以?

麦金侬:不,当然不信,但你和其他人一样有因为自我怀疑而生气的权利。这是个诱导性问题。

鲍伊:的确如此。我最大的烦恼就是问自己为什么自己的创作应该对别人有意义，我想得越多，就越觉得自己的贡献还不够。

麦金侬：但那是你自寻烦恼。

鲍伊：噢，是的。那种不满足感是所有创作者永远都会遇到的困境，当然没什么新鲜的，大多数创作者的常态。

麦金侬：也许这种不确定性和自我怀疑正是你最大的优势？

鲍伊：好像的确如此，这可能就是我关注的重点之一。不确定性？对啊，如果我对这个世界做了什么贡献，那一定是贡献了一大坨不确定性（笑），不论好坏。

麦金侬：话说回来，艺术上的确定性会很乏味，就像有人评价说自从鲍勃·迪伦"发现"了上帝后就是那样了。

鲍伊：我得说，我能理解他们为什么这么说。

麦金侬：说到那些心里很有目标，让你也想成为的那种人，你可以列举一个具体的榜样吗？不一定指生活方式。

鲍伊：我懂你的意思，但我没有榜样。我对自己现在的生活方式非常满意，这几年来我天天都很快乐。虽然我得承认过去有段时间我的生活极端糟糕，任何有理智的人都不愿意经历的那种，但现在我过得很充实，很开心。陪伴我的儿子长大是我这一生最快乐的事之一。

但在艺术层面上，不，没有（总结性语气）。我对自己身为创作者的际遇也很满意，如果在艺术上没有不确定性以及我现在有的这些问题，我反而会觉得紧张，我会害怕自己变得自满。

麦金侬：某些媒介传播上的具体问题会困扰你吗？比如《恐怖怪物》几个月前就做完了但到现在还没发行，这种事会不会让你担心没法及时和听众沟通？

鲍伊：天啊，没错，那种事很可怕！我现在手里有一堆积压着的创作想要录音，估计圣诞节后能开始录吧。不过我觉得我之所以会拖拉，只是因为我要把音乐做到自己满意为止，反正这些歌也不会被扔掉，所以我可以先去做其他事情。

就这些歌本身而言，我不觉得自己在创作它们的时候考虑了时间跨度的问题。对我来说，这些歌是在两年前发行还是在两年后发行都不重要，它们是我在任何时候都可以听的音乐。不过最近我录歌的时候就得考虑一下自己几年后是否还愿意听这些歌。

我现在创作不像以前那样提笔就写。有段时间我非常喜欢写特别与众不同的歌，像《钻石狗》的所有歌都非常独树一帜，虽然今天来看这张专辑依然不落伍，非常不错，但它出了几年后我觉得它被牢牢地限定在了一个特定的时期里。我曾经试过每年都写一首关于那一年的歌，不过现在我没那么执着于这件事了，我想……（可可在舞台下指了指她的手表）

最后一个问题吧？

麦金侬：想对家乡的人们说点什么？

鲍伊：天啊，你胆子好大啊！

麦金侬：开个玩笑啦！

我停下了录音机。此时鲍伊和我都有种大梦初醒的感觉。他问我能不能看一下我做的长长的采访笔记。

"这文章会不会成为长篇大论！"他大声说道。

"那你觉得它应该是什么样的呢?"

"你不觉得我有资格先看一下吗?"

"当然有资格。"我回答,"但以前都不是这样的,不是吗?"

"可惜了。我得说,我对这篇文章没什么期待,不过倒挺惊讶采访本身很愉快。"

黑石剧院外,不出意外地来了辆豪华轿车。载上鲍伊后,轿车一骑绝尘地驶离了空无人烟的街道,这场面着实有点滑稽。

大卫·鲍伊是一个聪明过人、伶牙俐齿和魅力四射的人。他到现在还会给自己写信然后封进玻璃瓶里,这是一种非常私密的行为,而因为某些明显的原因,他愿意把它交给公众审视。无论鲍伊自己怎么想,他的确做过很多好事,也做过不少坏事,还做过很多出乎他自己预料的事。

有一点我确信无疑,那就是鲍伊是孤独的,这孤独就像一块湿稠的裹尸布一样包裹着他。不过此人也是上进的,因此他在《恐怖怪物》里翻唱汤姆·魏尔伦的《末日降临》绝非偶然。歌中他用毫无保留的激情唱着:

> 我将一直粉碎岩石,直到末日降临,
> 我将一直收割干草,直到末日来临。
> 是的,我将一直粉碎岩石,直到末日降临。
> 这是我要付出的代价,直到末日来临。

这就是一个创作力长盛不衰的人次第遭遇挫败和经历成功的人生,这也是不再年轻的艺术家大卫·鲍伊典型的自画像。就看读者诸君如何理解了。

《面孔》杂志访谈

大卫·托马斯

1983 年 5 月，《面孔》杂志（英国）

（原编者按）1983 年的时候，大卫·鲍伊成为一个录音艺术家已经有些年头，他发现，此时采访他的记者都是在小孩子的时候就已经很崇拜他了。在英国时尚界中有着《圣经》地位的《面孔》（The Face）杂志的记者大卫·托马斯就是其中一员（"我曾经把他当作英雄一样崇拜"）。

有趣的是，1983 年也是很多鲍伊以前的拥趸渐渐开始对他失望的一年。自从鲍伊和百代唱片美国公司（EMI America Records）签下一纸据说金额高达 1750 万美元的合约之后，他便开始制作一些平淡无奇、取悦大众的音乐，这在之前是无法想象的事。或者正如鲍伊自己所说："我非常高兴自己现在和……套路打交道了。"套路当然很有效，那一年，鲍伊凭借专辑《让我们起舞》，从一个销量平平的歌手变身成为世界巨星。

尽管此时鲍伊一边赚着大钱一边渐渐远离他的缪斯女神，但他并没有远离现实。当托马斯问他哪种罪恶最冒犯他时，他的答案就像是直接从"冲撞"乐队的口中说出的一样。

列举本文涉及的一些事件的背景供参考:《怪人》（"Kooks"）一曲出自鲍伊的专辑《万事顺意》，是他写给儿子（有佐伊、乔和邓肯三种不同叫法）的一首赞歌，歌中唱道，如果家庭作业让他的儿子感到情绪不佳，他会把作业扔进火里；乔治·安德伍德*，鲍伊的老同学，拜他在操场上和鲍伊打的那一架所赐，鲍伊得到了那双两边瞳孔不一样的眼睛。

3月的一个湿漉漉的早晨，大卫·鲍伊再次回到了聚光灯下。他借用克拉瑞芝酒店（Claridges Hotel）召开记者招待会宣布展开英国巡演，同时在那里接受媒体专访。但他似乎并没有下榻在此——出租车司机会告诉你，那是因为鲍伊在切尔西还有一套房子。鲍伊刚刚在澳大利亚拍完《让我们起舞》的音乐录像回到英国，皮肤晒得通红。他在记者招待会上透露，过去一年他是在澳大利亚和南太平洋度过的。"我现在能过得起到处旅行的生活了，"他满脸笑容地说，"还不用背着摇滚乐的包袱。"穿着一套阿玛尼套装的鲍伊似乎很自在，看上去比以前那个苍白瘦弱的形象健康多了，也证明了他说自己每天早上六点半起床，晚上十点睡觉所言不虚。两部将于今年上映的电影《千年血后》和《战场上的快乐圣诞》，一张和"时髦"乐队（Chic）的尼尔·罗杰斯（Nile

---

* George Underwood，大卫·鲍伊的高中同学。这次打架事件发生在1962年，起因是为了一个女孩。安德伍德一拳打中鲍伊的左眼，导致鲍伊眼睛严重受伤。经过四个月的治疗，鲍伊的左眼留下了瞳孔永久性散大的后遗症，而从外观上，不一样大小的瞳孔却给人感觉是双眼虹膜的颜色不同，后来这也成为大卫·鲍伊的标志之一。虽然乔治·安德伍德给大卫·鲍伊留下了永久的伤害，但二人的友情却一直未变，还一起玩过乐队。乔治·安德伍德后来成为一名著名的视觉设计师，为大卫·鲍伊的专辑设计过封面。

Rodgers）联合制作的新专辑，以及本月由法兰克福开始的世界巡演——所有这些都需要鲍伊重整旗鼓。不过，他无须担心门票的销售，巡演预售开放首日伦敦站就卖出十万张票！收入也不是问题，今年夏天，苹果公司创始人斯蒂夫·沃兹尼亚克（Stephen Wozniak）会在加州举办一场演唱会，鲍伊将和史蒂薇·尼克斯[*]以及约翰·库格[†]一道成为主力阵容，鲍伊为此获得的酬劳据称超过100万美元。记者招待会召开数日之后，大卫·托马斯见到了鲍伊。托马斯报道称，鲍伊的脸看起来丝毫没有岁月的痕迹，只是随着年龄的增长（他今年36岁），脸庞轮廓显得更坚毅了。在采访中，鲍伊谈吐幽默，唯一一个明显的缺点是他对万宝路香烟的强烈需求。托马斯指出，和所有优秀的演员一样，鲍伊有着一副非常迷人的嗓音，不管他说什么，听上去都很能抚慰人心。在一个小时的采访中，鲍伊心情大好，滔滔不绝……

大卫·托马斯（以下简称托马斯）：我对你在这次记者招待会上的应对印象非常深刻。记者招待会很像逗熊游戏。你很喜欢记者招待会吗？

大卫·鲍伊（以下简称鲍伊）：这次记者招待会是一次超凡的体验。我完全不喜欢记者招待会那种场合，不过（笑）我愿意配合百代唱片公司做任何事，毕竟我们彼此……都是新相识。

托马斯：离开RCA唱片公司是否意味着和一段漫长往事的

---

[*] Stevie Nicks，美国著名创作歌手，曾是著名乐团"佛利伍麦克"（Fleetwood Mac）的主唱之一。

[†] John Cougar，美国硬摇滚/乡村摇滚歌手，后改名为"约翰·麦伦坎普"（John Mellencamp）。

最后告别？

鲍伊：那只是一个合同到期不再合作的问题。我和 RCA 签约十年，时间是稍稍长了那么一点。RCA 的人事变动到了荒谬的程度，所以我觉得没有任何……只能不再续约。

托马斯：在我看来，对你现在在做的音乐而言，目前整个环境成熟了很多，尤其是在美国。讽刺的是，美国好多新出来的歌手是靠模仿你打开市场的。

鲍伊：没错，有很多人模仿我。不过现在我已经不再使用合成器了，我得为自己找一条新路了。

托马斯：说点往事。我第一次知道你是在我 13 岁的时候——"齐吉"出来的时候，我刚好 13 岁……

鲍伊：哇（笑）！

托马斯：……我记得在《流行音乐之巅》*上看到你唱《星人》，觉得非常与众不同。你当时有意识到你的音乐后来会产生那么大的影响吗？

鲍伊：当时我非常兴奋，乐队和我都是——呃，乐队有点勉强啦，但我知道如果跳脱出来看，这个事其实是很不平常的。我非常高兴，因为我想："这真的是全新的开始。"好像"新"意味着一切的一切。当你刚入摇滚乐这一行时，"新"就是你想要的东西。

---

* *Top of the Pops*，BBC 一档极其著名的排行榜节目，1964 年开播，是世界主流流行乐坛最重要的风向标之一。

托马斯：但为什么这个"新"就是在那个时候出现的呢？那之前，除了那首《太空异事》，你就是年复一年做着属于大卫·琼斯的音乐，为什么就是在那个时候"新"突然出现了？

鲍伊：我觉得是因为当时我正做着改变整个英国摇滚乐环境的事情。这件事还是挺激进的，要对抗的是整个摇滚圈当时那种穿着牛仔裤的懒散氛围，其中最难改变的是重金属摇滚。

托马斯：参与其间的还有"暴龙"乐队吧……

鲍伊：我和马克……其实有很多人都给摇滚乐带来了改变。我自己非常幸运，能在大多数人之前给乐坛带来影响，当然，"洛克西音乐"乐队之类的也是。我们都在四处演出，知道对方，也知道对方有着和自己一样的理念，也就是复兴艺术摇滚。其实我们做的就是扫除一切旧的东西，反对一切旧的东西。

托马斯：讽刺的是，现在你又说要用内容代替风格……

鲍伊：没错。

托马斯：其实我觉得这种表面上的"艺术性"要归咎于你和布莱恩·费瑞[*]。

鲍伊：（笑）可能也不是第一次了！这件事在某种程度上让我还挺泄气的，因为我所做的改变被认为是狡猾，类似"机灵鬼"

---

[*] Bryan Ferry，"洛克西音乐"乐队创始人、主唱。

达金斯*的那种狡猾。

托马斯：可那时候那些模仿你的人，模仿的也不过是皮毛。

鲍伊：对我来说，问题只是在于，在最近的一个作品里，我发现那种让我保持创作者激情的动力已经几乎没有了。我不是……就算我是个画家，也不会固守一种风格，今天画油画，明天画丙烯画，后天突然会想画点水彩。我从来不会把某种风格当作一辈子的风格，我不是那样的艺术家。在音乐或者摇滚乐里也是如此，你是一个音乐人就要尝试各种风格。一旦你有了风格作为手段，任何艺术形式说到底都是一样的。

托马斯：你在记者招待会上谈到那段时期的压力，你说你的自我评价非常低，自尊感也很低，其中的含义是？

鲍伊：其实现在回想起来，我那时对自己的评价不是太低，而是太高了。我发现当时我让自己处于这样一个境地，即因为我私生活的关系，任何我说的话和做的事都被认为是不合理的。不过那也是我自找的，我因为在洛杉矶时的那些问题而作茧自缚。现在想想也很惊讶，那个时候我竟然那样纵容自己。

托马斯：我记得看你那个时候的采访，觉得你说的话和你的内心是没有关系的。

鲍伊：没错。那个时候我就是凭空想出点东西写下来，然后

---

* Artful Dodger，小说《雾都孤儿》中的人物，小偷团伙的头儿。这里采访者用的是"artfulness"（狡猾，也有精巧之意）一词，用词根"art"（艺术）与上文所说的"艺术摇滚"的表面化和取巧性形成一个双关，而鲍伊在回答时也借用"机灵鬼"达金斯的名字对这一双关进行延伸和回应。

在嗨得正嗨的时候理性分析它们，那真是错得离谱。让一个艺术家理性分析他的作品真是荒谬，我是没这个能力……当时我脑子都不清醒了。

托马斯：查尔斯·沙尔·默里曾经提过这样一个疑问：如果把大卫·鲍伊身上的所有角色剥除，剩下的会不会是一个真正的大卫·鲍伊？

鲍伊：没错，就是这样，这就是问题所在，所以我决定回到欧洲。

托马斯：有件事我一直很好奇，如果你回头去看那些老照片或者老专辑封面上的自己，比如《明星海报》的封面，你会怎么想？他们又会怎么看如今的你？

鲍伊：（笑）我会想："天啊，你这样子是怎么活下来的！"我觉得我在形象上一直以来是非常有趣的，挺像达达主义，所有形象都不那么真实，对此我还挺自豪的。不过那一切已经过去，如今的我已经和那些无关了，现在我都回忆不起那时候对于形象的那种热情，甚至不知道当时为什么会对这件事那么有热情，还挺有趣的。现在的我为了生存，已经变得很客观和超脱了。

托马斯：我在记者招待会上还注意到一件事，有记者问起1976年巡演时你说的"英国打内战的时机已经成熟"的话，以及你在奔驰车后座敬的那个礼之类的事情时你没有作答。回过头再去看，包括《旋律制造者》的记者迈克尔·沃茨那篇著名的封面访谈在内，你对谈论那些事的人怎么看？你同意他们说的吗？那个时候你相信他们吗？

鲍伊：我想我那时对时代的焦虑，或者说对时代潮流——时代潮流这个词最确切——保持着一定的感知力，现在也一样。不管我身处何地，都对局势很敏感，我能凭空感知到正在发生的事。纳粹那件事发生在英国国民阵线*正式成立之前，我已经预知到了。我那时不知道英国发生了什么事，因为我那几年都不在英国。就像我说的，我当时很分裂，陷入了对亚瑟王时代英国神话的痴迷中，类似英国风格那一类的东西，对我来说那些神话似乎都特别有道理。新纳粹党成立之类可怕的事在我看来是神话多过现实的，同样道理，我现在回过头去想那个时候自己是"多么不负责任"，可我就是个不负责任的人，那时候我是我自己知道的最不负责任的人了。

托马斯：你接受过心理治疗或者类似的精神治疗吗？似乎有段时间你对自己挺负责的（最后一句鲍伊点头表示赞同）。

鲍伊：没有，我对这类治疗一直抱着谨慎的态度。我的几个朋友给了我一个解决的方法，就是离开美国。整个1976年巡演过程中我都是蒙的，关于那次巡演我现在一件事都不记得了。

托马斯：那些演出里观众感觉和你非常疏远。

鲍伊：我演出时完全不在状态，那次巡演我简直像具僵尸。之后我就去柏林居住了，住在那里的一套公寓里。

托马斯：你在柏林有朋友吗？

鲍伊：有啊，最重要的人是我的私人助理——可可·施瓦布。

---

* National Front，英国极右翼新法西斯主义政党。

她一直对我严加管教,比如对我说"来吧!振作起来!"(笑)之类的。不过还真的奏效。我也尽我所能保持积极心态,让一切好起来。

托马斯:你在台上表演时有紧张到心脏病发作过吗?

鲍伊:没有,从来没有。表演总是让我很愉快,不过也有种不真实的感觉。那感觉非常浪漫,当然我也有颗强悍的心脏!

托马斯:《低》和《英雄》两张专辑有一条发展弧线,《低》里面有着非常消极的情绪,到《英雄》里感觉似乎有了某种希望或者目标。

鲍伊:是,而且这条弧线一直延续到现在我在做的音乐。

托马斯:很明显,你的1978年巡演和1976年巡演区别相当大,1978年巡演是对观众很友好的一次巡演。

鲍伊:1978年巡演的时候我自我感觉良好,也掌控了局面。经过这几年的休整,现在我有时间去决定接下去我的音乐走向了,不论是样貌上的还是形式上的。

托马斯:你觉得自己是一个"音乐家"吗?就是那种纯粹为了自己的快乐而拿起吉他的人。

鲍伊:就最近这张专辑来说我是。我想做音乐家这个角色很久了,这一次是首次实现,这张专辑是我真的坐定在钢琴前写的。我觉得比起音乐家,我更多的是一个作曲家吧。

托马斯:你在记者招待会上说要做回"有用的音乐"。"有用"是什么意思？比如我会从范·莫里森、奥蒂斯·雷丁（Otis Redding）以及其他一些人的音乐里获得一些东西，是不是类似……

鲍伊：没错，就是如此，就是那种感觉。那是种令人开心的情绪体验，而不是令人烦恼的情绪体验。我很擅长制造令人烦恼的情绪，但现在我已经不满足于此。让人体验烦恼有很多方法，并不一定需要写一首歌来创造这样一种情绪让人体验。我现在要创作的音乐，歌词要非常简单，旋律要非常浅显，然后把它们一一对应起来就好。

托马斯：说到底，还是关于爱、关于生死的话题。

鲍伊：是的。的确比较套路，但我很高兴现在和套路打上交道了。别认为套路里少有真理，那里面都是音乐的永恒主题。

托马斯：接受了这些人生的基本规则后，你是否变得更平和了呢？听你早年的专辑大家可能想不到有这一天呢。

鲍伊：当然不会。打破所有的规则是非常重要的事，看看你打破规则后会发生什么，看看你因此造成的失序状态。在音乐上打破规则是非常有趣的，不过如今流行音乐已经不单纯只是音乐了。

托马斯：流行音乐似乎进入了一种矫揉造作的状态。
鲍伊：是的。

托马斯：这一点很困扰我，因为以前流行音乐的价值所在就是胆量（大卫·鲍伊表示强烈认同），像是山姆·库克（Sam Cooke）、奥蒂斯、皮特·汤森等人做的那样，可是现在流行乐所有的价值似乎就在发型上了。

鲍伊：流行乐现在肯定是处在一个很愚蠢的阶段，但我觉得这个阶段会很短。我只能从我自己的角度说，我要做的就是让人们听到我的歌，然后让他们从中找到一点解决之道。

托马斯：《让我们起舞》是唱给谁的？

鲍伊：是唱给一个虚构人物的，真的……我也想知道那个人是谁，现阶段我生活中没有固定的伴侣，也没有爱情之类的，我现在每天的生活中最重要的感情，就是和我儿子在一起。我觉得他是我现在写那些描写相互感情的歌的最关键原因。

托马斯：他多大了？

鲍伊：12 岁，一个非常有趣的年纪。

托马斯：你现在还会给他唱《怪人》那首歌吗？

鲍伊：还会。以前他听到这首歌就是觉得好听，现在他会在我让他做作业时播放这首歌给我听（放声大笑）。他会说："慢着，老爸，你还记得这歌是你写的吗？"他觉得那首歌好听又好玩。我们之间有种超凡的爱，我觉得这挺重要的。也是他让我打开心扉，愿意去展望未来。

托马斯：他跟着你到处巡演，但你似乎很小心地让他不在公众视野里出现。

鲍伊：绝对要这样。

托马斯：名人孩子的成长问题真是经典难题之一。

鲍伊：是的，真的是。他和音乐这个圈子完全没有关系，大部分时间在瑞士长大。我现在在生活中已经很少接触摇滚圈了，所以过去五六年里他基本没见过我作为一个名人的模样。我和他做得最多的事就是旅行。我们俩去过很多地方，这对他来说很有好处。

托马斯：那种生活也能让你远离作为著名明星大卫·鲍伊的某些处境吧？

鲍伊：绝对是的。我不用烦心那些事，我都好几年没过那样的生活了，唯一一次要在公众场合露面是在演舞台剧《象人》的时候。就算录音也是在很悠闲自得和很"真实"的状态下完成的。

托马斯：你儿子会让你想起你自己的小时候吗？

鲍伊：会的，经常会。不过他没有我小时候那么害羞，比我合群多了。

托马斯：你小时候有没有想到过未来会发生的事？你当时有没有立下雄心壮志，或者觉得自己和朋友们不一样？有没有预知到未来的你？

鲍伊：我小的时候就完全预知到了。我像我儿子现在这么大的时候就已经知道将来我身上一定会发生些什么，知道了自己将会去做一些非常重要的事。不过我不知道具体是哪些事。我当时以为自己会成为一个伟大的画家，但十几岁的时候这个想法就变了。

托马斯：对此你的朋友们是怎么想的？

鲍伊：我没有跟任何人说过将来我会变得很重要。我觉得在我们班上有另外一个人会比我更重要（笑），他的名字叫乔治·安德伍德。我觉得他比我更举足轻重,只是人们没有发现这一点。当时我的确认为将来去做一些重要的事,或者向世界宣告些什么之类的是我的使命。

托马斯:你父母理解你的这种想法吗?

鲍伊:他们是理解的,我的意思是,后来我才和他们谈过这些,12岁的时候我可谁都没说,似乎觉得会那么想本来就是不对的。那时候我不太爱表达自己的想法。

托马斯:你现在喜欢表达自己了吗?
鲍伊:现在好多了。

托马斯:你会和谁说?你有好朋友吗?
鲍伊:有啊,我有一个朋友圈,不过都离摇滚圈挺远,主要是作家和画家。

托马斯:你受邀参与了一个德国版画展览,这是不是说明,比起做巡演,你现在对参加艺术展更上心了?

鲍伊:不是。参与版画展算是一时兴起吧,之前我的绘画作品和其他一些艺术作品从来没有被公开展示过,有艺术展想展出我的绘画作品我很高兴。这个艺术展有几个不错的艺术家参与,但版画作品不多。

托马斯:你以前在巡演节目册里用过你的绘画作品,是吗?
鲍伊:对,用过一幅我画的三岛由纪夫肖像,但好像是用在伊基·波普的巡演节目册上的?伊基还问过我能不能在他的一本节目册封底用我给他画的肖像。我能想到的用在节目册上的就是这两幅画了。

托马斯：你现在旅行的时候还会带着"旅行图书馆"吗？
鲍伊：你是怎么知道有这东西的？

托马斯：因为我在十几岁的时候读过关于大卫·鲍伊的所有文章。

鲍伊：天啊，你知道吗，最好笑的是，当我为了电影（《天外来客》）去新墨西哥州见尼克·罗伊格的时候，我随身带了成百上千本书。这是我这个人最（暗笑）……可怕的地方之一。我想找一本讲炼金术还是什么的书给尼克看，然后从那个箱子里——你说对了，真的就是个旅行图书馆，书是像装放大器那样装在箱子里的——我从箱子把所有的书拿出来摊在地上翻找，真是像一座座山一样的书。尼克坐在一旁看着我，然后说："大卫，你最大的问题就是看的书不够多。"过了好几个月我才意识到这句话有多可笑。不过当时我偏执地认为他说这话是认真的，我就抑郁了，心想"我应该再去读点什么书呢？"，我都不觉得那是个玩笑。我现在已经不带着书一起旅行了，但那段时间的习惯让我拥有了非常丰富的藏书。

托马斯：这是不是对你很早就离开学校而没有上大学的一种补偿？

鲍伊：是的。我一直在自学，有时甚至会去学一些和我不相干的东西。我现在还是一个书虫，持续不断地读书，从来不会放下书本。比起电视节目，我宁愿有本书陪伴，除非那个电视节目真的是一个好节目。

托马斯：你看了那个关于尼克·罗伊格的电视节目了吗？

鲍伊：我没看，但我已经录下来了。好看吗？

托马斯：好看。我看的时候心情其实不太好，因为之前几个月收到了一连串令人沉重的去世消息，在那样的情况下看的尼克·罗伊格……虽然片子的内容都不新鲜，但他的处理方式还是那么直接，可以说直击观众心灵，逃都逃不掉。

鲍伊：是的，他的电影有一种很强的魔力，非常神奇。和他一起工作的那种经历你要花很长时间才能走出来，他就是个老巫师。我想和他再次合作，随时都可以，我准备好了。呃……（笑）可能我还没完全准备好，但比当年合作的时候充分多了。

托马斯：你最近在读什么书？

鲍伊：安格斯·威尔逊（Angus Wilson）的《纵火世界》（Setting The World On Fire）。其他的……就是索鲁（Paul Theroux）的书吧，《蚊子海岸》（The Mosquito Coast）。还有……《西藏玫瑰》（The Rose Of Tibet），忘了作者是谁。

托马斯：你会两三本书……

鲍伊：……一起读？会的，我会把两三本书同时都打开着。

托马斯：说到你的电影，我个人对《战场上的快乐圣诞》的期待比对《千年血后》的大多了。

鲍伊：我也是，《战场上的快乐圣诞》的确好得多。

托马斯：而且这部电影也没让你演怪人、"象人"或者太空人，就是让你演一个普通人。你对演绎这样的角色有信心吗？

鲍伊：我对自己在里面的表演挺满意的。能接到这个角色真的非常好，太棒了。这个角色也点燃了我对成为一个演员的热情。其实我一直更想做一个导演，做演员总体上我觉得太乏味，可能因为我并不确定自己是不是能当好一个演员。我是个很典型的摩羯座，很抗拒做那些我并不擅长的事，但又会跑去勤加练习，直到掌握了，就会说："好了，我可以做那件事了！"这就是摩羯座特质。

托马斯：另一个摩羯座特质，就是生存和苦干——不论你活得多糟糕，都要把工作做好。

鲍伊：是的。你是摩羯座？

托马斯：是的。

鲍伊：啊，怪不得……我遇到过的摩羯座还有个特质是害羞，他们基本上都是超级害羞的人。在社交场合我会完全迷失，我很讨厌派对，因为在派对上我会感觉很紧张，从来不知道自己该说什么，一般就是躲在角落里。我曾经应对派对的策略就是喝个烂醉。

托马斯：还有一个问题就是，如果人们看到你在派对上被拍到的照片的话……

鲍伊：没错，人们一整天都会在那里看照片了。

托马斯：你在瑞士的生活是怎样的？早上会干什么？

鲍伊：前两天我也被问到这个问题，我回答的是，我在瑞士时早上六点半起床，但说的时候感觉非常奇怪。

托马斯：当时应该有很多人表示不相信吧？

鲍伊：我知道听上去不太可信，但我的确就是六点半起床的。有趣的是，这次旅行中我每天凌晨三点左右就醒了，就是没法正常睡觉。我每天下午五点就困了，除了一个晚上，我没有一天能撑到九点⋯⋯在瑞士时我都是早上六点半起床，然后出门散个步——我当时住在一个树林里。然后早上大多数时间我都用来创作，有时只是写点旋律——我有做纯音乐舞台呈现而不是摇滚演出的想法很久了。

托马斯：这是一个有了很长时间的想法吧？是不是名叫《1984》？

鲍伊：没错，已经开始着手制作了，进展似乎还不错。我给世界各地的朋友写了不少信，大家一起把该做的事做完。我住在瑞士的时候经常遇到滑雪季，所以只要没在拍电影、录音或者做类似的事情，下午的大部分时间我都用来滑雪。那时候感觉每天都过得不一样。

托马斯：你是一个有占有欲的人吗？假如我现在是罗伊·普拉姆利，正在主持《荒岛唱片》*。你会带哪些东西上荒岛？

---

* Desert Island Discs，BBC 的一个著名周播节目，节目设定让嘉宾回答如果被放逐到荒岛上，只能带八张唱片、一本书和一件奢侈品，他们会选择什么。此节目从 1942 年开播，由罗伊·普拉姆利（Roy Plomley）创办并一直主持到 1985 年去世。

鲍伊：我会带上我的图书馆（笑）。我想书是我唯一会带的东西，我对书有极强的占有欲。我觉得书是最重要的东西，只要我一放松休息，我就会看书。

托马斯：过去几年里发生在你身上的另一个变化是你开始接手管理自己的事务了。当你和"大人物"公司的关系走到尽头、发觉自己身无分文的时候，是不是感到很震惊？

鲍伊：是的，那真是太让人沮丧了。不过现在我把自己的事务打理得井井有条，我也已经相当富裕了。

托马斯：《让我们起舞》的状况有点像"滚石"乐队的《一些女孩》（Some Girls），百代唱片一定是希望这张专辑能为你重新打开美国市场，就像《一些女孩》为"滚石"重新打开美国市场一样。

鲍伊：的确。他们对这张专辑表现出来的热情让我很奇怪，我已经好多年没见过有人对我这样热情了。

托马斯：是不是跟传说中的超高额签约金有关……
鲍伊：一派谣言！

托马斯：你有可能透露一下具体金额吗？
鲍伊：天啊，我不会透露的！

托马斯：你以往的专辑还畅销吗？那些专辑刚出来时超出了人们的理解能力，现在他们会回去重听并且开始听懂那些音乐吗？

鲍伊：并没有。不过前几天我有事去百代，在那里遇到了几个歌迷，他们买了《钻石狗》，而且是最近才买的。这些歌迷大概十五六岁，我觉得挺高兴。我挺好奇这几个歌迷是不是会把《钻石狗》放到当下的语境里去听，我猜他们也只能这样做。不过我不知道他们会怎么看待里面的音乐，是不是听上去还不算落伍？

托马斯：那些专辑更多是那个时代的产物吧。

鲍伊：的确，它们不是那种能历经岁月的经典，寿命不会那么长。它们更像是宝丽来照片，你可以把过去十年的光阴划分给这些专辑。

托马斯：没错，我记得我们都会在那些专辑上市的第一天就冲去购买，拿回家不停地听半年，然后就……

鲍伊：……然后就束之高阁了。就是这样的，那些专辑就是非常当下的。

托马斯：但我觉得《让我们起舞》就没那么当下，这张专辑听得越多，越能听到不同的东西。

鲍伊：到了人生的这个阶段，这就是现在我想在我的音乐里加入的特质。我希望我现在的音乐有更整体的、更国际化的表达。

托马斯：《猫人》（"Cat People"）的重录版也是相同情况。原来的版本是典型的莫罗德尔[*]风格，立刻就能抓住我的耳朵，

---

[*] 乔治·莫罗德尔（Giorgio Moroder），意大利电子乐作曲大师，荣获过三次奥斯卡奖、四次格莱美奖和四次金球奖，是公认的"迪斯科之父"。

但当我听到这个新版本时,我想:"他把一首好歌给毁了。"可是等我再听了三到四遍之后,才觉得这个版本是对的。

鲍伊:是的,重录版里我把原来版本的乐器演奏部分拿走了,它们对于这张专辑的音乐并不是不可或缺的,这个版本并不是把词和曲放在一起那么简单。原版的编曲并没有为歌词的结构带来魔力,也没有为之营造出一种合适的氛围,新版本把和弦调对了,就是我想要的效果。

托马斯:谈谈你现在合作的乐队吧。

鲍伊:现在乐队里有史蒂维·雷·沃恩(Stevie Ray Vaughan)弹吉他。另外我也把卡洛斯·阿洛玛找回来了。我喜欢和卡洛斯合作,原因很简单,他对我所有的歌都了如指掌,乐队里有一个每首歌都知道的成员,事情就好办多了。卡洛斯真是每一个音的安排都知道。

托马斯:以前那班乐手不在了挺可惜的。

鲍伊:你是说乔治(乔治·默里)和丹尼斯(丹尼斯·戴维斯)?乔治在洛杉矶定居了,好像不想回音乐界了。至于丹尼斯·戴维斯,我给不了他工作,因为我没法指望他留在我身边五年。他去和斯蒂夫·旺达(Stevie Wonder)合作了,旺达最近的两三张专辑里至少有一半曲目的鼓是由丹尼斯打的,现在他在全程参与旺达的巡演。

托马斯:据说在录《让我们起舞》之前,你听了一堆斯塔克斯公司(Stax)出的灵魂乐单曲。

鲍伊:没有。其实我在录《让我们起舞》之前听的东西比那些老得多。我不会把我听的东西带进我的录音里，只有在做录音之外的事的时候，我才是一个最好的音乐聆听者——在拍电影的时候，我才是真的在听音乐。在我创作音乐的时候，会发生一些很可怕的事，我会去分析我在音乐里听到的一切。我不听电台广播，因为从收音机里听到任何音乐，我都会立即把它们分解开来，然后找到每一部分受到哪里的影响，它们又是如何在录音室里被构建出来的，还有在鼓上用的均衡是什么……这太可怕了，你懂我的意思吗？

托马斯：这就是职业病带来的诅咒吧。
鲍伊：真的是，这样真的很累。

托马斯：人只要一和音乐搭上边，他们首先要听的是声响，其次才是音乐。
鲍伊：我讨厌这样。我觉得做一个听众真的很难。当你要去南太平洋或者类似的地方你会想："带上哪些磁带听好呢？"我觉得我会带着上路，过后又不会百般挑剔的专辑会是艾伦·弗里德摇滚大乐团（Alan Freed Rock 'n' Roll Orchestra）、巴迪·盖伊（Buddy Guy）、埃尔莫尔·詹姆斯（Elmore James）……还有谁的让我想想……还有艾尔伯特·金和斯坦·肯顿（Stan Kenton）的——我会带着很多斯坦·肯顿的磁带。我会带着这些人的磁带，是因为这些是我想听而又听不厌、可以一遍一遍重复听的音乐。你去比较落后的地方演出，他们需要半个小时才能装上灯光，这段时间你也没法写字看书，那就只能听这些音乐了——这段时间我可以听上个四五遍。在南太平洋岛上听着这些音乐时我就在想："为什么这些音乐做得这么好？为什么它们经得起不停地循环播放？我要做这样的音乐吗？"我不能说我已经做到像他们那样成功了，但至少在正确的轨道上了。

托马斯：这会反映在接下来的演出上吗？那会是一个更单纯的音乐演出，还是依旧会有很强烈的表演元素？

鲍伊：会有非常强烈的表演元素。以前演出被比作约会——观众和表演者之间的约会，"之间"是其中的关键词。我想在演出中搭建起双方之间更多的联系。

托马斯：但站在舞台上动作不多也能吸引所有人一直是你最大的天赋。你一直知道自己有这样的沟通能力吗？

鲍伊：是的。我要感谢林赛·肯普，他教会我在舞台上的一种身体语言，就是把动作保持在最少限度，但每个动作都要发挥重要作用。

托马斯：站在台上放眼望去，台下有一群观众穿着"齐吉"和"瘦白公爵"的服装模仿以前的你，这感觉会不会很奇怪？

鲍伊：是的。我正在为接下来的巡演挑选服装，发现一些以前穿过的衣服对这次巡演来说也非常合适！我不说是哪几件，如果观众们来看演出前在自己的衣橱里找一找，说不定就能选中我这次会穿的那件（笑）。

托马斯：你有没有感觉自己和别的音乐人或者任何人存在着竞争？

鲍伊：过去我有一个非常强的竞争对手——我俩几乎像是对

练的拳击手那样的关系,他就是米克(米克·贾格尔*)。不过这几年来我们之间的关系轻松了很多,我觉得是因为我们俩都意识到我们都已经完成了各自想要达到的目标了吧。

托马斯:你最近一次生气是什么时候?

鲍伊:(长时间停顿)这是一个有趣的问题……我本不想提RCA唱片公司的,但最近几年我最生气的一次就是因为他们,不过我记不起确切时间了。愤怒应该是另一种我一直能控制的情绪,也许我该再放飞自我一点,但我做不到。我能面对很多……我觉得一切事情都是暂时的,不值得为此烦恼。但我记得最清楚的一次生气真是因为RCA对《低》的反应,之后几个月我先是非常愤怒,然后又非常郁闷,因为RCA对待《低》的态度和反应太可怕了,简直是可憎。我知道RCA错得有多离谱,显然他们已经完全不懂现代音乐是什么了。不管从哪个角度说,《低》都是超级精彩的创作,一张伟大的专辑。

托马斯:你现在还害怕飞行吗?

鲍伊:不害怕了,过去五年我一直在坐飞机。

托马斯:你是怎么克服飞行恐惧的?

鲍伊:飞行恐惧看上去似乎很特别……很傻。其实飞行比开车安全多了,而我经常开车。我第一次坐飞机是为了伊基·波普的巡演,那里除了坐飞机没有别的方法可以到达,没有船去那里,而我又不想让他失望。那是我有生以来第一次坐飞机,为了去给

---

* Mick Jagger,"滚石"乐队主唱,世界摇滚乐史上最具影响力的音乐人之一。

一个演出当键盘手。

托马斯：第一次坐飞机是怎样一种经历？

鲍伊：很棒！整个过程感觉非常好。我到现在都已经被邀请坐进驾驶舱好几次了。我觉得如果你害怕坐飞机的话，只要在起飞和降落的时候坐好就会感觉好很多。虽然我好几次被美国飞行员邀请坐进驾驶舱，但我还挺害怕他们有这样的权力的。有些牛仔飞行员开起飞机来像野马（这两个字用了粗犷的得州口音），他们会说："天啊，昨晚我过得好爽！"我就暗想："哎呀，我的妈呀！"

托马斯：最后一个问题比较特别：你觉得最严重的犯罪是什么？哪种罪恶最冒犯你？

鲍伊：（又一次长时间的停顿）一个人明明很有能力却卑微地为别人打工，并理所当然地接受这一切。

托马斯：你不能忍受看到别人受委屈。

鲍伊：没错，我觉得这就是一种犯罪，一种持续性的犯罪。这比其他任何事都会造成更多的社会问题。

我和鲍伊又简短地聊了几句"坐过的最糟的航班"，然后采访就结束了，我们愉快地道了别。鲍伊有一点很有名，至少以前很有名，那就是他只会说采访者想听的话，并奉承他们，让他们觉得自己的猜测比实际情况更真实——在我们这次访谈中，鲍伊没有一次反对过我说的话。也有人说鲍伊这一秒说的话很可能下一秒就不作数了，但他至少在表面上有着巨大的魅力。鲍伊最打动我的一点,是他曾经历过极端糟糕、危险和扭曲的日子,却能够毫发无伤地走出来,这说明他是一个伟大的人生智者。在我把他当作英雄崇拜的那些岁月里,可能他其实并不值得,但我得说,现在他完全值得我的崇敬。

萨沃伊酒店里的布道

查尔斯·沙尔·默里

1984年9月29日,《新音乐特快》杂志(英国)

(原编者按)这篇采访可比它要宣传的那张专辑精彩多了。

继上一张销量大捷但内容空洞的《让我们起舞》之后,1984年9月,鲍伊推出杂锦专辑《今夜》。专辑包括两首新歌、一堆翻唱歌曲、几首不走心的合唱歌以及一些以前他从不觉得值得在他的专辑里占有一席之地的"出土"老歌。这张专辑是鲍伊艺术低潮的标志,这种毫无意义的作品是他以前绝对不会做的东西。鲍伊出这张专辑的理由是"不想让自己手生",这样的创作动力肯定难称高贵,而且也加深了鲍伊给人的"已经迷失了的音乐家"的印象。

这篇《新音乐特快》的访谈篇幅为两页,作者在导言里自吹自擂,称这是鲍伊在英国宣传《今夜》时唯一同意接受的采访。有人揣测,鲍伊之所以只接受了《新音乐特快》一家的采访,是因为他担心新专辑受到过多乐评的关注。尽管如此,鲍伊在这个访谈中还是卑躬屈膝地向采访者讨要了恭维之词("顺便问一句,你觉得新专辑怎么样？"）。值得玩味的另一点是，鲍伊选择了查尔斯·沙尔·默里作为他的对话对象，而查尔斯·沙尔·默里当时以一味偏爱鲍伊的作品而著称，那个时候《新音乐特快》有一期的读者来信中上有人对此做了一番嘲讽。

默里的粉丝滤镜让他"由衷地喜欢"《今夜》，他形容专辑的"情绪和技巧多到令人眼花缭乱"。鲍伊自己反倒更诚实些，承认自己现在的音乐很"保守"。不过，出于新闻工作者的正直，默里也在本篇访谈中流露出了对于鲍伊的艺术是否在健康的方向上的矛盾心理（参见他那句对鲍伊清楚知道自己在做什么、往哪里去有所怀疑的评论）。

本篇访谈中，默里还从鲍伊那里获得了一些有趣的评论：关于他的创作过程，他的歌曲里反思和政治色彩的缺失，他对有组织的宗教的思考，以及他对自己祖国正在急剧变化的种族问题——如一场新音乐运动所体现的那样——的观察。

诺丁山狂欢节的前一周，伦敦奄奄一息，像一条搁浅的鱼。河岸街沿岸的空气中弥漫着汗水和灰尘的味道，预示着一场雷雨即将到来。萨沃伊酒店（Savoy Hotel）的门厅距离烤箱一样的特拉法加广场不过几分钟路程，却是另一个世界。

这里阴冷、黑暗，满布着大理石，给人一种海市蜃楼般的幻觉，似乎只要你踏进这家酒店，它就会立刻消失，而你又回到了火烧一样的大街上。

萨沃伊酒店的茶室有着拱形的天花板和乱真*的壁画，是一

---

* trompe l'oeil，一种作画技巧，也译为"错视画"或"视觉陷阱"，用这种技巧画出来的二维的画能产生极度真实的三维视觉效果。

个几乎完美的与世隔绝的存在。窗外，矿工罢工即将演变成暴乱，玛吉·撒切尔*很可能会宣布戒严令，但这些事，这间茶室里甚至都没有人会关注。屋内，人们礼貌地低声细语，墙壁似乎能吸收和过滤声音，平复一切会扰乱平静的噪声。

除了潜入深海，萨沃伊酒店无疑是远离烦嚣的最好选择。

下午三点，一辆蓝色奔驰车停在萨沃伊酒店门外，大卫·鲍伊迅速而决断地穿过门厅进入茶室，走到楼梯一侧一张不显眼的桌子旁。鲍伊去哪儿都是这样走路的，带着一种冷静而坚毅的神色，非常清楚自己在做什么、要往哪里去——至于事实是否真的如此，那就另当别论了。

从下至上，鲍伊的穿着依次是一双蓝色的鞋子、一条黑色的便裤、一条镶钉的皮带、一件印有黑色细纹毕加索图案的白色衬衫和一条十字架项链。因为上周被关在华都街上闷热的瓦格俱乐部，为美国 MTV 音乐台盛典拍了一天嘉宾视频，热得浑身湿透，他得了热伤风。

鲍伊此行的主要目的，一是发行他 1984 年的第一首全新单曲《忧郁的简》（"Blue Jean"）以及根据这首歌拍摄的一部非常离经叛道的音乐录像，录像由英国青年导演朱利安·邓波（Julien Temple）执导［邓波曾执导"性手枪"乐队（The Sex Pistols）的《摇滚大骗局》（*Great Rock 'N' Roll Swindle*），因而成为流行音乐录像在激进内容和风格方面的领军人物］；二是发行新专辑《今夜》——这张专辑中的情绪和技巧多到令人眼花缭乱。

鲍伊拿着一包没拆的万宝路烟、一壶脱咖啡因的咖啡和一个三明治，坐下来解释为什么他在 1983 年如此繁忙的工作（出了

---

* Maggie Thatcher，即玛格丽特·撒切尔，英国首相，1979 至 1990 年在任。

个人最畅销的专辑《让我们起舞》、拍了两部电影、做了世界巡演）结束后，要在今年第一时间再发一张专辑。

鲍伊说："我认为这张新专辑最明显的一点是，里面我自己写的歌没有以前专辑里的多。出这张专辑是因为不想让自己手生，所以我回到了录音室。但也的确是因为忙于巡演，我自己的新创作不够多。我没法一边巡演一边创作，巡演结束后开始筹备专辑时，我也没觉得有什么真正值得写下来的东西，我也不想拿'还行'的歌来凑数，所以新专辑里只收了两三首我觉得自己写得不错的歌，其他的歌是……

"做这张专辑时我很想和伊基再度合作，我们已经好久没有合作了，伊基也想我们俩能一起做点什么出来。我希望这次合作后我也能参与到他的下一张专辑里，这件事我们已经讨论了一年左右，等他结束巡演回来就可以做了——他现在已经不在巡演了，接下去会有一段时间不再进行巡演。"

原名詹姆斯·奥斯特伯格（James Osterberg）的伊基·波普平民出身，星途坎坷，却是鲍伊早期的偶像之一。波普组的"傀儡"乐队是20世纪60年代晚期芝加哥迷幻音乐的代表，波普那爆裂而邪恶的舞台行为是鲍伊创造"齐吉·星尘"这个形象最主要的灵感来源之一。在鲍伊演艺事业起飞之际，他把伊基找来签给自己当时的经纪公司"大人物"，"大人物"又把"傀儡"乐队签给了CBS唱片公司。鲍伊为CBS发行的伊基的专辑《原始力量》（Raw Power）做了缩混工作。

但这样的联手没能持续下去，不过之后两人还是一直保持着联系，直到1977年他们再度聚首制作伊基·波普的两张个人专辑《白痴》（The Idiot）和《贪生》（Lust For Life）。这两张专辑都由鲍伊参与作曲和制作，波普则在里面贡献了尖锐的歌词和歌声，后来影响巨大。

鲍伊 1983 年的大热歌曲《中国女孩》（"China Girl"）原曲就来自《白痴》，而新专辑《今夜》又从《贪生》里选择了两首翻唱，分别是专辑同名曲和狂躁的《邻里威胁》（"Neighbourhood Threat"）。《今夜》里还有两首大卫·鲍伊和伊基·波普合作的新歌，再加上另一首伊基老歌的翻唱《别往下看》（"Don't Look Down"），后者的原曲是伊基和吉他手詹姆斯·威廉森（James Williamson）合写的。

"我觉得巡演不会给他带来什么好的影响，尤其是对他的创作来说没什么帮助，巡演之中他什么也写不了。他一直有一批忠实的追随者，但还远远不够。不停地演出，从这个场子赶到下一个场子总是让他觉得时间不够用，没空写歌，永远都在阿克伦和费城之间疲于奔命。我觉得《中国女孩》可以让他稍稍摆脱一点那种处境，现在他已经写了不少歌了，希望我们在进录音室前可以从中挑选出大约 30 到 40 首歌。

"最值得一提的是，我写了这次新歌的旋律。我们这次的合作方式和我们做《贪生》与《白痴》时非常像，我会给他一些主要的意象，他可以采用或者拆散，任他自由发挥，然后我再把他写的词和我的曲放到一起唱。这次我们写歌不像以前那样很直接地写，我们做的是意象的结合，然后从这个角度出发安排接下去的一切。"

所以伊基并不只是你的作词人那么简单？

"是的。大多数歌的词都是我和他各写大约一半，但吉姆给《翻滚和旋转》（'Tumble And Twirl'）写的歌词非常突出（《翻滚和旋转》是一首描写巴厘岛和爪哇岛的很跃动的小品，带点非洲风格），里面写的T恤和污水流下山，很明显是属于他的幽默。吉姆、吉姆的女友苏奇、可可还有我，我们四个在巡演结束后去度了个假，去了巴厘岛和爪哇岛。爪哇岛上那些非常富有的石油巨头造了很多殖民地风格的房子，难以置信地漂亮，但污水就从山上排下来流到丛林里去。

"我们一直待在一起，在花园里看投影在床单上的电影。热带丛林的雨季里，一场大雨倾盆而下，我们却坐在花园的角落里看电影，看波姬·小丝（Brooke Shields）。这感觉好奇怪，相当地荒唐。"

鲍伊在《翻滚与旋转》中唱的那句歌词"我喜欢自由世界"看来并不像当初他们创作时想的那么讽刺。

"我想那种境况会让人非常想念'自由世界'，因为像爪哇或新加坡这样的国家是相当不自由的。

"那里阶级之间的差别非常巨大，比任何西方体制里的阶级差别都夸张得多。如果让我在新加坡和爪哇之间选一个，我选英国！这就是我那句歌词的意思，但如果这句歌词搭配上了旋律结构，它们就有了自己的生命力，这一点从我们过去的创作经验里就能知道。"

翻唱自伊基的两首歌，《今夜》由大卫·鲍伊和蒂娜·特纳（Tina Turner）合唱，而《别往下看》则用了雷鬼乐风格，颇令人意外，因为鲍伊之前唯一一次涉猎这种艾托尔*音乐节奏的歌

---

* Ital，原指一种牙买加的纯天然饮食风格，是牙买加从20世纪30年代开始兴起的黑人基督教宗教运动与社会运动——"拉斯特法里运动"（Rastafari movement）中信徒的行为方式之一。因为雷鬼乐深受拉斯特法里运动的影响，因此，此处用"艾托尔"指代雷鬼乐。下文中的"耶和华音乐"（Jah Music）里的"Jah"是拉斯特法里运动信奉的神——耶和华的简称，此处同样用来指代雷鬼乐。

曲是《房客》里的《长命百岁》（"Yassassin"），而当时鲍伊说过他并不会因为《长命百岁》这首歌而深钻雷鬼，之后不会再触碰，现在他又是因为什么改变了对耶和华音乐的看法？

"我想是因为鼓机！"他大声笑着说，"我想把《别往下看》重新编个曲，结果不行。我什么风格都试过了，试了爵士摇滚，还试着做成进行曲，都不对。最后我偶然找了一种听起来有点像斯卡的老式曲风，这首歌便有了生命。我把原曲旋律部分的律动抽走，让歌词部分得到增强，新版本就有了自己的活力。德里克·布兰布尔（Derek Bramble）为这首歌增色不少，他弹的贝斯线是非常正宗的雷鬼……"

德里克·布兰布尔是鲍伊最新的一位合作乐手。他原来是英国灵歌流行组合"热浪"（Heatwave）的贝斯手，后来又和前"林克斯"乐队（Linx）主唱大卫·格兰特（David Grant）合作过。鲍伊是通过他伦敦的公关伯纳德·多尔蒂（Bernard Doherty）的介绍听到布兰布尔的作品的。他一听之下非常喜欢，两人便取得了联系。布兰布尔为这张新专辑增添了雷鬼色彩，而大多数美国乐手没法玩出纯正的雷鬼。

"我相信丹尼斯·戴维斯不会介意我这样说（戴维斯是鲍伊从《年轻的美国人》到《恐怖怪物》时期的鼓手，现在为斯蒂夫·旺达打鼓）。我们在做《尘归尘》的时候，用的是一种老式的斯卡节奏，丹尼斯那段时间太难了，正着打反着打都不对，事实上整个录音过程里我们一直在排练，效果就是不行。因此我就坐下来，把节奏型画在一张硬板纸上，丹尼斯拿回家苦练了一天。他真的觉得这节奏很难，我觉得在这点上，美国鼓手比贝斯手问题大很多。德里克的成功之处在于他会留很多空间，不怕少几个音符。至于奥马尔，我得说他就没有这方面的问题。"

奥马尔·哈基姆（Omar Hakim）是鲍伊新专辑的鼓手，上张专辑《让我们起舞》中有几首歌的鼓就是他打的。他也是"气象报告"乐团（Weather Report）的鼓手，在乐队之前的成员变动中，著名贝斯手杰柯·帕斯托瑞亚斯（Jaco Pastorius）被维克多·贝利（Victor Bailey）取代，哈基姆也就是在同一时间代替了原鼓手彼得·厄斯金（Peter Erskine）。

"顺便问一句，你觉得新专辑怎么样？"

我跟他说我由衷地喜欢这张专辑，只是觉得翻唱"沙滩男孩"乐队的那首《天晓得》（"God Only Knows"）有点不怎么样。他听后笑了笑，但明显带着抵触情绪。

"真的吗？我就知道你会这么说。"

不过我觉得翻唱查克·杰克逊（Chuck Jackson）的《我总是忘记》（"I Keep Forgetting"）非常精彩。

"太好了！原来你喜欢这首！我一直很想翻唱这首歌……这张专辑就像几年前的《明星海报》一样，给了我一个翻唱那些一直想翻唱的歌的机会。我第一次翻唱……或者说尝试翻唱《天晓得》这首歌，是在帮艾娃·彻丽组'女宇航员'乐队的时候，可是那首歌最后没有发出来！不过我还保留着录音母带。主意是个好主意，但打以后我就再没能找到和谁一起合作翻唱这首歌的机会，所以我就想说，要不我就自己唱吧……我想这个版本可能是有点甜腻吧。"

鲍伊翻唱的《今夜》，除了把歌曲改编成了雷鬼风格外，也把波普版本开头那令人毛骨悚然的开场白删除了。波普的那段开场歌词决定了他的版本是一首一个人在吸食海洛因过量时对爱人唱的歌，而在删除了这段歌词后，整首歌的语境便完全不一样了。

"那段歌词中吉姆的个人特质太明显，似乎不太适合我。另外一个考虑是,这首歌是我和蒂娜合唱的——她负责女声部分——我不想把这段歌词强加给她,要是有这段歌词,她未必会同意参与演唱这首歌。我们把整首歌的情绪给改了,虽然原曲那种空虚的感觉还在,但那种我无法体会的部分拿掉了。不是说那部分就是属于伊基的世界,但他对于那部分的体验肯定比我多得多。"

这张专辑里你自己有没有演奏乐器?

"没有,完全没有,这部分我都留给其他人了。这张专辑我只是写了歌、给了理念,以及规划了这些歌应该怎么用乐器去表现,然后就看着乐手们把它们演奏出来,这感觉很棒!"他自顾自地轻声笑道,"在演奏方面我是没什么贡献,这一点我很内疚。这张专辑我写了五六首歌,唱也全是我唱,不过录音方面就是休·帕德汉姆(Hugh Padgham,录音工程师)和德里克负责。这些工作我不参与挺好的。"

这张专辑与《低》还有《恐怖怪物》时期的音乐有很大不同。

"是,对于音乐这件事我是绝对独断专行的……我感觉那个时期又要回来了,我最近听了很多其他音乐人按照他们的想法做的音乐,那些音乐让我们眼前一亮,很受冲击。我真的想和不超过三个人的团队——可能是我自己再加另外两个人——一起来做点什么,录个音什么的,我已经好久没有这样做音乐了。

"但这张专辑已经达到了我的要求,以两把主音吉他和萨克斯为主的音色非常有机,虽然有几声'叮叮咚咚'的声音,但其实没有用合成器。我想要的乐队音色,尤其是小号的声音,都有了。"

有趣的是,这张专辑的开场曲《关爱异类》("Loving The

Alien")里有一些"啊啊啊"的和声,让人想起劳瑞·安德森（Laurie Anderson）的《噢!超人》（"O Superman"）。

"不,其实是因为菲利普·格拉斯,那和声更让人想起歌剧《沙滩上的爱因斯坦》（Einstein On The Beach）,但可能劳瑞也是灵感来源之一。"

这张专辑中两首鲍伊独立创作的歌《忧郁的简》和《关爱异类》在风格上惊人地不同。

"是不是!《忧郁的简》让我想起埃迪·科克伦（Eddie Cochran）。"他低声唱起了科克伦的《另有所属》（"Something Else"）的开头几句,然后接上了《忧郁的简》里的歌词"她得到了一切"。"这首歌的灵感来自埃迪·科克伦,当然也有非常多'穴居人'乐队（The Troggs）的风格,我不知道……整首歌是兼容并蓄的——但我的哪首歌不是兼容并蓄的呢？

"有人——忘了是谁,曾经说过非常重要的一点,比如默片演员哈里·兰登（Harry Langdon）,不能把他单独拿出来看,你得把他和周围的人——像巴斯特·基顿（Buster Keaton）、哈啰德·劳埃德（Harold Lloyd）或者卓别林——摆到一块儿,他只有和别人相互参照才行。有人说这一点也适用于我,很有可能是真的。其实我真不想让大家以为我独当一面。我只能被视为一种参照。"

说到此处,鲍伊爆发出爽朗的笑声,茶室里的人都开始环顾四周,想知道发生了什么。

"别再问了!年纪越大,我对自己在做的事就知道得越少!"

大笑过后,鲍伊继续说:"我想这是最后一张我还会参与到这些工作中的专辑,我一直在追寻的某种音色还是没找到,所以我应该不会放弃,直到找到为止。我要不会在下一张专辑中尝试一下，要不干脆就不管它了。我觉得《和大男孩们跳舞》（'Dancing With The Big Boys'）这首歌里的那种音色已经很接近我想要的了——这首我和波普合写的歌是专辑的最后一首曲目，同时也是《忧郁的简》单曲唱片的 B 面作品。我觉得我还可以更冒险一点，不遵守任何标准的创作是相当冒险的。这几年来我在创作上很追求旋律性，远离了实验性，虽然遵守的规则很好，但有时候对创作实在没有帮助。

"在注重旋律性的创作上，我都会仿效 50 年代的音乐创作方法，不过在《大男孩》这首歌里，我和伊基就破例了一次，出来的效果已经非常接近我想要的感觉了。我可能还会试着用同样的方法再创作一组歌。不管谁来问我下一张专辑会是什么样子，我的回答都是'与你无关'，因为我和大家一样，不知道下一张会怎样。

"我非常依赖直觉。我以前一直认为我很清楚自己在做什么，但现在我经常会意识到其实我完全不知道自己在做什么。我的大部分创作都是完全出于直觉的，说的是那一刻我自己在身体和精神上的感受，让我去解释和分析这些作品远比其他人更困难。不管怎么说，对自己做的事茫然无知，但努力不依靠直觉，而是专业地、有条理地去完成，这就是艺术家的必然吧。

"直觉塑造了我最近的两张专辑，我不知道接下去还会不会如此，至少这两张还挺好玩，但我不确定自己接下去还会不会再依赖直觉。"

这几年来，鲍伊的作品从早期的以自我为中心急剧转变成对周遭世界本质的细致关怀，也包括他想让儿子长大成人所在的那个世界。鲍伊这种"非典型"的关怀，更多是通过《让我们起舞》和《中国女孩》的音乐录像里的视觉意象表达出来的,而不是通过他任何一次的公开发言。或许这样也好,因为公众往往轻视流行明星的政治行为和言论,认为艺人这么做的目的是博眼球和搞怪。

尽管鲍伊随口说会以"与你无关"搪塞提问,其实他还是会避免在公开场合发表言论。虽然如此,他依然觉得自己负有社会责任。

"我想人最终都会去做慈善工作,这是一件非常有趣的事。我情愿悄悄地做一点低调的事,也不要在创作上表达太多,因为不管我用什么方式做音乐创作,里面的一些歌词在发行几天之内就会被解读出各种政治意义和公开声明,我已经怕了,那些歌词被印到 T 恤上的速度也太快了。我对表达观点这件事是欣赏和尊重的,但是我不太确定我自己在这方面的能力,也不知道它能起到多正面、多实际的作用。我只知道如果我在慈善上做一点事,那真会达到一些实际的效果。"

去年,在"严肃月光"英国巡演(Serious Moonlight tour)的尾声阶段,鲍伊说到做到,在哈默史密斯音乐厅(Hammersmith Odeon)的一场演出中为布里克斯顿社区协会筹集了九万英镑善款。

"在音乐创作上,我一直挺茫然的,不知道自己的位置到底在哪里。我的创作一直以来都比较超现实,所以我也不清楚这些东西是不是真的算有教育意义,或者说我有没有言简意赅地把我所有想说的都说出来了。"

去年你有好几次引用了约翰·列侬的这句话:"说出你想说的,让它押韵,然后给它加上一个基础节奏……"

"是的,约翰在创作方面太强了,但我最终想做的音乐是没那么张扬的。另外,一个人有钱了就很难改变既有风格了……"

人们一般不会把像雷·戴维斯或者皮特·汤森那样的百万富翁社会主义者当回事。

"我知道,所以我最好不要成为他们中的一员,但我是拿他们当回事的。我非常重视皮特,他的生活方式和艺术表达完全体现了他的信仰。皮特有句话说得很对,他说那些从事所谓艺术行业的人,参与到他们所熟知的领域中去是非常有意义的。

"我认为,身处其他领域的人除非对当下的社会议题有很深入的了解,否则很可能会在介入社会议题后被某些势力误导而走上歧路,非常危险。不被误导非常重要,政治领域对大多数艺人——包括我自己在内——而言都太扑朔迷离了,演艺圈的人往往只是懂了政治和社会体制的一点皮毛就打着政治旗号大放厥词了。

"我想说一件对我来说很有趣的事。几年前我定居国外,在时不时回英国的时候了解到了'双音'音乐*的发展,这种黑人音乐和白人音乐的融合现在已经变成了一种固定的流行音乐风格,太不可思议了,一切来得太快了。这件事挺有意义的,它推动了社会——尤其是社会上很多年轻人——形成一种性别融合和种族融合的思维,这和 1972 年的情况完全不同,是件非常令人兴奋的事。"

鲍伊本人过去十年里一直致力领导和打造一个种族融合的乐队,但这件事并不是一帆风顺的。

"回到 1974 年,那是我们的努力方向。那时候我们的乐队努

---

* 2-Tone,"双音"音乐兴起于 20 世纪 70 年代末 80 年代初的英国,是一种把牙买加斯卡音乐和朋克、新浪潮等元素相结合的音乐风格。

力去美国南部演出,但当时去亚特兰大演出可不是什么愉快的经历,我们得打一枪换个地方,演完就尽快离开。那时候黑人的演出在社会上还是一个禁忌,对黑人来说这并不令人愉快,同样地,看到他们被羞辱我也不会开心的……"

这一切,正如鲍伊在《这不是游戏》中所写:"被这些法西斯分子羞辱是如此可耻……"

"是的,两者很像。我觉得这件事并没改变多少,上次巡演我们在美国南方也没演几场,只去了休斯敦和达拉斯……但变化还是有的,变得还是挺多的,尤其是在得克萨斯州的一些大城市,我现在也在想去佛罗里达演出会是什么样子……"

新专辑中最能反映为团结而斗争的酸甜苦辣的一首歌,是开场曲《关爱异类》,而这首歌讲的,也是鲍伊过去从未涉及过的主题:宗教与历史。

"这首歌放在这张专辑里面不太适合,是吗?但那是专辑里我最私人化的一首创作——并不是说其他歌离我自身很远,而是说其他歌在内容上轻松得多,而《关爱异类》这首讲的是盘桓在我心里很久的东西:那些我们因为宗教必须忍受的糟心事。这就是我写这首歌的缘起:因为某些原因,我真的非常生气。"

通常你不太会听到戴十字架的人说这种话。

"我知道……"他用手拨弄着自己脖子上挂着的十字架,说,"这个十字架严格来说是我无可救药的迷信的象征,因为如果不戴着它我就会倒霉。它对我来说根本没有宗教意味,我都很少觉得它是一个十字架——可能是因为它太小了。我觉得宗教最大的谎言和其所掩盖的真相是通过教育传播的……我在写《关爱异类》的时候正在读一本叫《耶稣古卷》(*The Jesus Scrolls*)的书,此书最后得出的结论是，耶稣70岁时在马萨达去世，他自己就写过一卷古卷，现在在苏联人手里，他们可以以此来控制天主教会。其实这本书我是很早之前读的，是我1975年左右在洛杉矶买的，不过一直跟着我到现在。天主教会最可怕的一点就是他们一直拥有太大的权力。

"天主教会比任何东西都更像是一种权力工具，但我们大多数人都不会朝那儿去想。我从来没有想过……当我还是个孩子的时候我从来没有想过这个问题，我只是去教堂，听唱诗班唱赞美诗，听祈祷，从来没想过宗教真正的力量。我父亲是我知道的少数几个对其他宗教有很深研究的人之一，他——虽然这个词不太恰当——'容忍'了佛教徒、穆斯林、印度教徒和回教徒，他真的是一个伟大的人道主义者。我觉得他也把这部分遗传给了我，鼓励我对别的宗教产生兴趣。虽然没有被强制信教，但他也没特别关心英国的宗教——亨利八世的宗教，上帝啊！

"之所以会写《关爱异类》那首歌是因为我感觉太多历史是错的，我们一直基于自己错误的历史知识来看待历史。现在有些历史学家提出这样的观点:《圣经》里关于以色列的事情都是错的，其实它们发生在沙特阿拉伯而不是巴勒斯坦。《圣经》的误译太多了，我们的人生就被这些错误信息引导着，很多人还因此死去，再加上其中的权力派系斗争……"鲍伊长叹了一口气。

"我不知道……和其他歌一样，这首歌讲的也只是意象而已，我也看不出我的歌里有什么统一的观点。

"幸运的是，音乐创作有很多潜意识来自旋律以及某个音符与某个词的对应。不管是好是坏，歌曲的意义就包含在歌曲本身里，而不是在创作者的构想里，甚至都不在歌词里。我最强的一点可能是我音乐和语言的生动表达。我把这两样放到一起，有了一个不错的组合后,再开始发掘更多意义。这一点也让我现在重新热衷于在创作中冒险。

"就像伊诺说的,最近我使用起了'公认语汇',因为我对自己的生活、健康状况和存在的意义都开始有信心了……可能还会有反复——我们大家都会有吧——但总体上我对自己的精神状态和身体状况相当满意,所以我想让我的音乐也能处在一个类似的稳定和健康的状态。不过我不知道这样做是否明智,我不知道。

"我完全不知道。"

茶室里,过去几十年里人们耳熟能详的那些名曲慵懒地播放着,一个衣着整齐的人走到屋子中央的钢琴前准备弹奏一曲,钢琴看上去也并不介意。访谈话题过渡到了电影,其中包括几桩并未发生的事,比如那部即将上映的、根据我们的老朋友奥威尔先生的小说《1984》改编的电影,由约翰·赫特(John Hurt)扮演温斯顿·史密斯、已故的理查德·伯顿(Richard Burton)扮演奥勃良,声称请到鲍伊创作配乐。

"不,我不会做《1984》的配乐。一度有传言说我会为这部电影配乐,不过我没有时间。那部电影我看过一小部分,觉得是部非常出色的电影,真的,真的非常好。"

接下来还有一个小问题,你会不会扮演下一部007电影里的一个反派角色?有传言称这个角色之前被斯汀(Sting)拒绝了。

"绝对不可能。没错,我是收到那个角色的邀约了,不过说我在斯汀之后得到邀约?其实事实可能正好相反。我觉得,这个角色对一个演员来说可能挺有趣,但对一个摇滚圈的人来说,这角色更像是一种小丑表演。我可不想花五个月的时间却换来演戏和音乐的双重低谷。"

很显然，鲍伊对英国电影业有着强烈的兴趣和鲜明的观点。

"我愿意相信它正在经历着一场翻天覆地的大变革。我真的觉得我们已经有了几个出色的年轻导演。我正在合作的那位——朱利安·邓波就是一位有着雄心壮志、思维敏捷的年轻导演，我觉得他最终一定会拿出相当出色的作品。《摇滚大骗局》各方面来说都并不完美，但它朝气蓬勃。我认为他计划中拍摄的电影《初生之犊》应该会为英国青年电影工作者贡献良多——这部电影改编自柯林·麦金尼斯（Colin MacInnes）写于50年代的经典小说，由吉尔·埃文斯（Gil Evans）配乐，保罗·韦勒（Paul Weller）、基思·理查兹（Keith Richards）和雷·戴维斯会演配角。这部电影在感觉上非常伦敦，但不是过去的伦敦，而是令人激动的伦敦，以前从来没有在电影里表现过的伦敦。

"我的意思是，比起伦敦，讲美国年轻人和纽约年轻人的电影实在太多了。"

的确，电影里的50年代都被美国故事垄断了，以至于很难让人相信美国之外的其他地方还有过50年代。

"比方说，邓波在《初生之犊》里讲了50年代诺丁山黑人骚乱，之前没有电影涉及过这个事件。把这件事挖出来很了不起，因为现在已经几乎没有人记得这件事了。这部电影是让邓波扬名立万的好机会，我很高兴能和他合作一部故事片，因为之前的合作非常愉快。在影视拍摄方面，我从来没有为别人那么投入过。"

而另一边，邓波则说他从来没有在影视拍摄方面从一个演员那里得到那么多收获。

"对我来说，因为要对别人负责而把事情交给别人去做，那感觉还是和'合作'没有区别。不过那也是和过去相比，以前我不管干什么总想大包大揽。现在在某些方面我可以放轻松一点，比如让朱利安决定应该怎么拍摄,就好像我把责任推给了他。

"这和这张新专辑有点像:我自己退后,鼓励其他人拿出他们在制作上的想法。我觉得自己不应该再大包大揽,自负地认为怎么做最好,应该给予乐手或者其他工作人员应得的尊重。我花了很多时间才懂得这点,现在我觉得和大家一起合作容易多了。

"在影视拍摄这件事上,我很想和朱利安那样的人合作。我觉得流行歌曲的音乐录像并没什么有趣的地方,我也不觉得录像这东西会有什么发展。首先,没人会用录像带拍电影,大家都是用胶片拍的,录像带这东西就没有过什么水花,就该被扔出窗外。录像带和四声道音响系统很像,刚起来没多久就倒了。拍录像的圈子里的确有很多富有创新精神的人,但他们永远不会被大众接受,也不会被电视台接受。像《橡皮头》(Eraserhead)那样的实验录像倒是会像实验电影一样受欢迎,那大概就是录像最大的影响力所在了。

"录像格式——就是那种被称为录像并在电视上播的东西,我知道美国的音乐电视频道是想要大力开发的,但他们有点不明方向。我认为我们要做的是让 50 年代的短片复兴,那是唯一的方向。我想做的是那种在电视上播放的全画幅的电影,其标准和质量则取决于拍的人。

"我们刚刚拍完的那个东西就更像 50 年代的短片,音乐或多或少退居次要位置,只是影片的一部分。百代唱片要做的第一件事就是给这片子加上字幕,因为里面对白太多,不加字幕的话在德国、西班牙或者法国播的时候观众会看不懂。我认为我们拍的是'有声电影'(talkie)。《忧郁的简》就是一部小的有声电影,这是重点所在。

"我觉得可行的一条路是从唱片公司和电视台搞到资金去拍

电影,而不是从电影业里搞钱。录像圈里的制作人对于拍片子这件事可比电影圈的人热心多了,所以事情就很简单了:我们这些人想要拍电影就要充分利用这些正在发展的另类渠道。"

鲍伊目前最关注的电影中,一定包括那部即将上映的、由约翰·施莱辛格(John Schlesinger)执导的故事片《叛国少年》(The Falcon and the Snowman)。

"这电影说的是两个年轻美国人向苏联人出卖秘密情报的故事,由蒂莫西·赫顿(Timothy Hutton)和西恩·潘(Sean Penn)本色出演,不过鉴于目前的政治气候,我不知道这片子在美国评价会如何。很客观的一部电影,不过观众可能会对那两个孩子产生强烈的同情。拍得非常棒,是多年来我看过最好的一部施莱辛格电影。"

鲍伊的另一部心头爱是正在上映的维姆·文德斯(Wim Wenders)的《得州巴黎》(Paris, Texas)。

那么,时尚潮流领军人物鲍伊对时下的伦敦时尚圈又是何种看法?他觉得相比起一部文德斯的电影或者一本好书给人留下的深刻印象,时尚乏善可陈。

"很傻。"他语带挑衅,然后冷笑道,"不过看起来还挺有趣,时尚圈的人似乎得到了不少乐趣,但我不太当真,没什么可多说的。"

那写着字的白色T恤呢?

"天啊,我太讨厌这种该死的东西了,我是真的恨死这种衣服了,这就是为什么《忧郁的简》里我演的厄尼会穿着一件胸前写着'放松'(RELAX)的T恤!"

即将迎来38岁生日的鲍伊依旧不吝对那些轻浮的年轻人报以微笑,而他早已是流行乐坛当仁不让的王者。他是一个从未止步的创新者和实验主义者,与此同时,他依旧在主流音乐占据着重要位置,而他的演员生涯才刚开始。他拥有一个庞大且死忠的粉丝群,他们拒绝偶像躺在既有成绩上裹足不前,坚持让他遵循内心的本能和渴望。他就是艺术圈里的英国绅士在20世纪80年代的化身,抚慰着他的受众却同时又撩拨着他们的心绪,他已是这方面公认的大师。

不过……

鲍伊是不是认为,当流行音乐变得怪异、具有颠覆性,不同于我们今天熟知和喜爱的那种无害的耐用消费品时,却正是它最好的时代呢?

"听朱利安说'性手枪'乐队的那些'旧日好时光'还是很有趣的。说到1977年,他就会说'噢,那段日子真的很危险啊!'*。其实离现在也并不远,是吧?如果万事万物是循环往复的,那它们一定会再回来。我没有受到那段时间多大的冲击,因为当时我定居在柏林,没怎么经历来自英国的暴戾和愤怒。当时我只是看到一些新闻片段,没有切身体会。

"我真的很遗憾错过了那一切,我不知道如果当时我在英国,对这一切会是什么反应,我很想看电视上的那些争论,还有那个时候英国夜店的氛围……当然,那样的社会环境比较健康,肯定是这样。"

你还有可能再次搞出大颠覆的东西来吗?

---

* 1977年,"性手枪"乐队的言行不但导致大量争议和公共安全事件,还连续发生成员变动、因为太过出格而连续被百代和A&M等主流唱片公司签约又快速解约等事件,那一年他们也发行了乐队历史上唯一一张录音室专辑。1977年也是朋克音乐以及随之而来的亚文化风潮在世界上蔓延的一年,对流行文化和社会发展产生了深远的影响,具有某种标志性的意义。

"在摇滚领域我看很难……在你给出第一个观点之后,除非你能继续拿出更厉害的观点,否则很难再形成比第一个更大的影响力。对我来说,70 年代早期是我的开始,我觉得再也不会有当时那么具有冲击性的东西出来了……

"摇滚的有趣之处在于,你一开始从来没想过会坚持多久,但当你……我已经 37 岁,快 38 了,经常会暗想:'我怎么还在玩摇滚!'

"所以其实你一直在重新定义摇滚。整个摇滚圈一直在不断快速而剧烈地变化,你根本没法预先计划,完全看不懂。我现在有两三个目标:和伊基再多做些创作,自己再多写些更大胆的好作品。

"在音乐方面,这些是我唯一知道的将来我会做的事……"

男孩继续摇摆

阿德里安·迪沃伊

1989年6月，Q杂志（英国）

（原编者按）鲍伊在Q杂志的这篇专访中说："我从不担心失去歌迷。"

和其他摇滚巨星不同，鲍伊说出这句话真的不能算是自吹自擂。1976年2月，鲍伊在接受《滚石》杂志的卡梅伦·克罗（Cameron Crowe）的采访时说："我要老实和真诚地说，我不知道自己的专辑还能卖多久……不过我也真的不在乎。"这番话说在他的"柏林三部曲"推出之前，而那三张专辑似乎就是在刻意疏远那些喜欢他以前唱片的人——那时的音乐比较光鲜亮丽，也相对比较好听。

阿德里安·迪沃伊之所以会问鲍伊是否担心失去歌迷，是因为他在发行个人专辑《永远不要让我失望》（1987年）之后组了一个叫"罐头机器"的乐队。这个乐队是鲍伊在音乐民主化上的首次实践，而这个专访是乐队组成以后接受的首个媒体采访。

有人可能会发现，这篇专访中鲍伊对于新专辑试听会的反馈非常紧张。他说组新乐队、出新专辑是让自己从近来陷入的低谷中走出来的方法，因而他对此的乐观自然令人心碎，因为事实上这张专辑的平庸实在太过明显，之后更是恶评如潮。这篇采访中照例问了鲍伊最喜欢的歌手和乐队的问题，而他的回答充满了可怕的自我打气："我非常高兴地说'罐头机器'是我最喜欢的乐队。"——鲍伊常以那句著名的"我不在乎"表达反娱乐业的情绪，如今的这句话却似乎站到了自己的对立面。

迪沃伊后来说："当他用震耳欲聋的音量给我播放他的艺术金属乐新尝试时，想象一下我有多震惊吧！再想象一下，在四分之一个世纪后，我依然欣赏那张专辑以及它那巧妙的结构，这是多么令人不可思议的事。"

"我是大卫。"大卫·鲍伊有一点点脸红，伸出了他汗津津的手，"我对这次采访的期待真不止一点点。"

此刻，我们正站在一间录音棚的音控室里。这间录音棚位于纽约西四十八街一幢楼的四楼，楼下是一家音乐放到震天价响，还拥着一帮在演出间隙相互击掌的乐手的唱片店。大卫·鲍伊则被他自己的三名乐手围绕着，四个人合起来的乐队名叫"罐头机器"：主音吉他手里夫斯·加布雷尔斯（Reeves Gabrels），讲话轻声细语，穿件牛仔衬衫，表情稍稍有些苦恼；鼓手亨特·赛尔斯（Hunt Sales），风趣幽默，乌黑浓密的头发用头巾束起，再盖在布帽下，脚上套着双肥大的格子呢卧室拖鞋；亨特的弟弟托尼·赛尔斯（Tony Sales），贝斯手，一个尖下巴的精瘦男子，穿着一身黑，一言不发地盘着腿坐在地上。

赛尔斯兄弟第一次和鲍伊合作是 12 年前，当时兄弟俩在伊基·波普的专辑《贪生》里贡献了冲劲十足、气势不凡的贝斯和鼓节奏音轨。加布雷尔斯和鲍伊则在去年相遇，他们同时参与了舞团"啦啦啦人类足迹"（La La La Human Steps）在伦敦当代艺术学院表演的一部芭蕾舞剧，加布雷尔斯创作了舞剧的配乐，鲍伊则在里面肢体僵硬地跳了一段舞。

"他们每个人你都应该见见！"鲍伊的美国媒体对接人在进入录音棚之前异常热情地说，"他们就像真的乐队那样嬉笑打闹！"不过，现在的他却明显有点闷闷不乐，毫无疑问他已经注意到这间录音棚里的所有人都没有他想象中那样轻松愉快。

所有人担心的根源就是我们来到这间录音棚的原因：大卫·鲍伊决定在这里举行一场美国人所谓的"回放"——给少数几个（今天这场则是极少数几个）经过挑选的人播放一张之前还没有人听过的唱片，可他现在后悔办这场试听会了。他把手臂以不舒服的姿势搁在沙发扶手上，若有所思地用手抚摸着自己新修剪的胡须，慢慢地往下捋着，好像要它们快点长长。前几年飘逸在他头顶的淡金色头发如今也被修剪成灰褐色的利落发型。与之相似地，他的服装风格也引人注目地从华丽自然过渡到了"高档"，今天他穿的是一件精制栗色衬衫配深色领带、一条笔挺的灰色长裤和一双有着闪亮搭扣的棕色麂皮鞋。

鲍伊猛地站起身来，这一身服饰似乎也跟着突然来了精神。他收臀扭胯，迈着小碎步走到录音室一边，然后拿着一叠纸回来。"这是歌词。"他一边怯怯地笑着一边给大家递来那些歌词，"可能会有几个错误，我还没校对过。"他再次坐回录音棚的长椅上，朝着专辑制作人蒂姆·帕尔默（Tim Palmer）点了点头，这位曾经制作过"教会"乐队（The Mission）和"异教"乐队（The Cult）专辑的制作人则走到了闪着指示灯的硕大调音台旁边。

大卫·鲍伊点起一根万宝路，问道："我们可以开始听第一面了吗？"

鲍伊的上两张专辑《今夜》和《永远不要让我失望》内容假大空，使用了伪雷鬼风格的"处理"，还充斥着废话连篇的歌词，如果新专辑在今天被证明也像上两张那样是一个可悲的艺术失败，那场面将会非常尴尬。的确，正是因为上两张专辑——为了宣传《永远不要让我失望》还开了一个吹嘘过头的"玻璃蜘蛛"巡演（Glass Spider tour）——鲍伊的事业发展被逼进了死胡同，急需从头再来——他上一张好评专辑《让我们起舞》已经是 1983 年的事了。

第一面第一轨，涤荡灵魂的音乐从录音棚那对法式梳妆台大小的扬声器里轰鸣出来。谢天谢地，这首歌相当精彩，音色粗粝而狂躁，充满活力。里夫斯·加布雷尔斯的吉他果然不是吃素的，尖厉而凶横，搭配上毫不掩饰的鼓和翻滚躁动的贝斯，立刻可以让人联想起吉米·亨德里克斯（Jimi Hendrix）。鲍伊尖叫着、咆哮着，唱出"用棒球棒殴打黑人""穿连裤制服的右翼浑球"和"野蛮日子"这样的歌词，然后这首歌像它突然开始那样，突然结束了。

录音棚里安静得令人透不过气来，没有人说一句话。鲍伊双手托腮，死死地盯着他面前的墙。坐在地板上的托尼·赛尔斯的脸上闪过一丝暗笑，第二轨就此开始。鲍伊开始用脚尖轻点节拍，喃喃自语，紧张地微微转动着脑袋，然后伸手又拿了一根烟。播放到第四轨时，可能是因为自信专辑会得到好评，也可能因为被录音棚内紧绷的气氛给搞累了，鲍伊溜到了隔壁的一间房间。透过一块小小的窗玻璃，我们从音控室里可以看到隔壁房间的鲍伊在和一个戴着眼镜的东方小伙子打桌球。再仔细一看，原来这个小伙子竟然是肖恩·列侬[*]！巧合到有点超现实的是，此时从扬声器里轰鸣而出的歌，正是《工人阶级英雄》（"Working Class Hero"）的摇滚版翻唱。在播放这首歌时，鲍伊走了回来，坐到了沙发的一侧，而透过那块窗玻璃，我们看到肖恩·列侬在摆弄着吉他。

28分钟后，唱片第一面戛然而止。里夫斯蹦出一句笑话，说这张专辑是"田园情调音乐"，但整个屋子里并没有人觉得好笑。鲍伊提议道："我们听第二面吧？"

蒂姆·帕尔默开始播放唱片的第二面，和第一面风格相似的音乐再度充满整个录音棚。不过，在吉他声浪和尖厉歌声之外，这一面的音乐多了一些温柔时刻：比如有一首用英国口音演唱的歌，讲述的是在公共汽车站寻找信仰；有一首比较情色的歌，表达的是"把你绑起来，假装你是麦当娜"的欲望；另外还有一首挺感人的重金属情歌。当整张唱片播完后，大家都发出了如释重负的长叹。鲍伊咧开嘴，大声笑着，掐灭了他今天第六根用来解压的香烟，然后说："当然，CD版本还会多两首唱片没收的曲目。"

折磨人的试听结束后，里夫斯、亨特和托尼走去了侧屋，边喝矿泉水边讨论他们的新作品。音乐人即刻兴高采烈地开始了之前媒体对接人所说的"嬉笑打闹"，亨特天真地问道："现在重新录吉他部分还来得及吗？"

即便戏剧化如鲍伊，听到这句话后也足足愣了一分钟左右，

---

[*] Sean Lennon，英国／美国音乐人，约翰·列侬和小野洋子的儿子。

然后夸张地擦着额头说:"呸!你这话简直就像在一大群人面前和女朋友吵架,是不是这个感觉?就好像在说:'亲爱的,不要在这里吵!'就是这感觉啊!因为这是这张专辑第一次真正的试听会,所以对我们来说还挺痛苦的。我现在要开始考虑正式面世后大家的反应会是什么,在某种程度上这真的像把自己剖析给大家看。做这张专辑的时候我们是与外界隔绝的,视野因此被限制,现在最终要把它展示给公众了,感觉真的不太舒服。"

本文是"罐头机器"乐队作为整体接受的第一个采访。当乐队被问及组乐队最好的一点时,他们彼此揶揄了好一顿,这也预示着接下去几个小时的采访时间里状况会不错。

鲍伊回答说:"对我而言最好的一点是我可以从其他人身上得到很多令我惊喜的元素。他们几个一直带给我惊喜,主要是因为他们说的话。乐队给我的感觉就像是一个大家都过得无忧无虑的帮派。"

托尼学着鲍伊那真诚的口气说道:"噢,是的!我们就像一个快乐的大家庭……"

"……但这个家庭有虐待孩子的问题!"亨特得意扬扬地叫道。

"这个家庭有很多爱。"里夫斯故作严肃地说。

"没错!"托尼表示同意说,"这个家庭很团结,是一个单元。"

鲍伊假装没听懂,问:"什么?一个太监*?"

Q:你们觉得对这张专辑最主流的评论会是什么?

鲍伊:会有一大群人说不太好接受。我觉得它的旋律性显然

---

* "单元"(unit)和"太监"(eunuch)谐音。

没有大多数人想的那么强。我不确定,我们都不确定。不过(模仿电视儿童节目主持人的声音说)我想小房子知道一些事*(对着乐队伙伴们的一脸懵懂大笑)。这就是和该死的美国佬在一起工作的问题,他们经常不懂你在说什么!

Q:这样的音乐风格是一时兴起还是有长远规划?

鲍伊:我们至少还会再出两张专辑。是的,所以这种风格还会持续一段时间。既然我们都喜欢玩这种风格,为什么不玩下去呢?如果哪一天我们觉得它不好玩了,就会放弃。我对这样的音乐很感兴趣,恨不得明天就录下一张专辑。

Q:这种音乐从某些方面来说非常极端,你会担心因此失去歌迷吗?

鲍伊:我从来不担心失去歌迷,这些年我都没想过要担心这件事。我从来不在乎别人对我言行的看法,这一直是我的本事。这张专辑我是准备好要完全转变的,如果谁留恋上一张专辑出不来,那我就会放弃他。我丝毫不介意失去歌迷,我又绕回来了……

Q:你建议大家在听这张唱片时做些什么?

鲍伊:别一边开车一边听!我在听专辑小样的时候太投入了,结果一脚油门就开过了录音棚门口,等我反应过来已经开过15分钟远了。这张专辑对听众要求很高,不能有妥协,它需要你集中注意力去听。

---

* BBC长青儿童节目《花盆人》(*Flower Pot Men*)里的经典台词。

Q：和你之前的专辑相比，这张你是不是感觉更自在？

鲍伊：噢，当然！虽然听上去难免有点假，但我还是要说我很爱这张专辑。对我来说，这张能和《恐怖怪物》相提并论了，完胜之前的三张专辑。你可以说，这张让我回到了正轨。

Q：制作这张的时候你是不是基本上放弃了控制权？

鲍伊：这次是真正地把我自己放进了一个团队之中，这是我以前没有经历过的……从来没有过。就算在"火星蜘蛛"乐队里也是我说了算，那个时候我还年轻，就想着自己要火遍整个世界——人在那个年纪都是这么想的。现在要让乐队的其他成员拿主意，那真是……非常难（笑）！

Q：你是一个专制的人吗？

鲍伊：随着年龄的增长越来越不是了，但我生来就是个有主见的人。

亨特：老兄，这方面他名声在外，老想要掌握大权……

鲍伊：（开玩笑地叫道）看，我很清楚我想要的是什么！

Q：你最专制的一段时间是什么时候？

鲍伊：让我想想看。有段时间挺严重的——不过可能专制的方式有点不同——就是"齐吉·星尘"时期。那段时间我就是容不下其他任何东西，我必须——至少我觉得必须——把曲调哼给容森（米克·容森）听，让他那样去弹吉他独奏，我要他弹的每个部分、每一个音都和我脑海中想的旋律一模一样……

里夫斯：我要崩溃了！你真这么做的？

鲍伊：不不，也不全是这样，比如说《出卖世界的人》就是非常容森的风格。不过他有些旋律性更强的吉他独奏，很大一部分就是我告诉他我想要哪些音，但那也很棒啊。他对此看得很开，挺适应的，也很高兴那样弹。除了那样，我也不知道其他方式……不，我知道有其他方式，但我就是想要那样。我知道自己想要什么，但其他人不知道。

Q：如果遇到以前被你赶出团队或者被你"放手"的人，会尴尬吗？

鲍伊：我从没有把任何人赶出我的团队，从没有过。我从来没有固定班底的乐队。独唱歌手的处境挺有趣的，我雇乐手一起工作八个月到一年，到时候就分道扬镳。我还会碰到他们中的一些人，比如卡迈恩［卡迈恩·罗贾斯（Carmine Rojas）］和卡洛斯（卡洛斯·阿洛玛），去年我和斯利克（厄尔·斯利克）合作过，但他们有自己的生活。真正在乐队这件事上发生不快的是"火星蜘蛛"的那个时候，因为当时其他几个人想延续我们那时的风格而我不想，我想转方向但他们不愿意。他们乐于翻唱杰夫·贝克（Jeff Beck），而我对乐队的方向有我的主见。我现在依然有主见，只是没有人注意到罢了。我总是被呼来喝去的——"大卫，换条领带试试！"

Q：录音过程中你们有没有争吵？

鲍伊：分歧是有的。

里夫斯：就算有也是和音乐无关的。

鲍伊：我们在瑞士开始熟悉彼此的时候感觉有点奇怪，你们感觉到了吗？那是第一个星期，我们决定去蒙特勒*，可以远离那些疲于奔命的糟心事，也可以在确定怎么合作的时候不受干扰。就在那儿的第一个星期，我们有些……争执。

里夫斯：不，也不算争执。到那个时候为止我都还没见过托尼和亨特，不过已经听说他们对有些事情的态度很奇怪之类的。

托尼：我们态度奇怪的事情只有你啦，伙计！

里夫斯：我第一次到蒙特勒的时候，看到亨特的腰带上佩着一把刀，穿的T恤上面写着"去你的，我是得克萨斯人"。因此我心里暗想：呃，糟糕！每次我弹吉他的时候，他们俩都会说："不行，孩子，你得这么弹。"当了一个星期的好孩子，在完全无视与愉快接受别人跟我说的话之间找到平衡之后，我便游刃有余了。

Q：你们对这个项目能成功的决心有多大？如果不行你们会很轻易就放弃吗？

鲍伊：我是孤注一掷的，我太想它能成功了。一开始的几天，我非常担心这事可能做不成，不过很快每个人都调整好了，也克服了时差带来的情绪问题。

Q：如果最后没有成功，你会怎么办？

鲍伊：不知道，我真不知道。至少会……大哭一场吧。我不愿意去想一个假设的情况，但如果是那样，我绝对会想办法扭转状况，我必须为自己的音乐理想去那样做。我一定会去找一些更

---

* Montreux，瑞士度假胜地。"罐头机器"的第一张专辑有部分是在蒙特勒著名的高山录音室（Mountain Studios）录制的。

有参与感、更有热情的事去做，一定要重新充满激情。如果走不下去，那就得当机立断早做决定。

Q：你之前两张个人专辑《今夜》和《永远不要让我失望》并不非常出色，是吗？

鲍伊：嗯。我觉得那两张专辑里的歌本身是很棒的，但被制作拖了后腿，我不该做得那么录音室化，很多好歌是被浪费了。你应该听听那些专辑的小样，和最后专辑里的成品版本有天壤之别。《让我们起舞》之后的两张专辑里，有些东西做出来让我觉得应该揍自己一顿。当我去听那些歌的小样的时候，我想：最后出来怎么会是这样？你该听听《关爱异类》的小样，小样版本太精彩了，我敢保证（笑）！但到了专辑里就……没那么好。我这是在说什么呢（笑）？

Q：乐队其他成员对你过去五年的艺术生涯有何看法？

鲍伊：噢！这不公平！你给我离开这里（笑）！哦上帝啊！

亨特：你瞧，我很喜欢大卫。就我个人而言，我喜欢他……

里夫斯：他是只漂亮的猫咪，是吧？

亨特：那些专辑我说不好。"玻璃蜘蛛"巡演呢？我没去现场看，我是在电视上看的……

鲍伊：但是亨特（进入捧哏模式），我觉得你没有错过我任何一次巡演吧……

亨特：……我没有错过你任何一次巡演，是因为我没有去看过你任何一次巡演，所以我一次也没错过……

鲍伊：中枪！中枪！

亨特：但我不喜欢"玻璃蜘蛛"巡演，我是认真的，我觉得有点不适合你。这是我的个人意见，我也不需要在这里违心说喜欢。我看的时候心里就想：他可是做出"火星蜘蛛"的那个人啊！

鲍伊：他的意思是他没听过我"火星蜘蛛"后的任何音乐！

里夫斯：但"玻璃蜘蛛"是歌舞表演啊，很多评论人说……

鲍伊：评论人，评论人，我要的是你的个人意见。

里夫斯：如果你想听我的个人意见，那得去问问我妻子。在我看来，"玻璃蜘蛛"巡演更多的是娱乐而不是音乐。我去芝加哥看了一次试音，那个比正式演出好多了。

Q：那次巡演是一场做作的秀，是吗？

鲍伊：我得为它辩护一下，我喜欢巡演的视觉呈现。不过我要求过高，太关注细枝末节……天啊，下一个问题吧！

托尼：他生气了！

鲍伊："玻璃蜘蛛"巡演我的责任太重了，每天都处在压力之下，每一秒钟都需要做决定。这个巡演太庞大，事情太多，每个人每天每时每刻都有问题，我的压力太大了，大到简直令人难以置信。

Q：你是如何应对压力的？

鲍伊：糟透了，我只能咬紧牙关挺过去，但这并不是一个好的方式。我承认我是有点要求过高，观众只能看到这么点大的一个东西（用他的拇指和食指比画了一个微小的尺寸），我都要放很多精巧的细节上去。"严肃月光"巡演就宽松和粗线条很多，但也并不缺乏细节，比如有面部表情的表达。可这又何苦呢？这一切只是为我自己。"玻璃蜘蛛"巡演在新西兰收官的时候我们把蜘蛛烧掉了，挺棒的。我们把那玩意儿放到一块地里，点着了它。真是解脱！

Q:"罐头机器"这张专辑的歌词非常凶狠,有很多暴力的意象,有什么特别的原因吗?

鲍伊:我不觉得歌词有什么凶狠的,真的说不出原因。

里夫斯:我们几个很反对他回去写那些抒情的歌词,希望他重新写那些很有种的歌词。

鲍伊:我没这样想过,真的从来没朝那里想过。他们一直在那里说,叫我不要退缩,怎么写就怎么唱,要坚持。在歌词这件事上我一直会做自我审查,写了一句比较尖锐的歌词后就会想,啊,也许应该修改得温和点。我不知道自己为什么会这么做,也许因为我是个英国人,觉得那样不太礼貌之类的。我不知道这种想法是哪里来的,但我内心深处还是觉得不应该去做冒犯人的事,我一直如此。

Q:以前你有没有故意把歌词写得很晦涩难懂,用这种方法把你的想法给包装起来?

鲍伊:包装?恰恰相反,我是在袒露,当然,眼下这个阶段我的歌词也不能写得太晦涩。里夫斯说得很对,对我来说这是一个很深刻的见解。当我有创作想法出来的时候,歌词是我的第一感觉,我第一时间把它们写下来。有天我走在路上,有个人走上来和我说:"你喜欢小猫咪吗?"我回答说:"我喜欢,但我的名字不叫'猫咪'。"*

---

* 路人问"你喜欢小猫咪吗?"(Do you like pussy cats?),鲍伊听成了"你喜欢小猫吗,猫咪?"(Do you like pussy, Cats?)。除了猫咪,"pussy"在英语俗语里还有女性外生殖器的意思,所以他回答自己的名字不叫"猫咪"。这里用了一个双关,既是一个黄色笑话,又佐证了鲍伊的"歌词是第一感觉"。而鲍伊耍这个哏的真正目的,是回敬之前里夫斯说鲍伊像只猫咪的玩笑。

Q：中枪！中枪！

托尼：（笑）噢，上帝啊！

鲍伊：说真的，这些歌词就像直接倾泻在画布上一样……

里夫斯：我不想提到艺术……

鲍伊：阿特挺好啊！保罗是写词大师，但阿特能把那些歌词唱到人哭，把他逼急了他真会噢！*

Q：新专辑有些歌词挺引人注目的，能解释一下吗？比如《漂亮东西》（"Pretty Thing"）里的那句"把你绑起来，假装你是麦当娜"。

鲍伊：（笑）嘿嘿，我们和肖恩在一起玩的时候，他给我们说了一些事，你懂……这句歌词也就是随口一说啦，我只是想……好吧，这首歌还真挺傻的。

Q：你觉得麦当娜会回应吗？

鲍伊：回应？说真的，谁会在乎……

Q：翻唱《工人阶级英雄》是谁的主意？

鲍伊：应该是我的主意，这首歌一直是我最喜欢的歌之一。我可太喜欢约翰·列侬的第一张个人专辑了，所有的歌都写得非常漂亮，而且非常直截了当，歌词也都写得特别真诚。我觉得《工人阶级英雄》这首歌做成摇滚肯定非常棒，非常值得翻唱一把。

---

* 里夫斯在回敬鲍伊，说他不想提到"艺术"（Art），鲍伊则继续接哏，假装把"Art"认为是美国著名民谣组合"西蒙和加芬克尔"（Simon & Garfunkel）的主唱阿特·加芬克尔（Art Garfunkel），巧妙地把话题从组合的词曲作者保罗·西蒙（Paul Simon）再引回到歌词上。

Q：肖恩·列侬怎么看这首歌？

鲍伊：我觉得他很喜欢。肖恩几乎从这张专辑制作的一开始就关注它了，第二周吧。他是里夫斯的忠实拥趸。

托尼：当我们在录乐器的音轨的时候，里夫斯在给他上吉他课。

鲍伊：啊，好棒。

Q：《巴士站》（"Bus Stop"）这首歌你用了非常浓重的英式口音去唱，为什么你唱歌的口音那么多变？

鲍伊：这首歌的感觉是很英伦的，简直就像歌舞杂耍。我不知道相比之下其他歌是不是听起来很美式之类的，但我觉得它很英伦。

Q：你觉得自己现在还英国化吗？

鲍伊：我在英国的时间太少了，我从1973年起就没有真正住在英国了，真的对它不太了解。我每年回一次英国，有时候一次都没有。我住在柏林的那段时间根本就没回过英国，我在柏林待了两年半都没挪过窝。我现在对英国的了解完全来自阅读，但从气氛上来说，我每次回来的那三四个星期都过得很开心。

Q：记忆会褪色吗？会有思乡情绪吗？

鲍伊：并不会。

Q：幽默感会丢失吗？

鲍伊：不会（一脸冷酷）。这东西会永远跟着你（笑）。

Q：想必你已经听过卢·里德的专辑《纽约》（*New York*）了，你觉得他这几年的创作发展和你自己的相比有什么不同？

鲍伊：我觉得卢的创作方法比我的超脱多了，卢是那种坐在一边旁观事情发展然后记录下来的创作者，非常纽约风格。我感觉他如果不是一个音乐人应该可以当一个专栏作家之类的，他写的小文章可以刊登在《纽约客》上，或者像《炸弹》（*Bomb*）这样更尖刻的杂志上，他天生是记者的料。他几乎就是音乐界的伍迪·艾伦了，既是作家也是观察家，是纽约的塞缪尔·皮普斯[*]。

托尼：你不觉得他的形象已经固化了吗？

鲍伊：不觉得。我只是觉得随着年龄的增长，他越来越像他本来就应该成为的那种作家，短篇小说家。他的叙事性创作很清晰，而我还在用很多象征主义、本能的或者抒情的写作方式——我不知道这些东西从何而来，但它们能表达我的感受以及我所处的环境。这张专辑里的《爆裂都市》（"Crack City"）里有一句歌词"他们将你以丝绒包裹 / 然后埋于地下"，我是故意这样写的。这是一首毒品的挽歌——和卢无关，因为卢已经戒了——这种表达特定生活方式的声音极具早期"地下丝绒"的特色。我本来希望用这句歌词表达出这个意思。

Q：最近你还听"地下丝绒"乐队吗？

鲍伊：不听了，我这年纪已经不适合听他们了（笑），那可是1971年的东西啊！

---

[*] Samuel Pepys，英国17世纪政治家，以其生动翔实的日记闻名。这些日记在19世纪公开发表后，为人们研究英国17世纪的社会政治生活和重大历史事件提供了第一手资料。

Q：听上去在录这张唱片之前你应该在听吉米·亨德里克斯。

鲍伊：这张专辑里吉米·亨德里克斯的影响绝对是有的，莱柯唱片（Rykodisc）新出的那张［《温特兰现场专辑》(Live At Winterland)，一张美国发行的CD］很厉害。这个人的想象力太厉害了，能凭空创造，难以置信。在柏林的时候我重新发现了亨德里克斯、"奶油"（Cream）、"新！"和"罐头"（Can）这些乐队的好，还有葛林·布兰卡（Glenn Branca，臭名昭著的电吉他管弦乐演奏家）。我也会花很多时间去听我自己过去的专辑——虽然没有听别人的那么多——《英雄》《房客》《恐怖怪物》和《低》，这些专辑会让我反思自己为什么创作。

在我们几个聚在一起做这张专辑之前，我一直是这么做的。我那时已经不想做创作者和表演者了，我周期性地会有这种想法，我觉得所有创作者和表演者都会如此。每次有这种感觉的时候，我就回头去思考一下自己的音乐根源所在，比如以前我常听的席德·巴瑞特和亨德里克斯等等，还有我觉得自己做得不错的作品。一边听一边会想：当时的心境和状态去哪里了？那时候觉得我的创作应该先让自己喜欢，然后如果有别人喜欢那就更好，现在这种想法为什么没有了呢？不管怎样，当下不快乐，将来也不会快乐。

我很爱那些专辑，我认为我做过一些很棒的专辑。总的来说，我对我这20年来做的东西还是满意的，也很高兴我做过这些东西。我觉得我做过一些令人难以置信的专辑，老实说，我很爱它们。听到那些我没尽力去做的东西我会非常懊恼和生气。我可能没法确切描述我听到那些专辑的感受，就是形成了一种……氛围吧。

Q：在制作这张专辑时你们有没有嗑药？

亨特：嗑了很多迷幻药，是吧？

鲍伊：熏鲑鱼、三文鱼和丹麦卷（笑）。不，我们没有吸毒。虽然在这方面我们都很有经验，但在对待自己的生命这个问题上，我们现在的想法和十年前不一样了。过去我们曾眼睁睁看着自己的生活被毒品搞得一团糟，所以为什么还要在那上面浪费时间？我们现在在做的就是我们想做的事，就让它保持本来的样貌就好。

托尼：我们现在懂事了，并不想在录音工作中追求自我毁灭。我们混在一起的地方又不是毒贩子家或者酒吧。

鲍伊：我们混在一起的地方就是停车场！一起坐在舒适的椅子上。

Q：和这张专辑比起来，你还记得做《低》时的状况吗？

鲍伊：和那时候比，我现在已经是完全不同的一个人了。我经历过一个毒瘾严重的时期，是柏林帮我解脱出来，让我的生活中不再有毒品，这真的很难。（转向托尼）你知道那段时间吗？

托尼：我记得那段时间，那时我也面临着同样问题。

鲍伊：生命总有起起落落，摇摆不定。那段时间真的非常艰难，因此《低》那张专辑我的关注点并不在音乐本身，那里面的音乐表达的其实是我当时的身体和情绪状况……那才是我的忧虑所在。那张专辑几乎起着舒缓身心的作用，看起来是"噢，我们做了专辑，听上去是这样的"，实际上它是我生活的一个副产品，就这样做出来了。这一点我从来没和唱片公司的人说过，也没有和其他人说过，我是在……戒毒的状态下做了那张专辑，那状态糟透了。

Q：你为什么选择去柏林？

鲍伊：唯一的原因就是柏林十分低调。吉姆和我都有同样的问题，我们都知道柏林是那种我们走在街上不会有人理我们，不会有人上来拦住我们的地方。柏林人都对此习以为常，他们愤世嫉俗又冷若冰霜。如果你真要找个地方沉思和自省，了解你真正想要什么的话，柏林是一个非常好的选择。

Q：现在听《低》会勾起你那些不快的回忆吗？你会为此不安吗？

鲍伊：会的，听那张专辑瞬间就能把一切往事带回来。《低》是一张很棒的专辑，但听的时候的确会有颤抖和不安。

Q：乐队成员各自最喜欢鲍伊哪个时期的音乐？

里夫斯：《阿拉丁·萨恩》和《每一站》。

亨特：我喜欢《齐吉·星尘和蜘蛛》。

托尼：我也喜欢《齐吉·星尘》，它产生了极大的影响。我真的很喜欢那张专辑里的容森和贝斯手，贝斯手叫什么来着？

鲍伊：贝斯手是特雷弗，特雷弗·博尔德尔。特雷弗还在演出吧，和"尤拉·希普"乐队（Uriah Heep）合作，是吗？

里夫斯：1970 到 1973 年这段时间真的很伟大，因为你可以顶着一头绿色的头发去上学，然后说"关你什么事，我是在模仿大卫·鲍伊"。

鲍伊：我最受恭维的一次，是第一次见到米基·洛克*的时

---

* Mickey Rourke，美国演员、拳击手，常饰演硬汉角色。

候他和我说（模仿印象中可怜的米基·洛克）："噢，上帝啊，1973年的时候啊，老兄，我穿得就像你一样，老兄，我染着绿色的头发，穿着叠跟靴和皮裤！"我很想看看米基·洛克穿着这一身行头啊！我跟他说："那你是玩华丽摇滚的咯？"他说："是的，老兄！佛罗里达人从来没见过这种穿着！"像米基·洛克这样的人，我的影响曾是他人生中那么重要的一部分，那种感觉绝对好，我很受鼓舞。

Q：应该有很多人会把他们人生的某个阶段和你艺术生涯中的某个阶段联系起来吧？

鲍伊：是的，而且……这一点很好，真好。如果你的某一方面对某人有着某种意义，是件很好的事，就算你的眼影其实看上去很烂（笑）。

Q："罐头机器"的现场会是什么样的？

鲍伊：如果我们做演出的话，我猜你会觉得它是一个非常私密的现场。我们其实做过一个小型演出，我们在拿骚录了这张专辑的四五首歌，有次我们出现在那里的一个夜店，走进去就这样上去唱了。

里夫斯：我们没有说我们是谁，就是走上舞台表演，你可以听到台下人们在窃窃私语——"那是大卫·鲍伊！""不，不可能是大卫·鲍伊，这个人有胡子！"

Q：所以演出都会是形式非常精简的那种？

鲍伊：肯定没有戏剧成分，只有一个六人管乐组和一个表演空中飞人的演员！

Q：你的舞台形象呢？

鲍伊：你等着瞧我们会穿什么服装！

亨特：我可能会把这双袜子换了。

鲍伊：凯文·阿姆斯特朗（Kevin Armstrong）也会上台演出，这张专辑他从一开始就参与了。凯文最初是我在"拯救生命"（Live Aid）演唱会上用的乐队的一员。他弹节奏吉他，因为我自己试了下，但弹得不够好。

里夫斯：噢，得了吧！你只是想满场飞，把女孩从观众中拉出来而已。

鲍伊：你说对了（笑），我可不想被绑在麦克风上。

Q：不做过度戏剧化的舞台表演对你来说是很大的改变吗？

鲍伊：其实我最近的几次巡演都已经是如此了。在"让我们起舞"巡演之前，最后一次戏剧化的巡演是1974年的"钻石狗"巡演。那段时期之后的巡演都比较简约，比如"年轻的美国人"巡演，更像是一个白人灵魂乐队的演出，所以比较以形象为导向。那次巡演有桑伯恩［大卫·桑伯恩（David Sanborn）］吹萨克斯，路德·范德鲁斯唱和声，绝对的乐队化，但并不戏剧化，出来的效果很好，很有白人灵歌的味道。接下去的"每一站"巡演是用了很多灯光，但我们没有过多利用这些灯光。我在台上昂首阔步，那些灯光就这样（双手开合）。那次整个舞台是黑白的，用了无色彩的设计方案。戏剧化的演出是从"让我们起舞"巡演开始的，1974到1983年的巡演都不戏剧化。

Q：你听硬核摇滚多不多？

鲍伊：我喜欢激流金属（thrash metal），还有速度金属（speed metal），硬核在美国发展有一段时间了，1978年或1979年左右在加利福尼亚出现，在某种程度上硬核已经成了"加利福尼亚之声"，现在纽约也开始流行了。我说我喜欢硬核，其实还是要看哪个乐队。

Q：你还关注英国的动态吗？

鲍伊：不是太关注。我听到很多英国发生的事，不过音乐上的动向我都一直关注着。已经有很长时间没发生什么能让我兴奋的事了。现在英国流行什么？

Q：硬核、深邃浩室（Deep House）、各种类型的世界音乐，莫里西（Morrissey）依旧很流行……

鲍伊：哦，他还真不错。我觉得他是一个出色的歌词创作者，但我一直没法接受他写的曲。我酷爱老式的旋律，他写的曲却很不一样，吞吞吐吐的。我认为他的歌词绝对是一流的，他是过去几年来英国出产的最好的歌词创作者之一，非常英国化。我不太了解他的形象或者他说了什么，因为我没有看过他的现场演出，但我喜欢他的唱片。

Q：以前的采访里，你经常会列举你当时在听的乐队，比如"迷幻皮草"乐队（Psychedelic Furs）、"代名词"乐队（The The）和"尖叫蓝色救世主"乐队（Screaming Blue Messiahs）等，个个你都很支持。今天你能说几个吗？

鲍伊：我非常高兴地说"罐头机器"是我最喜欢的乐队，它满足了我现时想要从音乐里得到的一切。无论是谁、来自何处、什么年纪,都能听"罐头机器"的音乐——这是很长时间以来我第一次能说这种话。

里夫斯:就像细白条纹和"紫色烟雾"*。

鲍伊:什么?细白条纹和"紫色烟雾"?太棒了!我能就这么说吗?

里夫斯:当然可以。

鲍伊:顺便说一句,我告诉过你吗,就像细白条纹和"紫色烟雾"(笑)!

采访圆满结束了,大卫·鲍伊站起身来,把领带结松开甩到脖子后面去。他紧张地询问着进出英国航班的安全问题。"那些航班为什么会延误?"他带着一个真正的飞行恐惧症患者的偏执问道,"延误的消息是你自己听到的还是只是航空公司说的?"当鲍伊得知有一个航班是因为机翼故障而延误的时候,他脸涨得通红,重新坐下来,一边拉扯着头发一边喃喃自语地说:"不!不!该死的机翼不能有问题!"然后他又想起了自己的宣传责任,于是站起来和我握手,并发表了他的告别语。

"你知道吗,我当时在家里播放这张专辑。"他压低了声音说,"我17岁的儿子(乔)平时听的都是说唱、重金属、'史密斯'乐团†和硬核,他听到了这张专辑说,这是你吗,爸爸?天哪,这音乐才像话!"

---

* 《紫色烟雾》("Purple Haze")是"吉米·亨德里克斯体验"乐队(The Jimi Hendrix Experience)1967年首张专辑《你体验过吗》(*Are You Experienced*)里的单曲。很多人认为"紫色烟雾"代指大麻,而细白条纹暗指吸食大麻的方式。这里里夫斯用了一个暗喻。

† The Smiths,英国20世纪80年代经典另类摇滚乐队,前文提到的莫里西是乐团主唱。

《罐头机器 2》访谈

罗宾·埃加

1991 年 8 月 9 日

（原编者按）此篇对"罐头机器"乐队的采访于都柏林进行，当时乐队正在宣传他们的第二张专辑——非常不幸，这张专辑有一个和它的内容一样缺乏想象力的名字：《罐头机器 2》(Tin Machine II)。这张专辑发行于鲍伊的"声音 + 视觉"巡演之后，在本文中这次巡演被称为"告别巡演"，因为鲍伊声称这将是他最后一次表演他的老歌。

这篇逐字转录的访谈之前从未公开发表过。文中展现的乐队成员之间的互动颇为有趣，也颇有启发性，虽然这种齐心一致的精神很快就会因为专辑没能挤进美国排行榜前 100 位而崩塌。

埃加说："18 个月之前，我在鲍伊的'声音 + 视觉'巡演之前采访过他，当时的他表现得很紧张、很焦躁、很有防御性，这次则变了一个人，非常放松，不时开着玩笑，还模仿各种奇怪的声音。这篇采访绝对是针对整个团队的，充满了相互尊重的音乐人之间的善意玩笑。不用说都知道，鲍伊依然是四个人中最重要的那个，而且时间会证明这个说着'我负责唱歌'的人将会迸发出其艺术生涯的另一波光彩。鲍伊的强项是他在做某件事时便对这件事非常有信心。"

采访的话题从都柏林、专辑的第一支单曲[*]以及这支单曲的音乐录像开始。

大卫·鲍伊（以下简称鲍伊）：在都柏林这里大家真的都很放松，没有成群的歌迷。这个音乐录像结尾的那只脚，以及吉他把月亮切开的画面，都是为影迷准备的，是对两部20年代西班牙电影的致敬。

里夫斯·加布雷尔斯（以下简称里夫斯）：我们听从了伦敦的胜利唱片公司（Victory Records）的意见，在英国发行的第一支单曲和在美国发行的不一样，我们已经把这事搞定了。这张专辑中任何一首歌发行成单曲我们都支持。

亨特·赛尔斯（以下简称亨特）：就是我们负责做专辑，他们负责卖专辑呗。这张专辑花了10到11个月完成，我们乐队为期两到三周的首次巡演结束之后，我们就进了录音室录了25到35首歌。这之后不久，大卫要开始忙他自己的工作，他的告别巡演之类的，不过我们在他工作的间隙又见缝插针地录了些歌。

鲍伊：其实在我的告别巡演之前，我觉得这张专辑已经录好了，但事有轻重缓急，我得先完成和莱柯唱片的约定[†]，就先把这张专辑搁置了。不过一直拖延也不行，因此在我的巡演间隙我们回录音室又多录了几首歌，包括我们和休·帕德汉姆一起录的《来

---

* 指专辑中的《你归入摇滚乐》（"You Belong in Rock n' Roll"）。

† 20世纪80年代末，大卫·鲍伊在1983年之前的唱片录音版权都回到了他自己手里。莱柯唱片公司和鲍伊商议由他们再版发行这些专辑。

一杯》（"One Shot"）。录音一直到今年3月才全部完成，然后我们才确定了最终收录进专辑的曲目，做了缩混。

罗宾·埃加（以下简称埃加）：你们最初是怎么凑在一起的？一开始"罐头机器"给人感觉似乎是个出一张专辑就解散的乐队。

托尼·赛尔斯（以下简称托尼）：整件事开始于15年前，当时亨特、大卫和我一起在为伊基·波普做他的专辑《贪生》，然后我们去做了一轮巡演，大卫在里面演奏键盘，之后我们又和伊基·波普做了一轮巡演。每次演出前试音时，我们三个都会即兴玩点什么，比如大卫写的歌或者我们写的歌，非常有趣。我们也就是胡闹，但挺开心的。我们那时没有聊过一起组个乐队，因为那是完全不同的一件事了，我们只是碰巧在一起工作，想多玩点不一样的而已。时光流逝，后来几年里我们有时又会遇见，也会一起出去玩。三年前，我在洛杉矶遇到大卫，他告诉我他在和一个非常棒的吉他手合作，然后他说："我们为什么不一起搞点想法出来呢？"亨特、大卫和我在洛杉矶集合，两周后我们到了瑞士，第一次和里夫斯见了面。

里夫斯：我妻子在"玻璃蜘蛛"美国巡演团队里工作。

鲍伊：莎拉是最后一刻才进入团队担任媒体对接工作的，她是我一个朋友的朋友，巡演开始前几个月才进来的。因为她在巡演团队里工作我才认识了里夫斯，他经常会出现，有礼貌而且很安静，我和他会聊艺术，但我当时不知道他也是一个音乐人。我只知道他是莎拉的丈夫，一个早年受过训练的画家。巡演快结束的时候，莎拉给了我一盘磁带，说："你要听听这盘磁带，里面是我丈夫的作品。"

我说："太好了！"不过也没多想，因为一趟巡演下来我会收到很多这样的磁带——三四百盘吧，不过我还真都会去听。我回到瑞士后，把所有的磁带都听了一遍，当我听到里夫斯那盘的时候，不敢相信这吉他是他弹的，因为你看到他这个人的时候，你会认为他就算会弹吉他弹的也应该是西班牙古典吉他，但事实上不是……噢！我没法去形容那种感觉，印象太深刻了，所以我打电话给他，问他愿不愿来瑞士聊一下。

我那时收到了来自加拿大舞团"啦啦啦"（"啦啦啦人类足迹"）的爱德华·洛克（Édouard Lock）的邀请，他准备在伦敦当代艺术学院做一个表演来缓和他们面临的困境，问我愿不愿意为这个表演创作音乐。这是一个和新吉他手里夫斯合作的好机会，所以我们聚到一起做了那套音乐。我们开始用合成器模拟贝斯和鼓，然后我突然想到，合成器模拟的贝斯和鼓那种力量和狂暴，是有人可以用真乐器表达出来的，那就是亨特和托尼。不到36个小时，亨特和托尼就飞了过来，我们在一起录的第一首曲子后来收进了"罐头机器"的第一张专辑里，由此我们决定在一起组个乐队做音乐。

埃加："罐头机器"的第一张专辑的反响非常冷淡……

鲍伊：我们自己的反响就不冷淡，我们是那张专辑的大粉丝，它至今还在我家的唱机上。我认为那张专辑是当年度的最佳专辑。我很少喜欢自己的专辑喜欢到那种程度，我觉得"罐头机器"的第一张专辑是一张出色的经典，我真的很爱它。专辑里面的音乐很有趣，就像我们四个人都在尽力让彼此了解自己的观点那样。赛尔斯兄弟在那之前不认识里夫斯，所以那时候他们之间有不少争执，音乐是我们几个人之间唯一的黏合剂。

埃加：第二张专辑是不是会更内敛？

托尼：现在来说，我们几个人已经在一起很久了，默契到可以进行现场演出了。第一张专辑的混乱算是对乐队刚刚开始一起磨合的一个记录吧。

埃加：你是怎么去适应的？

鲍伊：我负责唱歌啊，朋友。这是我 25 年来第一次没有以主角身份出现的专辑，感觉好极了。

埃加：但在四个人中你是不是还是最重要的那个？

鲍伊：这个问题你最好问他们几个。

亨特：大卫是我们中唯一知道自己要什么的人。在录音室里，我们会在 6 个星期里录出 36 首歌，就像雪球一样越滚越大。有几次我们录完了，大卫会说"我还想再多试几遍"，我们就会说"不行，我们刚刚已经录好了，就这样了，就用这个版本了"，我们就是这样劝他的……

里夫斯：可能是有点欺负他。

亨特：但他也接受了。

埃加：每次都接受吗？

鲍伊：我们这个乐队里个个都是固执的人，只是每个人都只提自己的想法，不发号施令。我们对要做什么以及做到什么样子最后都会达成共识。

亨特：他一点也不厌，但我们其他人也都不是厌货，工作中经常会发生大家争抢第一的状况。

里夫斯：考虑到乐队成立时大卫已有了辉煌的个人历史，我们乐队能成立，无疑就是一个货真价实的乐队了。它感觉上像乐队，看上去像乐队，闻起来都像乐队，那就真的是个乐队了。但因为大卫在流行乐坛的地位，只有他才能证明这一点，不管我们其他几个觉得我们是不是个乐队，证明这件事的重任还是在大卫身上，这就是讨论他是不是四个人中最重要的那个的问题所在。不管有没有这个乐队，他自己的艺术生涯都是引人注目的，而且还在继续，所以一切取决于大卫。

托尼：声誉能做的事情太多了。我们其他几个完全能自力更生，没有大卫我们也能活下去，毕竟我们在圈子里都已经20多年了。但大卫受很多东西的牵制，一路以来他都需要平衡很多方面的事情。

里夫斯（对着鲍伊）：我就不为你说话了。

鲍伊（对着里夫斯）：我懂，你什么都不用说。

埃加：你们被排除在"声音+视觉"巡演之外，是种什么感觉？

托尼：我们不是被排除在外。大卫和我们说了他为这次巡演需要遵守某些承诺，我们对此非常理解。趁这段时间我们也能去做一些其他的项目。

鲍伊：他们没能加入巡演很令人沮丧，尤其是我，因为我一直以来都对这个乐队兴奋异常。

埃加：在我看来，"声音+视觉"巡演是令人失望的，我感觉你并没有投入进去。

鲍伊：我不同意你的说法，我是投入到这次巡演里的。这次巡演是我多年来最好的个人巡演之一，简洁的舞美设计，还有我们对大型体育场馆的运用，都让它成为我或者其他任何音乐人做过的最成功的巡演之一。

埃加：所以你做巡演并不只是为了赚钱？

鲍伊：当然是为了赚钱，但那并不会阻碍和削弱我对巡演付出的努力。这么大规模的巡演，你一定得知道能从中赚到多少钱，我如果不赚这个钱才是傻瓜。

托尼：我们要说的是，你做巡演不仅仅是为了钱。

鲍伊：那无关紧要，因为反正也没有人把那当回事。在创意投入方面，我把我很欣赏的人都带进了巡演团队，像找来爱德华·洛克做概念设计，确定了巡演的视觉；还有阿德里安·贝鲁和他的乐队，他们是现在少数几个由最好的音乐家组成的小型乐队之一。堪称顶级的乐队，除了今天在座的这几位组成的乐队，贝鲁的乐队也能算。"声音＋视觉"巡演是最令人愉快的巡演之一，参与进来的人都愿意慷慨付出。

托尼：有些人想当然地认为我们几个会去大卫·鲍伊的巡演做乐手，不过我们还真的聊过要不要去做这件事。我们兄弟俩在和里夫斯合作出了"罐头机器"的第一张专辑后，自然是想要去做大卫巡演的乐手，去换个方式支持大卫。我毕竟是大卫的歌迷，当然会支持他的音乐。

鲍伊：托尼，我才是你的歌迷。

托尼：那样说的话，我更力挺"罐头机器"了。

埃加：你们这次是从百代唱片转签到了胜利唱片？

鲍伊：我们乐队和胜利唱片只签了这张专辑的合约，我目前不想以独唱歌手的身份和任何唱片公司签约。我们要找的是一家想签"罐头机器"而不是大卫·鲍伊的唱片公司，想签大卫·鲍伊的唱片公司对我们来说毫无用处，而胜利唱片对我们想要做的音乐表现出了极大热情。我们并不想在彼此在音乐上还没磨合好之前被逼着出张专辑。如果我们几个感觉做这个乐队没意思了，就会解散，谁也别想让我们继续凑合在一起。如果大家都觉得乐队已经分崩离析，那谁也不想被强迫凑合着过下去。目前"罐头机器"肯定是我在音乐上付出精力的重心，至少明年一年我不会以独唱歌手的身份出现。

一切顺其自然，如果我们几个在这次巡演结束时还相亲相爱的话，那就会再出第三张专辑，但什么事都最好不要去做预言。我们乐队可能最后会像"枪炮与玫瑰"乐队（Guns N' Roses）遇上"谁人"乐队那样：因发生激烈冲突而解散，谁知道呢？那种让大公司把未来十年的每一步都规划好的摇滚游戏，我们是不会玩的。

托尼：我们组这个乐队是因为自己喜欢，如果其他人喜欢我们乐队，那当然更好，但只有我们自己可以决定要不要组这个乐队。

鲍伊：我们只想要一家百分之一万支持"罐头机器"的唱片公司。我们不想哪天突然发现又回到了"大卫·鲍伊"的状况里，那种状况我已经受够了，他们也受够了，在那样的状况里，他们和我一样都是很受委屈的。

托尼：我觉得之前的唱片公司对我们并不是非常满意。当我们几个刚开始凑到一起时，他们只是等着看会发生什么，"这个乐队有可能会把大卫的专辑变成里夫斯的个人专辑？"。但我们做出来的很明显是一张乐队专辑。

里夫斯：所有的歌都是我们几个一起写的，大多数歌词是由大卫和亨特一起写的。

鲍伊：这张专辑里亨特也主唱了几首歌，像是《对不起》（"Sorry"）和《美国本土》（"Stateside"），巡演上他会唱得更多。一切都按乐队自己的节奏发展，令人非常兴奋。你也不会知道乐队下一步会走向哪里，这个特点在今天这个时代是非常领先的。

里夫斯：我们和"枪炮与玫瑰"不太一样，我们几个很多时候是分开的，每个人都各自做着自己感兴趣的事。当我们重新聚在一起时就很有趣，因为每个人都有了新的兴趣点。

鲍伊：我们每个人都有自己的家庭，所以不是那么容易一下子就召集齐。大家都能招之即来也有个问题，就是会形成小圈子，创作会开始原地打转、趋于相同，大多数时候大家分享的都是相似的经验，这对创作而言不是件好事。

埃加：你们不在一起的时候各自都喜欢干些什么？

里夫斯：我喜欢看书，玩吉他也上瘾，在"罐头机器"之前我和波士顿的朋友们一起玩吉他已经有十年了。我还一直在接活儿，电影原声之类的。我也会画画。我大多数的朋友是新闻记者、工程师、律师和本地乐师，对他们来说我是另外一个世界的人，他们会因为我不够"奇怪"而感到奇怪，但"奇怪"只是大众对摇滚乐手的迷思而已。很多人拼死要过上那种"奇怪"的生活，我已经不想和这种人打交道了，只想选择我觉得对的生活方式，而不是别人概念里音乐人过的那种生活。

大家都以为我们不洗衣服，不洗碗，不清理猫砂，会有个田螺姑娘突然出现把这一切都做了——不是那样子的。现在我和朋友们一起玩吉他的时候，现场还是就放几个吉他放大器而已。

亨特：我主要在奥兰治郡的硬核摇滚俱乐部还有蒂华纳的俱乐部里演出，赚点钱供养我自己在洛杉矶附近的夜店里组建的乐队。我在得克萨斯州和一个签在格芬唱片公司（Geffen Records）的新乐队合作，没有人愿意和他们一起做音乐，因为他们配合度很低。我去找了些制作人，看看能不能和乐队搞出点东西来。

但"罐头机器"做专辑的方式就完全不一样了，这也是我们去澳大利亚录这张专辑的原因之一。乔·佩里*有次很伤感地说，如果他要玩摇滚，那除了剑桥的酒吧就几乎没有其他地方可以表演了，只能用摇滚来娱乐大众，因此他有段时间离开了这个圈子。

鲍伊：我无法想象让一个和音乐创作没有密切关系的人加入我们的团队，有个人西装笔挺地坐在那里我可受不了。

托尼：我有三个孩子，所以我要负责养活三个小生命。

鲍伊：就是我们三个呀（笑）。

托尼：他们现在分别是7岁、8岁和12岁，我还得养一个37岁的——孩子们的妈妈。我是个演员，在洛杉矶上些电视节目，另外还为百事可乐和宝丽来等品牌拍过十几个广告，有个叫"布鲁斯"的挪威巧克力品牌的广告也是我拍的。现在我并没有把所有精力都放在做演员上，对我来说那就是个职业，我大多数的精力都放在了当父亲这件事上。我是个成年人，不是个17岁的梦想家，我喜欢我在做的事。

鲍伊：可我依旧是个17岁的梦想家呢。我在圣诞节前拍了一部电影，和罗珊娜·阿奎特（Rosanna Arquette）一起演的，名叫《面条事变》（The Linguini Incident），是我接的第一部喜剧电影——当然不算《初生之犊》，那部电影骨子里就是喜剧。我绝对相信朱利安（朱利安·邓波）会成为一个非常有才华的导演，总有一天他会尽全力拍出一部内容有连贯性的长片。《初生

---

* Joe Perry，美国殿堂级摇滚乐队"空中铁匠"（Aerosmith）主音吉他手。

之犊》的问题是被朱利安切割成了一个个片段，如果你从电影里任选四分钟片段拿出来看都非常好，但这些四五分钟的片段对于组成一部剧情长片来说是缺乏连贯性的。他现在正在拍摄下一部电影，注重表演，不用特效，所以我相信他这一部是能成功的，他的确有这个能力。

另外，我还在约翰·兰迪斯（John Landis）的电视连续剧《美梦继续》（Dream On）里演了一集。这是新拍的一部连续剧，兰迪斯导演了第一集，另外一个副导演拍接下来的几集。第一集由我、西尔维斯特·史泰龙（Sylvester Stallone）、汤姆·贝林格（Tom Berenger）和咪咪·罗杰斯（Mimi Rogers）主演，也是部喜剧。我在其中演一个傲慢愚蠢的英国电影导演，人物原型是我们大家都认识的一个人。

在《面条事变》里，我演一个骗子。这部片子是理查德·谢帕德（Richard Shepard）的首部作品，更像是一部纽约电影而不是洛杉矶电影，风格有点像斯科塞斯的喜剧，很黑暗但也有些闹剧元素，能演这部电影我非常高兴。接下去我就不演戏了，因为明年我要导演自己的第一部电影。今年我已经把剧本写完了，下个月开始写第二稿，3月到4月间会开始前期制作，8月开拍，我自己不会出演，目前能透露的就是这些。

埃加：你之前说过不会再拍电影了。

鲍伊：我说的时候真是傻。如果这部电影不受欢迎，我就永远不会再拍下一部了，但没准我在导演方面是个天才呢？

这个剧本非常非常有趣，我看的时候总是忍不住大笑。我喜欢和兰迪斯合作，他是个很有趣的人。和蒂姆·波普（Tim Pope）合作也很有意思，他非常古怪，但也非常有趣。他会把摄影机架在单向玻璃之后，所以大家只能看到和我演对手戏的人而看不到摄影机，因而气氛相当诡异。我们不知道他什么时候在拍，什么时候不在拍。他拍片子就和我们做唱片一样。

埃加：《罐头机器2》比你最近的作品更有整体性，里面有首翻唱"洛克西音乐"乐队的歌《如果有什么》（"If There Is Something"）让人感觉回到了"齐吉"时期。

鲍伊：那是我们乐队的新作嘛！关于整体性，我要给你泼点冷水，"洛克西音乐"乐队的那首歌其实本来是为我们的第一张专辑录制的，是我们乐队组成后录的第二首歌，我们把它收录在这张专辑里就是为了展示我们的音乐在当时和现在都有的整体性。当时我们做完《天堂在此》（"Heaven's in Here"）后都精疲力尽，感觉没有力气再创作第二首歌了，所以就拿了一首老歌来翻唱，展示一下我们改编其他乐队作品的能力——第一张专辑里我们还翻唱了《工人阶级英雄》。在为《罐头机器2》做缩混时，我想起来我们翻唱过一首"洛克西"的歌，就把它找出来看看是不是适合放进这张专辑里，还真成了。

我们是个非常有凝聚力的乐队，从发行第一张专辑到现在已经有两年，我们还做了现场演出，虽然只有20场。看一个乐队的现场你才能真正了解它，当然为现场演出摇旗呐喊也是20年前的事了。有时候我们在舞台上会表现得极端糟糕，有时候我又会觉得没有其他乐队比我们乐队更能打动我——这就是最令人激动的地方。我们在现场没有合成器、采样或者预录音轨等东西，那就是现场演出的刺激所在。我们不可能每场演出都发挥得很平均，有些会超水平发挥，有些会在水准之下，这就是你看乐队现场的收获，你永远猜不到"奶油"乐队的下一个现场会是浑然天成还是一塌糊涂或者发生其他什么状况。

当年我们和伊基一起演出的时候也是这个情况。作为音乐人，我们享受的是过程，真正的音乐创作就来源于每晚演出的不同变化。比如因为亨特对同一首歌的不同演奏，我自己也不知道今天这首歌下一秒我会怎么唱；有时候我们可能想结束一首歌却停不下来，反之亦然。

托尼：我们大部分歌曲的录音都是一次过的，所以如果要修改就得从头再来一遍。如果你把歌这里修一点，那里改一点，本意是想要控制住它，但它自己就会完全变样，而不是乐队让它变的。

鲍伊：一首新歌我们不会排超过两次，如果感觉不行，那这首歌就不会被拿去录音。一首歌出来后必须一下子就让我们觉得对，否则就说明这是一首不属于我们的歌。

里夫斯：撇开和"奶油"乐队的比较不谈，"罐头机器"某种程度上来说是种新形态的乐队，几乎没有其他乐队和我们一样。我们不是一群20岁的毛头小伙在搞他们的第一支乐队，我经常会说我是"罐头机器"乐队里最年轻的，但也都35岁了。

鲍伊：我们都是成年人了。

里夫斯：我们几个有着相似的生活经历。我们不像其他乐队那样成员们会在一起生活个五年时间，我们几个各自在生活上是平行的，只在乐队里相交，这也会影响到我们的音乐。这种方式年轻人可能不会喜欢。

埃加：你的儿子乔是怎么看"罐头机器"的？

鲍伊：老实说，他觉得"罐头机器"是我很长一段时间以来参与过的最好的项目，可话又说回来，他真正喜欢的其实是"奶油"乐队和吉米·亨德里克斯。和大多数他那个年纪的孩子一样，他最喜欢60年代中期的那些乐队，还有说唱，美国黑人音乐以及60年代中期英国乐队尤其是他的菜，另外他也喜欢一些曼彻斯特的乐队。

托尼：我那个8岁的儿子喜欢说唱，身上天天挂着个随身听，这样他就可以一边吃早餐一边说唱。他也喜欢"罐头机器"，还有"治疗"乐队（The Cure），各种各样的风格他都听。我在他这个年纪时不会听那么多样的风格，当然那时也没那么多选择。现在由于MTV台的轰炸和学校里同龄人的影响，8岁的孩子就开始学光头党剃光头了。虽然我自己打了耳洞，但我真怕我8岁的儿子也去打耳洞。现在有大量毒品贩子涌入校园，12岁的孩子也有吸毒成瘾的，这个时代太奇怪了，简直是有病。

鲍伊：目前为止这种现象还局限在美国，在英国还没有出现泛滥之态。不过上帝啊，我也担心我的孩子吸毒，沾上毒品的生活真是很糟糕。请求上帝不要让这一切发生在我们的孩子、我们最亲近的亲人以及朋友身上。我们都有朋友因为吸毒而离去，而我们对此却无能为力，一个人的生命只能由他自己掌控。

托尼：我现在不吸毒了。

鲍伊：是的，我也一样，我们唯一要做的就是以身作则。我们过去都有经历，我有段时间就经常嗑药，如果有谁想要知道我的那段历史，我很愿意讲给他听。一个人的人生以及他的负面问题不应该遮遮掩掩，应该像我们的父母那样说出来。

托尼：我8岁的儿子不会看到他爸爸在家里酗酒嗑药，因为他一直忙着看电视上的摇滚乐，"枪炮与玫瑰"乐队之类的……

鲍伊：我们就别老提他们了，因为我们乐队和他们并不一样。别拿他们举例子，拿他们来说事是很方便，但是……

（他的话被乐队的嘲弄打断。）

鲍伊：毒品文化盛行是因为它在人们眼里是"滚石"乐队生活方式的真实写照。

里夫斯：你必须让一个艺人说出他最想说的话，如果你不同意他的想法，这才是一个健康的状态，因为还有讨论的余地。你应该希望人人都懂得自己的责任所在，有些人不懂是因为他们身处其中，缺乏全局观。

鲍伊：坦白讲，当我看到一个艺人宣扬吸毒是一种好的生活方式时，我反而希望他嗑药过量而死，这样说服力会更强。当你嗑嗨的时候，你是没有感觉的，只能感到麻木。只有当你戒毒或者戒酒的时候，那种感觉才是真实的，你也得面对这种感觉。如果你一直学不会面对的话，孩子，你可得小心了。

戒毒是完全不同的一件事，很危险。但如果你想早上醒来身上青一块紫一块，而不是只感到忧郁的话，那可以试试戒毒。

你这时会想："去他的吧，我活着一点价值都没有，我想换个人当当。"换个"别人"当并没那么容易，然后你就会为了成为那个"别人"而再去吸毒。没人会在年轻的时候说"我长大了要当个瘾君子"，都是后来误入歧途的。我听说的瘾君子都这样，很可怕。

埃加：如果音乐潮流是循环的，你们现在似乎就站在正确的潮头之上。

鲍伊：小心你的比喻。"小心那把斧子，尤金。"*一个艺术家

---

* "Careful with That Axe, Eugene"，"平克·弗洛伊德"乐队 1968 年的一首器乐作品。大卫·鲍伊此处引用这首曲子应该只是因为说到"小心"而突然想起。

需要感知他身边缺失什么，这种感知恰恰是我生命中所缺少的。这种需要对很多音乐人来说具有天然的吸引力，而这些音乐人在满足了这种需要后组成的乐队，正是我们几个现在努力做的——我们真的要把我们乐队做到那样。生活的需要和艺术的需要一样，都能够创造。

托尼：我不会鼓励我的孩子去做某件特定的事，我只会鼓励他们去做吸引他们的事。如果那件事是不对的，那我会试着告诉他们，但最多也就如此了。我自己是个孩子的时候，每天晚上都听着"嘟·喔普"（doo-wop）睡觉，梦想着能做个歌手，但我的父母跟我说如果我的学习成绩不好，那什么都做不了。

鲍伊：乔已经上大学了，学的是人文科学和传播学，但他不知道将来想做什么，我却从小就知道自己想做什么。很不幸，我从八岁开始就锁定了自己长大了要干的事，到了现在我反而不太清楚自己在追求什么，就像走在一条无名之街[*]上——毕竟我们现在身在都柏林。

托尼：刚入行的时候，我都不知道"艺人与曲目统筹"[†]是干什么的。

里夫斯：我想应该指出的是，如果你成功了，那就像是《成功的滋味》[‡]和《摇滚万万岁》[§]的结合；如果你失败了，那你更像是

---

[*] 此处应指爱尔兰摇滚乐队 U2 在 1987 年发布的著名歌曲《无名之街在何处》（"Where the Streets Have No Name"），歌曲标题是指在爱尔兰，人的社会阶级、高低贵贱和宗教信仰等可以从他住在哪条街上分辨出来。本文采访于都柏林进行，因此大卫·鲍伊会引用这首歌。

[†] A&R，全称 Artists and repertoire，是音乐公司里负责艺人挖掘、音乐发展等工作的部门。

[‡] Sweet Smell of Success，1957 年的一部美国黑色电影。

[§] This Is Spinal Tap，1984 年于美国上映的一部关于"脊椎穿刺"乐队（Spinal Tap）的伪纪录片。

个扫大街的。所以你必须热爱做音乐这件事,因为它能让扫大街都变得有价值。

托尼:如果我事先知道进入摇滚界就意味着要花很多时间独自待在陌生的房间里、要花很多时间和心不在焉的人在一起、要花很多时间旅行、要花很多时间打包行李的话,那还真没什么能吸引我入行的。真正吸引我的还是音乐本身。很多人一厢情愿地以为艺人要做的就是亮相、演出、收钱、玩女人——那都是胡说八道,只有查克·贝瑞(Chuck Berry)会这么做。

里夫斯:做艺人至少你可以到处旅行,去你以前从没去过的地方。你还有很多时间阅读、自学,每个大城市也都有博物馆和美术馆。

亨特:每个大城市还都有汉堡王。

鲍伊:我们的确会去参观博物馆。

托尼:大多数摇滚乐手光坐在酒店房间里喝酒了,喝遍世界上所有品牌、所有品种的酒。

鲍伊:我喜欢旅行,但尽可能少坐飞机。我也在克服飞行恐惧,其实我很喜欢飞机的。我到现在依旧很喜欢印尼,也真的很想去印度。60年代的时候我不太想去那里,因为觉得那里都是嬉皮士,我记得那时候我去过那里几个星期,但心不在焉,不过现在我特别想去。缅甸也非常有趣。

《购买女孩》("Shopping For Girls")这首歌是关于泰国北部儿童卖淫问题的,里夫斯的妻子对此做过一个报道,写这首歌的起因就是我们几个有天晚上在讨论这事。我去过泰国,亲眼看见过类似的事情发生。拿这个题材创作是非常困难的,因为我并不想拿它来博眼球。这首歌的另一个难点是很容易显得指手画脚,因此最后我用了纯叙述的方式来创作。

埃加：你的感情生活有什么变化？

鲍伊："大卫，你的感情生活怎么样？"（笑）我之前看到一份英国报纸登了一篇两页篇幅的文章，他们声称是采访了伊曼聊关于我的事，可是几年前我就看到过一篇和这篇内容非常相似的文章，难道他们是复制粘贴来的？我还没向伊曼求婚，我们也没结婚的计划，但我们在一起非常开心。你能从我这里得到的感情生活的料只有这些。

里夫斯：我们几个都向伊曼求过婚了，所以她非常安全。

鲍伊：眼下我的主要精力放在10月份开始的巡演，巡演会在明年2月结束，其中包括圣诞节的休息。这次会去欧洲、美洲、日本，可能还有澳大利亚。我们也讨论过要去印度尼西亚、巴厘岛演出，可能会去德里和雅加达。

过去的演出是大家都为我工作，现在我们几个则是为彼此工作，钱也是分成四等份的。

里夫斯：我试过多分一点给自己，但他们几个都很机灵。

亨特：巡演一开始最好还是能领点薪水，毕竟有各种开销。

鲍伊：我们乐队是完全自给自足的，花的都是自己赚来的钱，我没有出钱资助乐队，那不是我的风格。乐队的花销也是我们四个均担的。

亨特：我不为任何人工作，自从当年为伊基工作后我就再也没犯过这样的错误。眼下我也不会认为我是为大卫工作，也可能就是因为这样，"罐头机器"乐队才成为了一个出色的乐队。

鲍伊：这几个人都很了解我，他们对为我工作是不屑一顾的。

亨特："罐头机器"是一个真正意义上的乐队，大卫过去得到的东西都是他自己的，乐队丝毫不会眼馋这些东西。我希望我们乐队是个非常90年代的乐队,"90"本来就是颠倒的"60"。

鲍伊:我喜欢让一切充满可能性。在《让我们起舞》之前,我一直对自己能在主流流行乐和前卫风格之间取得平衡非常满意。我当然爱钱,但那样的话就要完全拥抱主流体制,也就意味着在艺术上要开始扼杀自己了。

以前我是一个非常不合群的人,而这个乐队最强的一点是我们几个有着非常多的共同经历。我们都是同一个年龄段的人,我们都离过婚——有段时间我们想给我们乐队取名为"四个离婚男人"或者"赡养费有限公司"。

亨特:我们和其他乐队唯一不同的地方,是我们的主唱是个百万富翁,但仅止于此,其他都一样。

鲍伊:对一个不怕在公众面前做出种种改变的人来说,用"形象"这个词来说明一切是最省事的,我的变化大家都看在眼里。"罐头机器"有风格,但并不赶时髦。

"孩子,总有一天这些都是你的……"

斯蒂夫·萨瑟兰

1993 年 3 月 20 日、27 日,《新音乐特快》杂志(英国)

(原编者按)尽管有很多人能模仿大卫·鲍伊那颤抖而矫揉的伦敦腔声线,但他们无法拥有鲍伊那种一秒就能辨识出来的音乐风格。从一众音乐人中找出鲍伊的歌迷并不难,加里·纽曼、"回声和兔人"乐队(Echo & the Bunnymen)、"快乐小分队"乐队(Joy Division)、"史密斯"乐团以及他们的主唱莫里西,还有"果浆"乐队(Pulp)。这些歌手、乐队几乎没有共同点,但他们的几个特征能将他们划归到同一阵营——这个阵营里的人要么都曾在自己的卧室里花上好几个小时紧盯着《齐吉·星尘》的专辑封面,要么都曾在自己尚且稚嫩的脸上画上一道闪电去看演唱会——即:戏剧化的舞台风格、艰深难懂的歌词、狡黠可爱、蔑视传统摇滚音乐编配、大玩雌雄同体意象,以及以上所有的集合。

在这个"明显受鲍伊影响的音乐人"名单中,现在可以加上"山羊皮"乐队(Suede)了。"山羊皮"首张专辑发行的那个月,

《新音乐特快》安排乐队主唱布雷特·安德森（Brett Anderson）和他无可置疑的"音乐教父"见了面。而那个人——鲍伊，其个人复出专辑《黑领带白噪音》也将会在后一个月上市。两期《新音乐特快》洋洋洒洒地记录下了两个分属不同年代但同样华丽耀眼、才华横溢的男人之间的对话。在这篇访谈中，安德森甚至还提到了他从鲍伊那里学来的一项技能："低八度唱法"。

在这篇访谈的第二部分，鲍伊透露了其家庭的一些有趣的细节，还坦诚地谈到了他那个精神不正常的同母异父的哥哥特里。特里于1985年自杀，而鲍伊很奇怪地称呼他为"继兄"（stepbrother）。更有趣的是，这篇访谈对于同性恋和双性恋话题的讨论有可能是鲍伊所有访谈中最深入的一次。

这篇访谈发表之后，鲍伊和他众多追随者在才华方面的造诣高下立见：鲍伊的传奇并未因此黯淡半分，但安德森在这次盛大登场之后的艺术生涯却颠簸不定。

第一部分

事情是这样的："山羊皮"乐队即将发行他们的首张专辑，似乎是命运的安排，布雷特最大的偶像之一——大卫·鲍伊将在大约一周后发行他的个人专辑。

那么，考虑到"山羊皮"被普遍认为主要受鲍伊在20世纪70年代创立的华丽摇滚的影响，加之鲍伊即将发行的专辑《黑领带白噪音》被盛传为他荒废十年光阴之后的漂亮回归，把这两位聚到一起似乎是个超级棒的主意。

因此我给鲍伊录了一盘"山羊皮"的磁带——我时不时会寄

些磁带给他,因为他喜欢保持联系。我在磁带上录了"山羊皮"的第一首和第二首先行单曲,再加了一些私录现场歌曲,寄给鲍伊后就等着他的回音。往常鲍伊收到磁带后都会回信给我说谢谢,但这次有点不一样,他没有回信道谢。

鲍伊后来告诉我说:"在所有你寄给我的磁带中,我一下子就听出来这盘是很厉害的。"鲍伊同意了会面后,我这才去通知布雷特——之前我一直对他保密,因为如果这事不成的话我不想让他失望,而要是最后事情成了,我又不想让他有更多时间考虑而临阵退缩。

我们在一个阴沉沉的下午于卡姆登的一个录音室里见面,这个录音室是鲍伊为布雷特播放他的新专辑而特意租的。两人在一起拍了照,布雷特非常紧张,鲍伊却自信满满。鲍伊带来了他和威廉·巴勒斯在 1973 年拍的一组照片的底片拷贝,而今天鲍伊的穿着就和照片里的巴勒斯一样——灰色西装、白色衬衫配一条黑色窄领带,外加一顶软呢帽。布雷特的穿着则是他的一贯风格,也就是八卦小报给他安上的所谓"大甩卖风"。

鲍伊对布雷特说:"咱们这么拍——我来演比尔*,你来演我。"这一句话就为两人破了冰。

完成拍照后,我们回到录音室,听鲍伊给我们播放他新专辑里的几首歌。他开玩笑地给我打预防针,说我可能会不喜欢这些歌——他每次都说中。我们听到的歌里,有一首锋芒毕露的欧陆舞曲《夜行航班》("Nite Flights")非常好,而翻唱自莫里西的《料事如神》("I Know It's Going To Happen")则很蹩

---

* 指威廉·巴勒斯,比尔(Bill)是威廉(William)的昵称。

脚、很做作。另外还有一首很奇怪的歌叫《帕拉斯,雅典娜》("Pallas, Athena"),鲍伊的声音被处理得无法辨认,歌词则一直重复着"天父在上"。鲍伊自己承认"我他妈也不知道这首歌说的是什么"。

我们说说笑笑,喝着下午茶。布雷特恭维了鲍伊的萨克斯技巧,鲍伊则对乐手们出于纯粹主义的摆谱摇头叹息。"最好不要知道自己在做什么。"他说,"像列侬让管弦乐团把《生命中的一天》('A Day In The Life')从最低音到最高音演奏一遍,他不知道这对那些乐手来说是多大的羞辱。"鲍伊还和我们说了能和米克·容森再次合作有多激动,接着布雷特起身去上厕所。

"你不觉得他看上去很像年轻版的吉米·佩奇[*]吗?"鲍伊问我,"佩奇早年做过几次我的乐手,那时候布雷特大概只有六岁吧?哈哈哈!布雷特很像佩奇,相信我,我的感觉很准,尤其是他笑的时候……"

布雷特回来后,鲍伊给我们播放了最后一首曲子,这首《寻找莱斯特》("Looking For Lester")是一首活泼的爵士器乐曲,由小号手莱斯特·鲍伊(Lester Bowie)担纲演奏。鲍伊承认这首曲子的标题是厚脸皮地模仿了柯川的那首《追赶列车》[†]。

歌播完后,鲍伊立即展开了一个既冗长又复杂的关于后现代主义的话题,从而避免了一般采访开始时都有的那种尴尬。他从20年代毕加索在民族博物馆的土著艺术中获得灵感说起,一直说到西方艺术的近代历史,然后华丽地引到了他想说的点上。

---

[*] Jimmy Page,英国殿堂级摇滚乐队"齐柏林飞艇"(Led Zeppelin)的吉他手。

[†] "Chasing The Trane",约翰·柯川的经典名曲之一。标题从柯川的姓氏里截取了"trane",和"火车"(train)谐音,以形成一个双关语。《寻找莱斯特》也是在小号手莱斯特·鲍伊和大卫·鲍伊相同的姓氏上玩的一个双关。

鲍伊对布雷特说："你的表演和创作都很棒，我觉得你会在音乐行业里大有发展。但是你知不知道你的和弦行进有多像……其实并不是特别像我，更像'洛克西音乐'。"

布雷特明显因为不用主导这场对话而感到放松了不少。他回答鲍伊说自己一直对后现代主义这种概念无感："我们乐队不像'丹宁'乐队（Denim）那样，通过影射历史的方式去引发受众对于政治或者文化方面的思考，那实在太理论化了。只是因为很多那个年代的事物，或者技巧，对我来说更能引起感情共鸣，而不是思维上的共鸣。我们从你身上学到很多东西……比如低八度唱法之类的技巧，我就是喜欢它们在你歌里的表现，以及它们怎么让你的歌显得更暗黑……

"但有好多人说我们像那些我从来没听过的歌手。比如有个人的歌我一首都没听过，他叫什么来着……乔·布朗（Joe Brown）？就是'伦敦反叛'（Cockney Rebel）的那家伙，还有他那首《过来看看我》（'Come Up And See Me'），我真没听过，但所有人都说我们在抄袭他。"

鲍伊说："噢，他啊……如果我是你，我都不会说自己听说过这个名字！哈哈哈！斯蒂夫把你的磁带寄给我之后，我带着开放的心态去听了，因为虽然之前我听说过你的名字，但没听过你的音乐，所以一开始我猜你们可能是 70 年代风格，但没听几秒我就推翻了这个预测。我很清楚地听到，这些音乐是一群脑子很聪明的人做的，你们的创作能力非常成熟。我好奇的是，你真的会因为有'丹宁'那样的乐队存在而感到担忧吗？"

布雷特说："是的，非常担忧，因为人们会把你和他们归为同一类，那真是一种致命的束缚。"

鲍伊用一种戏剧化的伦敦腔有些不情愿、不甘心地说："在我们那个年代，得凑合着穿叠跟靴……"然后他换回正常声音，接着说，"回过头来看，华丽摇滚真是一个非常古怪又弱小的流派，因为排除掉类似'甜'（The Sweet）那样的乐队，其实只有非常少的几个人在做这个风格。从音乐角度上说，华丽摇滚或者'闪光摇滚'都称不上一种风格运动。它的范围太小了，在大西洋的这边做华丽摇滚的，就只有我、'洛克西'和博兰，某种程度上我觉得'斯莱德'乐队（Slade）也算。"

布雷特问："你真不觉得自己是他们中的一员吗？"鲍伊摇了摇头。布雷特说："所以从历史的眼光看，苏西·奎特萝（Suzi Quatro）那样的人出现了，然后从你那里偷师了一些东西，人们好像就觉得真有个华丽摇滚运动了。当大家在说'鲍伊、暴龙乐队之类'的时候，其实他们都搞错了。我一直把你、伊基和卢·里德看作你们自己，而不是归类到哪个风格，但大家会简单地把你们……"

鲍伊："没错，那都成了我的标签了。不过我一直把自己和英国乐队……某种程度上还包括'纽约娃娃'乐队（New York Dolls）在内归为一类，但我绝不会和……那个人叫什么来着？伊丽莎白·库珀，哈哈哈哈哈！我绝不会和艾利斯·库珀为伍。'艾利斯·库珀'只是一个涂上睫毛膏的摇滚乐队而已。我觉得那些美国乐队在见识到英国乐队之前都没试过化夸张的妆。在我们眼里看来，与其说他们是在奋起直追地模仿我们却搞得像杂耍，或者在学我们某些英国乐队的样，还不如说他们更像在学弗兰克·扎帕。"

布雷特："你那时候有没有要完全脱离这一切的想法？"

鲍伊："你是说苏西·奎特萝和加里·格利特（Gary Glitter）那些人冒出来的时候吗？没错，那时候我确实觉得他们在外形上有种令人尴尬的感觉，我的意思是，我显然不想把我的羽毛披肩华服和加里·格利特这样的江湖骗子扯上关系。"

《新音乐特快》："现在电视上还有个叫《70年代之声》（*Sounds Of The Seventies*）的节目，里面大多数的华丽摇滚歌手看上去都像遇到第三或第四春的老年酒吧歌手，就像肖恩·芬顿（Shane Fenton）把自己重新打造成'阿尔文·星尘'（Alvin Stardust）那样，一个个化着妆却挺着个啤酒肚。我印象中的华丽摇滚可不是这样的，怀旧怀的都不是那个味道。"

鲍伊："非常正确，不过当时我们就已经非常清楚这一点了。令我们非常恼火的是，那些显然从没有看过《大都会》（弗里茨·朗导演的开创性无声科幻电影，讲述工业社会如何走向疯狂）、从未听说过克里斯托弗·伊舍伍德（《卡巴莱》的作者）[*]的人却当上了华丽摇滚歌手。"

《新音乐特快》："布雷特，你觉得你从像大卫这样其他时代的偶像身上学到了什么吗？你遇到过什么偶像陷阱并想要躲开它们吗？"

布雷特："不，我从来没有想过这点。我唯一真正提防着的事是被卡通化，不过但凡某方面优秀一点的人都会遇到这样的事——你会被误读，被过滤，剩下的东西缺少了所有应该有的微妙之处。"

鲍伊："那倒是真的，当年我骗自己说，我不想被定型，因为那样我会被固定在一个形象里，如果我想开始做点其他事，会非常难摆脱这一形象。但现在我的看法有所不同，我觉得我不想

---

[*] Christopher Isherwood，英裔美国作家。原文此处不严谨，音乐剧《卡巴莱》不是克里斯托弗·伊舍伍德写的，而是根据他的自传体小说《再见柏林》（*Goodbye to Berlin*）改编的。

被定型的原因其实是，它迫使我去审视我真正想要的生活是什么样的。现在我对我70年代早期的很多言行在心理学上有了更深入的解释，而在当时我是用摇滚行业的阴谋论解释的，我要做的就是不要飞蛾扑火。不过你们还没到被定型的时候。"

布雷特："噢，已经有人想给我们定型了。"

鲍伊："在首张专辑发行之前就有人要给你们定型！太厉害了！如果是真的话那也太快了！"

布雷特："媒体上出现的你就是这个样子的。在大家只能看到你的某一面时，定型才会发生，因为人们只能看到你这一面。这就是我们必须做现场演出的原因，现在每个人都很挑剔，而你又在这些人显微镜般的观察之下，必须走到他们面前，展现真我。我不想我们乐队以媒体捏造的形象出现，我相信有很多人以为我们就是那个样的。我们完全不想做很多预先规划的事，要做就做最自然的我们。"

鲍伊："啊，这点上我和你不同，我们有区别了。虽然我可能真不知道为什么，但我一直在做的就是预先规划虚构形象。"

布雷特："最重要的还是最终的成果，如果预先规划出来的成果是很棒的，那就没问题。舞曲界就是最好的例子，舞曲就一再印证了只有最终成果才是最重要的。舞曲和朋克的道理是一样的，无须打上音乐人的名字，唱片本身说明一切——我对此深信不疑。"

《新音乐特快》："但不能否认的是，你们俩都获得了歌迷的爱戴，因为他们认为你们通过音乐表达的就是你们自己的个性。大卫，你说你做的是虚构唱片，也就是你创造了很多虚构形象；布雷特，你说你以自然的方式做专辑，对他们而言你们是殊途同归的，因为他们接受的都是形象。'罐头机器'乐队之所以被批评，是因为大卫只想做乐队的一分子,做其中一个普通的成员,但大家却不想要这样,他们想要的是一个明星。普通人需要英雄,需要有人拔尖,成为一个特别的人物,因为普通人自己没法做到。大卫组建'罐头机器',其实是在逃避自己身为巨星的责任。"

布雷特:"有趣的是,当大卫组建'罐头机器'的时候,正是开始流行非个性化还有曼彻斯特风格的时期,非主流媒体最爱的明星是一个叫伊恩·布朗[*]的人——那真是天底下最普通的名字了。当时人们做的一切都是为了跟风,你们可能也感受到了那个时代的……"

《新音乐特快》:"这就是人们常说的大卫·鲍伊,你就像是一条反映时代的变色龙。把《黑领带白噪音》和布莱恩·费瑞的新专辑《出租车》(*Taxi*)比较,后者只是一张毫无新意的翻唱专辑,而新意对你来说明显非常重要,你在艺术上的自尊让你不会躺在既有名声上裹足不前。其实你在'罐头机器'组队期间做个人专辑这件事本身就是你个性的一种体现。你是不会被束缚的。另外,不管是不是出于自私,你的行事方式总让我觉得和布雷特一直对媒体说的那句话有异曲同工之妙,他一直说我们要公开反对千人一面,这是一种惰性,代表着艺术上的胆小怯懦。"

布雷特:"没错。大卫,你走上演艺道路之前有没有给自己描绘过一幅浪漫的图景?你有没有想过自己会变成一个明星?"

鲍伊:"我觉得一开始我更多地把自己想象成一个艺术家,一个以娱乐为媒介去完成艺术表达的艺术家。当我把'齐吉·星尘'的整个形象概念都建立完整后,我才真正清楚我应该是什么样子。现在看来1970年之前的岁月对我来说是学习阶段,我尝

---

[*] Ian Brown,英伦摇滚乐队"石玫瑰"(The Stone Roses)主唱。

试了各种可能，看看在我身上会发生什么，也看看我能挑战哪些禁忌，最后哪些可能是有意义的。"

布雷特："在你之前没有人真正挑战过这些，是吗？有些明星，比如猫王这样的巨星，他从来没有自己写过歌，总是说自己只是一个歌手。"

鲍伊："是的。奇怪的是，当我打破了某个规则时，却会招致大量的敌意。我在 70 年代早期经历了双性恋时期，之后发现我很明显是个异性恋，我从来没有否认我滥用了双性恋的概念，但我没有成为同志群体代言人这个事实确实招来了大量敌意。他们好像让我不禁怀疑：'那像我这样的人又算什么呢？我们这种尝试了几年双性恋的人，我们这种不是同志、只是想探索和确认自己身份的直男，到底算是哪一类？'"

布雷特："他们不允许你这样做。"

鲍伊："正是。大家都觉得我要么是这样要么是那样，要么一定是双性恋要么一定不是。这让我觉得不胜其扰。即便是我的一些同性恋朋友，最后也会说'你不过是靠双性恋大赚一笔罢了''你让我们失望''你是个骗子'之类的话。我尝试双性恋不是为了骗人，就是为了尝试，事实就是如此。"

布雷特："你用艺术的手法去表达双性恋，并不一定说明你自己就是双性恋。我觉得你个人是什么样子并不重要，因为你只是这个世界上的一个个体。但是当你出了唱片，你就是向数百万人发声，这就不一样了。这就像你收到了歌迷来信想让你帮忙解决他们的问题一样，但你并不是一个心理医生，人们应该是从你的唱片里汲取力量，而不是从你个人身上。"

鲍伊："是啊，人们就是不想你有多样性，所以……嘿！我们就是要多样化起来！我觉得关于艾滋病致命性的疯狂宣传很可怕,我的意思是,如果我现在是一个14岁的孩子,如果我对自己的性向有疑惑,我可能都没有办法去尝试知晓自己的性向,因为那些宣传已经让我觉得自己是一个受害者,或者一个罪犯了。我们就如同被告知:'嘿!忘了你的性向吧,那是不存在的事,你除了遇到一个女人和她共度余生外,没有其他选择。'

"对那种'噢!你不能再胡来了'的话,我是会硬杠的,我觉得那是扯淡。当然应该尽可能地做好预防措施,但眼下这种让大家都觉得性生活已经穷途末路的宣传可能会带来人类文明史上最大的性无能时代,因为这会给人们,尤其是年轻人,带来巨大的心理噩梦。这基本上就等于告诉现在的年轻人,他们永远享受不到那种其他时代的人能享受的乐趣了,自认倒霉吧。"

布莱特:"这样一来,怀旧就产生了。"

鲍伊:"是的,绝对如此。现在反同性恋的事变得非常多,我毫不怀疑人们总有一天会找到治愈艾滋病的方法,但在艾滋病能被攻克之前,我估计反同性恋运动会有一个高潮。我们必须清楚意识到这一点,必须努力拓展可能性,因为不管人们愿不愿意承认,70年代都取得了很多突破。当我们回顾那些社会实验,有些走入了歧途,尤其是关于毒品的那个,但这并不意味着所有的社会实验都是负面的。人类之所以是人类,是因为我们的存在和行动拥有像酒神狄俄尼索斯那样的创造力,这也让我们相比其他生物都更有优势,我们必须为我们存在的意义不断地突破界限,这既是我们的权利,也是我们的需求。有人让我们不要那样做,那是可怕的。"

《新音乐特快》:"人们对像你这样身在娱乐行业中的人说这种话是会怀疑的,他们总是在找角度挑起话题,比如说你的双性恋时期是精心安排的噱头。"

鲍伊:"就我个人而言,我在发表那个声明之前已经是双性恋很多年了,可是人们的确觉得那就是个噱头而已。没错,我后来发现自己不是一个真正的双性恋,但我还是喜欢尝试的过程。参与到在那个特定年代仍被认为是社会禁忌的事情中的那种刺激,我是非常喜欢的,我非常乐在其中。"

《新音乐特快》:"现在轮到布雷特被指控用模糊的性向撩动大家去买他的唱片了。"

鲍伊:"哈哈哈,现在这个时代也是够了!在这危险的90年代,胆敢说一句性向的话都会被大棒伺候!"

布雷特:"这点真的让我很生气,因为我在歌里以性向为话题,大家就认为我在拿这个撩大家买唱片,而我只是因为不想写'男孩遇到女孩'那样老套的题材而已。有时我会从同性恋的角度来写歌,这和我自己是不是同性恋无关。因为我觉得流行音乐严重忽视了社会的某些层面,所以我才会这么写。我这样做不是要故意搞商业上的噱头,或者为了盈利故作艰深,又或者是类似的原因。很多时候连一些同性恋者也在质疑我的创作,我觉得相当费解。"

《新音乐特快》:"你的意思是,性这个话题在1993年比在70年代更为禁忌?如果是的话,这在某种程度上可以解释为什么麦当娜的《性》写真集能引起如此大的轰动。"

鲍伊:"那本写真集看上去像是用赫尔穆特·纽顿*某次拍摄中弃用的照片凑成的。不过麦当娜出这本写真集这件事本身非常有反叛性,让我印象非常深刻。我完全不同意大众对她的固有看法。她利用社会认知现状打造她的形象这件事不用多说,我们都

---

* Helmut Newton,时装摄影大师,其摄影作品中有较浓烈的情色成分。

知道，但我觉得她在现在这个特定的时期去出这本写真集的行为是非常有冒险性的。她对自己做的事怎么想并不重要，能把行为和性格分开，那是一件非常需要胆量和冒险的事。某种程度上，或许更多类似的事将会发生，去对抗越发保守的时代潮流。"

《新音乐特快》："如果70年代你想到要拍类似的写真集的话，你会拍吗？"

鲍伊："是，我可能会拍。但问题是，那时我没有拍，我是直接做！哈哈哈！很明显，托尼·德弗里斯（鲍伊的前经纪人之一）从来不会想到拍这个，否则我那些在酒店房间里的照片就随处可见了，哈哈哈！不过毫无疑问，出不出写真集都一样，那些照片总有一天会传得到处都是。"

布雷特："这本写真集取得的成就是值得称道的，不管是不是同性恋，每个人都应该完全认同自己的性取向。不过令我困惑的是，这本写真集里麦当娜表现得非常取悦男性和父权，失去了她的特色。"

鲍伊："的确如此，但我不知道大家有没有意识到自己完全有权利坚持自己的真实性取向。现如今如果一个男孩或者女孩感觉自己是同性恋，他们可能想的是怎么隐藏起来，而不是'让我去探究一下真实的我'，这件事他们现在连想都不敢想，同时他们也被告知说不要去想这件事。我预感很快会有叫嚣着'让你自己变直''马上去学习一夫一妻制''你遇到的第一个女孩就是你一生中的那个唯一'之类的运动发生，就像过去发生过的那样！比如'嘿！你搞大了姑娘的肚子就得和她结婚'这样的话。"

《新音乐特快》："这类事情也迫使同性恋群体变得更激进，反过来又让他们与所谓的主流社会更加疏远。"

鲍伊:"没错。毫无疑问我们最终又会用上粉红三角*。有个挺著名的电视政治评论员建议给同性恋者背上文编号文身!他是说真的!还是个非常受人尊敬的人呢!他很认真地给出这样的建议,这才是最可怕的。"

《新音乐特快》:"那好,我们都同意布雷特可以在他的歌里模棱两可地表达他的性向,我们也都同意大卫关于人们都有权利对自己的性向模棱两可的说法,那这种模棱两可是不是适用于所有人呢?比方说,大卫你在新专辑里翻唱了莫里西的《料事如神》,但你知不知道他最近因为在演唱会上模棱两可地用了米字旗而被大家排挤?大家已经认定莫里西没有权利对于种族问题模棱两可,还必须就自己是不是种族主义者公开发表声明。我们是不是对他双标了?"

布雷特:"我和他不同,我谈论事情的方式是正面的,但我觉得他故意用了负面的方式谈论某些种族主义问题,我们需要知道这背后的原因。"

鲍伊:"这个问题上我得谨慎一点,因为我不太清楚他具体说了什么,但我相信他说的意思是白人和黑人永远无法和平相处,这应该是他话里主要的基调。面对这样的事情,我想成熟的做法应该是说:'好,让我们就他的问题找到我们自己的答案。白人和黑人能和平相处吗?不能和平相处吗?不能的原因是什么?'他只是提出了一个问题,因此有种观点认为他只是提出了那个问题,这完全没问题。

"他并没有告诉我们正反两方面哪面是事实,也没有和我们说他对于这件事的看法。当然他如果说黑人和白人永远都不能和

---

* 粉红三角形臂章是纳粹集中营给囚犯佩戴的臂章之一,用于标识同性恋者。

平相处那就是负面的了，因为那显然意味着他认为一个种族比另一个优越。"

《新音乐特快》："我认为他沉默的含义更阴险，我怀疑他的动机。据我所知，他这辈子从来没做过一件利于他人的事，我不知道他有什么理由现在开始要做好人。"

布雷特："他过去还说过什么雷鬼乐有多邪恶，还有'吊死DJ'[*]之类的话，都有那种意思在里面，不过事实上，他可能是有史以来最宽宏大量的人之一。我不知道能不能这样说，他把自己当作一个靶子，可能真的可以填补一些隔阂、架起一些桥梁。他不笨，肯定知道这样做会让自己成为众矢之的，所有的责难都直接朝他而来，却能因此成就一些好事。他可能就是这么想的。"

《新音乐特快》："噢，拉倒吧！他就是喜欢扮演被误解的人，扮演烈士，假装承受随之而来的非难。"

鲍伊："我得说，我见过他几次，觉得他挺迷人的。他听过我翻唱的《料事如神》（布雷特对这首歌的评价是：'非常50年代''非常约翰尼·雷[†]'）后，眼里噙满了泪水说：'噢！太太太棒了！'"

《新音乐特快》："我从一开始就怀疑他，他那些悲伤到令人午夜梦回辗转反侧的歌也没给谁带来什么帮助嘛！他只是用他人的不足来衬托出他的偶像风采，这一点真不值得赞扬。"

鲍伊："这话你和塞缪尔·贝克特或者约翰·奥斯本[‡]去说。"

---

[*] 出自"史密斯"乐团1986年的单曲《恐慌》（"Panic"）中的歌词。

[†] Johnnie Ray，美国著名歌手、钢琴演奏家和音乐创作者，在20世纪50年代广受欢迎，被认为是摇滚乐的先驱之一。

[‡] John Osborne，英国著名现实主义剧作家，代表作为1956年的剧本《愤怒的回顾》（*Look Back in Anger*）。

布雷特:"大卫,你在做'瘦白公爵'时是怎么想的?当时你也受到类似的指责,说你也是在滥用右翼象征。"

鲍伊:"是,的确有人这样说。其实我并不是在滥用法西斯主义,而是我在那时沉迷于魔幻的东西无法自拔。那段时间真是非常可怕,我读的书都是伊什梅尔·雷加德(Ishmael Regarde)、韦特(Waite)、马弗斯(Mavers)、曼利(Manley)之类的术士写的东西,而且我把自己和所有这些神秘主义行为之类的东西联系在了一起,想要追求其中真正的奥义,我觉得自己能通过阅读这些书而找到。

"顺便说一下,我没有很痴迷克劳利^{*},因为他的作品用了太多希腊语。我总是很怀疑那些说很喜欢克劳利的人,除非他们很懂希腊语或者拉丁语,否则就是在胡说八道。"

布雷特:"你在《流沙》那首歌里提到过克劳利。"

鲍伊:"是的……哈哈!被你逮个正着!那首歌写在我开始读克劳利之前,哈哈哈!我在地铁上读他的自传,书就放在我的雨衣口袋里,所以别人可以看到书的名字。讽刺的是,我从来不觉得自己对纳粹的兴趣有什么政治含义,我对他们有兴趣是因为据说他们在战前就来到英国,去格拉斯顿伯里[†]寻找圣杯,这一整个关于亚瑟王的想法一直萦绕在我的脑海中,前因后果就是这样。因为那段时间我过得一塌糊涂,所以纳粹把犹太人关进集中

---

* 阿莱斯特·克劳利(Aleister Crowley),英国作家、神秘学家、魔法师,创立了泰勒玛(Thelema)密教组织,在西方神秘主义文化中具有极高的影响力,但同时也被认为是"世界上最邪恶的人"。

† Glastonbury,英格兰萨默塞特郡的一个小镇,历史悠久,与亚瑟王传说中的许多情节有关。另外,从1970年开始这里每年都会举行格拉斯顿伯里音乐节,目前已成为世界最著名的音乐节之一。本书之后的章节也有大卫·鲍伊参加格拉斯顿伯里音乐节的内容。

营还有种族镇压这类事我都忽视了。当然，当我回到英国后，这些事我就了解得非常清楚了。"

布雷特："你觉得你注意过那个时代兴起的朋克运动的潮流吗？"

鲍伊："我不知道，因为那些事发生的时候我在洛杉矶，对于在伦敦发生的事，我一点概念也没有。如果就是在那个时候纳粹的万字旗成为伦敦朋克圈的一个标志，那我肯定完完全全不知道。"

布雷特："有时候你的直觉下意识和现实吻合，你演艺生涯中很多言行和现实很合拍，但可能你自己并没有意识到。"

鲍伊："的确，准得让人害怕！有时直觉这件事会让我想到某个南太平洋的原始部落，他们看到一架飞机从头顶飞过，然后就按那个样子用木头做了一架飞机放在林子里，祈祷这个'神'能再次降临。他们做的这个飞机从外形上来说非常像真飞机，但他们并不知道那东西是什么。有时候我感觉这就很像我做的某些事情，我做出了'模型'，但我不完全知道那是什么东西。"

《新音乐特快》："有趣的是，你在说这个的时候用的是过去时，现在你不再如此了吗？"

鲍伊："对，原因是现在我不嗑药了。我觉得这两者之间应该是有关系的，我现在的想法都出自理性思维。"

布雷特："你觉不觉得不嗑药会让你丧失掉一些东西？"

鲍伊："不，完全不会，因为回过头去看，我在做《低》《英雄》《房客》还有《恐怖怪物》的时候其实也没有嗑药……不是说那个时候完全没碰毒品，因为我当时还正在努力从那个坑里爬出来，不过不像从《钻石狗》到《年轻的美国人》和《每一站》那个时期嗑得那么厉害。我觉得70年代末我那些最好的作品其实都是在没有嗑药的状况下做出来的……"

布雷特:"在那些至暗时刻,你是怎么控制你自己的?"

鲍伊:"我并没有控制自己。"

布雷特:"对一个深陷毒品的人来说,你属于非常高产的了。"

鲍伊:"你知道吗,有些酗酒的人可以一直装得非常清醒、非常正常,其实已经命悬一线,但身边的人一点也看不出他们的问题很严重。我觉得我的情况就是如此,尤其是在《每一站》的时候真的是命悬一线。我现在回头去看那时候的照片都认不出是我自己。我能挺过来也是挺离奇的一件事,我嗑药过量过两三次,都挺过来了。我也不懂自己怎么可以一而再,再而三地过量,为什么第一次的时候我没有和自己说下不为例,我不知道为什么,可就是没有。"

《新音乐特快》:"你从嗑药中得到了什么积极的东西吗?"

鲍伊:"呃……如果我说是的话可能显得很不负责任,不过,可能是吧……如果你能对嗑药浅尝辄止,的确可以从中获得一些积极的东西,但等到要戒它的时候就非常难受了,我精神正常的话绝不会建议任何人去尝试。问题就在这里——就像一个巨大的蚌身体里有一颗珍珠,你可以摘到这颗珍珠,但要冒断手的危险,你干不干?我可能会建议大家,最好从一开始就不要给自己找麻烦。"

《新音乐特快》:"但大家依旧会敬仰那些毒虫。我们都知道吉姆·莫里森*最后变成了一个又肥又没用的浑球,但人们还是会去偷他的墓碑。"

---

* Jim Morrison,美国摇滚乐队"大门"(The Doors)主唱。1971年27岁时死于吸毒过量。

鲍伊:"他像一个废柴一样躺在浴缸里的又蠢又胖的照片我们其实没见过几张,大家看到的还是那个气质阴郁、面貌英俊的莫里森。迪恩(詹姆斯·迪恩*)也是一样,按现在年轻人的讲法就是他活得太短、死得太早,如果他出车祸之后的照片公开多点的话……

"我想我们只是被毒品的神话给误导了,说什么吸了之后会了解宇宙的奥秘,什么一下子就懂得了宇宙的所有之类的,但这些都不是真的。我从我过去的经历里懂得,在嗑药过量的情况下你什么有用的东西都得不到,除了那种一闪而过的感知力。

"其中有种感知力是你觉得自己只活在那一刻。当我嗑药很厉害的时候,我都想不起来两分钟前的事,当然更不会去想什么未来。我感觉我只是存在于那一刻而已,然后因此发生了人格分裂,完全沉溺在那一刻里,觉得自己有了上帝般洞察一切的能力。那种没有过去没有未来的感觉会给你一种在洞察和感悟里失重的感受。

"但我也记得,60年代末我做冥想的时候,偶尔也会有那种感觉,只不过通过冥想达到那种状态很难,而毒品则是通往涅槃的快速通行证。你可以靠吸致幻剂或者吸可卡因快速到达那种状态,不用辛苦地冥想以及做所有枯燥的事,就像是快速学习一门语言一样,哈哈!很像那种'一周学会日语'的小书,你学会了怎么用日语问那些问题,但是上帝不允许任何人用日语回答你,因为你完全听不懂他们的回答!"

---

* James Dean,美国著名演员,长相俊美。1955年因车祸去世,年仅24岁。

第二部分：别名史密斯和琼斯

"这首歌里有很多你的风格……"布雷特站在录音卡座旁，背对着我们，准备播放"山羊皮"乐队即将发行的首张专辑中一首尚未命名的曲子的原始缩混。鲍伊用手轻掩嘴角，确认了布雷特看不到他后，偷笑了起来。

那首曲子开始播了。鲍伊闭上双眼，迷醉于歌曲那美妙的副歌。他夸奖着布雷特的嗓音和歌词，说："太棒了！日常生活的酸甜苦辣在你的作品中有非常好的体现。"

布雷特笑着说："我受困于日常生活的酸甜苦辣，所以觉得应该把这些都写下来。"

"他们来了！'山羊皮'的小伙子们！他们让工人阶级的命运更有尊严……"鲍伊模仿"二战"时期新闻播音员那雄浑的嗓音说道，"他们穿着短裤，肩上扛着铁锹，为了保卫英国人民挖起了战壕。让我们高呼：万岁，万岁，万万岁！"

"我的创作目标一直是，内容切口要小，但要让它优雅地表达出来。"布雷特笑着说，"重点在于，有想法就要真的说出来，我从来不会关起门来自己捣鼓。想法这种东西除非以合适的方式传播出去，否则对我自己是没什么用处的。

"这就是莫里西的过人之处——他的各种想法在某种程度上并不算特别有突破性，很多人在他之前就有过那样的想法，但他是第一个成功地把这些想法传播到大众中去的人，而不仅仅像精英主义哲学家那样孤芳自赏，或者像小众作家那样只写给少数几个人看。他的伟大之处就在于他成功地把他的那些想法用大家易于接受的艺术形式表达了出来。"

鲍伊："而且莫里西的创作是无关性别的，他的很多歌都非常去性别化，就算他在歌里谈论的就是性的话题，也不会用性来吸睛。人们非常乐于体味某些乐队歌里的灰暗和痛苦，比如'地下丝绒'乐队还有现在的'涅槃'乐队（Nirvana），因为那些歌里附着了大量性的意味。但莫里西把自己歌里的性阉割到了某种程度，似乎已经有些不公平了，我觉得外界也因此对他产生了很多敌意。"

布雷特："那你喜欢'史密斯'乐团吗？"

鲍伊："我觉得他们非常棒，我是慢慢地越来越喜欢'史密斯'乐团的，并不是一开始就是他们的歌迷。我得说知道'小妖精'乐队*已经解散了我很不开心，我一直觉得他们是会大有发展的乐队，而且'涅槃'乐队也来使用和'小妖精'一样的歌曲形态，我对此有点恼怒，你懂吗，就是主歌一直保持着低调然后突然在副歌爆发出高音量那种。当然查尔斯†的歌词写得比'涅槃'好，他写的歌词非常棒。现在好像出来了太多的新手乐队，组乐队成了潮流，因此行业为很多庸才打开了方便之门。"

布雷特："但还是有不少不错的乐队出来了，不是吗？"

斯蒂夫·萨瑟兰（以下简称萨瑟兰）："我们说话的这当儿，估计有一整个世代的'小山羊皮乐队'正在涌现出来呢！讽刺的是，你被那些标榜个性的人复制了。他们学你扭屁股、撕衬衫，早就忘了'做自己，做不同的事'这样的信条了。"

布雷特："这就是音乐行业的恐怖现实，不是吗？那些短视的从业人员总是在寻找现在已经成功的乐队的复制品，从来不去发掘那些真正有价值的东西。"

---

* The Pixies，美国著名另类摇滚乐队。
† 此处指"小妖精"乐队的主唱布莱克·弗朗西斯（Black Francis），其真名叫查尔斯·汤普森四世（Charles Thompson IV）。

鲍伊:"还有,现在'行业'这个词还适用于美国那边的状况吗?这个行业的人从不曾像今天这样都以职业选择为导向,和70年代早期的情况已经天差地别。音乐行业现在真的很埋没人才,没人相信乐队,没人和他们合作,没人愿意宣传他们,真是个毫无人情味的行业。"

布雷特:"这就是要支持独立音乐的原因。虽然有些时候'独立'这个词的确是缺乏才华的代名词,但从另一方面说,独立音乐有种特殊的生命力,这种生命力在类似索尼音乐这样的大厂牌里是不会有的,就是有也会被扫地出门。不过最好笑的是,现在有很多很搞笑的乐队,他们却是大厂牌概念中的独立乐队。你们听说过一个叫'柠檬树'(The Lemon Trees)的乐队吗?MCA唱片公司觉得他们就是独立乐队。"

鲍伊:"啊?就是那个翻唱了'西蒙和加芬克尔'的……"

萨瑟兰:"那个是'柠檬头'乐队*。"

鲍伊:"噢,对,是'柠檬头'。"

萨瑟兰:"不过也没区别,那张唱片真烂,好蠢。"

鲍伊:"是的,我完全不能理解。"

萨瑟兰:"你是否会为布雷特现在才出道,而不是出现在……比如说,出现在70年代感到可惜?"

鲍伊:"是的。如今这环境对大多数刚起步的乐队来说,肯定他妈的非常艰难。"

布雷特:"唱片公司的重中之重是要为市场拿出产品,这

---

* Lemonheads,美国另类摇滚乐队,成立于1986年。他们因在1992年翻唱了"西蒙和加芬克尔"1968年的歌《罗宾逊太太》("Mrs. Robinson"),意外走红。

点压得我们透不过气。像我们这样刚起步的乐队是不能做像《低》那样的专辑的,你会被唱片公司抛弃,因为大家听不懂那样的东西。但今天回过头去看,《低》完全是张突破性的专辑。"

鲍伊:"没错,过几年我们再回去听听'罐头机器'的第一张专辑,我敢说大家就会有不同的评价了,哈哈哈!"

萨瑟兰:"我猜在你的职业生涯里,从来没发生过艺人与曲目统筹部门的人跑到录音室里跟你说你的伴奏可能得改一改这种事吧?"

鲍伊:"这种事绝对不可能发生!"

萨瑟兰:"但我敢打赌布雷特现在必须忍受这种事情。"

布雷特:"是,所以你在决定和谁合作的时候就得聪明点,这也是我们在英国要和一家独立唱片公司签约的原因,因为这样就不会有那种干扰。毕竟最了解自己作品的还是音乐人自己,否则做出来的音乐就只是一件商品了。"

鲍伊:"我没法想象那种感觉,不过我也是被'建议'过的。我发行《低》的时候,收到过唱片公司发来的一封电报,说由他们出钱让我回到费城西格玛之声录音室再做一张像《年轻的美国人》那样的专辑出来。他们就是没办法接受《低》,因为他们听不懂,也就是在那时候我知道我和RCA这家唱片公司是彻底完了。这也是为什么这次我回到了阿里斯塔唱片公司(Arista Records)去发行这张新专辑显得有点诡异,它和RCA同属一家集团。在我的脑海里,就好像《让我们起舞》《今夜》和《永远不要让我失望》这几张专辑没有存在过一样。如果清点我的专辑,感觉按顺序是《低》《英雄》《房客》《恐怖怪物》和《黑领带白噪音》,可《恐怖怪物》是我在RCA出的最后一张专辑,所以就好像我在百代唱片出的那几张不该出现一样。也许这张新专辑是我和尼尔·罗杰斯在1983年就做好的，之后就发生了时间扭曲了吧！"*

萨瑟兰："或许就是因为那么多人说'罐头机器'烂才让你有了重整旗鼓的态度？也许这就是你重新为音乐奋斗需要的动力？这张专辑也或许因此有了那么强的使命感？"

鲍伊："有趣的是，我觉得和'罐头机器'合作是一个重建信心的过程，因为我在80年代失去了自信，很想改变一下对音乐意兴阑珊的状态。我一直觉得《让我们起舞》之后的两张专辑没花心思去做，我是故意没有太投入进去。如今回头去听《永远不要让我失望》，我希望当初可以更投入一点，因为这张专辑里其实有几首好歌，可是当时我没有用心做，导致这张在音乐上有点差，如果我全心投入的话不会做成那样。"

萨瑟兰："当我听说这张新专辑的创作灵感来源于你和伊曼的婚礼（其中有两首歌是专门为婚礼制作的）时，我就很担心它会差得像一堆屎。"

鲍伊："是的，我知道有人可能会说'他可能会把伊曼放在专辑封面上'或者'哦，她一定会出现在音乐录像里'，哈哈哈！我也知道当大家听说这张专辑是我找回尼尔合作时会怎么想。不过我的想法是：'我希望这张专辑不会变成另一张《让我们起舞》。'可能我也因此在这张专辑上更努力了。这是一张非常个人化的专辑。

"《他们说跳》（'Jump They Say'）这首歌的创作有一半是

---

* RCA唱片和阿里斯塔唱片当时同属德国BMG音乐集团。鲍伊1982年和RCA分道扬镳，转签百代唱片公司，但其在百代出的专辑无论是个人专辑还是"罐头机器"乐队的专辑口碑都不理想，所以当他和BMG旗下的阿里斯塔唱片签约发行《黑领带白噪音》时，感觉自己好像从没有出过百代唱片的那几张一样。

基于我对我继兄的印象,可能也是我第一次尝试在歌里写下对他自杀的感受。这首歌也和我自己的感受有关,因为有时候我感觉自己就像跳进了某个未知的世界,不知道是不是真的有什么东西可以托住我——不管那是什么,上帝也好,生命力也罢。这是一首印象派的作品,除了说到主人公爬上一座高塔跳了下去之外,没有明晰的、连贯的故事情节。

"我在这张专辑中翻唱'奶油'乐队的《我感到自由》('I Feel Free')也是出于个人原因。有一次我带我继兄去布罗姆利看了一场'奶油'的演唱会,演唱会进行到差不多一半——我记得应该就是在唱《我感到自由》的时候,他开始觉得非常非常不舒服……他经常会出现幻觉。我记得我当时不得不带他离开那家俱乐部,因为那个环境对他产生了不好的影响,他都站不稳了……他以前从来没听过这么大的声响。他比我大十岁,从来没有去过摇滚俱乐部,因为他年轻时只喜欢爵士乐,是他介绍我听艾瑞克·杜菲[*]的……

"我们来到街上,他倒在了地上。他说他看到地面裂开了,有火之类的东西从人行道上冒出来。因为他说得像真的一样,我感觉自己似乎也能看到。所以《他们说跳》和《我感到自由》这两首歌在这张专辑里离得很近,就是出于这样的个人原因。

"这张专辑的大部分内容来自比我以往习惯展示的自我更情绪化的层面。这是一张充满了感情的专辑,里面讲了很多'跳进未知世界'的内容。也许这张专辑里出现了太多我的负面情绪,因此我为专辑安排了一首显得很甜蜜的歌《婚礼之歌》('The Wedding Song')作为结尾。不过这首歌本来应该叫《结婚蛋糕》

---

[*] Eric Dolphy,美国爵士音乐家,萨克斯、低音单簧管和长笛演奏家。

（'The Wedding Cake'），因为它真的就像结婚蛋糕上的糖霜以及最上面的那对新人。"

这张专辑的同名曲是鲍伊多年来最难做的一首歌，据说灵感来自洛杉矶骚乱。鲍伊和伊曼从意大利回到洛杉矶的那天，正是罗德尼·金案宣判的日子[*]。

鲍伊："我俩手牵手站在我们公寓楼的屋顶上，看着到处燃起熊熊大火，离我们那么近，简直难以置信！如果你不怕的话，完全可以看着窗外，然后说：'呀，像不像《银翼杀手》[†]里的景象？'但当时我们想的是：'噢，该死，我们被困了！'我们做了大家都做的事——开车、去超市、买食物，因为我们不知道会被困在那里多少天。

"第二天晚上我彻夜未眠，因为骚乱离我们住的地方越来越近了。"

萨瑟兰："如果他们真的来敲你家门了怎么办？"

鲍伊："我身上带着车钥匙，还有一些钱，牛仔裤就在床旁边，这样一旦事情不妙，我可以迅速穿好衣服，逃出大楼。"

布雷特："你可以告诉他们你是在布里克斯顿[‡]出生的！"

---

[*] 1991年3月3日凌晨，洛杉矶黑人青年罗德尼·金因超速驾驶被四名白人警察暴力执法。1992年4月29日，法庭宣布四名警察无罪，结果导致洛杉矶发生严重骚乱。

[†] *Blade Runner*，1982年由雷德利·斯科特执导的经典科幻电影。影片背景设定在2019年的洛杉矶，第一个镜头是高耸入云的烟囱向天空喷出巨大的火焰，大卫·鲍伊拿这个镜头和洛杉矶骚乱时火光冲天的景象相比。

[‡] Brixton，位于伦敦南部，非裔和加勒比裔人口比例非常高。因为洛杉矶骚乱是种族问题引起的，布雷特这句话的意思是黑人骚乱分子可能会饶过伦敦黑人聚集区出生的鲍伊。

鲍伊:"那可没用,哈哈哈!我觉得就算我让他们看我妻子也没用*,他们会说,'你们两个都有责任,你们就是问题所在!'。哈哈哈!那时候真的很可怕。

"那时我真的感觉洛杉矶就像是一个监狱,有人在没有证据、不经审判的情况下就被不公正地拘禁在里面,他们实在是受不了了。他们不想再被警察侮辱,像是说:'我不在乎别人怎么想,我们要起来造反了!'

"接下来克林顿最好能比现在做得好一点,他最好能拿出一点对策,毕竟大家都希望这届政府能够重振希望。如果像现在这样士气低落,那地狱之门真的要打开了。"

萨瑟兰:"你为什么会在《黑领带白噪音》里提到贝纳通[†]?"

鲍伊:"因为我觉得斯派克·李(Spike Lee)给他们拍的那个广告挺狡猾的。我看到贝纳通那些以种族关系为主题的广告会感觉受到侮辱。不过话说回来,我们都认为任何公开的表达都必须没有私心,那利他主义和投机主义又是哪种更有效呢?我想知道……我是说,就尊重黑人运动员的人格和尊严来说,耐克是不是在改善种族关系方面比政府做得更好?

"大家都喜欢魔术师(魔术师约翰逊)。如今每个人都爱那些黑人篮球运动员,主要是因为耐克以人为本,彰显出他们的个性,而不是说'黑人都擅长打篮球'这样的话。

"耐克的广告突破了陈规,这些篮球运动员成了有血有肉、有自己想法的活生生的人。这样的广告非常成功,非常吸引人,

---

[*] 伊曼是出生在索马里的黑人。

[†] Benetton,意大利著名服装品牌。20世纪90年代贝纳通的部分广告因涉及种族问题,引起争议。

当然，它们因此卖出了很多很多耐克鞋。可从改善种族关系方面来说，这些广告也做出了贡献。"

萨瑟兰："但斯派克·李的确也让大家支持改善种族关系，是吧？虽然他可能不是最好的代言人……"

鲍伊："哈哈哈！从白人的角度来看，他的确不是最好的代言人。有人会说：'难道我们不应该为黑人找一个更无私的代言人吗？'可是你要知道，他们他妈的愿意找谁做代言人都可以！我们对此没有发言权。作为白人自由主义者，我们太热衷于向黑人建议如何改变他们的命运，我觉得他们是真的不想听了。他们对于如何改变自己的命运有自己的想法，不必在乎我们是怎么想的。他们不需要我们的建议，其实每次我们这些自以为是的白人自由主义者给他们建议时，都很惹他们生气。"

我们又为了黑人音乐中的恐同和性别歧视问题争论了一段时间，彼此虽无敌意但最后也没争出什么结果，然后我问布雷特能不能想象自己处在鲍伊的位置上，坐拥十几张专辑的感受。

布雷特："不能，我觉得那样的想象有点危险。一旦你对自己要走的道路有了太过清晰的认识，可能就会失去灵感的火花。"

萨瑟兰："但你对自己要达到的目标有规划吗？"

鲍伊："我敢打赌你是想要有一番作为的。"

布雷特："其实我只要留下一点痕迹就好。我想成为人们身上一根摆脱不了的刺。我对爬到某个位置、过上安逸的生活毫无兴趣，也不是特别想生活在舒适的环境里，或者人和人关系非常和谐以及诸如此类的环境中，因为我认为现阶段这些都不会非常健康。"

鲍伊:"什么?!好吧,让我告诉你,我儿子他……哈哈哈!"

布雷特:"请继续说,爸爸!"

鲍伊:"你可能会要放弃很多,真的。"

布雷特:"我是真的愿意放弃很多东西的。"

鲍伊:"你现在是这样说,但相信我……哈哈……有一天你会说:'天哪,我完全不喜欢这一切。'哈哈哈!你还没有孩子吧?"

布雷特:"对,没有。"

鲍伊:"你瞧,我有个儿子,而我最大的遗憾之一就是在他生命的最初六年里我没有在他身边。这一点会让我此生内疚和遗憾不断,因为那六年我真的应该在他身边,而他也真的应该盼望着我在他身边。但身处其间时,你并不会意识到自己正在放弃所有的一切,只会在事后回想:'哇!我怎么会对这么重要的关系放手?早点懂得就好了。'大家都说身为一个音乐人要牺牲很多,这句话是没错,但往往这些牺牲是出于你的自私。你看到眼前的东西就想去争取,但很多事情你要到很久之后才会明白。"

萨瑟兰:"布雷特,你的意思是你在刻意回避这些人和人的关系?"

布雷特:"不,我不是刻意回避,我只是对此比较审慎。我觉得我的生活并没有给这种事情留出什么空间,这和有没有时间无关。其实我觉得创作力来自压力和不安,一旦你活得太安逸,创作力就会消失。"

萨瑟兰:"这不就是孤独的秘诀吗?你会不会有一天早上醒来后想:'我已经那么有成就,可这到底都是为了什么?'"

布雷特:"也许有一天会吧,但眼下这一切对我来说并不重要。孤独这件事并不会困扰我,我觉得自己并不像莫里西。我有可依靠的好朋友们,他们一直在,在我的生命中一直有很多人围绕着我。我从来不是一个伤春悲秋的人。我只是一直比较在意生活的另一面,比如说享受美好时光的另一面……"

鲍伊:"'可依靠的好朋友们'……世上哪有免费的东西啊,天真的布雷特,哈哈哈!"

布雷特:"你是个末日预言家还是什么?"

鲍伊:"没有啦,只是我从来没有听到过一个年轻的音乐人说过'我想要一个安定的人生''我不想让工作占据我的私人生活'之类的话。"

布雷特:"想让工作占据生活,想让它占据梦想以及所有一切,这才是重点,否则就不会有任何成就。"

鲍伊:"是的,这也是你必须保持人际关系空白的原因,但到头来你一定会是个失败者,你要意识到这一点。"

布雷特:"是的,我知道。"

鲍伊:"听上去很自命不凡,不过这是你要做出的牺牲。我们从事的事业的确需要你牺牲很多真实的、诚实的、来自内心的安全感,最终你可能成为某种情感的牺牲品,因为你一直拒人于千里之外。然而哪天你想打破这个习惯了又会感觉非常之难,你会突然意识到你从来就没有建立人际关系的能力,因为你这辈子从来就没动用过这种能力,你都不知道怎么做。你一生都在学习如何不被与一件事或一个人的关系给捆绑住,但到了一定的年纪,你会想:'应该怎么去认识人?怎么去发展人际关系?'

"艺术就意味着一种负担,不是吗?哈哈哈!"

布雷特:"噢,绝对是!"

鲍伊:"天才就意味着痛苦。哎,上帝!"

该说再见了。布雷特要回录音室,鲍伊则另有约会。两人交换了电话号码,鲍伊答应下次回来时会去看"山羊皮"的现场演出。我原先的计划是就鲍伊的新专辑单独采访他一小时,现在计划告吹了,因为我一次就把两个采访的时间都用光了,还超出了一点。鲍伊对这次采访的评价是:"实在太有趣了。"

而关于这次采访,布雷特后来在和《新音乐特快》的约翰·穆尔维(John Mulvey)的访谈中说:"太棒了!但我当时紧张得快要尿裤子了,比上台表演还要紧张。我本来以为那会是一场令人敬畏的对话,一场会让我怀疑人生的对话……我以为那场对话会非常可怕,我都在想象自己回去以后会砸碎家里所有的鲍伊唱片,但事实上他是我见过的最和善的人……特别特别迷人。

"他进来的时候身上有股宜人的香气,这点非常重要。他身上有股香奈儿香水的味道,但不是那种穷人喷香奈儿的感觉。他穿着一套西装款款而至。整个感觉就像是在《吉姆帮你搞定》*节目里一样。"

---

* *Jim'll Fix It*,BBC 一档著名的电视节目,内容是帮助节目来宾实现愿望。

每一站

大卫·辛克莱尔
1993年6月10日,《滚石》杂志(美国)

(原编者按)1993年,鲍伊带着《滚石》杂志的大卫·辛克莱尔到伦敦那些他旧日常常出没的地方进行了一次回忆之旅。鲍伊发现其中有很多地方已经面目全非,甚至不存在了,但同时也意识到,自己曾经留下过多么深的文化印记——不仅仅因为有几个路人一眼就认出了他。感觉有点不太真实的是,这些路人面对鲍伊时安之若素,仿佛是他那些经典歌曲场景里的角色。

在这次采访中,鲍伊除了分享了他新婚宴尔的喜悦之情,也为自己20年前说的那句著名的话——"我是同性恋"——做出了澄清:很显然,他其实一直是个"躲在柜中的异性恋者"。

辛克莱尔后来在回忆这次采访时说:"鲍伊本人为这篇采访做了很多工作,他翻出了自己的旧日记,规划了探访的路线以及各个需要停留的地点,还提供了自己的司机和汽车。这次探访对他而言像是在执行一个驱魔任务。途中,鲍伊多次情绪激动,其中有一次是在哈默史密斯音乐厅的舞台上——当时那里非常冷,另一次则是在谈到米克·容森的时候（容森当时正重病在身，并于几周后去世）。这是我做过的最满意的采访之一，感觉像是看着他的人生一幕幕在我眼前闪过。"

注：鲍伊在此文中提到的"罐头机器"乐队重组后来并未发生。

在伦敦臭名昭著的红灯区——苏荷区的一条昏暗小巷里，大卫·鲍伊站在了一幢屋子的门口。在不确定门背后是谁或有什么的情况下，他按下了门上的对讲机。

"哪位？"对讲机里传出了一个声音。

"你好，请问这里以前是一个叫作'三叉戟'的录音室吗？"鲍伊问道。

"没错，但那是很久以前了。"门里的声音说。

"我是大卫·鲍伊，曾经在这里录过音。请问是否方便让我进来一下？"

片刻的沉默后，门徐徐打开，鲍伊走了进去。他的正前方是一段不长的楼梯，梯级一半的地方是一个平台，旁边的那面墙，几乎整个被一幅巨幅海报占据。那幅海报上的人，正是大卫·鲍伊，拍摄于电影《天外来客》的现场。

"知道自己留下了印记的感觉真不错。"鲍伊说这话时，很多人正惊讶地从各自的办公室走出来看他，就像组成了一个临时欢迎委员会。

> 时间，他在羽翼中等待
> 他在说着毫无意义的事情
> 他的玩笑就是你我，孩子
>
> ——《时间》（1973年）

在伦敦，一个寒冷的春天早晨，鲍伊踏上了一趟回忆过去的旅程，重访那些他在20世纪70年代时常出没的地点，重拾对英国摇滚的记忆。那时，正是他的音乐最为光彩夺目的时刻，他那暧昧而华丽的形象，更是掩盖了同时代所有明星的光芒。但这一次的记忆之旅，和他的新专辑《黑领带白噪音》一样，并不是一种沉溺于复古情怀的闲情逸致，而是对他的传奇在最新时尚复兴中重焕生机的一次适时庆祝。

在艺术性和人气双双经历长时间的低迷之后，鲍伊如今焕然新生。当然，在他的巅峰时期，他也曾频繁地重塑自己，获得新生，但那是另一回事。

如果说鲍伊的艺术生涯在80年代陷入低谷，这样的说法未免太客气了。那十年里，先是在艺术上毫无趣味的专辑《让我们起舞》动摇了他在主流歌坛的地位，接着他以"前垃圾摇滚乐"（pregrunge）曲线救国，以乐队一员的身份和"罐头机器"一起大玩摇滚，此举让他的铁杆歌迷经历了从困惑到愤慨的心理历程。

打那以后发生了两件事。第一件是，鲍伊重新调整了他的音乐路线。带着时隔六年的全新个人专辑再战乐坛，他重拾了在80年代的《恐怖怪物》后中断的风格，舍弃以吉他为主的摇滚，端出一首首闪闪发光的舞曲节奏作品。以键盘为基础的编曲让人想起他过往专辑《每一站》和《英雄》里的经典佳作，但新作品又因为小号手莱斯特·鲍伊的助阵，再加上大卫·鲍伊本人落力的萨克斯演奏，而增添了爵士乐这个新风格维度。

第二件事是70年代的潮流突然又复兴了。在英国，鲍伊最具创作活力和影响力的那个时代正在为1993年最新的音乐和时尚潮流提供参考模板，这着实有点出乎意料。新新世代的作家、艺术家、音乐人、设计师和粉丝眼下都在回头审视过去几十年里那些最迷人、最颓废也是最为人诟病的作品。

因此，鲍伊准备亲自去看看那些他昔日蜕下的躯壳今又何在，而这也是大家都想知道的。这也是他会毫无预告地造访这幢曾经是三叉戟录音室的建筑的原因——在那里，他和"三叉戟"的御用制作人肯·斯科特一起录制了《万事顺意》(1971年)、《齐吉·星尘与火星蜘蛛沉浮记》(1972年)以及《阿拉丁·萨恩》(1973年)中的大部分歌曲。

那时候，"三叉戟"配备的十六轨录音设备为它赢得了"最先进录音室"的美誉。尽管如此，它还是免不了于1984年关门大吉的命运。如今这幢楼被分隔成了不同的区域，而当年录《齐吉·星尘》的那间屋子，今天除了四面墙壁还在以外，其他的都变了。现在使用这间房间的是一家专营舞曲唱片的音像制作公司，房间角落里堆着几台放大器以及一辆老旧自行车，后面则布置着一块绿幕，大部分墙壁被脏兮兮的毡毛垫覆盖着，整个感觉破旧不堪。

此情此景，和1968年7月时不可同日而语——那时的"三叉戟"以拥有伦敦第一台八轨录音机而名满天下，"披头士"乐队就是在这里录制的《嘿，裘德》("Hey, Jude")，而在70年代早期，埃尔顿·约翰、"超级流浪汉"乐队(Supertramp)、"暴龙"乐队和"皇后"乐队(Queen)更是这里的常客。1972年，也是在这个地方，鲍伊和如今已故的米克·容森共同担任制作人，为卢·里德录制了《变形》(*Transformer*)。(容森曾是鲍伊的长期合作伙伴。他于《黑领带白噪音》发行三周后的4月29日因癌症去世。)

"卢很喜欢苏荷区，尤其是晚上的苏荷。"鲍伊说，"和纽约相比,他觉得苏荷这里更精巧别致。他喜欢这里的原因是,既可以玩得很开心又不用担心安全问题,这里和纽约一样也充斥着酒鬼、流浪汉、妓女、脱衣舞俱乐部和深夜酒吧,但不同的是,没有人会来抢劫或者殴打你。现在这里已经规矩很多了,但当年是非常灰色的地带。"

几个现在的住户带着鲍伊参观了这幢三叉戟录音室旧址。有个人请鲍伊给他18岁的儿子签名留念,那孩子最近刚刚迷上鲍伊的音乐。鲍伊用左手签了名(虽然写字之外的事鲍伊用的都是右手),并以潦草的笔迹写了一句话,大家都看到了他握笔的手上戴着一枚铂金结婚戒指。他查看了下日期,发现今天是"圣大卫日"(3月1日)。

"你是否觉得自己超前了时代20年?"那个人问鲍伊。

"噢,天哪!"鲍伊叹了口气说,"那大家也只有在潮流复兴的时候才能意识到这一点。当然,我们那时乐在其中,我们中的很多人都知道自己正处在潮流的风口浪尖,而这种潮流将会主导70年代的音乐——当时我们也不知道这潮流具体是什么,是潮流主宰了我们而不是我们主宰了潮流。那个时代有种精神,只要你能融入其中……我也不知道发生了什么,但我真的相信音乐能够映照社会。音乐通常远远落后于那个时代的所思所想,但如果你赶上了那些非凡年代,那就可以大干一场了。"

1993年的伦敦,社会的流行时尚又一次瞄准了70年代。英国的首都此刻正处于一场大规模的复古狂热中,而复古的对象却正是长久以来被嘲讽为"被品味遗忘"的那十年。正如英国时尚杂志《面孔》所说:"如果70年代大家只为活得开心,而在'外貌'这件事上很随便,没有钱置装、剪不了好的发型都无所谓的话,那90年代其实和70年代非常相似。"

近几个月来,很多老牌音乐人都公开响应了70年代复古的潮流。莫里西最近那张由米克·容森制作的专辑《你的兵工厂》(*Your Arsenal*)里,有一首深受马克·博兰影响的单曲《我知道的某人》("Certain People I Know"),其封面就戏仿了"暴龙"乐队。"灭迹"乐队(Erasure)去年带起的"阿巴"乐团(ABBA)复兴风潮,已经成为主流乐坛的现象级事件。而"阿巴"自己的《黄金精选集》(*Gold*)则和麦克·欧菲尔德(Mike Oldfield)的《管钟2》(*Tubular Bells II*)、尼尔·杨(Neil Young)的《满月》(*Harvest Moon*)以及平克·弗洛伊德的《月之暗面》(*Dark Side of the Moon*)一起盘踞英国排行榜,后者更是在今年3月重回排行榜前十名之内,距离专辑的首次发行已经过去整整20年。

与此同时,一众新晋乐队也投身到70年代初的时代精神中,由此得来的音乐成果意义远超单纯的复古主义。"原始尖叫"乐队(Primal Scream)获得权威的水星音乐奖的专辑《尖叫迷幻》(*Screamadelica*),毫不掩饰地展露了乐队对"高个子莫特"乐队的钦佩之情。"圣·埃蒂安"乐队(Saint Etienne)把70年代媚俗流行曲嫁接到了90年代,并将之升级为清新小调。"丹宁"乐队的《回到丹宁》(*Back in Denim*)专辑里充满着"奥斯蒙家族"乐团(The Osmonds)和闪光摇滚的元素。"导演"乐队(The Auteurs)则发行了精彩绝伦、锐意创新的首张专辑《新浪潮》(*New Wave*),作曲方面继承了雷·戴维斯式的伟大英国传统,而作词方面则颇得鲍伊在创造"齐吉·星尘"时那种神秘世界和怪异角色的精髓,并将两者完美结合。

领跑以上所有乐队并最得90年代摇滚精神的是"山羊皮"

乐队,这支来自伦敦的四人组合毫不客气地把鲍伊和容森合作的所有歌曲曲库"扫荡"了个遍来寻求灵感,但同时也创造了完全属于他们自己的风格和特色。"山羊皮"首张专辑在今年4月荣登英国排行榜首位,但鲍伊对于时机大约有超凡的感受力,"山羊皮"这张畅销专辑接着遭遇的命运转折,正是被鲍伊的新专辑《黑领带白噪音》赶下了榜首宝座。

"山羊皮"的主唱布雷特·安德森有着与众不同的举止、暧昧不明的性向和磁石般的明星魅力,几乎就是鲍伊在20世纪90年代的再生。不过安德森非但没有抢了鲍伊的风头,他对鲍伊的崇拜反而极大地提升了后者的声誉,尤其是在新一代的歌迷中。伦敦媒体圈里流传着一句玩笑话,说"山羊皮"其实是鲍伊的唱片公司组建的,其任务就是为鲍伊这次以恰当的方式声势浩大地回归乐坛铺路。

> 时间也许会改变我
> 但我无法追逐时间
>
> ——《变化》(1971年)

"回首往事,有些地方还是有点令人失望的,因为70年代初的伦敦其实没有像现在这样的'景象'*。"鲍伊说这话时,他的汽车正一路往东行驶,经过气势恢宏的议会大厦,从威斯敏斯特桥上过泰晤士河,穿过象堡,便来到了环境欠佳、脏乱破旧的东区。

"如果说那时真有个什么华丽摇滚圈子出现的话,那里面也

---

* Scene,"景象",也有"圈子"的意思,大卫·鲍伊这里用了一个双关语。

不过只有三四个乐队吧。"鲍伊说,"没有俱乐部或者演出场地注意我们那种音乐风格,我们都是靠自己,乐队之间也没什么联系。1970 到 1973 年那段时间,除了'洛克西音乐'和我,还有马克·博兰('暴龙'乐队),也就没其他人在真的用心做华丽摇滚了。我记得伊诺当时在皇家艺术学院做了不少工作,在概念艺术家和摇滚明星之间来回地变换身份。在美国那边和我们做着相同事情的乐队有'燃烧韵律'(The Flamin' Groovies)和'纽约娃娃',降格一点来说'艾利斯·库珀'也算。"

汽车沿着老肯特路向南行驶。鲍伊看着车窗外,指着一个建筑工地上的一堆瓦砾说:"那里原来是一家名叫'砖匠之家'(the Bricklayers Arms)的酒吧,是我在 60 年代最早的固定演出场地之一。再过去一点还有一家叫'绿人'(the Green Man)的,都是些非常非常难搞的场地,来玩的都是那些伦敦南部的大块头小子。我们在那里表演的还是节奏蓝调,马文·盖伊(Marvin Gaye)的《我能有个证人吗?》('Can I Get a Witness')之类的歌。不过表演的时候你得时刻紧抓观众的注意力,对新手乐队来说这里是个不错的磨炼的场地。"

车停在了一家名叫"托马斯·贝克特"(the Thomas à Becket)的酒吧门前。鲍伊从车里出来,走进了凛冽的寒风和阵雨中。他穿着一件收腰的黑色男士大衣,一条修身黑色长裤和一双一尘不染的黑色皮鞋。他戴着一副金丝边眼镜,这让他看上去有点严肃。尽管已经 46 岁,他依然保有小麦色的皮肤和雕像一样完美的五官,令人羡慕。在鲍伊横过马路时,一个开车的女士按了按车喇叭,并对他露齿一笑,竖起了大拇指,鲍伊以同样的方式回应了她。

"托马斯·贝克特"建于 1787 年,是一座三层楼的建筑,鲍伊和"火星蜘蛛"的前身乐队从1970年开始在这里排练。排练室在顶楼,二楼是一家拳击健身房,酒吧则开在一楼。

那时候,鲍伊的乐队名字叫"天花乱坠"(Hype),成员有容森(吉他),托尼·维斯康蒂(贝斯)和约翰·坎布里奇(John Cambridge,鼓)。他们和鲍伊都住在"哈登堂"(Haddon Hall)——一幢维多利亚式的大型联排住宅,里面有个巨大的楼梯,楼梯到顶有个环形走廊,这里的一间间房便是公共宿舍。这幢建筑后来被拆了。

"托马斯·贝克特"这幢楼还在。尽管它现在依然是一个酒吧,却在这个午餐时间大门紧闭。鲍伊站在门外的人行道上,身后一辆辆汽车呼啸而过。二楼的健身房也在,透过楼梯窗户,鲍伊能看到里面的人在跳绳和打沙包。

"这个健身房是许多伦敦南部拳击手的主要训练场地。"鲍伊解释说,"亨利·库珀(Henry Cooper,1963年击倒穆罕默德·阿里的英国重量级拳王)也是从这里开始他的职业生涯的,我们对此印象很深。'火星蜘蛛'的前身在上面排练的时候,就会把声音搞得很响,一直希望库珀能上来看一下,那样我们就能拿到他的签名了。"

当然,现在轮到鲍伊自己为签名的事烦恼了,外出时被索要签名是他为数不多的几件感到讨厌的事之一。一般来说,他感觉最轻松舒服的出行方式是坐由司机驾驶的、低调不显眼的奔驰车,这样就没有粉丝骚扰,也不需要一大堆随从。

鲍伊说:"只有在巡演或者因为某些原因需要高调亮相的时候我才需要有人陪在身边,否则我更愿意独处。我觉得如果你戴上眼镜,不要太招摇,自由走动其实非常容易。我一直怀疑那些说出门需要随从的人——真的不需要,而且其实有随从就会遇到麻烦事。我记得有一次和艾迪·墨菲*一起在好莱坞散步——我非常喜欢他——不过我们每走个五六步,都会听到身后有大约40多个人的脚步声在跟着我们,这也太不能忍了。"

> 待在你的记忆里
> 就像一部部老电影
>
> ——《最漂亮的星星》(1973年)

回到市中心,鲍伊来到了躲在摄政街背后的一条狭小的断头路,名叫"赫顿街"。带着些许不确定,他下了车,朝着路尽头的一条小巷走去,一边走一边嘴里还咕哝着:"我们得花点工夫才能弄清楚……这里真是全变了。以前这里住着个叫布莱恩·沃德(Brian Ward)的摄影师,我记得就是这幢楼,门口有一个电话亭……"门口还真有个电话亭,不过是一个矮胖、蓝色的新款。突然间,我反应过来了:这里是《齐吉·星尘》封面的拍摄地!不过,当然,这里的一切都变了,比如,专辑的封底照片上关住鲍伊的那个红色的高大电话亭,已经成了历史。

一个正往办公室走的女士经过此处,带着和蔼的微笑向鲍伊打招呼:"他们把你的电话亭搬走了,是不是很可怕?"虽然鲍伊戴着眼镜、低着头,但他那张脸还是会被人一下子就认出来。那位女士告诉鲍伊,那个摄影师搬去了别处,21年前鲍伊一只脚踩在垃圾桶上拍的封面照片里,他的头顶还有一块"K.韦斯特"的招牌,而这家"K.韦斯特"公司同样也搬走了。有趣的是,照片里的那盏老路灯依旧还在原地,但这块著名的招牌在一次

---

* Eddie Murphy,好莱坞著名影星。

摇滚收藏品拍卖会上被人买走了。鲍伊在家里收到过上百幅歌迷寄来的照片，上面都是他们一脚踩在垃圾桶上、头上顶着那块"K. 韦斯特"招牌摆的造型。

"好可惜那块招牌不在了。"鲍伊说，"大家对这块招牌有各种解读，很多人觉得那是某种'任务'的密码，这让它有了神秘的色彩。"

"封面封底这两张照片我们是在一个雨夜在这外面拍的。"鲍伊继续说道，"拍完后我们回到楼上的工作室，做了些《发条橙》里的造型，那些照片后来用在了唱片内页里。我们的想法是在马尔科姆·麦克道威尔*在电影里的造型上再加点睫毛膏啊虫子啊之类的。那是威廉·S. 巴勒斯的《野孩子》（*Wild Boys*）风靡的时代，那本书真厚，大约出版于1970年，它和《发条橙》一起启发了我后来创造的'齐吉'和'火星蜘蛛'的外形和样貌。《野孩子》和《发条橙》都是非常强大的作品，尤其是巴勒斯的《野孩子》里那些拿着博伊刀的男孩抢劫团伙，我看书的时候立刻就明白了，所有的东西我都读懂了，一切创作都必须具有极大的象征意义。"

车开回了苏荷区，鲍伊又认出了好几个地标。查令十字街上的塞尔玛音乐商店是他买第一支萨克斯的地方。转到华都街的时候，他指了指拐角的一幢高楼，说皮特·汤森曾经住在顶层的公寓里。"我一直羡慕他能住在伦敦市中心。"鲍伊说，"我住过的地方离市中心最近的是切尔西的奥克利街，就在切恩道的拐角，米克·贾格尔也住在那里——我就是在那里第一次见到米克的。"

来到下一站，另一堆瓦砾正在等着我们。这里曾经是著名的

---

* Malcolm McDowell，英国著名演员，《发条橙》主演。

"华盖俱乐部"所在之处，如今却只插着一块标牌："危险废弃土地！擅闯者将被起诉！"

"60年代我经常在这里演出，不过一直是演暖场的。"鲍伊说道，"我也在这里看了很多其他人的演出，因为美国的节奏布鲁斯音乐人一般都是在这里开唱的。不过当70年代来临时，这里就有点失宠了，然后在朋克时代又恢复了活力。但有段时间这里主要的客源是度假者还有国外游客，那时这里还是经历了一个疲软期。"

不过，鲍伊在1973年下半年时还真的使用"华盖"为美国的电视台录制了一个名为《1980夜店秀》(*The 1980 Floor Show*)的节目，演唱了《阿拉丁·萨恩》里的一些歌，外加一两首《齐吉·星尘》里的曲子，还有几首后来收录在《钻石狗》里的歌曲。按鲍伊的话来说，这个盛装华服的节目"拍得非常糟糕"。节目的演出嘉宾包括"穴居人"乐队和玛丽安·菲斯福尔*。"穴居人"演唱了《野东西》("Wild Thing")，玛丽安·菲斯福尔和鲍伊合作翻唱了《我懂你宝贝》("I Got You Babe")，当时鲍伊打扮成了死神模样，菲斯福尔则扮演一个堕落的修女。

"她的穿着看上去像个修女，却裸着后背，穿着黑丝袜。"鲍伊笑着说，"我家里还有这一段的录像，非常棒，但在美国播不了，他们觉得这段太出格了——麦当娜知道的话一定会伤心欲绝吧！"

---

* Marianne Faithfull，英国著名歌手、演员。菲斯福尔一生传奇，是20世纪60年代英国摇滚圈中最为重要的音乐人之一。

当孩子们杀了人

我不得不解散乐队

——《齐吉·星尘》(1972年)

"《齐吉·星尘》出了之后我的生活就只有工作、工作、工作了。"鲍伊说,"你第一次意识到自己将要付出什么,你会意识到你将不会再有任何私生活,你也不能随便去俱乐部逛了——至少你自己觉得不能了。其实,时间会证明你错了,为了做一个流行歌手而放弃所有这些是不值得的。很幸运,我后来学会了如何重回生活。"

汽车向西疾驰,沿着克伦威尔路来到了哈默史密斯音乐厅,这里正是鲍伊和"火星蜘蛛"乐队最后一场演唱会的演出场地。1973年7月3日,鲍伊在这里宣布了一个重大决定:"今晚的演出将永留我们的记忆中,不仅因为今晚是这次巡演的最后一场,也因为这是我们几个的最后一场演出。"这个音乐厅最近已更名为"哈默史密斯阿波罗",舞台也往前延伸了一点,除此之外并无其他变化,依旧是那个能容纳3500人的剧场,那个鲍伊做出重大决定的地方。

这一刻,鲍伊又站上了舞台,对着空荡荡的观众席,把那句宣言又说了一遍。他在舞台木地板上跺着脚,发出杂沓的噪声。在冰冷而荒芜的气氛里,这句宣言在音乐厅里形成了诡异的回声。鲍伊拉过一把木椅子坐下,思绪飘回到了生命中那些现实和幻想分不清界限的奇幻岁月。

鲍伊说:"时至今日,我依然不确定到底是我在扮演'齐吉',还是'齐吉'夸大了我个性中的某些方面。扮演这个角色毫无疑问会产生很大的心理负担,但因为我觉得自己不善言辞、容易紧张以及不合群,所以扮演另一个人可能更容易些,那是一种解脱和释怀,也有种自己不属于任何群体的感觉。我一直觉得自己更愿意游离于边缘而不是置身其中,我在生活中是一个冷眼旁观者,这让一切变得有点复杂。一旦你为自己定下了这些形象,就很难回头去看自己已经陷进去有多深了。如果毒品再掺和进来,那自己给自己造成巨大的心理伤害更是几乎不可避免。"

"我从1973年底开始接触毒品,1974年开始上瘾。"鲍伊继续说,"我一到美国,哇!毒品更是像免费的一样到处都是,完全摆脱不了。因为我有着非常容易上瘾的体质,所以变成了个瘾君子,毒品完全接管了我的生活。不过从1976年底到1977年这段时间,我搬去了柏林,讽刺的是,在这个欧洲的毒品之都,我倒完全戒毒了。"

在鲍伊的前妻安吉所写的《后台通行证》(*Backstage Passes*)一书中,她将他描绘成"一个恶待朋友、意识混乱、挥金如土的十足的吸血鬼。他和他之前以及之后所有的瘾君子一样,会日行千里,就算站着不动脑子也在飞快运转,总能找到一处完全没有阳光的地方,进入一个偏执狂的状态……"。

说到安吉时,鲍伊一脸冷漠:"我们结婚只是为了让她得到在英国工作的许可,这自然不是一个好的婚姻基础。这段婚姻持续的时间也很短,1974年的时候我们彼此已经很少见面,她可能有时会来和我过个周末,但实质上我们已经分开生活了。那时我们已经没有真感情了,唯一共有的只剩下了乔(他们的儿子,出生于1971年,原名佐伊)。是乔让我重回理智,我那时意识到了他是如何在感情上被忽视的,因此从1977年左右开始我们之间建立起了正常的父子关系,从那以后,他一直是我在照顾的。"

鲍伊靠在椅子上，又从烟盒里抽出一根万宝路——他的烟瘾真的很大。打火机的火焰短暂地映亮了他的脸。空无一人的剧场吹起一阵冷风，他微微地颤抖了一下。

鲍伊说："上帝保佑乔没有那些上瘾的恶习，他从来不喝酒，不吸毒，不抽烟，他的生活中没有这些东西。他对自己的那种爱是我从来没有过的，他从来不觉得需要改变或舍弃自己的天性，而我却一直觉得有责任让自己远离那些我自认的不足。"

"我从来不自爱，完全没有。"鲍伊继续说，"'齐吉'是一个非常华丽和戏剧化、经过精心设计的角色，我要让他看上去感觉非常对，所以我花了很多时间照镜子，但我从镜子里看到的那个人并不是我，我看到的是'齐吉'。我觉得我很虚荣，但我希望我不自恋。我们对自己的长相都有自己的看法，我喜欢穿得漂漂亮亮，但我认为我的名声不应该建立在穿着这件事上。我一直很珍视我的创作能力，这才是我的强项，我擅长的就是写歌，无论内容是写我自己的还是写某个虚构角色的。"

> 每次我以为自己成功了
> 那滋味似乎不太好受
>
> ——《变化》（1971年）

话虽如此，但毫无疑问的是，鲍伊能拥有如此出众才华的一个重要原因，是他可以从类似"齐吉·星尘""阿拉丁·萨恩"和"瘦白公爵"这样的角色的多重心理中提炼出自己所需要的构思，从而完成创作。他长久以来对各种视觉艺术——雕塑、绘画、舞蹈和哑剧都颇为博学和喜爱，也从这些艺术中汲取灵感，因此他本能地接受这些艺术表现，并将之视为自己艺术创作的有机组成部分。如果他失去了这些艺术表现，就会显得笨拙和失败。

鲍伊的 80 年代是由他艺术生涯里最成功的专辑《让我们起舞》拉开序幕的。此张专辑由尼尔·罗杰斯制作并于 1983 年发行，一经上市便畅销全球，也将鲍伊的地位提升到了国际顶级巨星的位置，然而一旦身处奥林匹斯山巅，看到的景色其实并不如想象中的那么好。

"我第一次感觉犯了错，不知道是不是应该违背自己的意愿去为取悦听众而创作。"鲍伊说，"我接下去是应该复制《让我们起舞》的成功，还是应该继续让每一张专辑都有变化？真是两难。最后，我选择了继续创作我想要的歌曲，但放弃了制作上的品味。《今夜》（1984 年）和《永远不要让我失望》（1987 年）两张专辑里有几首非常好的歌曲，只是我把它们交给其他人去做编曲，虽然他们都是非常好的音乐人。我自己没有参与这些歌，对它们几乎到了忽视的程度。"

对于这种忽视，鲍伊的解决之道是去找一种能激发他创作热情的新方法。他第一次——至少从 60 年代初以来是第一次——投入到一个体现民主平等的乐队中，组建起了"罐头机器"，可惜此等角色和表达令他的歌迷完全无法接受。鲍伊试图把自己打造成一个真诚的、平等的四人团体中的一员，却遇到了和那些想脱离乐队独立发展的巨星们相似的可信度问题。与米克·贾格尔、罗杰·多特里（Roger Daltrey）、罗杰·沃特斯（Roger Waters）和乔恩·邦·乔维（Jon Bon Jovi）[*]这些才华横溢的音乐人离开各自乐队的单飞生涯都不成功一样，鲍伊作为乐队的一员也根本

---

[*] 以上四人分别是"滚石"乐队、"谁人"乐队、"平克·弗洛伊德"乐队和"邦·乔维"乐队主唱。

没什么说服力。

再说音乐。与《英雄》用合成器打造的曼妙灵魂乐以及《让我们起舞》的主流白人节奏布鲁斯不同，"罐头机器"1989年首张专辑中那粗粝、激烈和刺耳的噪声让许多鲍伊的歌迷深感震惊和疑惑。在很大程度上，这张品质卓绝的专辑很好地预示了即将到来的垃圾摇滚风格的爆发，虽然乐队本身都没真正意识到这一点。

鲍伊并不后悔组建"罐头机器"乐队，他将之形容为"商业上惨败，艺术上完胜"。乐队计划在年底的时候重组录一张新专辑，而鲍伊也说出了自己的疑惑，他不明白为什么"罐头机器"会招致如此之多的反对和恶评，尤其是在英国。

"看上去'罐头机器'完全不合英国人的口味。"鲍伊说，"大家似乎只会把我放到乐队里去解读。从我们收到的一些反对的信件来看，似乎是我让他们失望了，好奇怪。大概是因为'罐头机器'除了做音乐外没有其他东西的原因吧，我们没有抽象难懂的内容，没有特别的个性，也没有戏剧化表达，大家就不想听了。"

鲍伊继续说道："但这一切并不是突然发生的，我以前也不是没有玩过这类音乐。'火星蜘蛛'就是一个硬摇滚乐队，只是可能没有那么实验罢了。我觉得我比其他几个成员有名这件事是一大困扰，很多反对的声音似乎是在说：'为什么他要回到像其他成员那样默默无闻的状态？'我们一开始花了很大气力想去改变人们的想法，可过了一阵之后我们就放弃了。"

而且让乐队其他成员担任鲍伊伴奏乐手的想法也是荒唐的。鲍伊就此解释说："赛尔斯兄弟绝对不会接受多一个老板，他们相当固执，也知道自己要什么。他们出道不是为了给别人做伴奏乐手的，他们每个人都不是，你可不能糊弄赛尔斯兄弟，还有里夫斯(里夫斯·加布雷尔斯)。"

> 噢不,不是我
> 我从来不会失去控制
>
> ——《出卖世界的人》(1970年)

鲍伊像拍苍蝇一样回敬了自己的反对者,平息了因为"罐头机器"而产生的各种不满的声音,随之而来的新一波反响,则是评论界和公众对《黑领带白噪音》的称赞及美誉——这记有如胡迪尼逃脱术的妙招,将永留摇滚乐史册。

这张新专辑由鲍伊和尼尔·罗杰斯共同制作,而《让我们起舞》的制作也出自罗杰斯之手。新专辑之所以成功,是因为鲍伊不再玩那些角色扮演的戏码,而最终找到了"做自己"所必需的情感力量。

在艺术层面上,鲍伊说他对《恐怖怪物》之后的专辑都不是很满意:"这张专辑我自己反复在听,这是一个好兆头。我直说吧,《让我们起舞》我听得不多,那里面并不完全是我的风格,却有非常多尼尔的风格,尤其是唱片的第一面,那张专辑我其实是交给尼尔掌控的。这次当我要再和尼尔合作的时候,我想:'不能再像上次那样了。'所以这一次我们做的在很大程度上是一张非常'我'的专辑,尼尔做了他的贡献,但不像上次那样由他包办一切,而我只是建议让史蒂维·雷·沃恩加入乐手阵容而已。这可能也是这张专辑里我的风格那么突出的原因。"

据罗杰斯说,鲍伊"这次录音比《让我们起舞》的时候放松多了,相当冷静,精神状态也很好,看得出来他现在的音乐真的让他非常开心"。

但这并不意味着这次的录音过程是一帆风顺的，恰恰相反，罗杰斯说:"《让我们起舞》是我做过的最容易的唱片,三周搞定,但《黑领带白噪音》是最难的，花了少说有一年的时间。"

罗杰斯在录音过程中最担心的莫过于鲍伊的萨克斯演奏，这张专辑里的萨克斯演奏比鲍伊以往专辑加起来的都多。萨克斯对鲍伊的创作而言一直是非常重要的，他会用它来写歌的旋律线，但在表演这方面，鲍伊那非常狂放不羁的萨克斯演奏风格可能会让那些受过专业训练的耳朵难以忍受。

罗杰斯狡黠地笑道:"我想大卫会是第一个承认自己不是传统意义上的萨克斯手的人。叫他去表演萨克斯是不行的，他是把萨克斯当作表达艺术的工具。他是个画家。当他听到一个乐思时，就会随意地跟着演奏，但他其实是知道自己在演奏什么的，因为他可以一遍一遍地重复同一段，直到我说:'够了够了，我觉得大家都听到了。'这大概就是所谓的'不慎的故意'。"

但比这些技术性的考量更重要的是，鲍伊再一次回到了全身心投入音乐的状态里。如今他会以更开放的心态审视自己和审视过去，这让他的艺术生涯得以复苏。《黑领带白噪音》无疑是他出过的最具个人风格的专辑。

"我觉得这张专辑从情感方面来说是非常不一样的。"鲍伊说,"随着时间的流逝，我变得更成熟，也更不愿压抑自己的情绪，适当放纵一下情绪，同时也开始多与人接触，这些都是在我身上慢慢开始发生的变化。上帝啊，十几二十年来,终于走上坡路了。"

他接着说道:"现在我能比较自如地谈论我自己还有发生在我身上的那些事了，因为我觉得自己已经能够面对这些。过去很多年，我把自己的一切都封锁起来，以前的东西都被封起来，一直都不愿意去检讨一下过去的所作所为，但现在情况已经改变，我活过来了,真正意义上的活着。"

在哈默史密斯的舞台上,鲍伊在自己过往的阴影里坐了将近一个小时后,起身准备去往下一个地方。气温已经跌得很低,他快步走到剧场门口,以一种看上去非常发自内心的真诚感谢了让他进来的看门人。比起地位远不及他的那些明星,鲍伊对旁人的细心关照要多得多,那也是他最能让人对他卸下防备的个性之一。汽车开往附近的一家酒店,鲍伊在那里吃了一份什锦蔬菜汤和一个芝士三明治以驱赶寒意。

去年鲍伊为了他和模特儿伊曼的婚礼,不得不坐下来写了婚礼音乐,而这张新专辑的很大一部分灵感便来源于此。专辑的开场曲《婚礼》("The Wedding")是一首神秘而优美的器乐曲,很有中东风味,而在专辑结尾处作为呼应的,是《婚礼》加上歌词的版本《婚礼之歌》。

鲍伊解释道:"我必须写点音乐来展示我们这段感情的发展和它的独特之处。婚礼对我来说是一个分水岭,它让我产生了大量关于信守承诺的想法和感受,找到履行这些承诺的力量和勇气。当我在为婚礼写音乐的时候,这所有的一切像从我的身体里倾泻而出一样,我心里想:'我不能就此停步,还有更多的音乐我必须写下来。'这是我向从个人角度创作迈出的试探性的第一步,也是这张专辑的创作动机。"

> 我可以以摇滚明星的身份
> 坠入爱河
>
> ——《明星》(1972年)

鲍伊说:"我以前从来没和模特儿约会过,所以'摇滚明星和模特儿'那种老一套并没有发生在我的生活里,也正因如此,当我遇到这样一位极度完美、和我以前遇到过的那种绣花枕头完全不同的人时,我真的被惊艳了。我一点也不瞎说,和她认识的那晚我就在给我们将来的孩子起名字了。我知道她就是我命中注定的人,我们是绝对的一见钟情。我被她迷倒了。"

鲍伊继续说:"我想,在相当长的一段时间里我们之间的爱情都保持在发乎情止乎礼的状态,因此我们都是在家门口告别,礼貌地在脸颊上吻一下,送送鲜花、巧克力之类的。我从第一天就知道这段感情很珍贵,不想让任何事情破坏它。"

要去适应这种专一的关系所带来的快乐(或者制约),对鲍伊来说是不是一个全新的境况呢?他的回答是:"我是非常适应的。其实在遇到伊曼的三年前,我和另一个女孩订过婚,所以我觉得(专一的关系)非常令人愉快,令我激动万分。我很喜欢专一的关系。我从70年代的极度放荡不羁,到80年代在思想上产生了一系列的转变,到了90年代,我希望能有更多的内心和谐。"

如果在90年代的现在他是个年轻人的话,他还会那么放荡不羁吗?

鲍伊回答道:"不,我觉得不会。我不知道,据我所知,现在年轻人还是会有进行各种性探索活动的风气,所以如果现在我是年轻人,或许依旧会放荡不羁。70年代的我的确不负责任到了极点,所以可能现在的我也还是会。我觉得大家不应该去进行性探索活动,你可以去尝试但要负责任。我觉得现在不是性探索的时代,当然我也认为大家不应该逃避承认自己的性取向。"

"我觉得我一直是个躲在柜中的异性恋者。"鲍伊接着说,"我从来不认为自己是一个真正的双性恋。那只不过是我走到了那一步,去和男人尝试着发生关系而已。不过对我来说,更吸引我的其实是整个同志圈,在当时那是一种地下文化。要知道,70年代早期同性恋基本上还是禁忌,不受指摘的自由之爱只属于异性恋。我喜欢那个暧昧的同志世界,我喜欢那些俱乐部,喜欢那些人,喜欢那些对外人来说未知的一切。那个圈子实在太吸引我了,那是我非常想进入的另一个世界,所以我努力地想融入其中。但那个阶段只持续到1974年左右,差不多是和'齐吉'一起终结的。事实上我只是到了双性恋的程度,真实情况和大家想的不一样。

"我是想给'齐吉'注入真实的血与肉,我必须创造好'齐吉'这个角色,然后代入他。讽刺的是我并不是同性恋,我只是在身体上扮演同志,但老实说这并不是件让人觉得愉快的事。这更像是我在测试自己,结果觉得非常不舒服,但这件事又必须得做。"

> 他们称之为祈祷
> 但它其实是法律
>
> ——《救世主机器》(1970年)

鲍伊说:"很遗憾,我对弗雷迪(弗雷迪·莫库里[*])真的不太了解,这么多年来我大概就见过他两三次。我觉得他非常风趣,非常聪明,而且的确非常戏剧化。我不知道他生活上的细节,也不清楚发生了什么。我自己也有很多同性恋朋友,我知道因为艾滋病失去朋友的那种痛苦。不幸的是,在'皇后'演唱会(1992年4月在温布利体育场为弗雷迪·莫库里举行的纪念演唱会)之后我失去了一个朋友,他名叫克雷格,是一个纽约的剧作家。他

---

[*] Freddie Mercury,英国著名摇滚乐队"皇后"主唱,1991年因艾滋病去世。在1992年4月20日的弗雷迪·莫库里纪念演唱会上,大卫·鲍伊在舞台上跪地诵念主祷文,此举是他临时起意,并没有经过彩排。

是在那场演唱会的前一天陷入昏迷的，两天后去世了，所以我才会在演唱会上念主祷文。"

尽管鲍伊天生戏剧化，但当晚舞台上他这个突然的动作还是让很多人大吃一惊。鲍伊说："是，他们可能会吃惊，但我这样做并不是为了他们。"大家感到惊讶的一部分原因，是鲍伊从来没被外界认为是一个对宗教特别虔诚的人。"我不是对宗教虔诚，我是在精神上虔诚。"他说，"我从来没有加入过任何宗教组织，但现在我对上帝有着很坚定的信仰。我每天都将自己交到他的手中，每天早上都会祈祷。"

鲍伊继续说："我那个朋友克雷格不是基督徒，但我觉得为他祈祷是最合适的方式，因为这个祈祷不是……这个祈祷是向天父的，而不是向基督的。对我来说，这是一种广义上的祈祷。我和大家一样对自己在音乐会上诵念主祷文这件事感到惊讶，但能那样做我感到非常高兴。"

因为鲍伊从《每一站》（1976年）到"瘦白公爵"时期把自己的情感表达像他的衬衫风纪扣一样紧锁着，所以他给人的印象一直是一个疏离、精明和冷若冰霜的欧洲人形象，然而现在，这个形象可能已经和现实不符。鲍伊其实是一个极其感性的人，这或许可以在某种程度上解释他在莫库里纪念音乐会上诵念主祷文的行为。

在那场演唱会中还有一段不太引人注目但魅力四射的表演，鲍伊和他的老搭档米克·容森以及伊恩·亨特再度聚首，将"高个子莫特"乐队的畅销名曲《所有的年轻人》翻唱成了一个激情版。

这也是一个特别令人心痛的时刻，因为这是容森和鲍伊在一起的最后一次现场演出。说到此处，鲍伊几乎要流下眼泪。

容森当时病得很重，完全是靠坚强的意志力坚持着。就在去世不久前,他在伦敦的一家录音室里说:"医生说我不应该来这里,但我已经不去做化疗之类的了。我到这里来很辛苦,但我在这里还有很多事要做。明天的事明天再说,今天努力就好了。"

在《黑领带白噪音》里,容森为《我感到自由》弹了吉他,这首"奶油"乐队的名曲被改编得面目一新了。容森也和尼尔·罗杰斯一样注意到鲍伊在专辑录制过程中表现出了令人难以置信的活力和热情,他说:"我希望大卫的这张专辑卖得好,他把自己的一切投入进去了。我经常和他聊天,他非常积极正面。"

一天的回忆之旅结束时,鲍伊陷入了沉思。

"我以前从来没有这样做过。"他说,"这次行程很特别,尽管大部分地方不是关门就是已经拆了,但还是能让人聚焦时光的流逝。其实前几天晚上我还列了一个单子,上面是和'齐吉'、博兰和'洛克西音乐'同时期巡演的乐队,像'林迪斯法恩'乐队(Lindisfarne)、洛瑞·盖乐许(Rory Gallagher)、'迷失'乐队(Stray)、'亚美利加'乐队(America)、'多汁露西'乐队(Juicy Lucy)、彼得·扎尔施泰特(Peter Sarstedt)、'瘦丽奇'乐队(Thin Lizzy)和'格尼德罗格'乐队(Gnidrolog)。当时大家竞争很激烈,但那真的是很久很久以前的事了。"

男孩继续摇摆

多米尼克·威尔斯

1995年8月30日—9月6日,《休闲时光》杂志(英国)

（原编者按）值得注意的是,20世纪60年代末和70年代初,大卫·鲍伊把大部分时间都花在了贝肯纳姆艺术实验室——一个除音乐外也致力于推动和探索绘画、诗歌朗诵、灯光表演、街头戏剧、舞蹈和木偶戏等艺术形式的机构。这些年来,鲍伊对这些音乐以外的艺术表现形式的兴趣与日俱增,他开始涉足绘画、雕塑和墙纸设计等领域。

以下这篇由《休闲时光》（*Time Out*）杂志对鲍伊和布莱恩·伊诺进行的采访,名义上是为了宣传鲍伊的新专辑,最后却变成三人聊天,话题涉及鲍伊在音乐之外几乎所有艺术门类上所付出的心力,也谈到了他（和伊诺）对艺术的想法与受众之间经常会有的脱节。

关于这篇访谈,多米尼克·威尔斯后来回忆说:"大卫·鲍伊曾经是（现在依旧是）我的偶像,因此这篇访谈是我从1992年开始担任《休闲时光》杂志的编辑以来,第一次面临两难境地:

采访鲍伊的话，我肯定要给他做封面专访的，可是，如果我的读者都觉得他是一个过气歌手的话，我又怎么可能把封面专访的版面留给他呢？整整十年，他似乎迷失了。当他和布莱恩·伊诺因《局外》（Outside）这张专辑重新聚首，重燃那天才的音乐火花时，我努力为他们争取到了封面专访的版面。我们就艺术、哲学和创造力根源等话题进行了一个半小时的精彩讨论——设想一下给麦莉·赛勒斯[*]或者蕾哈娜[†]做这样的访问会是怎样一个情况吧。

"不过，这次采访前我依旧感到前所未有的紧张，尤其是因为我要问他这样一个问题：'大卫，被人认为是个大傻帽的感觉如何？'"

终于，我见到了大卫·鲍伊，但我们见面后发生的第一件事，便是我，几乎，弄断了他的胳膊。当我和他握手时，我用力过猛，他的肘部那里发出了一记非常响亮的断裂声。他好像没感觉到什么，但这让我想起他演的电影《天外来客》里的场景——坎迪·克拉克（Candy Clark）抱着流着鼻血并昏迷着的鲍伊穿过酒店门厅，那样纤细的四肢让我担心他现在也要忍受相同的疼痛了。

这是颇具俄狄浦斯情结的一刻：大卫·鲍伊是唯一一个我做梦梦见过的流行明星（我在等顺风车，他的超长豪华轿车停在了我身边，在车上我俩就日本文化亲切交谈），也是唯一一个我在墙上贴过海报的流行明星——如果不算黛比·哈利[‡]的话，因为

---

[*] Miley Cyrus，美国流行歌手，童星出身，2013年后公众形象一度较为出位。
[†] Rihanna，巴巴多斯籍歌手，时尚品牌创始人。
[‡] Debbie Harry，美国著名摇滚乐队"金发女郎"（Blondie）主唱，是二十世纪七八十年代众多美国人心目中的性感女神。

她对我的吸引力是纯荷尔蒙式的。我的青春年华是在鲍伊的音乐中度过的，和我一样的同龄人数量多到令人震惊，"山羊皮"乐队就很崇拜他，"九寸钉"乐队（Nine Inch Nails）也是，"九寸钉"今年9月还和鲍伊一起做了巡演。天啊，鲍伊还和斯莱史（Slash）的妈妈约会过，给当时只有六岁、未来会成为"枪炮与玫瑰"乐队悍将的小孩讲过睡前故事。对我来说，鲍伊永远不只是一个流行巨星：因为他的《天外来客》我开始看起了尼克·罗伊格的电影，因为他的《圆的宽度》我开始读哈利勒·纪伯伦（Kahlil Gibran）的作品，通过《噢！你们这些漂亮的小东西》里的歌词"为超人让路"（Gotta make way for the homo superior）我知道了尼采，从《安迪·沃霍尔》里我知道了波普艺术，从《让·精灵》里我知道了让·热内，通过《狮子乔》（"Joe The Lion"）我知道了行为艺术。还有他举世公认的哑剧艺术，如今没有哑剧我都活不下去。

1983年的《让我们起舞》是一个转折点，这是大卫·鲍伊第一张顺应了时代而非超越了时代的专辑。从此之后，除了诸如《忧郁的简》这样偶尔的回勇，他落后于时代了，令人惋惜。鲍伊曾六次登上《休闲时光》杂志封面，最后一次是1986年为宣传电影《初生之犊》（哎哟！），之后发生的事包括他在弗雷迪·莫库里的纪念演唱会上诵念主祷文、婚礼照片在《哈啰！》杂志上刊登、他为劳拉·阿什利*设计壁纸等。让我跌坐在沙发上并精神紧张的原因是，这次采访与其说是和我的梦中人会面，还不如说这次我真有可能发现他其实是个彻头彻尾的傻瓜。

---

* Laura Ashley，英国家具品牌。1995年3月，大卫·鲍伊举办了他的个人艺术展，其中由他设计的两款壁纸由劳拉·阿什利公司印刷和制造。

但至少，好兆头陆续出现。这些年来，大家都期许，也都愿意相信大卫·鲍伊的下一张新专辑就是他卷土重来的那一张，但始终是失望。如今一切成真，救世主来了，他就是布莱恩·伊诺，自"柏林三部曲"后再次与鲍伊合作。就像伊诺让 U2 乐队成为地球上最伟大的摇滚乐队一样，这次伊诺发挥了同样的魔力，为鲍伊制作了新专辑《局外》。这是一张需要多听几遍才能消化的专辑，75 分钟的长度里，可能有几首歌你是想跳过的，但它依旧是鲍伊 15 年来的最佳专辑——鲍伊自己也很清楚这点。在拍摄完《休闲时光》的封面后，相比起伊诺如屹耳[*]那样的冷静，鲍伊则像小猪皮杰[†]一样到处乱逛和打趣，然后突然大声说："他们说我就是历史！"

他的确就是历史，但现在，未来再次成为他的舞台。多给点耐心听我说，《局外》是一张"概念"专辑，说的是艺术侦探内森·阿德勒正在调查一名离家出走的 14 岁少女被一名或多名未知身份的艺术家谋杀的案子："受害者的手臂上扎着 16 根皮下注射针头……所有的血液和体液则通过最后的第 17 根注射针抽取出来。受害者的腹部被仔细地切开，肠子被取出并解开，又被重新编成一张小小的网，挂在凶案现场——牛津镇现代器官博物馆那潮湿的大门口的门柱之间。"鲍伊在专辑里扮演了数个角色，年龄从 14 岁到 78 岁不等，而在音乐上，专辑阵容也包括了鲍伊的数代音乐老战友：《阿拉丁·萨恩》的钢琴手迈克·加森、《每一站》的节奏吉他手卡洛斯·阿洛玛、"罐头机器"时期的吉他手里夫斯·加布雷尔斯、《郊区佛陀》（The Buddha Of Suburbia）的键

---

[*] Eeyore，迪士尼动画《小熊维尼》中的角色，是一只灰色小毛驴，性格自卑和消沉。

[†] Piglet，迪士尼动画《小熊维尼》中的角色，是一只粉红色小猪，小熊维尼最好的朋友之一，比较活泼，爱冒险。

盘手和贝斯手埃达尔·科苏赛（Erdal Kizilcay）、《房客》的录音工程师大卫·理查兹（David Richards），最终的成果是一场声音、节奏和各国元素的非凡融合，听上去就像是《房客》和《我在鬼魂丛林里的人生》*嫁接在一起的升级版。

不过，此刻还不是就专辑发问的时候，我到现场时他们正在讨论卫星电视（奇怪的是，伊诺并没有安装卫星电视），而鲍伊正在打听一位伊诺不记得名字的波兰电影导演。这两个矮小的摇滚知识分子、大笑着的侏儒†，正一唱一和。布莱恩·伊诺（易位变形：第一大脑‡）因为其头顶的"地中海"、严谨的授课腔和广袤深邃的头脑而经常被调侃地称为"教授"，但最近他真的成了英国皇家艺术学院的一位教授。大卫·鲍伊（易位变形：噢！我睡了天后§）衣冠楚楚，留着山羊胡，正在享受他那英国绅士艺术家的新角色形象，只是他胸前口袋里插着的钢笔奏出了一个属于书呆子的不和谐音。他那不同颜色的双瞳的确会令人局促不安（拜蓝色隐形眼镜所赐，你们不会在我们杂志的封面上注意到这点），但正如德斯蒙德·莫里斯¶的理论会告诉你的那样，鲍伊那只瞳孔永久散大的眼睛对你的潜意识说"你很迷人，我想和你上

---

* *My Life In The Bush Of Ghosts*，布莱恩·伊诺和美国著名摇滚乐队"传声头像"（Talking Heads）主唱大卫·拜恩（David Byrne）于1981年合作出品的实验摇滚专辑。这张专辑是大卫·拜恩第一次脱离自己的乐队出的唱片。

† 此处借用的是大卫·鲍伊1967年出的单曲《大笑侏儒》（"The Laughing Gnome"），此歌是他在发行首张专辑之前在德兰姆唱片公司出的最早的单曲之一。

‡ 易位变形（anagram）是英语的一种"文字游戏"，指将一个词、词组或短句里所有字母重新排列顺序，得到一个新的词、词组或短句。将"Brian Eno"里的字母调换顺序，得到两个新的词"大脑"（Brain）和"一"（One），组成新的词组"第一大脑"。

§ 将"David Bowie"里的字母易位变形，得到一个新的短句"Ow, I Bed Diva"。

¶ Desmond Morris，英国著名动物学家、人类行为学家，著有《裸猿》（*The Naked Ape*）等。

床"，而另一侧瞳孔缩小的眼睛发出的信号却是"你真无聊，可怜虫"。

那么，在"嬉比吉比斯"乐队*1981年的专辑中，安格斯·迪顿对鲍伊的模仿——"我想我失去了理~~智/我要赶快离~~开"†——是否还适用？我发现鲍伊和伊诺两人不单口齿清晰伶俐，而且言谈间的有趣和真诚，绝非报纸杂志的引用报道能够准确传达出来的。不过，本刊这篇访谈能否做到？当我和大卫·鲍伊、布莱恩·伊诺准备开始随便聊聊艺术、威廉·巴勒斯的"剪裁法"、自我"剪裁"‡，以及……哦，是的，他们的新专辑时，读者可以自行判断。

大卫·鲍伊（以下简称鲍伊）：首先我想问一下，你会介意今天的访谈我们自己也录一下音吗？录音只会给我们自己用。

多米尼克·威尔斯（以下简称威尔斯）：所以你是要对我的声音进行采样，然后放进你下一张专辑里？

鲍伊：真的，有这可能。这张专辑里我就差点对卡米拉·帕格利亚§的声音做了采样，不过她就是不回我电话！她一直通过

---

* The Hee Bee Gee Bees，由BBC第四台喜剧节目《活宝电台》(Radio Active)的主持人安格斯·迪顿（Angus Deayton）、迈克尔·芬顿·史蒂文斯（Michael Fenton Stevens）和菲利普·波普（Philip Pope）组成的恶搞乐队，模仿著名歌手或乐队的演唱，乐队名字就是恶搞著名乐队"比吉斯"（The Bee Gees）而来。

† "I think I'm losin' my miiiiind/I'm disappearin' up my behiiiiind"。1981年，"嬉比吉比斯"乐队发行首张专辑《439金曲精选》(439 Golden Greats)，专辑中他们以"大卫·鲍汪"（David Bowwow）的名字模仿大卫·鲍伊的演唱风格恶搞了一首《我超越了时代》("Quite Ahead of My Time")，这句歌词便是出自这首歌。

‡ cutting yourself up，这里用和威廉·巴勒斯的"剪裁法"相同的单词组合讨论《局外》的内容，形成双关。

§ Camille Paglia，美国作家、学者、文化评论家和女权主义活动家。

助理发消息来问："真的是大卫·鲍伊吗？如果真是，这事很重要吗？"（笑）所以我就放弃了！最后我用我自己的声音把她的替换掉了。

布莱恩·伊诺（以下简称伊诺）：听上去真的挺像她的。

威尔斯：怎么会有这张专辑的？

鲍伊：关键时间点其实是在我的婚礼上。

伊诺：绝对真实。我们俩第一次谈这张专辑就是在他的婚礼上。

鲍伊：那时候我正在为《黑领带白噪音》里的歌写旋律，已经写了一些了，都是些可以在婚礼上播放的音乐，因为那张专辑有一部分制作理念围绕的就是婚礼。布莱恩当时则在制作他的专辑《神经网络》（Nerve Net），我们俩突然意识到，我们又走在同一个音乐方向上了。

伊诺：真是非常有趣。那可是婚礼啊，对吧？所有人都在那里，我们俩却开始谈新专辑。大卫说："你一定要听听这个！"然后他走到DJ面前说："把现在在放的音乐停了，换这张放。"

鲍伊：婚礼过后我们又都匆匆忙忙地回到各自的生活里去了，但彼此都知道再次合作已经不可避免，因为现在流行音乐界的状况对我们来说毫无兴奋点，而对此的共识让我们兴奋。

威尔斯：可奇怪的是，你上一张专辑是回去和尼尔·罗杰斯合作的，他曾制作了你最畅销的专辑（《让我们起舞》），但现在你又要回来和布莱恩这位……

伊诺：……这位制作了你最滞销的专辑的人合作。

威尔斯：……这位制作了几张你评价最高的专辑的人合作。

鲍伊：有趣的是，我对尼尔说的话和布莱恩对我说的话差不多："我们不要再做一张《让我们起舞》的翻版出来。"我那时刚脱离"罐头机器"乐队,乐队的这段经历对我来说是一场真正的自由实践,我想在《黑领带》里也尝试一下这种自由。我做了一些欧陆音乐和灵魂乐结合的作品,但也有像《帕拉斯,雅典娜》和《你在身边》("You've Been Around")这样更趋向氛围和放克的歌。在《黑领带白噪音》和这张新专辑之间有一张过渡性的专辑《郊区佛陀》,它对我来说还是很重要的。

伊诺:那张唱片我真的很喜欢,我还写了一封信给你说这张唱片被大家忽视了,这不太公平。我觉得可能是因为这张唱片是电影原声,通常人们就会说:"哦,电影原声不是正式的音乐,是吧?"我一直难以相信为什么评论界对像电影原声这样的唱片那么苛刻。

威尔斯:我去东区花儿画廊(Flowers East Gallery)看了"战争儿童"(Warchild)展览(在这个展览上伊诺邀请了几十位摇滚明星拍卖他们的艺术作品为波斯尼亚儿童慈善筹款),你那段小小的发言非常好。事实上,我们杂志在副刊上就此事登了一篇有点毒舌的小文章。

伊诺:是啊,我记得那篇文章。大卫,你记得吗?

鲍伊:哪句毒舌?我这辈子被毒舌太多了,哈哈!

伊诺:"如果这些人真的关心,为什么他们不是直接把钱拿出来,而只是在那里美化他们那已然非常膨胀的自我?"

鲍伊:我记得这句话!但这样的状况的确完全可以理解,毕竟是件很英国化的事情,不是吗?

威尔斯:美国那边也是一样吧,是吗?

伊诺:不是,在美国,你可以从帮助别人的行为中得到乐趣,可以乐在其中,甚至因此获益。但在这里,如果你要帮助别人,那就只能直接交钱。

鲍伊：在英国，就是给你个荣誉而已。

威尔斯：但这并不仅仅事关慈善，是吧？大家都觉得摇滚明星就不应该搞艺术创作，不应该演戏，不应该写书。

鲍伊：这就像说记者不应该去做电视节目，某种情况下可能是挺正确的！

伊诺：在英国，一个人能犯下的最大的罪就是跨出自己的圈子。

鲍伊：现在越来越多的人跨越到了他们以前并没有受过训练的领域，这种现象在美国尤其普遍。我刚和朱利安·施纳贝尔（Julian Schnabel）合作了一部电影（《轻狂岁月》，鲍伊在片中饰演安迪·沃霍尔），他是个拍电影的，但不久前做了一张专辑……我觉得这很了不起。

威尔斯：那张专辑如何？

鲍伊：歌词上来说，像是莱昂纳德·科恩（Leonard Cohen）和卢·里德的混合体。我觉得非常不错。

威尔斯：所以是张不错的舞曲唱片？

鲍伊：哈哈，我觉得比那一周出的很多唱片要好，但比那一周出的另外一些唱片要差。

伊诺：可能的原因之一是，现在由于各种技术手段的发展，任何人想做任何事都可以——几乎任何事。我可以坐在我的录音室里，把贝斯、鼓与和声混合成唱片，我也可以用同样方法去做视频，所以"我是不是有这方面的技能"这种问题已经不再是个问题。

鲍伊：在艺术界，没有技能不成问题已经有50年了吧，艺术关乎的是创意。

威尔斯：达明安·赫斯特*曾经说过一句话，大意是，如果一个小孩能做到我做的事，那就意味着那件事我做得很好。

鲍伊：我记得有个人对毕加索说一个三岁小孩也能画出他的画，毕加索回答说："是的，你说得对，但没几个成年人能画出我的画。"

威尔斯：我记得他说过："我花了16年时间才学会拉斐尔的画，却花了60年时间才学会像个孩子那样画画。"

伊诺：爱因斯坦说："任何一个聪明的九岁小孩都能理解我的研究，但问题是，他可能不理解这个研究的重要性在哪里。"这就是一件事的两方面：活得像孩子一样自由和简单，但同时能够理解事情的深意。成为毕加索并不意味着突然变回一个三岁的小孩，而是变成一个懂得三岁小孩画的东西的重要性的人。

威尔斯：这张专辑的宣传文案说，专辑里有大量即兴的成分。布莱恩会给乐手们发卡片，上面写着"你是一个灾难事件的最后幸存者，你要尝试用一种演奏方式来防止你的内心产生孤独感"或者"你是一个南非摇滚乐队里的一员，你不太高兴，演奏出其他人不允许你演奏的曲调"之类的话。这是不是意味着你们在制作这张专辑时是剔除了一切，消除了每个人先入为主的概念，从零开始的？

伊诺：即兴演奏会带来一些很直接的危险，其中之一是，一旦开始即兴演奏，所有乐手会很快达成默契，基本上大家都会开始演奏布鲁斯，因为那是一种大家都能达成一致而且都知晓规则的音乐，因此在某种程度上，卡片这个策略就是用来防止这种太

---

* Damien Hirst，英国著名当代艺术家，伦敦著名艺术家团体"英国青年艺术家"（Young British Artists，缩写为 YBAs 或 yBa）代表人物之一。

过一致的状况的发生。最好的那个点并不是一团混乱，也不是完全一致，而是两者之间的一个平衡。

威尔斯：整张专辑从头到尾节奏感很强，很有整体感……

鲍伊：我们对70年代后期的专辑真正着迷的地方是，你可以只用一套鼓做出什么样的音乐。我们想在专辑里玩出来的，就是流行音乐的情感脉动。

伊诺：很少有人会像我们这样做音乐，类似这样："对，先把贝斯和鼓录下来，然后在那上面叠加不一样的东西。"不按常理制作是一个全新的概念。

威尔斯：我好几次走在外面，戴着耳机听这张专辑，街上的噪声经常会混进耳机里——自行车铃声和公共汽车开关门的提示音之类的。不管噪声是什么，在歌的哪个时间点上混进来的，都特别搭。你可以把噪声当作歌的组成部分，之所以会这样，是因为这些歌的层次太丰富，你可以往上面叠加任何东西。

鲍伊：布莱恩的即兴创作很棒的一点是，他在采样器旁边放了时钟和收音机之类的东西。比如他在法语广播里录到一个短语，不断地给它变换节奏，这样它就成了采样元素的一部分。然后乐手们会对这个元素给出他们各自的反应，并以不同的方式去演奏，因为这些奇怪的声音令他们印象深刻。

伊诺：大卫在歌词上也用了相同做法。他在即兴创作歌词时身边放着书籍、杂志和报纸，然后从中挑出些短语，再拼凑起来。

鲍伊：如果我给你读几句这样的歌词，你会觉得它们完全无法理解。

威尔斯：我还真试过！我拿着歌词页大声朗读，心想："这个人是疯了吧？"但是把歌词和音乐放在一起听，一切就又都讲得通了。

鲍伊：没错，旋律和歌词结合在一起就形成了音乐的情感驱动力，这可能就是艺术最擅长做的事，它可以展现那些人们无法用语言确切表达的东西。

威尔斯：如果一个英国学生在上诗歌课或者类似课程时坐下来试图分析你的歌词，你觉得他们是在浪费时间吗？

鲍伊：不觉得，因为我认为现在他们也在读不少类似的20世纪后期作品，从詹姆斯·乔伊斯（James Joyce）到威廉·巴勒斯都是。我现在的创作是先做词句的解构，再把它们重组，这种方法相对而言还是传统派的，被认为是一种比较随机的方式。但在这份随机性里，其实暗含着现实，那就是我们的人生并不是井然有序的，我们的出生和死亡都不是井然有序的。

威尔斯：所以，如果我和另一位记者对你的歌曲的内容有不同的理解，你会觉得很高兴吗？

鲍伊：当然高兴。就像罗兰·巴特（Roland Barthes）在60年代中期说过的那样，受众的理解才是内容诠释的真正开始，这一切是从社会和文化本身开始的，而作者其实只是一个起头的人。

威尔斯：很多摇滚乐的歌词，有时候你听到的意思会比它原本的意思更好。你早期的歌里有首《石头之爱》[*]，我很喜欢里面的一句歌词——"在这血色清晨"（in the bleeding hours of morning），后来我拿到歌词页才发现是"转瞬即逝的清晨"（fleeting hours of morning），后者就乏味很多了。

鲍伊：没错。最有趣的是，我也是在多年后才发现，"胖子"

---

[*] 采访者这里说的"石头之爱"（Stone Love）的正确名字应为《灵魂之爱》（"Soul Love"）。——原书注

多米诺（Fats Domino）唱的根本不是我想的那样……以前通过我自己对他那些歌的理解，我还颇有收获呢！坦率地说，有时候当你知道了一个艺术家在他作品里的真正意图时，是会失望的。

威尔斯：显然现在你已经用电脑程序创作，可以随机写歌词，但其实你从70年代开始就已经受巴勒斯启发，用剪裁法创作了。

鲍伊：十几岁的时候，我读的东西都是相当传统的：比如自命不凡的尼采，以及不那么自命不凡的杰克·凯鲁亚克，当然还有巴勒斯，我真的很想成为这些"局外"人。尤其是巴勒斯，我从他那混乱的生活里获得了太多的满足感，然而读他的书却一点也不感觉混乱。我一直想："上帝啊，那种感觉就好像是，你做的每件事都有紧迫感和危险感，你人生中的理性和纯粹只不过是表象而已……"

威尔斯：毒品也一样，对吧？我还是学生的时候没少碰这玩意儿，碰了之后就会觉得突然间所有的事都有意义了，不碰的时候是不会有这种感觉的。或者说，碰了之后你会看到事物之间的联系，不碰就看不到。

伊诺：这就是毒品有用的地方。毒品可以让你懂得，了解事物的奥义还有其他的方式。你不必一直碰，但上了道后，你知道你有了了解事物的能力，这是非常值得的。

鲍伊：但是我觉得这一切是早已种下种子的。想想那些超现实主义艺术家的"精致尸体"（exquisite corpse）的手法，或者詹姆斯·乔伊斯把大段大段的文字拼合起来，织成写作的百衲衣的创作方法。这的确就是20世纪艺术观念的特点和实质，而且在今天真的变得很重要。

伊诺：艺术家的责任是做一个"传达意义者"，也就是他要说出想说的话，然后传达给你。但我觉得现在存在的一个现象是，人们把艺术家的这个责任给移除了，转而把他放在了"诠释意义者"的位置上了。

鲍伊：这就很像19世纪末20世纪初，艺术家从揭示问题的人变成了揭示问题复杂性的人，还说："坏消息来了，问题比你们想象的还要复杂。"就我记忆所及，我估计这种事一般都发生在那些艺术家嗑了迷幻剂之后。你们知道我们所处的这种绝对匪夷所思的状况（鲍伊一直在做一些危险的动作作为示意，此时他把一个烟灰缸打翻在地毯上，里面装满了他一直不停抽的万宝路的烟蒂）……就像这样一团糟！（伊诺跪下来，扫掉了鲍伊脚上的烟灰和烟蒂）布莱恩，你干吗要这样做？你这样我可受不起啊！

伊诺：我是让你能说完你的话。

鲍伊：我不用说完，我已经给你们看到了日常生活随机性的实例（大笑）。如果我们真的意识到我们所处的环境有多复杂的话，一定会震惊而死的。

（接下来我们花了20多分钟讨论了如下话题：波斯尼亚；道德为什么是一个过时的概念，应该用法律去代替；性和暴力为什么不是没来由发生的，而是人性驱使我们探索的力量。）

威尔斯：在你这张专辑配搭的短篇故事里，有很多关于沉迷于自残的艺术家的内容。比如一个叫克里斯·伯顿的，被人枪杀，然后被五花大绑装进袋子扔在高速公路上，最后又被钉在了一辆大众车的车顶。还有个叫罗恩·埃塞的HIV病毒感染者、戒了毒的前瘾君子，用一根毛衣针不停地往额头上扎，直到扎出一圈皇冠形状的血印，又用手术刀在另一个人的背上刻出图案，再把血迹斑斑的纸巾悬挂在观众面前的一条晾衣绳上。你似乎非常迷恋这种病态美学,这也是"艺术只从苦难中来"这种旧式艺术观点最直接的表达。

鲍伊:这里另有一个原因,那就是现代艺术体系的复杂程度太高了,所以很多艺术家的关注点又重新回到了自己的身体,产生了肉体与心灵的对话。

伊诺:没错,在这个网络文化和信息网络盛兴的时代,突然听到有人说"我是一具肉身"还是很让人震撼的。

威尔斯:对艺术的界定而言,震撼也是其中必要的部分吧?

伊诺:在某种程度上我认为是的,不过震撼也可以有很多种,不一定只有这一种。

鲍伊:对于震撼的感知其实比震撼本身更重要,至少对我来说是这样。比如达明安(达明安·赫斯特),我是他非常忠实的拥趸,感知到他作品给我带来震撼这件事对我来说影响非常大。我觉得他自己都不知道自己的作品意味着什么,可是我自己和他的某个作品之间产生了一种冲突,那种感觉非常强烈。很多人并不懂他的作品里使用的那些可怜的动物,其实就象征着人自己。我觉得他的作品非常打动人。

威尔斯:你和他合作过吗?

鲍伊:我和他合作过几个绘画作品。我们曾经将一块直径大约 12 英尺的圆形大画布,放到一台机器上,这台机器以每小时 20 英里*的速度旋转,然后我们爬上梯子,把颜料泼到那块旋转的画布上。

伊诺:你应该去他的工作室看看!

---

* 英里,英制长度单位,1 英里约等于 1.61 千米。

鲍伊：这个作品的创作像儿童游戏一样，泼上颜料，让离心力甩出最后的图像。

威尔斯：你是《现代画家》（*Modern Painters*）杂志的编辑部成员，编辑部里还有像高里勋爵（Lord Gowrie）这样的人，但其实他们并不那么现代。你一定会像 H. M. 贝特曼*漫画里的角色那样说："其实我觉得达明安·赫斯特才更合适。"

鲍伊：那本杂志现在也在发生变化了。不过，像《泰特》（*Tate*）那种杂志的编辑部里已经都是"另一种"艺术家了，那你还去给它写稿干什么呢？至少在《现代画家》你还有机会去帮它开拓出一些不同面向。我很喜欢把文艺复兴时期的艺术风格和现代艺术风格结合起来，纯粹是为了创造一种混搭的乐趣，而不是去创造一些……编辑选题。

威尔斯：你去设计了墙纸，很多人感到很震惊。

鲍伊：是的，不过墙纸设计并不是一个很有创意的事，罗伯特·戈伯（Robert Gober）还有很多艺术家都做过，甚至安迪·沃霍尔也做过。墙纸设计只是一种传统的艺术创作。

威尔斯：最近你还举办了第一次个人艺术展，把你 20 年来的艺术作品公开展示，接受评论，你一定觉得很害怕吧？

鲍伊：不，一点也不害怕。

威尔斯：为什么？

鲍伊：因为我知道自己为什么要开这个艺术展，哈哈！

伊诺：问题在于，当你要公开展示你的作品，或者你发行了一张唱片时，你就等于把它交给了他人进行各种各样的阐释而不再独享解释权了。我家里有几百万盘没有公开发行过的小样磁

---

* H. M. Bateman，英国漫画家，以"那个人"（The Man Who）系列漫画闻名。

带，如果我把它们推向市场，突然它们都进了唱片店，被放在了"老鹰"乐队（The Eagles）唱片的后面*，我就会对它们产生别样的情绪。我会想象那些根本不喜欢我音乐的人，或者其实是来找"老鹰"唱片的人，偶然买了我的唱片，我会开始借助想象中的这些人的耳朵来重新听这些歌。所以，把自己的作品公开出来，其实是令它们更丰富的过程，而你也是为了你自己在丰富它们，你是在各种各样不同的反馈中丰富它们。

鲍伊：我刚刚还忘了说一个我不害怕的原因：我就是一个音乐家、画家和雕塑家而已，我为什么要害怕？我唯一需要害怕的事可能是别人对我作品评价的好坏，可是我已经过了快30年任人公开评价的人生了，对我来说这些是自然而然的事。

威尔斯：如果伦敦有很多人到处说"大卫·鲍伊就是个自命不凡的大傻帽"这种话，会伤害到你吗？

鲍伊：我就不知道有哪个时候是没人说这种话的。每个人都有不同看法，有什么区别吗？这完全不会伤害到我。

伊诺：你也知道，在英国如果你做了和你平常不太一样的事，就会有一帮人到处说你是一个自命不凡的大傻帽，过了一段时间你也就习惯了（两人都笑了）。我们两个只要守住我们擅长的事就好，这张唱片可以证明这一点。我们俩对很多东西产生了影响，如今很多东西都可以追溯到我们俩做的事情上面，就像我们做的东西可以再追溯到其他人身上一样。

鲍伊：任何一种艺术形式的历史其实都是由艺术家和影响他们的人所书写的，而不是由评论家书写。所以对我来说，更能满

---

* 欧美的唱片店一般以歌手姓氏或乐队名字的字母顺序排列商品，布莱恩·伊诺的"Eno"就排在"老鹰"乐队的"Eagle"的后面。

足我虚荣心的,是同行或者平辈对我作品的评价,你知道吗,得到他们的好评才是纯粹的快乐。成为一个音乐创作者、一个音乐人、一个表演者、一个画家或者一个雕塑家的好处,就是可以不用去做那些类似店员的工作。搞艺术太酷了,我没法形容有多开心,就是特别棒。

动作绘画

克里斯·罗伯茨
1995年10月,《偶像》杂志(英国)

(原编者按)和《局外》时期的众多采访者一样,英国《偶像》杂志的记者克里斯·罗伯茨也发现鲍伊颇能侃侃而谈,甚至口若悬河。这篇访谈的内容涉及后现代主义、表演、即将到来的新千年、文学以及人类在20世纪对更高存在的信仰缺失。这位艺术家在访谈里甚至谈及了音乐,可以算是一份特殊的惊喜。

四年前,我在洛杉矶见过大卫·鲍伊一次,当时太阳非常毒辣,所以我私底下一直把我采访的那个大卫·鲍伊和健壮身体、汽车、豪华酒店大堂、游泳池以及日落大道联系在一起——这和客观上的那个大卫·鲍伊给我的印象大相径庭。如此联想感觉很棒,却不属实。这次采访中我踌躇再三,还是把此等感觉说给了鲍伊听。

大卫·鲍伊点了一根烟——这是他经常做的拿手事,和"与自我做爱"一样拿手,和"撞上同一辆车"一样经常*。那张扮演了各种角色20年并且还在继续扮演的脸不慌不忙地换上了著名的英国式笑容。"我已经变啦!"他说,"你上次采访我之后,我并没有停步不前。"

这位"瘦白公爵"说的是实话。音乐、电影、绘画以及各种思维以惊人的、迷人的和令人缴械的速度从49岁的大卫·鲍伊身上倾泻而出。我真的在很努力地控制着自己不要用"文艺复兴者"来称呼他,但最后还是忍不住用了。

"天哪,我害怕这个词!还是说我勇于用任何可能的方式表达自己比较好,我能做到这一点,所以我也不怕夸自己这一点。我不像以前有那么多的自我评判了,从心理上讲,我感觉自己现在很安全。我敢说敢当,就是这样。"

大卫·鲍伊真的是演绎和变化之王,从"齐吉"到"阿拉丁",从最好的灵魂乐歌手到冷傲、阴郁和嗑药成瘾的德国范儿,再到"拯救生命"演唱会上活蹦乱跳的滑头巨星,然后,过气。接着他搞了"罐头机器"乐队,那简直就是在最错误的时间穿上了一件最错误的衣服。音乐事业之外,鲍伊也拍了一系列电影,从力作(《天外来客》)到事故(《面条事变》)都有。现在,他又发行了一张新专辑《局外》,这张专辑和他上一张(氛围音乐《郊区佛陀》)甚至再上一张(理智而流行的《黑领带白噪音》)都完全不同。在这"山羊皮"乐队正当红(有些人可能也会说他们已经过气)的时代,鲍伊却在进行着一次巨大的突变:《局外》是一张令人感到挑衅、恐怖、不安、刺激,直至最终上瘾的唱片。《局

---

* 这里借用的分别是《齐吉·星尘》里的歌词"Making love with his ego",以及《低》里的歌曲《总是撞上同一辆车》("Always Crashing in the Same Car")。

外》是鲍伊计划与布莱恩·伊诺的一系列合作中的第一张专辑，记录下了虚构的"艺术侦探"内森·阿德勒的日记内容，尽管是以抽象的方式。鲍伊很快也会和"九寸钉"乐队合作，而如果他真的要去为劳拉·阿什利设计墙纸，我们肯定也是拦不住他的。

1996年初将上映一部名叫《造一座堡垒，然后放火烧了它》的电影*，由从画家转为导演的朱利安·施纳贝尔执导，讲的是已故非裔美国画家让-米歇尔·巴斯奎特（Jean-Michel Basquiat）的人生，鲍伊在片中饰演波普艺术大师安迪·沃霍尔，我相信聪慧如你一定不会错过这部电影。另外，今年鲍伊还在科克街的凯特·切尔塔维亚画廊（Kate Chertavian Gallery）举办了个人艺术作品展（展品包括水彩画、雕塑和电脑绘画）。我在某天的午餐时间和一个女性朋友一起去看了那个展览，这个女孩在《关爱异类》的音乐录像里演了外星人的角色。我们在观展的时候，有个眼里噙着泪水的疯女人不知为何冲着我们大喊大叫，大卫跑来把这个女人赶走，控制了局面。后来我们带着疑惑离开展览时，那个疯女人竟然还在街上跟上了我们。这个展览中最好的一个作品是一幅星星的画，标题叫作《星》。

鲍伊在1972年时曾说："我不满足于做一辈子的摇滚明星。"到了1995年，他的精力依旧异常旺盛，在他滔滔不绝时你必须打断他才能插上一句话。这次访谈我们聊了艺术、电影、文学、音乐、电脑、南非、老龄化、宗教以及《黑帮男孩》†。他非常喜欢谈论与达明安·赫斯特以及朱利安·施纳贝尔的友谊，但对过去的事并不想多谈。即便在这炎热的天气里穿着一件特别的蛇皮

---

* Basquiat: Build a Fort, Set it on Fire，这是电影《轻狂岁月》在剧本创作阶段的名字。

† Boys from the Blackstuff，1982年BBC播出的一部五集电视剧集。

衬衫,他都能不流一滴汗,说的都是类似"当你发展出一种质疑自身存在的艺术形式时,你要面对的就只剩下哲学问题了,呵呵呵!至少我儿子是这么说的"这样的话题。

你和他(乔,原名佐伊,现年23岁的哲学系研究生)会就这样的话题进行善意的辩论?

"哦,孩子,你这是想阻止我们吗?我们父子俩可以侃一整夜大山,聊一整夜废话。我发现这是为人父母的乐趣之一。"

(狮子)乔[*]用"一种老土的方式"影响他那时髦的父亲。老鲍伊看着自己儿子"痴迷'奶油'乐队、迪伦和亨德里克斯",便知道他对20世纪80年代的音乐毫无兴趣了。"除了一些早期的说唱,其他全是垃圾,宝拉·阿卜杜尔(Paula Abdul)的歌和他的生活毫无瓜葛,他得回去听一些以前更有深度的音乐。这证明了列侬说过的那句话有一定的正确性——他原话是怎么说的来着?"鲍伊换上了惟妙惟肖的利物浦腔,"说出你想说的,让它押韵,然后给它加上一个基础节奏。"

说到你的新专辑,我觉得里面有三分之一的歌还算不错。

鲍伊闻听此言大笑起来,说:"可听性不是这张专辑的基调!"听他这样说,我稍稍松了口气。

"拿你这个问题问现在的年青一代,他们的答案和你的是一样的。现在我们有很多好的音乐,'珍珠果酱'乐队(Pearl Jam)、'涅槃'乐队、'九寸钉'乐队、'碎南瓜'乐队(Smashing Pumpkins)……

"英国这边,'崔奇'[†]很妙,PJ哈维(PJ Harvey)非常特别。

---

[*] 这里借用大卫·鲍伊在《英雄》里的《狮子乔》来指代他的儿子乔。

[†] Tricky,原名阿德里安·尼古拉斯·马修斯·索斯(Adrian Nicholas Matthews Thaws),英国著名音乐人,"神游舞曲"(trip-hop)风格创始人之一。

摇滚乐的环境和氛围都好得惊人，我认为现在摇滚乐的势头很强劲，真是让人非常振奋。"

我认为大卫·鲍伊新专辑的主题是："何谓艺术？"你只有对像鲍伊这样的人——或者更确切地说，对鲍伊本人——说出这四个字并在最后加上一个问号才不会被嘲笑。他所爱颇多，但最希望的还是被人认真对待。再没有人会像他那样在创作上花费如此之多的精力，而他已然是一位经历丰富、成就卓绝、被大家由衷称道和位列不朽的艺术家了。

最近你体内的那个自我怎么样了？

"你知道吗，我的虚荣心大到能让我相信，我用剪裁法写的歌词和它最初取材的那个作品一样经典。"

所以当你问鲍伊"何谓艺术？"时，他会很简单地回答："要么是艺术，要么是谋杀，哈哈！"他接着说："我在创作上的优势在于为多种解读留出尽可能大的空间。我总是喜欢把互相矛盾的信息结合起来，看看会产生什么效果。我也喜欢拆解歌曲结构，把它们打散，像拆玩具一样拆开，再按看似错误的方法拼回去。如果我在日本，肯定很会造哥斯拉那样的大怪物，这点我敢肯定。对待音乐，我也用同样的方法：你把这个音符和那个词配对会出来什么效果？通过这样的配对，出来的效果自带独特的信息，有的时候一加一大于二，有时候一加一小于二，这就是创作最吸引我的魅力之一。"

我问鲍伊，他说这句话是不是想在"摇滚采访史"上留下最长、最清楚、最有启发性但同时可能也是最让人困惑的回答。

"我不这么认为。我觉得我们应该有接纳困惑的文化，我们应该乐于重新组合资讯，应该能非常快地看到事件视界。比我小的那几代人——我觉得我这个年纪是有资格用'几'这个词的——接受信息的能力比我们这一代人快多了,也不像我们会去在意事物的深度,他们只需要获得满足生存的基本物品,有适应新的社会形态的手段就够了。

"现在的时代无疑是对60年代的继承,不仅继承了美国梦破灭后的种种时代乱象和冲突,还继承了蓬勃发展的社会多元化理念,但同时也继承了精神上的缺失。60年代时我们意识到,法律不是准则,令人循规蹈矩的事情不是准则,世界上没有规定的宗教,没有规定的政治制度,没有规定的艺术形式,没有规定的这个,没有规定的那个。世界并不是别人告诉我们的那样(尤其是在僵化的50年代)非黑即白的。

"世界充满了矛盾和冲突,以至于当你接受了这个世界的本来面目,当你接受了这个世界是混沌理论的一种表现形式,认为它就是个分崩离析的社会时,这些矛盾冲突都将不复存在,所有的信息都将不重要。"

鲍伊瞄了一眼电视,而我此时也不得不停止幻想自己是尼古拉斯·罗伊格。

"这周的流行语是O. J. 辛普森案审判里的'手套不匹配',这几个字本身就是新闻了。*再举个新闻的例子,比如说中东危机,它可能是'所有战争之源'——'手套不匹配'和'所有战争之源'的分量相同,似乎没有差别,它们都是相关的,又都是无关的。当你不再强调重要的事和不重要的事的区别时,道德上的高

---

* 此处指1995年轰动全美的橄榄球明星O. J. 辛普森杀妻案的判决,辛普森被判无罪。令他脱罪的主要证据之一,是警方在谋杀现场发现据称是辛普森作案时戴的手套,在庭审现场,辛普森怎么也无法戴上,证实手套并不是他的。"手套不匹配"是辛普森杀妻案的诸多戏剧化情节之一。

地也会同时消失,只剩下一个由碎片构成的异常复杂的网络,这就是我们生存的世界。

"我觉得现在年青一代的人不是在逃避这个世界,而是在学习适应这个世界。他们这一代经常会被认为是冷漠的、无知的、懒惰的,等等,而我对此就非常谨慎,我觉得这些界定都是胡说八道,年轻人其实处在他们自己的成长阶段里。这个世界不会变得清晰明了,只会越来越复杂。我们不能骗自己说:只要我们等得足够久,世界就会重归原貌,一切恢复正常,我们会参透所有事情,对错都会昭然若揭——不可能是那样的。"

抱歉,我都忘了自己问的问题是什么了……

"所以,这张专辑在某种程度上就是关于以上这一切的,就是那种……身处混乱中的感觉。"

鲍伊要了一杯咖啡,又点上了一根低焦万宝路,像一个自信的女人,又像一只快乐的猫一样趴坐在扶手椅里。此次采访是在马尔蒙特庄园酒店(Chateau Marmont)进行的,大堂墙上挂着几幅鲍伊的画,而每过十分钟就会有人跑来告诉你"约翰·贝鲁西[*]就死在这里"。基努·里维斯[†]刚刚还在大堂出现,而之后鲍伊也将会告诉我一些电影演员的趣事,但现在,这位去年采访过巴尔蒂斯[‡]的前《现代画家》杂志编辑正在大谈绘画:

"……另一方面,我会陶醉于浪漫主义或者文艺复兴时期的作品,我会沉浸在欣赏一幅美丽的风景画或一件精美的雕塑作品的狂喜之中。我对所有形式的艺术作品都有需求,它们谁都不能取代谁。多多看到后现代主义积极的方面吧,我希望大家不要再

---

[*] John Belushi,美国喜剧演员。1982年3月5日在马尔蒙特庄园酒店因吸毒过量而死。
[†] Keanu Reeves,美国好莱坞影星,因主演"黑客帝国"系列电影而闻名。
[‡] Balthus,法国绘画大师,被毕加索称为"20世纪最伟大的画家"。

一直对后现代主义冷嘲热讽,因为后现代主义的优点之一就是乐于接受所有的风格和态度……"

你会觉得自己像一个上了年纪的政客吗?因为我看到你在那篇可笑的新闻稿上自负地说:"鲍伊只有自己人到中年,才能创作出覆盖青年人、中年人和老年人的音乐。"

他皱了皱眉,摇了摇头。这是他今天采访中唯一一次没有说话。

你觉得你获得人生大智慧了吗?

"你的意思是说我是老圣贤吗?哈哈哈!你瞧,我38岁的时候就在《千年血后》里演130岁的吸血鬼了,现在这点岁数对我来说是小意思!

"我的年纪已经大到让我有一具胜任工作的身体,这很好,万岁!这意味着我可以在我以前用过的符号、氛围,甚至过程、技术这些东西里进出自如,把它们重新运用到新的环境里去。有一句著名的格言形容这样的情况:如果你把某样东西从它所处的环境里取出来放进另一个环境,它便有了完全不同的意义。

"所以当我把《钻石狗》里那个怪异的城市环境放到90年代的《局外》里时,就形成了一个完全不同的故事。对于专辑里的这个城市——这个地方来说,有一群民众,有一大堆角色人物是很重要的,我尽量用多种方法去表现各种各样不同的怪异类型。我有个长期的目标,到1999年为止,我会用这个风格做一系列专辑,去记录这个千年的最后五年给我的感受。这个系列专辑将是一套日记里的日记,其所讲述的故事并不是专辑的内容,真正的内容是字里行间之外的那些留白,那种令人反胃的、奇怪的质感。"

鲍伊想把这一系列专辑搬上"史诗剧场"的舞台,并希望由

《沙滩上的爱因斯坦》的导演罗伯特·威尔森（Robert Wilson）来执导。他还希望这个舞台作品"从你走入剧场的那一刻起就彻底颠覆你的认知"，"它可能长达五个小时，所以你得带好三明治入场"。

这个作品听上去就很偏执，给人不祥的预感。但你本人，或者就我一直以来了解的你本人，似乎是个很阳光的人……

"噢，我对世纪末充满着最美好的期望，我把它看作一种献祭仪式的象征，或者一种异教徒希望求得神的宽解、借此存活的怪异仪式。那些几乎已被遗忘的仪式和典礼的重现，可以实实在在地填补精神上的饥饿，那些未得神授的教会留下的空白也可以被填补。我们被告知本世纪末将有空前的混乱发生，因此惊恐万分——不会的。我们面临的最大问题是怎么称呼这个新纪元：二〇〇〇年？两千零零年？还是两千年？我们就要经历这个新千年了，但我们该怎么叫它呢？"

大卫·鲍伊公开承认，在80年代初《让我们起舞》的成功让他赢得了主流受众后，他陷入了两难境地："我向市场屈服了，尝试去做更通俗易懂的音乐，却失去了我创作里真正的力量。"他把"罐头机器"时期总结为"在萎靡不振中，是里夫斯·加布雷尔斯摇醒了我，给我指了条明路。他说：重新开始冒险吧！"。如此解释听上去颇有道理，但其实不完全如此。"'罐头机器'真的打破了以前加在我身上的所有桎梏，乐队解散的时候，没有人再对我的音乐指指点点，而只是问：他到底在搞什么？从那以后，我一直在探索我的声音表现，也在寻求某种肯定。"

鲍伊的身体里流淌着那么多流行音乐和艺术的血液，因而他肯定是对各种艺术形式兼容并蓄的，不过谈到电影时，他却笑着说："演戏对我来说纯粹是表面文章，就为了好玩，真的。我并没有把它当真，也没什么雄心壮志。

"我拍了几部挺成功的电影，那只是因为我的注意力都集中在导演身上，他们有很多东西是我想学到的，纯粹出于……好奇。你很想了解斯科塞斯，他让你演一个他电影里的角色，你正好就可以借此机会了解他了，当然就答应啊！能和这样的导演合作你都不用问角色是什么，你会说：斯科塞斯的电影？好，我演！

"这就是我演戏的动力。每次我自己选择角色时，拍出来的电影往往都是笑话。我现在明白了，我的直觉是对的，如果我觉得导演有趣，那去演那部片子就准没错，一般而言那样的片子我会演得很舒坦，出来的结果也令人满意。

"其实我真的觉得演戏很无聊。"

真的？

"真的。"

因为一直要在片场闲聊等待？

"是的，我讨厌那些事。候场的时候，我很快就没有电影相关的话题可以聊了，而其他人就坐在那里聊他们刚拍完哪部片子，接下去会接哪部片子，就是各种电影行业里的事。这些人好像除了拍戏就没有其他生活了，这时候你就会想：上帝啊，咱能聊些电影之外的东西吗？我都快睡着了……"

你曾经说自己没法在大银幕上认出安迪·沃霍尔，现在你要演他了，那一定非常有趣。

"是的。拍摄体验非常棒，因为只拍 10 天。我只有 7000 字的台词，只要把它们按次序念出来就行，小菜一碟……我的意思是，这是一个非常有挑战性的角色。"

说到巨星画家施纳贝尔导演的首部电影时,鲍伊开始滔滔不绝起来,充满溢美之词:"这是第一部关于美国画家的电影,还是一个黑人画家!不是波洛克[*],不是约翰斯[†],也不是德·库宁[‡],虽然如果让约翰·马尔科维奇(John Malkovich)演波洛克一定会很精彩。"

话题就此引到了鲍伊最近去的约翰内斯堡("陪我妻子去参加模特儿表演")以及"该死的轰动一时"的"非洲95"展(Africa 95),后者很快就要来英国展出了。"我非常推荐这个展览,它没有故作高深地搞些哲学问题,都是些'我能吃吗?''我能住在这间房子里吗?'的日常内容。

"非洲人都把巴斯奎特视为他们的毕加索,而他在白人的世界里获得了成功。我不知道是不是连朱利安自己都没意识到他的电影产生了那么大的回响。这部电影把一段悲剧人生用凄美的艺术加工表现了出来,讲的是一个艺术家和社会是如何默契地摧毁艺术家自己的故事。他的毒瘾是他最终毁灭的主要原因之一,但这样的事现在天天都在发生。

"如果这部电影最终毁在剪辑上,我会非常生剪辑师的气,因为它拍得太流畅了,演员的表演也都很精彩。"

接着鲍伊报出了以下这份名单,表现出他对同组演员的深度了解:"我认识霍珀——丹尼斯·霍珀(Dennis Hopper)——差不多20年了,我们一起经历过起起落落!加里·奥德曼(Gary Oldman)我认识大概有8年了,克里斯·沃肯(Chris Walken)

---

[*] 杰克逊·波洛克(Jackson Pollock),美国抽象表现主义绘画大师。
[†] 贾斯珀·约翰斯(Jasper Johns),美国著名波普艺术画家。
[‡] 威廉·德·库宁(William de Kooning),荷兰裔美国抽象表现主义画家,新行动画派大师之一。

我都认识一辈子了。我和威廉·达福（Willem Dafoe）在斯科塞斯的电影里合作过，那时……他演的是基督！哈哈！被挂在十字架上。*"

你和他现在没有来往了吧？

"是的。哈哈！和他一起到处闲逛那种事我是烦了。"

鲍伊在和新专辑配套的文本《内森·阿德勒日记或格蕾丝·布鲁的艺术仪式谋杀》中写道："自那以后他少有动作，我猜他读了很多书，也可能写了很多东西。你永远不知道一个艺术家一旦达到巅峰会做些什么。"

"我习惯于从高雅艺术中借鉴一些东西，然后把它降维到街头艺术的水平。"他笑着，不着边际地说，"布莱恩（布莱恩·伊诺）是教授，20年来一点也没变——依旧秃头。而我，我就是那个老英国女王。"

聊到此时，除了水肺潜水之外我们大概什么都聊过了，因此不妨来聊一下书吧。

"从小时候起我就一直被意识流所吸引，我对杰克·凯鲁亚克、金斯伯格和费林盖蒂这样的作家更觉亲近，也和他们更有共鸣，当然还有60年代末的巴勒斯。我也很欣赏像托马斯·哈代这样的作家，和他们也有共鸣，但我还是觉得他的作品有点难。"

是太沉重？

"对。我知道他的书是属于他那个时代的，我需要仔细品味

---

* 指马丁·斯科塞斯1988年执导的影片《基督最后的诱惑》（*The Last Temptation of Christ*）。

其中那些微妙的差别,只是我不确定我是否有这个时间去品味!"

是啊,有很多事要做呢!

"请注意,我是很能读书的人,有时候一个星期能读完三四本书。我们英国传统上是一个很文学的国家,这从我们对一切视觉艺术的谩骂上就可以看出来!我的血液里流淌着对文学的热爱,我喜欢听人讲故事,也喜欢接受新思维。

"我喜欢意识流作家的原因,和我希望我的听众喜欢我的作品的原因是一样的——相比作者自己,这些作品更多地属于我这个读者,也留给我更多的诠释空间。在哈代的书里,叙述的方式和情感的表达都是由作者掌控的,作为读者你必须按照他的布局,以他希望你进入的方式进入他的世界。我更喜欢被赋予多一点的空间和更多能为我所用的东西。

"我不知道自己为什么对哈代那么挑剔,还有简·奥斯汀,然后,近些年还有谁?噢,艾米斯[*],呃,他很风趣。彼得·阿克罗伊德(Peter Ackroyd)也很棒,他作品里的神秘主义很不错。现在还有哪些作家的作品是又死板又难啃的?"

你的意思是,像布克奖得主那样的作家?

"噢!对!当然是他们!天啊,那个叫安妮塔·布鲁克……布鲁克什么来着……"

呃,你是说布鲁克纳[†]?写《杜兰葛山庄》的那位?

"没错,是她。我真的不能忍受这样的作品。这种书的确是占据了美学的制高点,但实在太不接地气了。当然它们都是很棒的文学艺术,但不能为我所用,没办法用。这本书只是向我展示

---

* 指英国作家马丁·艾米斯(Martin Amis)。
† 安妮塔·布鲁克纳(Anita Brookner),英国作家,小说《杜兰葛山庄》(*Hotel du Lac*)获得1984年布克奖。

了一个拥有丰富情感的女性,我为她高兴,但我需要的其实是一种以很私人化的方式丰富人生的文学艺术,也就是能为我所用的东西,功能化的东西。诠释本身就是一种功能,心灵上的功能。我也希望我的……我做的东西能为我的听众所用,哈哈哈!"

和鲍伊交谈,或者更确切地说是倾听鲍伊说话时,时光流逝得飞快。在阳光的微微颤动中,他的一眨眼甚至仅仅他的外貌轮廓都会让你神魂颠倒,并让你暗自倒吸一口气,心想:"这就是大卫·鲍伊,他拥有着为我们这一代人重新指明方向的绝顶智慧。"他还在推荐着有关梅普尔索普[*]的书,然后口若悬河地暗示着他接下来将会拍视频、做唱片、拍电影、画画以及做CD-ROM。每样都会发生,每样也都会成功。

然后他神秘地加上了一句:"或者,有可能把它们都埋了。"

我们可以按自己的理解来解释大卫·鲍伊的这句话,毕竟我们一直都是这样做的。

---

[*] 罗伯特·梅普尔索普(Robert Mapplethorpe),美国著名艺术家,以其表现男性裸体、同性恋及施虐受虐等主题的黑白摄影作品而闻名。

艺术怪咖

斯蒂芬·韦尔斯
1995 年 11 月 25 日,《新音乐特快》杂志（英国）

（原编者按）在这篇专访发表的十多年前,《新音乐特快》的旧式风格就已经让位给了新一代的新闻炒作和极左派意识形态，因此 1995 年时，如果该刊的一位撰稿人写的稿子真的被拿去做演讲的话，在场的听众应该能看到他在讲话时唾沫横飞。

本篇访谈的采访者斯蒂芬·韦尔斯便是如此。尽管和那个时代很多《新音乐特快》的采访一样，本文说的更多的是作者自己而不是其本身要说的主题，但有趣的一点在于，出于音乐品质之外的种种原因，鲍伊并不是采访者的偶像，他以前的那些激进的光环对此时的英国左派来说毫无意义。

尽管韦尔斯在本文中多有自我吹嘘（或者说是为了炒作的一种伪自夸），但他还是提供了一个有趣的视角，那就是在 20 世纪 70 年代早期鲍伊是如何将他所谓的双性恋这一令人反感的身份转化为卖点的。

我走进屋内,他就在眼前——齐吉!他从侏儒骷髅状的杯子里啜饮着淡粉色的鸡尾酒,大口嚼着青柠色的巨蜥胎儿味的薯片。

他顶着一个摇摇欲坠的橙色莫西干头,穿着一件颓废风的荧光猩红色金银丝连身裤袜(高高地开衩到髋骨)和一双闪闪发亮的银色高底太空木屐,脸上有一个巨大的黄色闪电形的文身。他说道(更确切地说,是像一条因为嗑太多可卡因而一口假牙的火星蛇那样发出嘶嘶声):"哦,你一定就是《新音乐特快》那个搞笑的矮男了。"他伸出他那细长、白色、三个关节的手指(那长长的紫色指甲当然修剪成了一个尖端,上面粘着钻石碎屑)来让我亲吻。我目瞪口呆,失神地盯着他看,怯生生地问:"嘿!有人和你说过你的两个眼睛颜色不同吗?"

但以上景象并不是现实。现实是:我走进东区一个脏乱不堪的摄影棚,既紧张又慌乱,因为你并不是每天都有机会和无可争辩的"怪性流行外星摇滚之神"会面的。可是当我走进棚里时,鲍伊却不在,里面只有一个胡子拉碴的流浪汉,穿着一件乐施会捐赠的灰色麻皮大衣,戴着一副哈利法克斯市场上 2.99 英镑买来的墨镜,像一麻袋发霉的土豆那样瘫在沙发里。

正当我厌恶地看着这个人间废柴时,一个公关悄悄走过来附在我耳边低语道:"大卫受时差影响很厉害,非常非常疲倦,你介意我们这样开始采访吗?"我这才突然明白过来,那个在满是薯条番茄酱污渍的破烂沙发上打盹的流浪汉,正是大卫·鲍伊本人。我困惑了,我不要求什么"火星上的生命",也不要什么白教堂的操蛋人生,但好歹得给我个"流行变色龙"吧?

接着我恍然大悟了。鲍伊可以在整个周末的胡嗑海喝后依然看上去十分帅酷和时髦，戴着海盗眼罩和他的伙伴们——伊基、诺迪、达明安、卢、布莱恩、基夫、伊曼、萨尔曼、娜奥米、阿尔文、塔奎因、塞西尔以及克劳德*等——大谈"艺术"狂欢，但当他走进这个伦敦货真价实的英伦和朋克摇滚垃圾场的那一刻，他那超自然外星人变色龙般的化学反应便启动了，让他自动融入新的周遭环境中。真酷！

因此大卫·鲍伊变得极度疲劳，处于不适合接受采访的状态，我真想像赶马那样叫一声："驾！"

我问鲍伊是否看了昨晚电视上播的那部关于"小脸"乐队（The Small Faces）的纪录片，乐队成员以前是那么漂亮苗条、头发茂盛，如今却个个皱纹密布，又胖又老。但你，道林·格雷先生[†]，看起来还是那么酷，那么瘦，那么性感（啧啧）。我问他，如果他长着一张像我那样的肥圆大脸，那他塑造性倒错摇滚之神形象的成功率是不是可能只有一半。他看着我说："呵呵！我还希望自己长得胖乎乎的呢！"不仅如此，他还说，一旦技术上做得到，他愿意和我交换身体。好酷！

多年以前，当性感的 60 年代结束，进入恐怖的 70 年代时，彼时年轻的大卫·鲍伊晚上上床睡觉时穿得像"男士服"乐队

---

* 此处分别指：伊基·波普、华丽摇滚乐队"斯莱德"主唱诺迪·霍尔德（Noddy Holder）、达明安·赫斯特、卢·里德、布莱恩·伊诺、英国音乐人基夫·哈特利（Keef Hartley）、鲍伊妻子伊曼、超模娜奥米·坎贝尔（Naomi Campbell）、英国摄影大师塞西尔·比顿（Cecil Beaton）。另外，萨尔曼可能指英国作家萨尔曼·鲁西迪（Salman Rushdie），阿尔文可能指英国音乐人阿尔文·李（Alvin Lee），塔奎因可能指阿里斯塔唱片公司 A&R 塔奎因·戈奇（Tarquin Gotch），克劳蒂可能指美国摄影师克劳德·加西安（Claude Gassian）。

[†] 指奥斯卡·王尔德小说《道林·格雷的画像》里的主人公，青春永驻的美少年道林·格雷。

（Menswear）的约翰尼[*]，而早上醒来时则顶着彼得·弗兰普顿（Peter Frampton）的爆炸头，像一个佛教徒艺术生那样咕哝着"大笑侏儒"。之后他就真的发疯了，开始到处说自己是一个雌雄同体的太空人，还录了讲述穴居人穿着非常愚蠢的服装与蜘蛛和日本左撇子猫（是真的）跳舞的唱片。奇怪的是（要知道那是光头党在英国街头横行，到处寻找南亚裔人殴打致死的年代），当"爸爸"一代叼着他们的烟斗，打开黑白电视机，口沫横飞地叫嚣着"伊诺克[†]说得没错"的时候，"孩子"一代却在说："鲍伊太酷了！他太瘦了！他的穿着好阴柔，两只眼睛不同颜色，我们就想和他一样。"那时的鲍伊简直就像往自来水管里加了迷幻剂，家家户户打开水龙头就能享用。更有甚者，他最酷的地方还在于会搞烂自己的牙齿，把头发染成姜色，操着好玩的伦敦腔唱歌，并以一己之力创立了朋克摇滚。所以这次采访，我期望会产生《银翼杀手》撞上诺埃尔·考沃德[‡]的效应，或者遇上《最后的夏日葡萄酒》[§]里的康波。不过，我面前的鲍伊却在不停地抽着万宝路低焦香烟。

"我以前一天要抽 30 根万宝路红壳，后来我改抽低焦的了，但变成一天抽 60 根，哈！太荒唐了！我真的应该戒烟，但戒不掉……"

如今的你担心死亡吗？每当你点燃一根烟时，你难道不会想象自己有天会形容枯槁地躺在癌症病房里？

---

[*] 指"男士服"的主唱约翰尼·迪恩（Johnny Dean）。
[†] 约翰·伊诺克·鲍威尔（John Enoch Powell），英国保守党议员，1968 年他发表"血河演说"，反对接收英联邦移民，引起极大争议。
[‡] 诺埃尔·考沃德（Noel Coward），英国演员、剧作家和导演。
[§] *Last of the Summer Wine*，全球播出时间最久的英国情景喜剧剧集，康波是三个主要角色之一。

"不会，我爱死亡，死亡越多越好，我觉得死是一件好事，呵呵！"

你读过亚伦·卡尔（Allen Carr）写的《这书能让你戒烟》（The Easy Way To Stop Smoking）吗？

"噢，是的，我读过这本书，我还听过这本书的有声磁带版——我为了戒烟做过很多事，比如我去看过那个著名的——嘘——'著名的催眠师'，真是很尴尬。治疗进行了大概20分钟我就受不了了，我只能听着他喋喋不休，但屁股真的很痛。虽然痛，但我又不敢动，那样只会让彼此都尴尬，因为我已经假装能忍受这么久了，但我又不能说：'对不起，你介意我挪一下屁股吗？'"

为此你花了多少钱？

"一分没花，他是免费为'摇滚之神'服务的，呵呵呵！"

鲍伊做过很多极棒的流行音乐，这一点无可否认也不容置疑。他名下有好几十首歌的制作之精良令人瞩目，足以让他炫耀一世。这些歌尖锐得让人窒息，艺术气息浓厚又不失癫狂，至今依旧是歌迷私藏宝库里的瑰宝，并且会如此延续数十年（因为不炫耀、不尖锐或不癫狂的流行音乐根本不值得一听）。

鲍伊大多数70年代的同行现在要么已经死了，要么已经被温水煮青蛙，抑或已经成了那愚蠢可笑的"贵族圈"的一员，但鲍伊依旧保有他的酷帅。虽然他的确出过几张非常糟糕的专辑，也犯过不少让人扼腕痛惜的错误（此时他在弗雷迪·莫库里纪念演唱会上诵念主祷文的场景跃入我的脑海），但在某种程度上，我们这些"音乐质量把关人"还是愿意听一下他的新专辑《局外》。反而我们能确定"滚石"乐队接下去的15张专辑无一例外都是彻头彻尾的烂碟。

我也不清楚大家为什么会对鲍伊那么宽容，毕竟这个浑蛋已经让我们失望太多次了。按理说，鲍伊应该被关进发霉的破柜子里，封条上写着"垃圾老爹摇滚"，因为我们必须面对的现实是，大多数阅读这篇文章的人在鲍伊成为摇滚之神时甚至都还没出生，他们可能是在他们的前摩德族/嬉皮士/朋克父母又在喋喋不休地感叹今非昔比时才反胃地意识到，鲍伊就是那个让摇滚乐死得很惨的神——死神。他的音乐才华曾把吉米、马克、科特和吉姆* 逼到无力招架，虽然每次都适时地让这些人绝境逢生拿出好作品，但他一出手又会让那些作品显得老旧、臃肿、肮脏和无聊。

但当鲍伊的百万拥趸跪舔着为他打造出的巨星声誉最终不可避免地退潮时，鲍伊便处在了孤立无援的困境之中。他像是一个被抛到孤岛上无亲无故的人，自杀、被自己含有剧毒的呕吐物呛死或者在自我愚弄的人间炼狱中终老都是他可能的下场。然后，鲍伊和精神问题严重程度不亚于他的伊基·波普一起隐居柏林。

"我那个时候才第一次开始交朋友。我知道听起来不太对，但其实我真的很少树敌，很少说'我活得和那些人不一样'。我那时几乎一个人都不认识，真的，伊基算是我认识的少数几个人之一。我们俩现在依然很要好，但会对彼此有某种防备。即便是我们最好的时候，我和他之间也只有很淡薄的关系，我都没法说我们是那种可以交心的哥们儿……"

所以你没去过他家玩模型赛车？

"哈哈哈哈哈！咳咳！哈哈哈哈哈！咳咳！哈哈哈哈！"

你喜欢那种有点廉价的多愁善感吗？

---

* 分别指吉米·亨德里克斯、马克·博兰、科特·柯本（Kurt Cobain）和吉姆·莫里森。

"我可是靠廉价的多愁善感发迹的!我可会哭了!"

你是《草原上的小木屋》*的大粉丝吗?

"噢,我记得那部电影。一部烂片即便制作再精良我也不会喜欢的,那种电影一撅屁股我就知道它拉什么屎——我可是一个非常好的观众呢!"

你会不会在照镜子的时候说:"该死的!我是大卫·鲍伊哪!"

"呵呵呵!我早就不会那样了。我觉得自己现在最接近你说的那种状态的时候,是我试着给自己打气、告诉自己真的很棒的时候。我觉得我在某些方面是有问题的……"

缺乏自信?

"是,非常缺乏自信。早年间有一种自信对我非常重要,就是相信自己非常擅长在做的事,可是……"

就算所有人都跪舔你,你都一样没自信?

"是,没错,我根本就不相信那些人。我一直十分质疑自己值不值得被称为艺术家,甚至生而为人是不是值得,我也很疑惑。我是极度自卑的,真的,那种自卑的程度你都不会相信。"

"罐头机器"乐队的那段时间对你来说一定很艰难吧?因为真没人喜欢那个乐队。

"对我来说不难。是的,嗯,其实我很享受'罐头机器'的每一件事,我爱死这个乐队了,我爱它引发的所有破坏,嘿嘿!我也爱自己那时可以引发那么多敌意这件事。我很幸运,从来没有脱离过人们的关注。我唯一一次感到不受关注是在 80 年代中期做了那几张'平庸的专辑'的时候,我感受到了被认为平庸是

---

* *Little House On The Prairie*,1974 年播出的一部美国电视电影。

一种什么感觉,你懂吗?讽刺的是,那张《今夜》以及,呃,另外那张叫什么来着,我都想不起来了——噢,《永远不要让我失望》。这两张专辑其实给我上了另一课,那就是垃圾东西就特别畅销。嘿嘿!那两张里的歌真垃圾,真的很糟糕!"

可是,你现在看起来依旧又瘦又性感,还酷到发疯,虽然有"罐头机器"那个时期的污点,也出过几张真的很垃圾的专辑,但你的声誉丝毫未损。我的意思是,摇滚乐界能有几个白人到了中年还这样酷?也就你,尼尔·杨,伊基和基夫了吧!

"嘿!咳咳!嘿嘿!"

"罐头机器"给你带来的那种中年摇滚明星的尴尬是不是现在一下子都没有了?

"知道吗,你可以帮我一个忙,今晚你回家打开唱机,去找一张'罐头机器'的唱片,里面有首歌叫《我看不懂》('I Can't Read')的那张,听一下那首歌,好吗?其他歌你都不用听,就听那一首,因为我觉得那是我写过的最棒的歌之一,我真的这么觉得!"

噢!是时候换个话题了。《局外》(副标题为"内森·阿德勒日记:一个非线性哥特戏剧超级循环")说的是在一个充斥着疯子的世界里有一种古怪的"艺术侦探",他们用14岁小女孩的尸体做听觉雕塑,还会用毛衣针往自己的头上扎,诸如此类的有趣内容。在这张专辑的录音期间(由才华横溢的老学究布莱恩·伊诺坐镇调音台),每一位乐手都会拿到一张卡片,上面写着类似"你是一个灾难事件的最后幸存者,你要尝试用一种演奏方式来防止你的内心产生孤独感"或者"你是一个南非摇滚乐队的前成员,你不太高兴,演奏出其他人不允许你演奏的曲调"之类的话。

最终的结果是类似早期赛博朋克小说和由一个极端素食后碾核悬疑头疼工业摇滚乐队做的氛围混音专辑的混合体，但在艺术上是顶级的。如今，年轻人钟爱的流行歌曲说的都是大学里漂亮姑娘想和你睡觉之类，因此一张充斥着令人恐惧的"我们最后都会死"的后末日主义、所谓"智者"以及千禧年世界大同极端未来主义者的专辑是完全不可能走红的，这就好像承认你是一个骑着哈雷自行车、抽着烟、什么都不懂的书呆子。

和类似"模糊"乐队（Blur）、"超级草"乐队（Supergrass）以及好到没治的"果浆"乐队那种师承"奇想"乐队的机智诙谐相比，《局外》就是一个令人高深莫测的新哥特先锋怪物。听这张专辑，就好像刚习惯吃美味、安全、好消化的鳕鱼的你走进了一家炸鱼薯条店，店家却给你上了一道从大西洋海沟最深处打捞上来的奇形怪状、龅牙凸眼的鮟鱇鱼一样。

《局外》在某些访谈那里得到了好评。在那些访谈里，鲍伊滔滔不绝地谈论着"万事归因赛博狗"，谈论着世界正在一个沸腾冒泡的深渊边缘挣扎，深渊里面还传来含混不清、真假难辨、以纳秒为单位传播的声音——反正就是现在越来越没意义，即将到来的未来又完全暧昧不清。在这样一个世界里，大概只有鲍伊和伊诺的音乐或者像达明安·赫斯特那样的艺术才有意义。

我在地铁里读着这些访谈，耳机里播着《局外》，真的被吓到了。我不敢抬头，生怕看见一些令大脑大受刺激的画面，比如车厢里的乘客往自己的眼球里注射智能药物，或者用烙铁、死羊和彼此的生殖器进行艺术恐怖主义行为。最终，我还是鼓起勇气抬眼看了看四周。感谢上帝，我看到的还是一些穿着乏味衣服的无聊老家伙们，在他们的意识中，"艺术"就是画得很好看的画，而一切的毒品都是魔鬼。贾维斯·考科尔*的世界观可以把这些老家伙们镇得死死的，然后偷偷塞毒品给他们的孩子。不过，鲍伊看上去完全不认同我的想象。

"是在伦敦地铁里吗？"

嗯，是的……

"嗯，美国真的很流行这些，那确实是一个拿暴力当饭吃的国家。现在那里非常可怕，比十年前可怕多了。不仅是暴力问题，种族隔离问题也很骇人听闻，我觉得在欧洲我们从来没有经历过那样的事……"

但这个国家创造了世界上第一种黑人白人混合的多民族音乐，而我们都是靠这种音乐为生的，很奇怪，不是吗？

"美国还否认曾经有过奴隶制呢。我认为那里应该有黑人的抗争，应该建一个美国黑人博物馆。"

为了今天的采访，我去翻阅了一些旧的《新音乐特快》，发现了一篇有关"纳粹风格"的文章，里面有张你在维多利亚车站穿着件皮夹克行纳粹礼的照片。

"其实那是件羊毛开衫。"

你已经为那件事道歉了上百次，不过你现在却和莫里西一起巡演。莫里西因为涉嫌滥用狡猾的极右翼形象而备受指责，但令人难以置信的是，他从来不觉得有必要为此道歉，甚至都觉得没必要解释他的行为，对此你怎么看？

"我真的不了解他那些事的来龙去脉，也不清楚他说了些什么。其实这是我想和他聊的事情之一，你和我说说？"

---

* Jarvis Cocker，英国音乐人，英伦摇滚乐队"果浆"的主唱，英伦摇滚风潮的代表人物之一。

我告诉鲍伊先生,在德国的土耳其外来劳工被燃烧弹袭击身亡的时候*,在一个公开的纳粹党派赢得了伯蒙德赛(Bermondsey)的一个议会席位的时候,在新纳粹们可以自信高调地在街上横行并打伤打死黑人和亚裔的时候,莫里西却表现出如此傲慢的艺术家派头,无视所有对他的批评,否认解释自己的言行的必要,这才是让民众真正恼火的地方。这和鲍伊1976年的法西斯把戏很相似,那时候纳粹民族阵线(英国国家党的前身)的人气很明显在实实在在地提高,令人恐惧。

"你错得很离谱。我那时候是对第三帝国所谓的'神秘主义'有着病态的痴迷,其中党卫军来英国寻找圣杯的故事真的非常吸引我,而且当时我处在千夫所指和大量嗑药的状态中。虽然可能现在看来很荒谬,但当时我没有意识到我的行为会和法西斯有任何的关系。我最大的兴趣所在是卡巴拉教和克劳利主义,那种完全黑暗且令人生畏的大脑的禁忌领域。"

你相信"魔法学"可以影响现实世界吗?

"不会。我觉得那些东西只是对负面和消极状态的一种象征性的支持。那是一种停留在少年时期的幼稚心态,虽然我那时已经不是少年了。我觉得毒品的确会助长这种幼稚心态并使之一直持续下去。不管怎么样,毒品至少对我产生了那样的效果。"

你最近在很多采访中都强调了《局外》的"艺术"性质,也谈了很多关于"灵魂"的话题。

"我刚读完约翰·伯格(John Berger)写的一本叫《观看之道》(*Ways Of Seeing*)的书,里面讲的就是'艺术'是如何以'虚

---

* 1993年5月29日,德国索林根发生排外纵火案,4个德国极右翼青年纵火焚烧了土耳其移民的房子,造成2名妇女和3名儿童在睡梦中被烧死,另有14人在火灾中受伤。

假信仰'的方式被讨论的。"

在后马克思、弗洛伊德和达尔文时代谈论"灵魂"是不是有点愚蠢？毕竟今天这个世界上的每一个智者都是无神论者。

"我对'灵魂'真的有一种压倒性的贪婪需求，那是精神上的需要。任何一种有组织的宗教都让我觉得不舒服，但我对每一种都有点涉猎。我不是在寻找一种信仰，我不愿信仰任何事，我是在寻求知识。"

但为什么我们要和信仰保持距离呢？难道我们从本质上来说不是高等动物吗？有一个新达尔文主义者说过，当你走在纽约暴力问题最严重的一条街上时，看到了上千件礼貌、关爱和善良的事情后才会看到一起负面的事件，他说得对吗？

"很多人可以用这样的标准在这样的世界里活着，我很羡慕他们，但我做不到。道德和善恶之类的观念会让我坐立不安，相比起来我更适应虚幻和现实这样的概念。我有这样的道德倾向，是因为我见到过有人他妈的被善意杀害，我也见过一些负面的状况其实是以正面的方式呈现的，所以我觉得一切都很混乱。

"最近，我对'灵知派'*很感兴趣，他们和佛教徒差别不大，认为上帝就在你的内心里。他们有虚幻和现实的理念，而其中的虚幻就是我们在清醒状态下所感知的现实，但这是另一套理论体系了。我觉得我不能将自己定义为一个'灵知派'。"

所以我们将来也不会看到你推出一张名为"大笑灵知"†的专辑？

---

* Gnostics，古希腊时代开始流行的理论。"灵知"指通过个人经验所获得的知识或意识，灵知派相信通过这种经验可以脱离无知及现世。

† Laughing Gnostic，这是采访者戏仿大卫·鲍伊的《大笑侏儒》("The Laughing Gnome")编造的名字，因为"Gnostic"和"Gnome"相似。

"不会。"

那么……

"哈哈哈哈哈哈哈！我喜欢这个名字，太有趣了！真有你的！哈哈哈哈哈哈！"

好家伙！他差点没从椅子上笑翻到地上。真是个有趣的家伙，反射弧有点长。

你最近说过很多关于如今年轻人"在混乱中冲浪"的话题，说他们沉溺于一种半文盲式的虚无主义。你不觉得这样说有点夸张吗？这样说难道不像某个上了年龄的人说 20 年代的时髦女郎或者 60 年代的摩德族吗？

"首先就是，今天的美国年轻人和 20 年代的时髦女郎之间在精神上有一个区别——那种快乐细胞在今天美国年轻人身上完全消失了。我不想说那是虚无主义，但现在的年轻人都是耷拉着脸，真的，他们就这样耷拉着脸过了一天又一天。我记得我们在他们那个年纪的时候是很有活力的，但这种活力现在在他们身上似乎看不到了。"

你不觉得这是因为你属于婴儿潮一代，总是喜欢唠叨"我们小时候怎样怎样"吗？那只是因为你老了吧……

"哈哈哈！不是啦。我觉得他们正在努力地创造着属于他们自己的文化。当然，他们的文化和我们的截然不同，毕竟我们现在所处的世界和我 16 岁时的世界已经完全不一样了。"

就像你们这一代有蒂莫西·利里*，他们那一代有纽特·金里奇†？

---

* Timothy Leary，美国著名心理学家、作家。利里宣扬迷幻药可帮助人类精神成长以及能用来治疗病态人格，因而在 20 世纪 60 年代和 70 年代极受争议。

† Newt Gingrich，美国共和党议员，1995 至 1998 年期间担任众议院议长。

"对他们来说，金里奇就是一个确定和具体的存在。我觉得现在的年轻人每天接收到的信息过量了，他们并没有意愿或者能力去真的搞清这些信息。拿阅读这件简单的小事来说，我知道我们那一代里很多人真的有阅读习惯，那时候我认识的每个人每个月至少会读一本书，他们获得信息的方式要慢得多，仔细得多，在某种程度上也深入得多——我不是说这种方式就一定好。现在年轻人不那样阅读了，我也不是贬低他们，事实如此而已。"

咦？你是怎么知道这些的？你儿子在大学里学习哲学，上帝啊，难不成你真的会和十几岁的孩子们一起鬼混吗？

"鬼混？不不不，我不会说我和十几岁的孩子在一起鬼混的，嘿！我和他们形影不离啊！哈哈哈哈哈！我每周都会在青年俱乐部出现，在那里打乒乓球！哈哈哈！"

你成长于60年代，那是一个万事皆有可能的时代，我认为朋克在某种意义上就是对那个时代的一种延续。那时的人看到像你这样的摇滚明星会说："我也能做到像他那样，没什么大不了的。"但似乎这一切在80年代已经被碾压得消失无踪了。

"没错，我认为很多原本可以成为榜样的东西，不管它是好是坏，如今都被无视了，我觉得现在连服装风格也反映了这样的情况。不知道为什么，我总觉得现在这代人真的有一种乐于探索和沉思的特质，这种特质会在某种情况下爆发，比如因为愤怒，或者因为蓬勃的创造力，又或者在面对完完全全失序的社会时被拿来作为一种绝佳的、创新的应对方式。"

你看了电视上播的那部关于KLF乐队烧掉100万英镑的纪录片吗？

"我只看了最后20分钟，感觉很困惑。"

那片子有一段讲到乐队把装着烧成灰的钱的手提箱拿到一

个美术馆，问那里的人这个东西作为一件艺术品能值多少钱，美术馆的人只想知道一件事：烧钱的艺术家是谁？简直太扯了！我的意思是，如果我播一张摇滚唱片给你听，它要不就是很棒，要不就是很烂，和谁做的这张唱片没关系，是不是？这就是你和伊诺先生在讨论"艺术"的时候我想到的问题，我真的不明白，你和他明明已经制作出过很多很棒的流行乐唱片了，这种20世纪晚期的艺术形式在所有方面都已经高于"艺术"了。

"流行音乐的确更受大家欢迎，更好沟通，更容易理解，但我觉得流行音乐和我们最初对视觉艺术的兴趣并不冲突。我从文学以及视觉艺术中获得了许多理念的萌芽，我的意思是，我在艺术上一直在做像'异花授粉'的事。在这个国家，我觉得我们正在经历视觉艺术的复兴。那什么，如果我说得太多了你可以打断我。"

看来我们是在为怎么结束这次访谈而苦恼了……

"好吧，让我们把话题转回到摇滚之神和'大笑灵知'上吧，哈哈哈！"

你和伊诺先生心里都有点不爽吧？因为你们没受过正统的艺术培养，所以被某些人认定为不该碰艺术，应该去做个蓝领售货员。我的看法是，你们就根本不该去碰那个所谓的"艺术"，那种"艺术"就是透纳奖腐朽的建制派垃圾，早就死了。硬把你们的音乐和那种"艺术"扯上关系，对你们来说有害无益。我们该如何评价你的这张专辑呢？是不是因为大卫·鲍伊是一个艺术家我们就要说这张专辑是一件艺术品？

"不不不！"

那我们是不是要这样问：这张唱片摇滚吗？

"嗯，是的，如果你不这么问那你就有问题了，因为这张专辑里有很多歌都是典型的摇滚。我是说，布莱恩比我更害怕男性荷尔蒙，我是极其喜欢摇滚的，我是极其喜欢有种的！我极其喜欢这张专辑长着巨大的、多毛的蛋蛋！但布莱恩更懂极简主义，而我绝对不是一个极简主义者。做音乐我就喜欢多加点层次，元素越丰富越好！巴洛克来一点！摇滚也要！当然，我同意音乐还是有它基本的需求的。"

你觉得谁最有资格来评价你的音乐？

"噢，上帝吧！"

等等，我还没说完呢！你只能在透纳奖委员会和"瘪四与大头蛋"*之间选一个。

"天啊！上帝啊！嗯，你猜怎么着？我会让瘪四和大头蛋评判是否摇滚，而让透纳奖去评判着装，呵呵呵！"

但你也可以反过来，让透纳奖评审坐在沙发上恶搞，而让瘪四和大头蛋去泰特美术馆评价"这件装置艺术真是逊毙了"之类的。

"哈哈哈哈哈！是的，这像是布莱恩会做的事。"

就在此时，鲍伊的公关像一个复仇的死亡天使那样扑过来，一把拽过他，拖他去录《流行音乐之巅》。希望我和他之间的这个小小访谈能让他明白，大家不想再听他那些关于艺术和宗教的胡说八道了。不过谁知道呢，也许下次他进录音室时，不会再费心把录音室用"疯狂的彩色布条"装饰起来，不会再用"颜料、炭笔、剪刀、纸和油画布做一些东西，好让乐手们在不录音时有东西发泄"，而是像一个老炮一样专注于搞摇滚。

---

* Beavis and Butt-Head，美国 MTV 音乐台从 1993 年到 1997 年播出的卡通影片系列，一般是瘪四与大头蛋坐在沙发上恶搞电视机里播出的音乐录像，是无厘头恶搞文化的代表。

没错，多亏《新音乐特快》的及时介入，大卫·鲍伊看上去终于走回了正轨，而即将发行的下一张专辑《大笑灵知》将会是他迄今为止最好的专辑。

最后让我们来看看旧记分板[*]：

问：《局外》摇滚吗？

答：有一部分，而这一部分足够让这张专辑成为大卫·鲍伊多年来最好的专辑。

问：这张专辑的"概念"真的那么厉害吗？

答：不！这张专辑的网络感和赛博朋克氛围是我们迈向当下世界流行的重要一步，但这一步很小——这一点，你可以归罪于那些学识渊博的知识分子大人们，他们读了太多学究性的大部头，却极少涉猎那些可以拿来消遣的赛博新浪潮的新浪潮（呕）的庸俗小说，比如曼彻斯特小说家杰夫·努恩（Jeff Noon）的《沃特》(*Wurt*)和《波伦》(*Pollen*)（两本都写得很棒）。

搞"艺术"，你可以天花乱坠地编，怎么都对，但搞流行音乐，你要么正中红心，大受欢迎，要么就什么都不是。

问：这张专辑算"艺术"吗？

答：谁会在乎？

---

[*] BBC 的游戏节目《世代游戏》(*The Generation Game*)里的经典台词。

不再是个疯狂小子

H. P. 纽奎斯特

1996年1月,《吉他》杂志(美国)

(原编者按)尽管大卫·鲍伊这位艺术家给人的印象是其对技巧的兴趣与对物质的兴趣一样大,甚至对技巧的兴趣更大,但在那变色龙般的浮华外表下,其实跳动着一颗睿智音乐家的心。一个简单的事实可以证明以上这点,那就是鲍伊的作品始终如一地优秀。有鉴于此,《吉他》杂志认为鲍伊对于迄今30年的音乐生涯里合作过的那么多的吉他手一定有很多逸闻趣事可以说——他们还真是没想错。

H. P. 纽奎斯特回忆说:"在这些年我采访的音乐家里,鲍伊是最有趣的人之一。他不仅口齿伶俐,还魅力四射、博学多才、风趣幽默。大卫有一种少见的特质——我只在少数几个人身上见过这种特质——他会很快把一个访谈变成两个人之间的对话,而不仅仅是一个你问我答的环节。他对各种音乐形式的兴趣以及对创作过程的谈论,让他远远超越了那些无聊和牢骚不断的典型摇滚乐手。"

注：全世界乐迷至今仍无比期待本文中说到的鲍伊和杰夫·贝克的合作。

大卫·鲍伊是少数几个在其艺术生涯里直接影响了流行音乐发展进程的人之一，甚至可以很肯定地说，鲍伊是唯一一位在艺术生涯里不止一次改变摇滚乐面貌的音乐家。纵观他的艺术生涯，他得到了一些音乐界中最好的吉他手的帮助，这些吉他手中的很多位也凭借着和大卫的合作而声名鹊起。随着鲍伊第24张个人专辑《局外》的发行，他又将一众各具特色的吉他手聚集在了一起。在本次专访中，从米克·容森开始，鲍伊回顾了过去25年里与他共事过的吉他手，并暗示未来将有与杰夫·贝克合作的可能性。

H.P. 纽奎斯特（以下简称纽奎斯特）：你是如何在不同时候决定和哪个吉他手合作的？

大卫·鲍伊（以下简称鲍伊）：我想这通常是根据具体工作而决定的。最开始的时候，也就是我的音乐生涯刚开始的时候，是米克·容森的那种杰夫·贝克式演奏风格吸引了我。在那段特定的时间，我正在寻找某种……某个能演奏我当时正在做的摇滚和节奏布鲁斯融合音乐的人，但也要对吉他除了弹奏出音符还能在音乐中起到什么作用足够感兴趣。在某种程度上，米克挺喜欢捣鼓回授和外来噪声，虽然在这一点上他不如后来和我合作的其他几位吉他手。那时候我们也有足够的空间去做一些有点冒险的事，而不仅仅是正常地弹吉他。当我进入到"柏林时期"（《英雄》《低》和《房客》三张专辑）时，我更感兴趣的是那些乐于把吉他当作一种音源的吉他手。这其实更多的是一个氛围营造的问题，而不是去炫耀吉他手的独奏技艺有多厉害多精湛。要做到那种冒险，吉他手必须对这样乐器理解得很透才行，如此才能真的有所发挥。这就是老话说的，只有熟谙规则才能打破规则，我觉得这句话放在里夫斯·加布雷尔斯身上就很适合，当然，阿德里安·贝鲁和罗伯特·弗里普也很适合。

纽奎斯特：一直以来，有很多吉他手在和你合作之前往往是寂寂无名的，这些人都是你偶然发现的吗？

鲍伊：是的（笑），就是偶然，我真的非常幸运。不过话说回来，我会去注意每一个乐手，所以很少有好的乐手能逃过我的眼睛。我真的很想了解在我的领域里，这个时代都在发生什么，我是当代音乐的超级粉丝。每当一个乐手出来，我就要去了解他的想法，思考如果合作的话会不会有化学反应，诸如此类。我很有竞争意识，一看到真正好的东西，我会自然而然地想："上帝啊，我可以做得更好……"

纽奎斯特：罗伯特·弗里普是唯一一个在和你合作时就已经为大家所熟知的吉他手了。

鲍伊：一开始是布莱恩·伊诺让我认识弗里普的，当时我们正在物色愿意与我和伊诺合作并对我们做的音乐有兴趣的乐手。（伊诺）说："你瞧，我和罗伯特合作过很多次了。他很有合作精神，是真的能参与到我们在做的音乐里的那种人。"所以弗里普是布莱恩提名保荐的（笑）。我们开工之后，弗里普的参与度很高。

阿德里安则是我去看弗兰克·扎帕的演出时认识的，当时我在后台，从舞台侧面看他们演出，当台上不需要阿德里安弹吉他时，他就会走过来和我聊天。我觉得那次弗兰克有点生气（笑），因为阿德里安整场演出的大部分时间都在后台和我聊天，问我在干什么，有没有机会合作。阿德里安很喜欢我做音乐的方式，他算是我在演出中相识的。

认识里夫斯的经过比较奇特。我是在1987年的巡演时认识的里夫斯，因为我们的公关病了，他的妻子莎拉成了我们的代理公关，所以我经常有机会和他聊天。他对艺术挺了解的，我们有一些共同的兴趣。但是莎拉在巡演进行的时候——或者是在巡演结束后不久——给了我一盘磁带。我把磁带放进包里，想着"等我回瑞士后再听"。回到瑞士后，我开始听在巡演里收到的各种东西。我找到那盘磁带，意外发现里面录的是里夫斯弹的吉他——在这之前我完全不知道他会弹吉他。我被磁带上录的音乐震惊了，立刻打电话给他，问他愿不愿意和我一起做点东西，尽管当时我都没想好具体要做什么。我对他的吉他演奏感到很兴奋，心想："这人和我在精神上真是同类。"

能遇到里夫斯我真的很激动，因为当时我在某种程度上正经历创作的低谷期，我真的开始对音乐意兴阑珊，转而再一次比较多地介入到视觉艺术创作里。我觉得当时自己并没到已经停止创作音乐的地步，但音乐的确差不多已经退居次要位置。让我的音乐具有冒险性和实验性这件事要归功于里夫斯，我真的这样觉得。因为组建"罐头机器"乐队，他把我从一个深渊里救了出来。我希望"罐头机器"对我们俩来说都是一个非常自由的实践，当然，主要对我来说是如此，因为它让我再次意识到什么才是我真正喜欢做的事，并有了继续下去的动力。我真正喜欢的事，应该比我在1984年到1988年这段时间里所做的事更冒险，我觉得那段时间里自己真的太沉闷、太没活力、太无精打采了（笑）。

纽奎斯特：里夫斯参与了《局外》，也参与了这次巡演，不过这次你还把卡洛斯·阿洛玛给找回来了，是出于什么原因？

鲍伊：我就是觉得我们当时正在做的一些歌需要很强的节奏元素，当然可以用采样或者合成器来达到效果，但由阿洛玛来处理的话将会非常完美，我觉得我应该试试看，让他来会不会有化学反应。我不知道里夫斯和卡洛斯能不能合作，也不知道他们的个性能不能合得来，所以在《局外》制作的最后阶段我让他们俩一起到纽约的录音室。卡洛斯在那里录了专辑里大概五首歌的节奏吉他，他录的时候，我确保里夫斯也在。我发现他们俩在录音室里相处得挺融洽，对我来说这就算成功了，这样我就能让卡洛斯重回我的乐队之中。里夫斯和卡洛斯的组合在我看来非常棒，他们自然而然地就在乐队里找准了自己的位置。我也不觉得两人之间有什么可怕的对抗，可能就有一点竞争的感觉，但竞争是好事，竞争其实能带来非常好的音乐。

纽奎斯特：特伦特·雷诺（Trent Reznor）是怎么参与到《局外》里的？

鲍伊：布莱恩和我一开始走进录音室录专辑时可以说两手空空，什么都没有。我那时挺喜欢一个来自瑞士的三人乐队叫作"年轻神灵"（The Young Gods）[*]，我知道他们比知道"九寸钉"要早。我觉得他们的理念很特别，他们会拿一段吉他连复段来做采样，然后不停循环，贯穿一首曲子。这就是我想要的东西，我很喜欢这个玩法，想要在我的音乐里采用。他们挺有才的，我对他们将来还能做点什么出来很感兴趣。

---

[*] 参见本刊1995年11月号刊登的《地线》（*Groundwire*）一文。——原书注

但当我知道了"九寸钉"时——我对他们的了解主要靠看他们的采访——他们从第一张专辑[《可恶机器》(Pretty Hate Machine)]到第二张专辑[《破碎》(Broken)]的转变深深吸引了我。仅用一张专辑就完成这么迅速和成熟的转变,我觉得非常了不起,这也让我意识到特伦特会在这个行业里大有作为。有一点大家都没意识到:如果你接收到了特伦特音乐里的信息,你会发现,实际上他的创作能力非常扎实,能写出非常好的音乐,同时代的年轻乐队大多数都不如他。他的作品里包罗了各个时代的摇滚乐——即便在那末日般的后工业音乐风格外衣下——"披头士"乐队的和谐以及各种各样的元素都能在他的音乐里找到(笑)。

我想做一些比我平时身为一个……嗯……我不太确定怎么形容自己——身为一个(由你来填空)的艺术家会做的更冒险的事。我从那些采访里得知,特伦特对我从《每一站》到《恐怖怪物》这一时期的音乐很感兴趣,很明显我们俩之间是惺惺相惜。当维珍唱片公司(Virgin Records)打电话问我这次巡演想找谁来做暖场时,我觉得和特伦特合作肯定很棒,所以我就打给他,他说如果巡演时间不多于六个星期就非常愿意参加,因为当时他刚结束一轮自己的巡演,非常累。我极其高兴他愿意参加我的巡演。

纽奎斯特:史蒂维·雷·沃恩先是你的一个合作乐手,然后才真正成为一个吉他手。你是怎么找到他的?

鲍伊:他某年在蒙特雷爵士音乐节(Monterey Jazz Festival)上弹吉他。我不太擅长记年份,但我觉得应该是1982年左右,也就是我们开始合作的前一年(两人合作的专辑《让我们起舞》发行于 1983 年）。他当时和"双重麻烦"乐队（Double Trouble）一起为某个知名乐队伴奏，他的演奏让我印象深刻，非常与众不同。

纽奎斯特：你和他在 1983 年"我们音乐节"（US Festival）后发生过一次争吵，闹得满城风雨。自那次以后你还见过他吗？

鲍伊：我后来的确和他见过面，其实就在他去世前。在他死前六个月左右，我们俩又重归于好，相处得非常不错。我们会去看对方的演出，他来看我的演出，我也去看他的，那段时间我们关系很热络。那段时间他改变了很多——他早年生活有很多问题，这时候都改掉了，人也变得很轻松、充满活力。他的死是个悲剧，十足的悲剧。

纽奎斯特：《钻石狗》里所有的吉他都是你自己弹的，尤其是《反抗，反抗》和专辑同名曲，让人印象很深刻。那张专辑你为什么不用其他吉他手？

鲍伊：我想是因为那时我觉得自己在音乐上的想法比较疯狂。那段日子我是非常害羞的，还被有些音乐人，尤其是被那些我觉得在经验上以及在作品上高过我很多的音乐人给震住了。我想，上帝啊，我就自己捣鼓自己的想法就好了，找其他乐手来合作，告诉他们我的那些想法，一定会很尴尬。我觉得同一时期布莱恩·伊诺也和我一样，自己做自己的专辑，因为如果让那些已经很厉害的吉他手弹他那些失谐的东西，他也会觉得尴尬。我那时候非常幼稚，但是那张专辑在没有使用太多其他乐手的情况下达到的音乐效果已经很接近我想要的了。

纽奎斯特：还有哪些吉他手是你想合作的？包括那些已经成名的。

鲍伊：我想也许将来有天能和杰夫·贝克合作。事实上，杰夫和我曾经讨论过要合作一个非常特殊的项目。我很想和杰夫合作——我至今认为他是最被低估的吉他手之一。我觉得他非常出色，很想和他合作。

葛林·布兰卡 *，其实大家不觉得他是个吉他手，但他的创作都是为吉他而做的，我非常想和他合作。我还没想好怎么做，比如我俩一起为吉他演奏写些什么东西——虽然他在很大程度上已经从吉他转向了弦乐，但我会鼓励他……可能我们会写一个吉他和弦乐的结合作品，可以用吉他金属弦，也可以用羊肠弦。我是他的大粉丝，而且已经很多很多年了。我认为大卫·托恩（David Torn）也是相当棒的，虽然我觉得未必一定需要和他合作。我认识的和大卫同一个圈子的乐手和我的合作已经够多了（笑）。但和布兰卡以及贝克合作的模式我还是很需要的，我真的很想实现。

---

* 参见本刊 1995 年 8 月号。——原书注

时尚向左走,时尚向右走

大卫·鲍伊与亚历山大·麦昆
1996年11月,《年少轻狂》杂志(英国)

(原编者按)在鲍伊1997年的专辑《凡夫俗子》(Earthling)的封面上,他背对镜头站着,穿着一件非常时尚的大衣。这件带有英国米字旗图案的大衣,是由鲍伊和亚历山大·麦昆(Alexander McQueen)联合设计的,后者还设计了鲍伊1996年和1997年的舞台演出服。

1996年,也就是麦昆首次被评选为英国年度最佳设计师的那一年,青年时尚与文化杂志《年少轻狂》(Dazed & Confused)邀请鲍伊采访了这位时尚界的神童。从这一次交流中可以看出,鲍伊对时尚所知甚多。有趣的是,这篇访谈也揭示了鲍伊比麦昆更看重时尚。

可惜的是,麦昆在2010年自杀身亡。

以下对话是在电话中进行的,这也是我和亚历克斯(亚历山大)一直以来的交谈方式。我们俩在几个不同的项目上合作了一年有余，彼此却从未见过面。这次访谈进行于一个美丽的周日下午，当时亚历克斯正在格洛斯特郡（Gloucestershire）青翠山岭上的豪宅里拜访他的朋友伊莎贝拉·布罗（Isabella Blow）。铃声响起……

大卫·鲍伊（以下简称鲍伊）：你是同性恋吗？你吸毒吗（笑）？

亚历山大·麦昆（以下简称麦昆）：是。两个回答都是"是"（笑得更响）。

鲍伊：你嗑哪种药？

麦昆：一个叫"柯凯英"[*]的家伙！

鲍伊：嗑药会影响你的设计工作吗？

麦昆：会的，它会让我的设计更不稳定，所以你才会看到那张我脑袋爆炸的照片［指佛罗伦萨双年展上尼克·奈特（Nick Knight）拍摄的一张麦昆的照片］。

鲍伊：我曾经要你为我设计一件某个颜色的外套，但你寄给我的那件织锦面料的衣服却和我要求的完全不同。虽然我不得不说那件衣服真的很漂亮，但你是如何应对商业世界的呢？

麦昆：我不会接受商业世界那一套。

鲍伊：哪怕是为纪梵希（Givenchy）这样的大时装公司工作？

---

[*] 原文为Charlie（查理），英语俗语中"可卡因"的别称，此处取中文谐音。

麦昆：是的。

鲍伊：那在这种情况下你是怎么工作的呢？你觉得有规则和规范约束你吗？

麦昆：没错，是会有。但你也知道我只会按我自己的方式工作，这也是他们找我的原因。如果他们不接受我的这种工作方式，那就找别人去呗。他们最后也没办法，因为我只会按照我自己的规则和要求办事，而不是别人的。听上去我和你还有点像！

鲍伊：和大多数设计师不同，你的时尚感似乎源于时尚领域之外，从乔尔-彼得·威特金*的新天主教恐怖摄影到锐舞文化，这些都是你大胆借鉴的领域。你认为时尚是艺术吗？

麦昆：不，我不觉得时尚是艺术。但是我喜欢打破障碍，这不是一种具体的思维方式，只是我某一刻的想法，它可以是任何东西，可能是一个走在街上的男人，或者可能是核弹爆炸——在我脑海中引发某些情绪的任何东西。我的意思是，我以这样或那样的方式看待艺术世界中的一切，人们做事的方式，人们接吻的方式。

鲍伊：现在有哪些人或哪些事影响着你？

麦昆：让我想想。我不知道，我觉得这真是个很难回答的问题，因为从某方面来说，我有非常阴郁的一面，也有非常活跃的一面，这两个面向总是在不停发生冲突，所以我会有各种想法。这也是我的时装秀总是那么让人觉得奇怪的原因：这一分钟看到

---

* Joel-Peter Witkin，美国当代摄影家，其摄影题材较为黑暗、另类。

的是一条漂亮的雪纺裙,下一分钟却看到一个关在笼子里、走起路来像木偶的女模特儿。观众们都看不懂是怎么回事。这就是我内心的各种面向相互冲突的结果。但影响我的都来自我自己的想象,而不是直接来自外界。它们通常来自某一种单纯的力量,比如说,我想表达性或者我想让人表达性的方式,或者我想看到人们行动的方式,或者人们如此行动时会发生什么,你懂我的意思吗?我的创作没有直接的来源,而有点像是来自巨大的潜意识或者不合常理的想法。我和大街上那些普通人的思维不同,我觉得自己脑子里想的有时挺与众不同的。

鲍伊:是的,我得说,只要看看你的工作方式就知道性在你的设计中起着非常重要的作用。

麦昆:因为我觉得人们对于性的心理态度是最为糟糕的。一个人的性取向会把你局限在一个非常狭小的空间里,而且不管怎么说,试图定义一个人的性取向是一个非常可怕的过程。在寻找真爱的过程中你要通过很多难关,你的举棋不定、对方让你震惊的地方以及最后谁是你的真命天子,等等,有时真的还挺让人震撼的。

鲍伊:和其他设计师——比如说高缇耶(Gaultier)相比,你的作品更另类一些,更有机一些。

麦昆:可能吧。我受了一些萨德侯爵(Marquis de Sade)的影响,因为我真的认为他是一位伟大的哲学家,是他那个时代的伟人,可大家都只觉得他是个变态(笑)。我想他在激发人们的思维这件事上是有影响力的。那种力量令我有点害怕,但这就是我思考的方式。归根结底,我这个人这辈子就是这样长大的,这就是我。

鲍伊：你认为服装本身是折磨社会的一种方式吗？

麦昆：不管怎样，我没把服装看得那么重要。我的意思是，归根结底，它们毕竟只是衣服，我无法用衣服去治愈这个有病的世界。我只是想让穿它们的人对自己更有信心，因为我自己太不自信了。我在很多方面都很没有安全感，我觉得我的自信还是来自我设计的衣服。作为一个人，我很没有安全感。

鲍伊：彼此彼此。你会设计车吗？

麦昆：你问我会吗？设计车对我来说小菜一碟。

鲍伊：那你会设计房子吗？

麦昆：会。非常简单，非常容易。

鲍伊：你会绘画和雕刻吗？

麦昆：不会，但我会买雕塑。我不自己雕，我买，我买了很多雕塑。

鲍伊：你从事过视觉艺术吗？

麦昆：没有，不过不知道你是否听说前几天我刚做了一个时装秀。这个秀是在水上做的，我们用钢条做了一个类似茧子的东西，做成了立体的星星的样子，把一个女模特儿关在里面。茧子外面覆盖着玻璃纤维，因此可以看到里面。我们在里面放了很多蝴蝶绕着模特儿飞，她会去抓蝴蝶，蝴蝶也会停在她手上。那是只有这个女孩自己的环境。我在想，未来新千年到来时，你也会像蜗牛一样把你的家背在身上到处走。这女孩在一颗覆盖着玻璃的巨大星星里，走在水上，蝴蝶和化蛹的蛾子在她周围飞来飞去，停在她手上，她在看着它们——这画面真的太美了，把很多人完全震住了。

鲍伊：听你说的确很有趣，这东西像是介于剧院艺术和装置艺术之间的一种艺术。

麦昆：我讨厌剧院，我很讨厌戏剧。我曾在剧院里工作，为戏剧和电影制作服装，这是我一直憎恶的事——我一直憎恶剧院。我讨厌去剧院看戏，觉得无聊透了。

鲍伊：好吧，我说的不是戏剧。
麦昆：我知道，我就是想告诉你我讨厌戏剧（笑）！

鲍伊：好，那我把这个词改成"仪式"。
麦昆：棒，这样好多了。我很喜欢仪式……（笑）

鲍伊：阿玛尼（Armani）说过："时尚已死。"
麦昆：嗯，那个谁也是……我说的是，上帝……

鲍伊：你这句听上去像范思哲（Versace）……
麦昆：他也真是快死了。我的意思是，谁愿意穿一件用高档羊毛做成的松垮垮的西装？这人就是个布置橱窗的，他懂个什么啊？！

鲍伊：你不觉得他的真正意思是……
麦昆：他已经没有……

鲍伊：他可能还在观望，因为边界在缩小。

麦昆：是的。

鲍伊：今天时尚呈现的方式和五年前、十年前相比有了巨大的飞跃。今天的时尚几乎有了全新的呈现方式，不是吗？

麦昆：没错，但你不能依靠时装设计师来预测这个社会未来会向何处去，毕竟说到底，它们只是衣服而已，我始终坚信这一点。

鲍伊：你觉得所谓"英国文艺复兴"是事实还是炒作？全世界都在讲英国文艺复兴，纵观英国各个行当各个阶层，从时尚到视觉艺术、音乐，当然还有建筑，在所有文化行业里，基本都有英国人在领导潮流，比如法国时装公司里的英国设计师，你懂我意思吗？好像我们正渗透进这个时代的方方面面。

麦昆：我想你自己身为英国人，应该知道从艺术到流行音乐的各个领域英国一直在世界上处于领先地位，就算在亨利八世的时代都是如此。我们这个国家的人为我们所拥有的宝贵遗产而得意，这里面有些是好的，有些是坏的，这个地球上再没有一个地方像英国这样了。

鲍伊：可是为什么我们英国人不能把最初创造的东西坚持到底呢？我们是很好的创作者，却不是好的制造者。

麦昆：是，没错。但我认为这是件好事，不是坏事。这种特质让你更圣洁，让你更敬畏你所做的事情，而真正赚钱的部分是为贪婪的人准备的。

鲍伊：所以，亚历克斯，你不是一个贪婪的人？

麦昆：我觉得我不是，钱对我来说从来不是个大问题。这么说吧，我是喜欢舒适的生活，但是之前有一家法国时装公司问我想怎么做一个时装秀，我的回答是，当今时代会花钱买这种衣服的人，是不会在普通大众面前炫富的，因为这是坏品味，今天世界已经有如此之多的问题，炫富并不是件好事。我能肯定会花这种钱的人都不喜欢在镜头前抛头露脸，因此我说，这个时装秀应该是一个私人秀，会花这种钱的人欣赏的是高雅的艺术和高档次的服装，购买这种独此一件的时装是对理想的尊重，而不是乱花钱。他们有的是别的地方可以花钱。

鲍伊：我猜你应该挺有钱的，所以当你很富有的时候，你会想干什么呢？

麦昆：我想把勒·柯布西耶[*]在法国的房子买下来……（窃笑）

鲍伊：一个简单问题：你的第一件设计是什么？比方说你还是个小孩子的时候设计过什么？

麦昆：噢，那么久之前的事我想不起来了。但就我的职业生涯而言，第一件设计是低腰牛仔裤，就是你的贝斯手盖尔穿的那款。

鲍伊：当你还是个胡闹的小孩子的时候，或者小时候为了去夜店而打扮得漂漂亮亮的时候，会不会已经有些原创性的东西出现了？

麦昆：是的，还真有，我那时候会穿我姐姐的衣服，但别人

---

[*] Le Corbusier，法国著名建筑设计师，被认为是20世纪最重要的建筑大师。

看不出来，因为我会把它们用男装的方式穿出来。我 12 岁的时候有次穿了我姐姐的胸罩上街，邻居们都觉得我是个怪胎，故意扮下流之类……你说的是斯特普尼（Stepney）那一带吧？

鲍伊：我父亲曾经在斯特普尼工作过。
麦昆：真的吗？

鲍伊：你几岁的时候离家的？
麦昆：19 岁。

鲍伊：当时你是觉得有种特别自由的感觉，还是突然感到更脆弱了？
麦昆：其实我是感觉自己很脆弱。因为我是家里最小的，而且一直被妈妈宠着，所以这大概是我变成基佬的原因（笑）。

鲍伊：（笑）你那时候就很清楚自己的性向？
麦昆：我三岁去珀汀斯（Pontins）度假村玩的时候就喜欢男孩子了！

鲍伊：你有没有去巴特林（Butlins）、博格诺里吉斯（Bognor Regis）或者大雅茅斯（Great Yarmouth）度过假？
麦昆：没有，我只去过坎伯沙滩（Camber Sands）的珀汀斯。

鲍伊：坎伯沙滩那个？！我也去过！
麦昆：上帝啊！

鲍伊：那里有个拖车停车场，里面停着很多旅行拖车……

麦昆：没错。

鲍伊：……我记得那时候我们隔壁是一个当时非常著名的喜剧演员——亚瑟·海恩斯（Arthur Haynes），有点像那种大男孩，那是他在舞台上的形象。我想去要他的签名，就连续三个早上在他门前跑来跑去，但是他每天都叫我滚蛋（笑）。那是我第一次见到名人，让我很失望。我懂了问题所在……他们也只是普通人。

麦昆：我在珀汀斯度假村有两段记忆很深刻。一个是，有次在角落里看见我的两个姐姐和两个男人在一起（笑），我还以为她们要被强暴了，就尖叫着跑回去找妈妈，后来被两个姐姐一顿好揍！另一个是，我第一次去珀汀斯是坐出租车去的，因为我们家族里好多人是出租车司机，出去度假就像是一个吉卜赛大篷车车队。我们的出租车队到了珀汀斯，我从车窗里看到外面有两个男人戴着很吓人的面具，就在出租车里尿裤子了！真的是尿在裤子里了啊（笑）！

鲍伊：来到这个问题了：谁是最差劲的时装设计师？

麦昆：噢，上帝啊……

鲍伊：谁是最差的设计师？

麦昆：在我眼里吗？

鲍伊：是的，在你眼里谁最差劲？

麦昆：噢，上帝啊，大卫！我现在可以放开来诽谤人了……

鲍伊：你觉得不止一个？

麦昆：我认为你应该去责怪购买这些设计师的时装的公众，而不是责怪设计师本人，因为事实证明他们对设计本身没有太多想法，一切的关键在于买这些东西的人。不过，我自己最喜欢的设计师是川久保玲，我唯一会买的时装就是她设计的。身为时装设计师，我会为自己买的衣服只有 Comme des Garçons，去年我花了大约 1000 英镑（我不应该说出来的）买 Comme des Garçons 的男装……

鲍伊：我从来没为时装付过钱，亚历克斯（笑），直到……
麦昆：直到你遇到我（笑得更大声）。

鲍伊：直到我遇到你，真的！但我知道你需要钱！
麦昆：我当时是很需要钱！但我要告诉你，你付钱给我之后我做了什么，我把这些钱付给了真正制作这些服装的人！

鲍伊：听我说，有些方面你对我太好了，其实你可以不用为我做那些的。你人真的很好，在合作时的工作方式也特别好，我觉得……
麦昆：我都还没见过你呢（笑）！

鲍伊：我知道。我觉得我们为舞台服装进行的合作那么好，这太棒了。你是喜欢合作的人吗？
麦昆：我喜欢合作。但在合作中，你必须做的一件事就是尊重和你一起工作的人。以前也有很多人打电话给我，要来和我合作，我基本都拒绝了。

鲍伊：你的客户真的知道他们要什么，什么是适合他们的吗？还是一般都是由你帮他们从头到脚打理？

麦昆：这两种情况都有，我对这两种情况也都没什么怨恨，因为归根到底，我是服装设计师，他们是受众，就像如果你想盖一栋房子，你当然不用亲自动手。

鲍伊：下面是一个粉丝向的问题：这个世界上你最想为谁设计衣服？为什么？

麦昆：恐怕这世界上没有谁是我最想为他设计衣服的，我想不出有谁值得有这个特权（笑）。

鲍伊：这篇采访的副标题有了（笑）！

麦昆：上帝啊，因为我是一个无神论者，也是反皇室主义者，所以我为什么要把一个人放到神坛上呢？

鲍伊：这样确实会让人们把注意力放回到你的衣服上，你设计的服装才是最重要的。

麦昆：我想，如果你说你的音乐只是为了将来的人做的，那会在一定程度上限制你的存在方式。

鲍伊：你希望总有人会欣赏你做的事。

麦昆：总会有那么一个人的，毕竟世界如此之大。

鲍伊：是的。"神童"乐队（Prodigy）和"绿洲"乐队（Oasis），

你喜欢哪个?

麦昆:"神童"。我觉得他们很棒。

鲍伊:你还没回答一个问题,我一定要逼你回答。阿玛尼和范思哲,你喜欢谁(笑)?

麦昆:我选择玛莎百货(Marks and Spencer)。我很抱歉,我看不出他们两个之间有什么可比性,其实他们两家应该合并,组成一家公司。想象一下他们两家的破烂衣服上的水钻吧……

鲍伊:你吃什么?

麦昆:什么我吃什么?

鲍伊:就是你吃了什么。

麦昆:我今天刚吃了一只珍珠鸡……我这次来的这个地方非常庄重华丽。这地方太棒了,我很喜欢来这里。布莱恩·费瑞也经常来。这个地方非常漂亮,是由伊莎贝拉丈夫的祖父在艺术与工艺运动时期建造的,坐落在格洛斯特郡的一座小山上,可以俯瞰整个威尔士。我卧室的墙上装饰着伯恩-琼斯[*]的普里马韦拉挂毯。我一直来这里避世。

鲍伊:那里是你的避难所,是吗?

麦昆:是的,完全是我的避难所。

---

[*] Edward Burne-Jones,英国画家,前拉斐尔派(Pre-Raphaelite Brotherhood)代表人物之一。

鲍伊：你有没有和名人发生过关系？

麦昆：有一个，但不是名人，不过他来自一个非常富有的家庭，非常富有的巴黎家庭。

鲍伊：那是一段轻松自在的关系，还是充满了冲突？

麦昆：这段关系……他是我遇到过的最好的人。我对他完全忠诚，从不对他隐瞒我的背景或者我来自哪里，那是我只有十九二十岁的时候。那时我和他出去，我对他说，无论我们做什么都 AA 制。他不懂 AA 制是什么，以为是一种性技巧！"荷兰式"（笑）！我说 AA 制的意思是我们各付各的账，他觉得这样挺好。不过他的口活是最棒的（笑）！

鲍伊：好高贵！他家是家族继承还是打拼来的财富？

麦昆：是累积了很长时间财富的贵族。

鲍伊：你经常出国吗？为了私事，不是为工作的那种。

麦昆：很少。

鲍伊：所以你在自己出生长大的环境里真的很开心？

麦昆：我很喜欢伦敦，但我也爱苏格兰！我以前从没去过阿伯丁，我第一次去阿伯丁是去那里看默里[*]的朋友。一切都感觉不真实，因为我下了飞机就觉得自己是属于那里的。我很少有那种感觉，因为我去过世界上大多数地方，像日本和美国的主要城市，你在那些地方，走下飞机时就会感到很强的敌意。可我在阿

---

[*] 此处应指麦昆当时的男友默里·亚瑟（Murray Arthur）。

伯丁一下飞机就觉得好像我一辈子都住那里一样，真是一种奇怪的感觉。苏格兰高地的大多数地方我都喜欢，可能因为我的家族来自斯凯岛（Skye）。

鲍伊：你对朋友好吗？是会为朋友站出来的人，还是懦夫？
麦昆：我几乎没有朋友，我想我所有的朋友我都可以依靠，他们也可以依靠我。我身边没有逢迎者，如果我一眼看穿一个人的企图，我会很强硬，他会发现他找错人了。如果你和我做上朋友，那就会是一辈子的朋友，我会为朋友做任何事。我真没有那种会利用我或者虐待我的朋友，除非我要求他们那样（笑）！

鲍伊：你对接手成为纪梵希首席设计师感到兴奋吗？
麦昆：是，也不是。对我来说，我此举更像是在拯救一艘正在下沉的船——不是拯救约翰·加利亚诺[*]，而是拯救纪梵希，这个品牌似乎有点迷失方向了，毕竟，它得依靠伟大的时装，而不是依靠那个伟大的名字。

鲍伊：你已经为此规划好方向了吗？
麦昆：是的，规划好了。

鲍伊：会是激动人心的那种吗？
麦昆：是的。整个理念主要基于一个我非常尊敬的时尚界人士的哲学。对纪梵希这种地位的品牌来说，必须走某种特定的时

---

[*] 1997年，亚历山大·麦昆取代约翰·加利亚诺（John Galliano）担任纪梵希的首席设计师。

尚路线，而这种路线肯定不是麦昆的低腰裤。

鲍伊：我的最后一个问题是，你有时间帮我设计我明年巡演的服装吗（笑）？

麦昆：有，我有时间。我们就应该在一起合作，我的意思是，这次我要当面见到你（笑）。

鲍伊：我们现在就可以把这件事落笔为证……VH-1时尚大赏你会参加吗？我忘了你会不会来。

麦昆：什么时候？

鲍伊：10月24号左右……

麦昆：22号我有个时装秀。

鲍伊：那你可能来不了了。你知道的，我会在大赏上穿那件米字旗大衣，这件作品值得被数以百万的人看到。

麦昆：记得一定要说"这件衣服是麦昆设计的"（笑）！

鲍伊：盖尔也会穿上她所有的行头。

麦昆：噢，她真的太棒了！

鲍伊：噢，她把那些衣服穿得太好看了。

麦昆：我很愿意再次为你的巡演设计服装。

鲍伊：噢，那太好了。我都等不及想把它们美美地穿上了！

麦昆：当然。但我要当面见到你，我不想通过电话遥控你量尺寸，因为我肯定你会谎报你的腰围（笑）！

鲍伊：不会，我绝对不会的……
麦昆：因为你知道有些人会谎报自己的身高（笑）！

鲍伊：我刚说过我绝不会在裤裆尺寸上撒谎。
麦昆：那大卫，你的"小弟弟"穿哪边衣服？左还是右？*

鲍伊：两边都穿！
麦昆：好，真不错。
鲍伊：好吧，可能我也是瞎说的。

---

* "穿左边／穿右边"（dressing left/dressing right）是英语里的一个特殊表达，指男性在穿裤装时，外生殖器放在哪边。

回到地球的巨星

米克·布朗

1996年12月14日,《每日电讯》杂志（英国）

（原编者按）在这篇英国《每日电讯》星期六副刊杂志的采访特写中,米克·布朗为鲍伊撰写了一篇几乎触及所有方面的艺术生涯摘要。

这篇专访的整体质量很高,因此我们可以原谅布朗搞错了鲍伊宣称"我是同性恋"的年份。他还在文章一开始讲述了一些有趣的私人逸事,这些逸事展现出超级明星是如何影响到普通人的生活的。

整个20世纪70年代,大卫·鲍伊没有歌迷——他只有随从、信徒和痴迷者。十几二十岁的年轻人会买他的每一张唱片,关注他的每一个动作,模仿他的穿着和发型——"齐吉·星尘"那直立的火红发团、《年轻的美国人》那灵魂乐男孩的刘海——以及,模仿他的态度。

我的同学朋友托尼,对大卫·鲍伊推崇备至。早在60年代末全世界大多数人还不认识鲍伊是谁时,托尼已经和他见过一两次面了。鲍伊当时住在贝肯纳姆郊区,是一位有理想抱负的流行歌手,除了音乐还涉足哑剧、歌舞伎和视觉艺术,并且运营着一个艺术项目。托尼有几次被鲍伊邀请去他家玩,飞两口叶子,聊聊天。

这些都发生在鲍伊录制让他名声大噪的专辑《出卖世界的人》之前。《出卖世界的人》有两点颇值得注意:其一,在专辑封面上,鲍伊穿着一条迷人的丝绸连衣裙,慵懒地躺在一张贵妃榻上,这是鲍伊发出的首个性别模糊的信号,日后这将是他的惯用伎俩;第二,专辑里的歌词很明确地讨论了理智和疯狂之间的细微差别,隐晦地说到了鲍伊家族的精神分裂史,同时正如歌词所暗示的,鲍伊也"宁愿和所有的疯子待在一起,因为我很满足他们都和我一样理智"。*

托尼很喜欢《出卖世界的人》,可能是因为这张专辑不仅反映了他自己心里萌生出来的疯狂,而且可以将这种疯狂合理化。70年代早期,托尼被诊断出患有精神分裂症,住进了精神病院。我去那里看过他一两次,在他病房的门上,挂着一张巨幅海报,海报上是鲍伊化身的"阿拉丁·萨恩"——一道"Z"字形闪电划过一张看起来像是死亡面具的脸。我可以想象托尼在这间病房里,接收着海报里的人给他发送的讯息,以此调谐着他自己心里那些混乱的含义和信息——真是"一个发疯的小伙子"。这海报似乎召唤着托尼,让他终有一天走出了精神病院门前那长长的车道,坐上一辆公共汽车,去贝肯纳姆找鲍伊。

这事不太容易,但托尼最终找到了鲍伊家的房子。他按响门铃,里面没有人回答,因此托尼打开了通往后院的门,打碎了厨

---

* 这句歌词来自《所有的疯子》("All the Madmen")。

房的窗户,爬进了屋——大卫应该会理解的。

托尼环顾屋内:"G-Plan"牌的家具还有旋涡图案的地毯和他记忆中大卫的家并不一样——不管了,反正大卫的品味一向很古怪。当房子的主人——一对受人尊敬的郊区夫妇最终回到家时,发现托尼正坐在客厅的电壁炉前喝茶。

不到一小时,托尼就被送回了病房。

鲍伊这时候当然早就离开了贝肯纳姆,或许也早就忘了托尼。虽然时间上不一定准确,但当托尼砸碎那扇厨房窗户时,鲍伊这位怪咖摇滚巨星正猫在纽约皮埃尔酒店里。他以每周700美元的价格租了两个套房,一套用来住,另一套则变成了一个临时工作室。鲍伊把自己关在这个工作室里,搭建起舞台装置的模型并拍摄影片——这些都是为了即将开始的那末日梦魇般的"钻石狗"巡演。

"太不可思议了。"在进行本次采访的纽约某录音室里,鲍伊从坐着的沙发里探身说道,"我真是个囤积狂,前几天我还真的从一堆东西里翻到了那个片子,太有趣了。

"我们拍这个片子的时候约翰·列侬就在旁边,所以镜头时不时会带到背景里的他。他坐在那边,用吉他弹着当时的金曲,然后说:'你他妈的在干什么呢,鲍伊?你这些狗屁玩意儿,钻石狗变态垃圾,都很消极啊,哈!哈!哈!'

"我爱约翰。我记得有次问过他对华丽摇滚的看法,他是这样说的……"鲍伊学起了奇奇怪怪的利物浦口音,"'那个就他妈的是涂口红的摇滚。'他说得是挺简明扼要的,但不是很准确,哈哈哈!"

鲍伊笑着靠到椅背上。他笑声很爽朗,这是你会对鲍伊产生的第一印象之一,另一个印象就是他的自来熟。在他身上,看不到一丝内向或者保留,也看不到一丝神秘,其实正好相反:温暖的握手、伦敦南城人的友善,以及如微风拂面的坦诚。所有这些的共同作用形成一种高超的社交手段,足以让你在和他认识五分钟后就相信已经认识他一辈子了。

这就有点出乎意料了,因为鲍伊从他摇滚巨星的全盛时期开始给我们的印象就是个故作神秘的人,他比任何人都懂得在流行音乐里玩暧昧和变化的重要性——毕竟移动的靶子更难击中。在60年代,摇滚乐行业里最受推崇的商品属性是"真实性",其根源可以追溯到布鲁斯音乐的"纯粹"形式,但鲍伊的天赋则在于混搭,巧妙地利用先锋思维并加以普及。

他也知道性在流行音乐中所能发挥的力量。米克·贾格尔在"滚石"乐队里大玩阴柔,鲍伊则更进一步,将性别模糊的挑逗提升到公开叫嚣的程度,他在他最著名的歌曲之一里这样唱道:"噢,你们这些漂亮的东西,是否知道你们让你们的爸爸妈妈疯狂。"

最重要的是,鲍伊的表演调动了伪装手段,以及一系列戏剧特性和音乐风格的转换,在迷住观众之外,也让他们不停地询问:大卫·鲍伊到底是谁?

这是一场游戏,这场游戏让鲍伊成为他那一代最具创造力也最成功的摇滚乐手之一,直到80年代中期的某个时候他失去前进的动力为止。他的音乐触觉抛弃了他,彼时似乎也没有人关心鲍伊是谁了。

那么如今的大卫·鲍伊是怎么样的?他下个月便年满50岁,是一个25岁儿子的父亲,这个叫乔的儿子是他第一次婚姻的产物。他和前时装模特儿伊曼结婚已经四年,现在伊曼经营着自己的化妆品公司。他们在瑞士有一个家,鲍伊自1981年起就住在瑞士,尽管他更多的时候是在纽约、伦敦、巴黎或者远东(他很喜欢印度尼西亚)工作和旅行。

你可以把鲍伊描述成一位艺术通才,但每方面他都浅尝辄止。他录唱片,也演戏(最近他在他朋友朱利安·施纳贝尔执导的影片《轻狂岁月》中饰演安迪·沃霍尔);他收藏绘画(德国表现主义作品和英国当代绘画),自己也画画;他设计壁纸;他是艺术杂志《现代画家》编辑部成员,同时也为这本杂志撰写艺术评论。他自称是"一个中等艺术级别的民粹主义者和后现代主义佛教徒""在20世纪末的混乱中冲浪"。这个自我描述倒是可以解释为什么如今有那么多人认为大卫·鲍伊最大的缺点就是自命不凡。

其实,他最大的罪过是,他会因为自己的热情而失去自制力。鲍伊曾经的制作人和密友布莱恩·伊诺在说到鲍伊的作品时,形容鲍伊"极端相信直觉,也就是说他的工作在很大程度上基于他自己的兴奋度。他可以在你还毫无察觉时就快速而敏锐地切中要害"。

这样的描述也适用于鲍伊的谈话。鲍伊非常健谈,滔滔不绝。他能从一个话题快速跳转到另一个话题,还能不停插入新话题,然后在新话题中再插入另一个,就好像他有太多的想法必须在一次交谈中说完一样。

一提到"德国表现主义"这个词(鲍伊经常会提到这个词),便是关于帕布斯特、弗里茨·朗和"青骑士"*的长篇大论的前奏。正如鲍伊所说:"德国表现主义戏剧的家庭作坊品质产生了动人的华丽感,与美国戏剧设计那种老练的专业主义形成了鲜明对比。"想和鲍伊聊行为艺术吗?他会详细地为你论述有关体液、

---

* Der Blaue Reiter,20世纪初由一群德国表现主义艺术家成立的协会团体,起因是受到之前的团体——慕尼黑新艺术家协会的排挤。"青骑士"对20世纪现代艺术具有深远的影响。

自我撕裂的艺术趣味及"维也纳阉割派"的作品,关于后者的领头人鲁道夫·施瓦茨科格勒(Rudolf Schwarzkogler),鲍伊将会告诉你"他在表演中切掉了自己的蛋蛋,然后死在了疯人院里"。

那神秘学呢?鲍伊一字一句地说:"我知道,我知道,又有人要说'如果一个人不会讲拉丁语或者希腊语,那他宣称自己会黑魔法这件事就无须当真'。"他叹了一口气。长久以来,鲍伊一直在这点上被质疑。说得好听点,是他在神秘学上自学成才;说得不好听,就是他不容置喙。"如果我开始对某件事产生了狂热的兴趣,我就会没完没了地谈论它,我会解释它从哪里来,又是如何开始的……"他说如果自己没有某种艺术才能,他"绝对会满足于去学习,然后传授给别人"。

采访的当天下午,我已经被带领着参观了一番鲍伊目前热心的一些艺术项目。我们是在鲍伊的艺术家朋友托尼·奥斯勒(Tony Oursler)在市中心的工作室见的面,奥斯勒的专长是创作一种将人像视频投射于布制假人上的"装置艺术"。在工作室的一个角落里,就有一个装置投射的是鲍伊自言自语的头像,而鲍伊本人则在工作室里兴奋地满场飞,为大家详细描绘他的计划:将奥斯勒的这种"传声头像"*用于他下一次的舞台表演,替代真的和音歌手。

离开奥斯勒的工作室后,我们一行人走上街,瞬间构成了一幅非常生动的街头涂鸦:鲍伊昂首阔步地走在休斯敦街上,无视路人的眼光和"嘿!那是大卫·鲍伊"的惊叹。在他身后,是一列随从:我、他的公关、他的私人助理可可和他的保镖。我们要回到(鲍伊他们坐一辆黑色豪华轿车,我叫了一辆出租车跟在后

---

* 这里作者借用了"传声头像"乐队的名字来形容这种装置艺术。

面)市郊的一间录音室,鲍伊正在那里录制他的新专辑。

鲍伊瘦得像根麻秆,穿一条棕色瘦腿长裤、一件条纹运动衫和一件宽松的黑色灯芯绒夹克,夹克上别着三枚飞碟形胸针——正好配上这位《太空异事》的太空少校。有点奇怪的是,他的发型复古到了70年代早期的样子——浓密的冲天橘色火焰发型,这也使得他的脸被映衬得更为苍白,有如精雕细刻过的五官也更为精致。

他靠在沙发上,点燃了今天的第三根低焦万宝路。他说:"在我的生命中经历过这样的时期,就是我被牢牢地关在自己的世界里,不再和外界有任何联系。但是我真的很爱和人交流。最近这段日子我感觉自己完全变成了一个社交动物,以前从来不是这样的。我爱这种状态带来的自由,爱它带来的快乐,也爱因为成为极其活跃的社会成员而引发的冲突和争议。"

如此宣言是有些令人不安的,这就好像听到有人在谈论他要重新加入人类一样。写鲍伊的传记可能比写他那一代其他任何一位流行歌星的都要多,为了纪念他的50岁生日,又有两本他的传记刚刚出版,不过,所有这些传记没有一本由鲍伊本人参与合作。关于这点,他有个笑话,说他计划把这些传记集结起来,做成一本终极未授权传记。"如果这本真的卖得很好,我可以起诉自己从而大赚一笔。"

鲍伊当然没有这样做,取而代之的是,他自己提供了一份他人生的简要大纲,方便大家使用。这份简要大纲表明,他曾有两次迷失自我的经历:第一次是"情感上和精神上的",发生于70年代,他深陷在毒品泥潭中无法自拔;第二次是"艺术上的",发生于80年代,他失去了创作的动力,不过讽刺的是,这一阶段他反而获得了商业上最大的成功。

但这篇人生简要大纲的背后是这样一个假定：鲍伊如今又找回了自我，不管这个"自我"究竟是谁。鲍伊总有自己的故事可以说给大家听，虽然未必都是真的。比如在70年代，他喜欢把自己在布里克斯顿的童年比作美国黑人少年在哈勒姆区的穷街陋巷里所经历的流血成人礼，但事实是，他六岁时全家就搬到了布罗姆利那绿树成荫、微风卷帘的郊区，其青少年早期的生活可谓平淡无奇。他的左眼和右眼有个细微但瘆人的差别——左眼瞳孔散大，就像一件扎染T恤，而关于成因有各种各样的说法，包括他有外星人血统、有精神分裂症或者因为药物而发生的分子重建等等，真实原因却非常无聊：他曾经因为一个女孩和人争吵，在学校操场上被打伤了眼睛。

当然，这些无伤大雅的谎言只是流行音乐行业的惯用伎俩了，但鲍伊自我神话的倾向走得更远。他创造了一系列的第二自我形象，这让他得以用身份危机打造他的艺术生涯。"我觉得我以前一直有个问题，那就是在社交场合里总是很害羞，很尴尬。"他说，"在整个青春期，我都会用虚张声势以及各种方法，比如华丽的着装和夸张的行为，来不顾一切地试图不被外界冷落。"

也就是说，这样你就可以不用做你自己了？

"完全正确。"鲍伊掐灭了香烟，伸出手又拿了一根，说，"有趣的是你怎么在聚会上把这些表现出来。一个简单的家庭游戏，比方说'你比我猜'游戏，当比尔叔叔或者随便哪个叔叔婶婶用动作手势来形容某件事物时，你就会看到个性令人难以置信地展现了出来，这样的方法可以很夸张地表达自己，我就用了不少这样的方法。"

某种意义上，那个雌雄同体、神秘怪异的"齐吉·星尘"就是鲍伊自己面向公众玩的第一个"你比我猜"游戏。"齐吉"是艺术家对摇滚明星的夸张描画：闪闪发光、古怪精灵、耀眼传奇——这也成了鲍伊一个自我实现的预言。"的确如此。"他身体向前倾了倾，对这个话题来了兴趣，"我想这就是我怂恿自己去做的，创造一个角色，然后让自己变成它，这件事非常具有诱惑性，我成了第一个心甘情愿成为别人的人。"

然后鲍伊展开了一系列怪异的变形记："齐吉"被华丽摇滚偶像"阿拉丁·萨恩"取代，之后是干瘦的"瘦白公爵"，再之后是《年轻的美国人》里的"白人灵歌男孩"，直到这位造物主在创造中迷失了自我。对此，鲍伊说："这没关系，只要你确实掌控着意象，比方说像画家画画那样。但是当你把自己当作一个意象的时候，那就没那么简单了，因为你自己生活的方方面面会混合到你试图投射的那个意象里，变成了现实和幻想的混合体，这情况就非同寻常。接下来你就会意识到那不是真的你，假装那就是你又让你觉得不舒服，也让你想退出这一切。我最后就退出了——很明显，是想借助吸毒退出，但毒品对此毫无用处。"

这种困惑感在70年代中期最为严重，鲍伊称之为"我的第一个孤立时期"——当时他住在洛杉矶，过着一种基本算是隐居的阴暗生活，被束缚在一个由可卡因和弥赛亚式自大构成的牢笼中。鲍伊说那是一个混乱的时期："我感觉自己身不由己地被拖着卷入了一场疯狂的孤独航行中。"

此时，神秘学读物成了鲍伊最常看的书。今天的鲍伊说，他1976年录制的专辑《每一站》是对卡巴拉教的详细解读，"当然，当时绝对没有其他人意识到这一点"。接着，鲍伊将兴趣转向了"圣杯神话学"，然后又对在纳粹主义中兴起的黑魔法产生了危险的兴趣，按照鲍伊自己的说法，就是"被严重地卷入消极情绪中"。

在那段时间里，媒体引用他说的"有个法西斯领导人的话，英国可以从中受益",而他也显然在昭告天下自己是一个潜在的候选人。最终,妄想的阴云和可卡因的阴云同时笼罩在他头上。他回忆道:"在加州时,有一天我擤鼻涕,半个脑子都快飞出来了。"

鲍伊溃逃到了柏林。有一次,有人看见他在那里的一家咖啡馆里,把头埋进盘子并叫喊着"请帮帮我"。今天的他谈到此事,说:"我当时在情感上和社交上都衰退得很严重。我觉得我走上了成为又一个摇滚受害者的道路——事实上,如果我继续当时的所作所为,我很肯定自己活不过70年代。不过我很幸运,至少内心深处知道自己是在自杀,我必须下猛药把自己从泥潭中拉出来。我要停止这一切,最终我做到了。"

也没什么特别新鲜的解决之道,"放纵是智慧之母"这样的观点早在60年代的必读经典文本中已经出现——鲍伊说,他15岁读杰克·凯鲁亚克的《在路上》时就是一个顿悟的时刻("我一辈子都喜欢跟在能让我感兴趣的人后面,因为这些人都是疯狂的人,他们疯狂地生活,疯狂地说话,疯狂地渴望救赎,渴望拥有生活中的一切;他们不知疲倦,从不讲些平凡的东西,只会像传说中的黄色罗马蜡烛那样燃烧、燃烧、燃烧自己……*")。

我指出,在每个青少年的生活中,不管有意无意,总有那么一个时刻需要在"走正轨"和"偏离正轨"之间做出选择。鲍伊说:"噢,没错,我绝对选择了后者。我觉得我从根本上选择了脱离被控的环境,脱离那种我很讨厌的日复一日的平淡生活,那是我完全无法忍受的生活。我想我从来不觉得生命漫长,当然也不奇怪自己会变老。我一直非常清楚地知道生命苦短,也不知道这是件好事还是坏事,所以我一直坚信,既然我们都只能活一次,那

---

* 此段翻译引用的是江苏凤凰文艺出版社2020年版《在路上》,译者梁永安。

不如就拿它做做试验也好。

"我们都知道可以这样活——你可以去找份工作，去上班，遵循着公认的安全感。但我认为还有另外一种安全感，那就是信仰和实践一种几乎是随风飘荡的生活准则，我 20 多岁的时候就完全遵循这个生活准则——全身心地把自己投入到生活的方方面面，看看会发生什么。我吸毒，过得完完全全不靠谱……"他停顿了一下，轻声笑道，"尽我所能，踏入各种境况中，然后试图抽身而出。"

性探索自然是境况之一。1974 年鲍伊向《旋律制造者》杂志公开"出柜"自己是双性恋，这件事要么是出于值得称道的诚实，要么是出于他对当时不断变化的性观念的精确理解，还可能两者都有一点。不管怎么说，这种当年会引起公众反感的丑闻放到今天几乎不值一提。

鲍伊的第一任妻子，安吉，是一个可怕的摇滚人妻。鲍伊于 1969 年和这位美国模特儿结婚，七年后（因争吵不断而）离婚。离婚后安吉写了一本书，书中愉快地讲述了鲍伊那些纵欲过度的细节，还尽其所能地写了各种哗众取宠的耸动故事。最近她还在电视上指责鲍伊伪善，因为他最后还是宣称自己是完全的异性恋。

而鲍伊认为，双性恋其实只是他经历的一个阶段而已。"我几乎什么都试过了，我真的很渴望去体验生活所能提供的一切经历，毒品窝之类的任何东西。我想我已经做过了所有我可以做的事，除了那种真正的危险，比如做一个探险家。西方文化所能提供的一切可能，我已经经历了其中的大部分。"

鲍伊最终得出的结论是，他"不是一个特别享乐主义的人"。他说："我尽力了，做到了这些经历的极致。我逼自己做到这些极致，只是为了试验和冒险，只是想看看会发生什么。但是，归根结底,那些都不是我真正想要的。"

他说他现在认识到的是,通过毒品、享乐主义和各种经历走过的纵狂之路,都是"试图认识到自己内心的精神生活是什么,以及如何认同它"的一部分。他停顿了一下,意识到自己正在开拓的,是一个会被某些人视为"非常嬉皮迷幻"的领域。

鲍伊十几岁时被佛教所吸引,在一位西藏喇嘛手下学习了一年。他说他曾经打算做一名僧侣,"直到我的老师告诉我说我不是当僧侣的料儿。但佛教最初吸引我的很多东西我一直信奉着,比如'刹那',比如'一切皆虚妄',又比如到了某个时刻我们必须放弃我们视若珍宝的东西,因为生命苦短。

"我在佛教里学到的最重要一课是,人的满足感来自精神上的探索。不过,这并不意味着我一定要依赖一种宗教信仰,而是意味着我要努力求索我感兴趣的那些事物的内在生命——无论是探求如何创作一幅画,还是求解我为什么会喜欢在湖面上泛舟,虽然我在水里游泳的话扑腾不了15下。"

我好奇鲍伊会不会鼓励他的儿子走上和他一样的道路。鲍伊的儿子来自一个破裂的家庭,在戈登斯顿公学接受教育,受洗名字为"佐伊"。之后他很明智地把自己的名字改成了"乔",现在正在田纳西州纳什维尔的范德堡大学攻读哲学博士学位。

鲍伊说:"乔对生活充满了好奇,我不知道这是由于我的鼓励,或者仅仅是基因使然。"他指出,他不会因为包括毒品、性向或者职业选择在内的任何事对乔摆出家长威严。"唯一一个我坚持(这个词他说得很重)要对他严格的地方,是基本的道德问题,伤害他人或者偷窃都是错误的,我对他的要求就是诚实。我确定我基本上是一个诚实的人,而我知道他是一个非常诚实的人。"

1976年婚姻破裂后,鲍伊获得了乔的监护权,那年乔五岁。

"当我的情绪状态处在极度不幸和痛苦的时候，我酗酒和嗑药最严重的时候，他把这些全都看在了眼里。他看得太多了，知道我的全部，比他这辈子需要知道的还要多。"

也许当时就可以预见，这个儿子和他父亲之间将会区别巨大。乔不抽烟不喝酒，过去五年和女友的关系一直都很稳定，热衷于打英式橄榄球和美式橄榄球。"我有时看着他，会很惊讶我们俩是父子关系，但这关系是非常美妙的。"

经由对过去犯下的罪过的公开忏悔，鲍伊从过度放纵的青年玩乐场走到了清醒不惑的中年牧场，这一段生命之旅对鲍伊这一代人和很多同时代的人来说，足可算是教科书般的一课。"我想这可能就是所谓的成熟。"鲍伊笑道，"我只是晚熟了一点。"

鲍伊说他之所以要和伊曼结婚，是因为突然有一天他在生命中第一次意识到"我的生活真的很快乐，我只想找到一个人，和她分享这份快乐"。

之前有段时间，鲍伊和一个叫梅丽莎·赫利（Melissa Hurley）的舞者发生了恋爱关系。赫利比鲍伊小20多岁，鲍伊觉得年龄差距太大。"我意识到将来这会带来麻烦，所以我放弃了。但我和伊曼是一见钟情，一切快到真的就是在一夜之间发生的。事实上，一切的发生快到我们俩都意识到应该等几年再结婚，以确保我们不是在和自己开玩笑。幸运的是，我们真的没有在开自己玩笑，太高兴了。"

两人于1992年在佛罗伦萨举行了现代风格的婚礼，只有几个密友和一支来自《哈啰！》杂志的团队参加。"你无法分辨哪些是真诚，哪些又是做戏。"布莱恩·伊诺回忆道，"那场婚礼非常感人。"伊诺认为婚姻改变了鲍伊："自他结婚以来，他一直兴高采烈的，从这个角度来说挺让人开心的。"

1976年鲍伊在柏林休养期间，伊诺首次和鲍伊合作，为他制作了那个时期的三部曲专辑《低》《英雄》和《房客》。去年两人又合作了专辑《局外》。

伊诺说："大卫在70年代末的状况，你可以形容为轻度的躁郁症。我觉得他未必处在一种可确诊的得病状态，但他的情绪很难预测，有时会变得非常沮丧，情绪上下起伏很大。而现在，他在大多数情况下都很乐观。"按伊诺的说法，鲍伊似乎已经"走出了情绪曲线的低谷部分"。

鲍伊想给我播放他即将发行的专辑《凡夫俗子》中的一些歌曲。对鲍伊平淡无奇、和蔼可亲、有点书卷气的好好先生这一新形象而言，《凡夫俗子》这个标题再合适不过了。录音室里的一个录音师用最高音量播放着这张专辑。当你听着一个音乐人的作品的时候，他本人就坐在你身边，这样的时刻总是非常尴尬的——如果那些歌很糟糕，你要怎么摆出一张赞美的笑脸？但事实上，这张专辑里的歌听上去应该是他这些年来录的最好的歌。鲍伊自己说这张专辑是"工业摇滚"，音乐肌理复杂丰满，但又不缺少那种商业化的洗脑旋律，而这些在他最近几年的作品里已经缺席许久。鲍伊一直善于将既有的音乐风格拿来打上自己的烙印，比如《年轻的美国人》里"白人男孩"的灵魂乐，又比如《低》里的氛围电子。今年早些时候，他还和"神童"以及"化学兄弟"（The Chemical Brothers）这样的新一代泰克诺舞曲（Techno）组合一起在音乐节上演出，俨然一位被一群觊觎其地位的年轻人围着的大家长，而他也很巧妙地把新近流行的"鼓打贝斯"（Drum'n'bass）风格运用到了他的几首新歌当中。

鲍伊最畅销的专辑《让我们起舞》录制于13年前，但和大多数相似的例子一样,问题紧接着成功而来。直到那张专辑发行前,鲍伊歌手生涯一直以来的秘诀都是他总领先大众市场一步,可是《让我们起舞》在全球大卖 600 万张意味着大众市场终于赶上了鲍伊,而在这张专辑之后,鲍伊甚至开始落后大众市场一步了。

鲍伊承认,80 年代中期是他音乐生涯的最低点。他说随着《让我们起舞》的成功,他突然发现自己面对的是曾被他形容为"菲尔·柯林斯(Phil Collins)式的观众"。音乐生涯中,他第一次开始根据他认为的观众所需去定制自己的作品,而不是根据他自己的创作所需。"基本上,我开始让自己陷入了一团糟的境地。"而据他自己说,拯救这一切的,是他和美国吉他手里夫斯·加布雷尔斯的相遇。

"里夫斯看出了我正在为了争取大众接受而做妥协,但这样做却不奏效。他对我说:'为什么你要去做那些明显会让你不快乐的事呢?去做些让你快乐的事吧。'"

鲍伊和加布雷尔斯一起组成了"罐头机器"乐队。鲍伊故意将自己的身份淹没在乐队里,试图成为乐队的"其中一个男孩"。如今他承认,"这是一场充满荣耀的灾难,一场光荣的灾难"。对"罐头机器",乐评人们充满了敌意,听众则困惑不已,唱片销量几乎可以忽略不计。"但不管怎样,'罐头机器'帮助我确定了身为一个艺术家,哪些方面是我喜欢的,哪些是我不喜欢的。它也帮助我——至少是我自己感觉——重新成为一个艺术家。过去几年我确实感受到了我再度对自己的艺术道路有了绝对的掌控力,我在按自己的标准创作,我不再做将来会让我自愧的音乐,或者有一天回头看我觉得自己没有用心去做的作品。"

鲍伊说现在商业上的成功不再是他关心的事。他感觉自己如今"还在一场对话中的某个点上",这不仅仅指流行音乐,也包括他会产生兴趣的任何领域。

"我的确感受到,如今在包括音乐、文学和视觉艺术等在内的整个艺术界,有着更兼容并蓄的气氛。如果我决定去画画,做装置艺术或者做服装设计,我都能去做。如果我想文学创作,我也能写。"最近,鲍伊还发现了合作的乐趣——和达明安·赫斯特一起创作"行为"绘画、和奥斯勒合作装置艺术,以及计划和布莱恩·伊诺继续合作《局外》的系列专辑等。2000年,鲍伊还会在萨尔茨堡艺术节上推出舞台剧制作,这个项目将由罗伯特·威尔森担纲制作。

鲍伊永远是个工作狂,他说:"我不喜欢浪费时间。"但现在他也很注意不让这一点影响到他的社交关系。"我会和朋友们一起吃饭,也会记得常给他们打电话!"——那些我们司空见惯的友情礼仪,从鲍伊的嘴里说出来却透出了一种新奇的快乐。

鲍伊说:"我认为我人生的内在价值观和外在价值观正在你追我赶地进入一个更积极的领域。"而我却认为,这句话是鲍伊很典型的迂回表达,他真正的意思是说他现在感觉过得非常好。

鲍伊的朋友布莱恩·伊诺说:"对于一直如此'变色龙'的他来说,这是不寻常的。就我们每个人而言,最糟糕的事情就是没有清楚的自我认识,并为此特别焦虑,但我觉得他已经有了这样的理念——你既可以觉得对自己有非常清楚的自我认知,也可以对自己没有自我认知而不焦虑担心。他现在想的是,谁会在乎这些?"

"没错。"鲍伊说,"我真的无比感恩我每天还能起床,感恩我依然全数拥有我的那些才能,感恩我的胃口现在非常好,这就足够了。"他笑着,靠回到沙发上,"有时候我真的很高兴我能让别人沮丧。"

改变・五十・鲍伊

大卫・卡瓦纳
1997 年 2 月，Q 杂志（英国）

（原编者按）正如卡瓦纳在这篇 Q 杂志专访开始的诗意表达所言，年过半百的大卫・鲍伊在本次采访中似乎比平时显得更深思熟虑，尤其是说到他在 20 世纪 80 年代中期艺术低潮期里的自我幻灭感有多深的时候。

卡瓦纳回忆说："这个采访有一部分是在鲍伊的巡演大巴上进行的，当时鲍伊要在波士顿（他在阿瓦隆俱乐部有个演出）和纽约之间来回，因为白天他还要在纽约制作《凡夫俗子》。当巡演大巴到达纽约时，所有人都下了车，只有鲍伊和里夫斯・加布雷尔斯留在了车上，他们放上了一张'神童'乐队的 CD，把音量调到最高，拉上窗帘，锁上了车门。"

地球是蓝色的，而到 1 月 8 日，大卫・鲍伊就已经在这颗蓝色星球上活了 50 年。致敬和赞誉都来得有点早，1996 年的头两个月，鲍伊先是由大卫・拜恩引荐入驻纽约摇滚名人堂，随后又在全英音乐奖上获得了英国音乐杰出贡献奖。11月,鲍伊完成了第21张个人专辑《凡夫俗子》的制作。今年,大卫·鲍伊将成为首位在股市上出售自己债券的摇滚明星,此项鲍伊债券发行计划估值达到3000万到5000万英镑。

生日翌日,鲍伊将在麦迪逊广场花园(Madison Square Garden)举办一场慈善演唱会,除了他的四人伴奏乐队,此次演唱会还会有卢·里德、"喷火战机"乐队(Foo Fighters)、"音速青年"乐队(Sonic Youth)以及"治疗"乐队的罗伯特·史密斯(Robert Smith)参加。接下去的几周,鲍伊还计划阅读最近出版的两本自己的传记,分别是克里斯托弗·桑德福德(Christopher Sandford)写的《爱上外星人》(*Loving The Alien*)和乔治·特雷姆莱特(George Tremlett)写的《活在边缘》(*Living On The Brink*)。

让半百之年最为闪亮的是,鲍伊在其2月份发行的《凡夫俗子》中注入了巨大的能量。专辑令人吃惊地将丛林电子和摇滚相结合,一点也没有向市场妥协,听众需要多听几次才能适应。与此同时,鲍伊的歌迷们已经在鲍伊的官方网站展开了深入的讨论。

一位名叫"水晶"(Crystal)的女士在12月2日发帖:"亲爱的鲍伊先生,我要感谢你在音乐和理念上天马行空的想象力,既令人深思,又让人愉快。另及:我很想把我的名字改成'水晶日本'(Crystal Japan)。"

一个自称是大卫·鲍伊的人立即回帖:"你好,亲爱的,我觉得'水晶阴蒂'(Crystal Clit)这个名字更好。你这个性冷淡的婊子,现在弯下腰,准备接受'瘦白公爵'的临幸吧!"

那天稍晚,鲍伊本尊对此只是嘀咕了一句:"咦?'瘦白公爵'回来了,是吗?那不是我,我一般会匿名发帖,这样能让对话比较好进行。"

可还有比这更好的对话吗？有吗？不管鲍伊怎样度过他的50岁生日（40岁生日他是滑雪度过的，再之前的生日他记不清了），他无意在瑞士那舒适的家里追踪《凡夫俗子》的销量，相反，他要走出家门，为专辑大肆巡演，参加今年夏天欧洲各地的音乐节，就像他去年夏天做的一样。鲍伊很喜欢这张新专辑，也很满意伴奏乐队的乐手们。这张专辑太有感染力，就连鲍伊25岁的儿子乔也有话要讲。

鲍伊发出老烟民特有的笑声，说："乔说：'天哪，你真的很喜欢你的作品，是吗？'没错，这张专辑的确让我很开心。我喜欢为我的作品兴奋的感觉。我现在依旧每天都播《凡夫俗子》听，一直都很享受。"

这次采访于1996年9月初的一个下午在纽约进行。位于百老汇一幢大楼九楼的窥镜录音室（Looking Glass Studios）里，大卫·鲍伊正和来自他数个新老乐队的乐手录制《凡夫俗子》，这张让人惊艳的专辑此时已经完成三分之二左右。

乐队包括四位乐手：鼓手扎卡里·奥尔福德（Zachary Alford），他曾与布鲁斯·斯普林斯汀以及B-52乐队合作过［他在《爱情小屋》（"Love Shack"）的音乐录像中出过镜］；贝斯手盖尔·安·多尔西（Gail Ann Dorsey）；吉他手里夫斯·加布雷尔斯，从1988年起他就和鲍伊一起演出；键盘天才迈克·加森，长得有点像罗伯特·莫利（Robert Morley），在1972年到1975年期间加森和鲍伊曾一起录音和巡演。

乐队休息时，加森给他的乐队伙伴们看了一些70年代中期鲍伊演出阵容的老照片。有一张照片上是加森和一个黑人，另一张拍摄于 1974 年 11 月的纽约无线电城,照片上的鲍伊看上去很憔悴,像是在晕船,还有一张是整个乐队的合照。

"看,这是路德!"鲍伊笑着指着他的前和音歌手路德·范德鲁斯,"那个是卡洛斯·阿洛玛。这家伙是谁?我不记得了。"

加森说那个人叫埃米尔·卡桑(Emir Ksasan),是乔治·默里之前的一任贝斯手。当多尔西和加布雷尔斯伸长脖子在看那张照片时,鲍伊认出了吉他手厄尔·斯利克(他叫他弗兰克)、大卫·桑伯恩和沃伦·皮斯(Warren Peace)。然后,当他注意到照片底部印着他原来经纪公司的名字时,他的眼神突然暗淡了。"'大人物'……"他叹息道,"去他的'大人物'。"

鲍伊拿出一张幻灯片,他正在考虑是不是把它用作新专辑的封面内页。这张照片拍摄于 1974 年的加州大学洛杉矶分校,用的是基尔里安(Kirlian)相机,这种相机以能拍摄到能量场著称。幻灯片的左半部分是鲍伊在服用可卡因之前的食指。

照片的另半边是 30 分钟后拍摄的(事实上,鲍伊在照片背面写上了有用的信息:"嗑药前"和"30 分钟后")。在照片的"之前"部分里,鲍伊的手指修剪整齐,有一圈黑色的印子,而在"之后"部分里,他的手指上有一圈红肿、高亮的光环,有垫圈那么厚,这显然不是普通可卡因造成的。

"1974 年的话就不可能是普通可卡因。"鲍伊承认道,"但那种相机也很危险,经常会爆炸。尼克·罗伊格想在《天外来客》中用一下这种相机,但拍出来的效果不够好。"

说到这里,鲍伊突然从 70 年代中期抽身而出,站起来,带着 Q 杂志的记者走进隔壁的录音室,去听几首新歌的初混。歌在播放的时候,他总是不停地离开座位,给大家解释其中的某些效果是如何做出来的("没有用采样"),或者哪里开始有独奏。

只要一有好听的地方,他就会指着扬声器。目前来说《西藏七年》("Seven Years In Tibet")是他的最爱,这首歌鼓声厚重,萨克斯很撩人,鲍伊刚刚决定把它放进现场演出的曲目单里。

鲍伊去年夏天在各个音乐节巡回的时候很开心,因此决定保持这样的工作势头。巡演一结束,他和乐队就立刻回到了录音室。这个星期他们又上了路,在一些小型的俱乐部里做一个四天的巡回演出,门票瞬间售罄。同时,鲍伊也回到了一年出一张专辑的节奏,并对此颇为自豪。

"真的很有趣,当我还年轻的时候,一年会出两张专辑。"他回忆道,"一年两张专辑啊!但我很喜欢那样。"

鲍伊如今觉得自己是英国摇滚界里唯一一个50岁了还在音乐上挑战听众的人。虽然他的巨星形象似乎让他被归为老到安逸的洛德·斯图尔特以及老到至尊的"滚石"乐队那类人,但他形容自己目前的人生态度是"一个不特别怀旧的人,对生活绝对充满热情,非常渴望与众不同"。

鲍伊现在音乐上的品味则是丛林电子、躁到神经分裂的吉他、用电脑做的歌词拼贴,当然,还有先锋前卫。从这个意义上说,他还是那个做《房客》《恐怖怪物(超级可怕)》时候的大卫·鲍伊。在他辉煌的过去里,那些他认为适合现场演唱的歌曲,包括《英雄》《出卖世界的人》《恐怖怪物(超级可怕)》和《所有的年轻人》等,常常被改编得面目全非,在鲍伊开口唱出歌词前没有人能听出是哪首歌。

他沉思着说:"不幸的是,当很多音乐人用'我结婚了,有孩子了,所以要走寻常路了'来为自己平庸的作品开脱时,也有音乐人像我、尼尔·杨和斯科特·沃克(Scott Walker)还在与时俱进。"

对鲍伊而言，与时俱进带来了以下发展：热情拥抱了丛林电子和"鼓打贝斯"；组建了一支由个性非常不同的音乐人组成的巡演乐队，而他们的共同点是，每个人都让他们的主唱很"激动"；更主动地去参与青少年更偏爱的演出形式［例如，参演菲尼克斯音乐节（Phoenix Festival），而不是在温布利体育场演出］；不担心如此改变会失去多少旧歌迷。鲍伊觉得现在他的乐队甚至能打败"神童"乐队，所以他正在考虑要参加今年的欧洲锐舞音乐节。

"我知道我再去表演那些老歌会发生什么。"他冷笑着，且有点不耐烦地说，"我知道最后会是什么结果，那我为什么还要再唱那些老歌？除非为了经济上的报酬，但坦白说这个我并不需要。我们这群中有些人如今已是五六十岁的年纪了，我不想放弃在音乐上实验的机会。一旦你走得很远，就不能回头了，我就已经走到了没法回头的地方了，我已经在那里了，那是我的地盘，我做主。"

说到这里，他笑了起来。

"十年后，当我在没有观众的大厅里表演时，同辈音乐人可能会转身对我说：这就是我们没有像你这样做的原因。不过让我们走着瞧，至少我试过了自己这辈子能走多远。"

第二天晚上，鲍伊的巡演大巴从波士顿返回纽约，他和乐队刚在波士顿进行了此次俱乐部巡演的倒数第二场演出。

那场演出很奇怪，自始至终音量吵到令人头疼，而曲目则主要集中在《局外》和新歌上。观众的平均年龄在28岁左右，明显更喜欢《破碎的玻璃》（"Breaking Glass"）和《月光白日梦》（"Moonage Daydream"）这样的歌曲。《压力之下》（"Under Pressure"）则按专辑版本原样表演（多尔西唱了原来弗雷迪·莫库里的部分），得到了全场最热烈的掌声。与此同时，观众里有个女孩高举着一束花，整整举了20分钟，直到鲍伊在唱《恐怖怪物（超级可怕）》时注意到了她，说："多么美丽的花园啊……'口爱'的花开得多好看。"

鲍伊无疑依旧是个出色的歌手，但他似乎不太适应如今这些金属质感的音乐，因此在舞台上显得有些笨拙，用了一点点哑剧元素，手在腰部高度拘谨地拍了几下……噢，天啊，在这个耀眼的五人乐队里，鲍伊似乎没什么存在感，像是站在台中央的小猪，淹没在那件巨大而夺目的米字旗大衣里——这件大衣，再加上他一直在炫耀的烟囱帽，可能就是和这次表演的音乐有关的所有东西了。这就很奇怪了：尽管在自己的乐队前，尽管在唱着自己的歌，传奇巨星大卫·鲍伊看上去却是这个舞台上唯一格格不入的人。

但在回纽约的巡演大巴上，鲍伊对刚才观众的反应非常满意，尤其满意他们对《西藏七年》的喜爱。他走到大巴前部的酒廊和大家聊天，只穿着一件白色厚绒浴衣，声音有点沙哑。鲍伊的个人助理兼经纪人同时也是20年密友的"可可"科琳娜·施瓦布告诉他，明晚纽约的演出将是本次巡演的一周年纪念，他们已经在路上整整一年了。兴奋之余，鲍伊对可可说，他想在明天的演出之后立刻去一个泰克诺夜店继续表演（今天，他看上去有用不完的精力，不过明天，依据常识来说，应该是不会有泰克诺夜店这回事了）。

那么鲍伊是否觉得这张新专辑和《低》《英雄》以及《房客》一样具有冒险性和开创性？

"我不知道是不是真是那样。"他沉思了片刻说，"但我感觉它是真诚的，令人振奋的。"

但听上去不那么让人舒服。

"不舒服？天哪！我听这张专辑的时候感觉非常高兴。你对它的评价是？"

感觉是一种节奏重、尖锐刺耳、冷酷无情的声音。

"天啊！"他肯定在心里暗想："这又不是什么艰深的音乐，真的不是，只要听众能打开心胸去接受就可以听得懂。"

这些歌在说什么内容？

鲍伊慢慢地解释起来："我认为这张专辑里所有歌曲的共同基础是，我一直会在无神论和灵知派之间摇摆，在这两者之间来来回回，因为它们对我的生活意义重大。我的创作内容里没有宗教，宗教也不会进入我的思想，我对任何有组织的宗教都没有共鸣。我需要的，只是从精神上，在我的生和死之间找到一个平衡，而这样一段时间——从今天开始到我死的那天——是唯一让我着迷的事。"

你已经在想你的死亡了？

"我觉得我没有一刻是不在想死亡的。"他轻松愉快地笑着说，"在我很年轻的时候，我把死亡看得很崇高，那是一种类似浪漫的骑士精神的态度。现在我依然尊敬死亡，但是多了些理性。我知道生命并非无限，我必须接受这点。"

是什么让你不相信来世？

"我没说我不相信来世。"他快速地说道，"我是相信一种延续性，类似一种没在做梦的做梦状态。噢，我也不知道，要不我来世再来告诉你。"

你那几年猛嗑药，后来有没有对你造成持续性的伤害？

鲍伊摇了摇头，承认说："我是一个很幸运的人，一直非常健康。但我从来没有做过脑部扫描,我记得在一些书里读到过大剂量的安非他命和可卡因带来的影响——会在大脑里留下很多洞。那些书里给出了导致脑子生洞需要的毒品剂量,我嗑的量可比那个多了,我就想:上帝啊,我脑子里会发生什么?"

听你那些在 70 年代初做的专辑,感觉你似乎从没想过会有 1996 或 1997 年。

"噢?没有吗?那我是从什么时候开始不再这么想的?"

这一切都很有世界末日的味道。

"哦,真的吗?"他笑着说,"其实我懂你的意思,只不过刚开始的时候,我的很多负面情绪都是关于我自己的,我深信自己没什么价值,我有很多自我形象上的问题,而且自尊心很低,这些都隐藏在了我对创作和表演的疯魔背后。现在我依旧如此,只不过我如今很享受这一切了。现在的我已经不像 20 多岁时那样有动力,现在我的动力来自生命苦短。"

人到中年的你是否意识到你并不是这个地球上最重要的人?

"是的。事实正好相反,我认为我都不需要存在于这个地球上,我真的觉得自己生而为人完全不够格,只有我的作品才是唯一有价值的东西。直到现在我才开始喜欢自己了。你知道吗,我们真的应该和……会讨论这些东西的人继续这种话题,我真的不……"

在长大成人的过程中,你知道你和"猫王"同一天生日吗?

"我完全被迷住了。"他笑着说,"我无法相信,他是我最大的偶像之一。我甚至愚蠢到相信和他同一天生日可能真的有什么特殊意义。"

你 1971 年在纽约看过他的演出。

"是的。那次我是过来过小长假的,我记得我是从机场直接到麦迪逊广场花园的,当时迟到已经挺久了。我一身'齐吉'时期的行头,而我的座位又是在前排的一个好位置,所以我到的时候所有人都朝我这边看,我觉得自己就像个大傻帽。我那时顶着一头耀眼的红发,穿着有巨大垫肩的太空装,还有带着黑色厚底的红色靴子……我原本希望静悄悄地走进去。他那时候很投入地在表演,我肯定让他分心了。"

你还记得"齐吉·星尘"英国巡演的第一站是哪一天吗?
"噢……我的上帝!我真不记得了。是在艾尔斯伯里吗?"
是在托尔沃思(Tolworth)的"托比壶",在瑟比顿(Surbiton)和奇姆(Cheam)之间。
"哈哈哈!哇,太完美了,'齐吉'在'托比'里演出,那好像是一个酒吧。那些日子里事情飞快变化,但对'齐吉'而言那是个小小的开始。我记得当时我们最多只有 20 到 30 个歌迷,他们全都站在最前面,而酒吧里的其他人对我们正眼也不看一下。这感觉很特别,因为你和你的观众都在骗自己彼此守着一个大秘密,一种英国精英主义,感觉很酷。可是当你越来越红之后,这种感觉就消失了。"

你现在还会听你哪几张老专辑?
"《齐吉·星尘》那张不听。"他笑着说,"事实上,当我听说特伦特·雷诺是《低》的忠实粉丝时,我就又开始听《低》了。我回去找特伦特喜欢这张专辑的原因,那里面的鼓声很明显地影响了特伦特的音乐创作。那张专辑真的很有启发性,棒到没治了!我觉得《每一站》也很棒,最近我又听了好几遍。"
你说你完全不记得《每一站》的制作过程,真的还是假的?
"完全是真的。我想说的是,我 70 年代在美国经历的很多事真的很难想起来了(叹气),这种情况在其他艺术家身上很不常见。我那时的状况真的糟糕,所以我现在听《每一站》觉得那是完全不同的另外一个人出的专辑。首先,有关专辑的内容,没有人真正理解它说的是什么。《每一站》的曲目和苦路十四处[*]密切相关,所有歌曲都参照了卡巴拉教(据说和摩西在西奈山得到十诫相关,通常被认为和神秘学仪式有联系)。这是我创作过的最接近神秘学论著的专辑,我还没看到有乐评真的说到过这点。这是一张极端黑暗的专辑,我得说,那是我经历过的最悲惨的时光。"

如果你60年代中期某一首不成功的单曲,比如《橡皮筋》("Rubber Band")或《你习惯离开》("You've Got A Habit Of Leaving")成了热门金曲,会发生什么?

"哈哈!那我现在可能在演《悲惨世界》,在演音乐剧了。我几乎可以肯定我会成为西区舞台上的一个小演员(笑)。我会写十首《大笑侏儒》,而不是只有一首。"

鲍伊暂停了采访,往嘴里塞了个三明治。在大巴后部的休息室里,坐着四人小组——施瓦布、多尔西、奥尔福德和加森。加森是个非凡的键盘手,在这次演出上非常引人注目。他和鲍伊已经18年没见过面了,直到鲍伊找他回来在1993年的专辑《黑领带白噪音》和《郊区佛陀》里演奏键盘。

"'火星蜘蛛'乐队的时候,我们叫他'加森牧师'(Garson The Parson),可怜的人!"鲍伊笑道,"他加入科学教后,确实

---

* Stations of the cross,天主教在教堂、修道院、墓地或医院设置的供信徒朝拜和祷告的设施,用14个图像或雕像展现耶稣受难时走过的路线。

给我们带来了一些麻烦。我一直在考虑让他回来参加我的乐队，直到他退出科学教后，这件事情才得以解决。"

加森在古典乐和爵士乐方面很有造诣（他已经出了十张个人专辑），而他在鲍伊的新歌里更倾向于远离丛林电子风格。在演出试音时，加森甚至不用看键盘就能完成钢琴的演奏，非常惊人。他也很享受和他的"前老板"的合作。

加森在谈到多年后和鲍伊的再次合作时说："我觉得他在精神上有了改善，每天和他一起工作，他都显得非常平静和稳定。他的言行比以前正常和理性多了，但艺术家的本质完全没变。"

新专辑的音乐和1974年的东西相比在演奏上是否完全不同？

"现在大卫的音乐，摇滚本质未变，但其实已经进化了很多。《局外》和新专辑的音乐有很多层次，非常复杂。你知道吗，里夫斯的吉他演奏简直就像重新发明了一种乐器一样。"

对于里夫斯·加布雷尔斯那尖厉的吉他演奏风格，喜欢的人和反感的人一样多。他可能是最近十年来对鲍伊的音乐影响最大的一个人，也可能是有史以来鲍伊的伴奏乐队里最富争议的一位乐手。另外，在1987年建议鲍伊完全重新规划音乐方向的，也是加布雷尔斯。

加布雷尔斯说："《让我们起舞》发行之后，鲍伊就知道他的音乐出了问题。"加布雷尔斯是通过妻子莎拉认识鲍伊的，莎拉是"玻璃蜘蛛"巡演的公关。加布雷尔斯是一位来自波士顿的吉他高手，他对鲍伊音乐的热爱因为《今夜》和《永远不要让我失望》的糟糕品质而降到了冰点（大多数人都是如此），其实就连鲍伊本人也感觉这两张专辑死板和无聊。

"那时我成了我原来最不想成为的那种人。"鲍伊承认，"我成了一个广受欢迎的艺术家，开始吸引那些买菲尔·柯林斯唱片的人了。相信我，我是很喜欢菲尔·柯林斯这个人的，只不过他的音乐不是一天24小时都会在我的唱机上播放的那种。我突然发现我不懂自己的听众了，更糟的是，我甚至都不关心他们。"

鲍伊对自己那越来越平淡无味的音乐充满了怀疑和厌恶，连去给《永远不要让我失望》录音都很勉强。

他回忆道："编曲工作我全都交给别人去做，我就过去录一下人声，录完就马上走人去玩了。"

私底下，鲍伊只知道一条逃脱这些的路线：隐退。他开始萌生退意。

"其他的都不重要，我觉得我应该尽可能多地赚钱，然后退休。"他坦白说，"我觉得没有第二条路。我觉得自己也就是个空壳，会像所有人一样走到终结。我会一直做着这种该死的愚蠢表演，唱着《反抗，反抗》，直到我倒在舞台上流血而死。"

难怪鲍伊会如此感激加布雷尔斯，正是这位39岁的吉他手为江郎才尽的鲍伊重新注入了智慧的源泉。加布雷尔斯告诉鲍伊，秘诀在于重塑再造。光在20世纪70年代便已经将自己重塑再造了五到七次的鲍伊，这次让加布雷尔斯成为自己新的主音吉他手，两人在1988年4月伦敦当代艺术学院的一个慈善演出上首次公开合作，之后一年不到，他们组成了"罐头机器"乐队。虽然"罐头机器"这个四人组合没有得到应有的重视，很快便解散，但它的确为鲍伊吹走了音乐上的陈腐之风，也使他极大地振作了起来。

九年后的今天，依然是加布雷尔斯的吉他演奏才能把鲍伊听众中的成熟男人和毛头小孩区分开来。加布雷尔斯的有些吉他演奏听上去是彻头彻尾的可怕，但可能这就是所谓的"天才"？抑或是两者兼而有之？他就不能偶尔收敛一下？加布雷尔斯学识渊博，谈论起泰克诺舞曲来兴奋异常，好像他就是"空中铁匠"乐队一样，简直就是一半天才一半疯子的混合体。几周前，加布雷尔斯去酒店接鲍伊，其他都挺正常，就是他穿了件画着跳跳虎（动画片《小熊维尼》里的角色）的大号西装，鲍伊从电梯里出来看到他笑得都快撞墙上了。鲍伊真的对加布雷尔斯很着迷。

鲍伊说："我喜欢的乐手，不会试图去证明自己是个多厉害的吉他手，而是会向你展现他是怎样的一个人。或许他会告诉你一些他们心灵上的小缺口，作为了解他们的提示。里夫斯是个好人，真的是个好人，和他在一起我很快乐。"

里夫斯则会断言："走商业生存的道路就是洛德·斯图尔特那样，而走艺术生存的道路就是重塑再造，你必须在这两者之间做出选择。是去拉斯维加斯驻场演唱，还是想要做些真正有生命力的东西？这才是我考虑的东西。当然，我是一个坏榜样。"

加森问鲍伊："最近你见过露露[*]吗？"。1974 年露露对鲍伊的《出卖世界的人》的翻唱成为畅销曲，之后加森参与了她的巡演。"她真是个好女孩。"加森说。

鲍伊的巡演大巴离纽约还有两小时车程。加森很快就睡着了，包括鲍伊在内的其他人则在看一个名叫《你要的只有钱》[†]的片子，那是一部有关"披头士"乐队财务状况的电视纪录片，对鲍伊的老朋友约翰·列侬非常不友好。鲍伊对这部片子嗤之以鼻，

---

[*] Lulu，英国歌手、演员，以强劲的歌声闻名。
[†] All You Need Is Cash，BBC 于 1978 播出的一部伪纪录片，讲述一个叫"拉头士"（The Rutles）的乐队的历史。"拉头士"乐队原是 BBC 为一个恶搞"披头士"乐队的节目组成的虚拟乐队，后来成了一个真的乐队。

一边看一边摇头,发出啧啧的声音。而当传记作家菲利普·诺曼（Philip Norman）就列侬和小野洋子的关系发表了一番轻蔑的评论后,鲍伊愤慨地说:"住嘴!你算什么东西?"

但鲍伊终究是个快乐的人。他把他的乐队成员聚在一起,和他们坐同一辆巡演大巴,真心地爱着他们。这个世界上,已经没有值得他敬畏的乐队。虽然说起他70年代那些经典的乐队节奏组,比如赫比·弗劳尔斯[*]那绝顶的贝斯演奏,或者瑞克·威克曼[†]那极富故事性的键盘演奏（鲍伊听说威克曼现在和诺曼·威斯登[‡]是很好的朋友）,鲍伊依然语带尊敬,但这些人如今已经很少被他想起,他现在深爱的,只有他的新乐队。

"我现在很关心别人。"鲍伊最后总结道,"以前我从来不会如此,可能因为我从来也没关心过自己。但我真的觉得现在我很关心人,不仅关心他们的痛苦,也关心他们的快乐。"

最终,巡演大巴停在了鲍伊和他的乐队下榻的纽约艾塞克斯豪斯酒店门外。

一部分人下了车,但大卫·鲍伊和里夫斯·加布雷尔斯没有下来。带着还微微发着光的波士顿演唱会橙色妆容,两人把一盘"神童"乐队的磁带放进了录音机。大巴车拉起的窗帘上,倒映着中央公园晚间的车流灯光,他们的整夜狂欢就此开始。

---

[*] Herbie Flowers,英国著名贝斯手,曾是"暴龙"乐队的成员。
[†] Rick Wakeman,英国著名键盘手,经典摇滚乐队"Yes"的成员。
[‡] Norman Wisdom,英国著名喜剧演员、歌手。

鲍伊回顾展

琳达·拉班

1997年3月,"演艺圈先生"网站(美国)

(原编者按)1997年,互联网还闪耀着新兴事物的光彩。鲍伊一直很喜欢媒体的进步,在这篇访谈中,我们可以看到他对网络的热衷。本次采访是由存在时间很短但相当活跃热闹的"演艺圈先生"网站发起的。

鲍伊也一直很喜欢令人兴奋的新音乐风格。20世纪80年代《新音乐特快》的"贪心者"(T-Zers)专栏刊登过一个笑话,说鲍伊对一些爆红的新歌手或乐队赞不绝口,他说:"太棒了,我很喜欢他们,听过他们所有的歌。呃……我们说的是谁来着?"《新音乐特快》嘲弄鲍伊起的外号"大卫夫人"也显得有点不公平,因为他并不是一个拼命想和孩子们打成一片的老头子。尽管被认为(甚至他自己也承认)打着流行音乐的旗号是为了成名,但其实在音乐领域他一直陷入自相矛盾的境地。他一直引领着潮流,总比流行快一步,这一点从他在《凡夫俗子》(他当时正在宣传的专辑)中对"鼓打贝斯"风格的运用以及他对当下音乐界流行趋势的直言不讳都可以得到证明，而这样的证明在这篇对谈中比比皆是。

关于这段对谈，拉班回忆说："基本上来说，我采访鲍伊用的时间比预计的要久得多，我也问了所有我能问他的问题。我对鲍伊的迷人早有耳闻，即便如此，我还是完全被他迷倒了。在倾听和回答我的问题时，他展现出了真诚和诚恳。最让我感动的是他说到沃霍尔时的那份温柔。"

本名大卫·琼斯的他，出生于英国战后的一片废墟之中，并在伦敦南部的一个沉闷乏味的郊区长大。70年代初，改名为大卫·鲍伊的他，以一种令人眼花缭乱的后末日表现震撼了嬉皮士音乐界，从此也影响了从"治疗"到"九寸钉"在内的众多乐队。鲍伊从来不是一个驻足不前的人，他一直在进行艺术上的重塑，这是他对自己艺术和生命的一种精心设计的改造，或者说是一种雄心勃勃的重新定义。而这一切，不单改造了他个人，也改造了世界。

无论是在音乐的进化还是在商业意识的健全上，鲍伊都是摇滚乐界最成功、最艺术化和最耐人寻味的常青树之一。1997年1月8日，他庆祝了自己的50岁生日，次日晚上又在纽约麦迪逊广场花园举行了一场演唱会，演出的收益将捐赠给"救助儿童"（Save the Children）组织。当晚和鲍伊一起共襄义举的还有卢·里德、"碎南瓜"乐队的比利·科根（Billy Corgan）以及"治疗"乐队的罗伯特·史密斯。全世界观众也都在被邀请之列，大家可以通过互联网收看演唱会的直播，而本次演唱会的精选片段也会在下月初成为一个付费观看的特别节目。鲍伊的生日庆典过去一周后，"演艺圈先生"网站在纽约通过电话采访了鲍伊。随着生日庆祝活动的结束，鲍伊的热情转向了他的新专辑《凡夫俗子》——一张将英国"鼓打贝斯"运动与白噪声摇滚混搭的唱片。

"哈啰！"鲍伊以打招呼开场，他用低沉而俏皮的喉音让人对他卸下戒备。这个曾经是摇滚乐和异世界化身的人，突然成了一个非常普通、口齿清楚的凡夫俗子。身为一个勇于实验的人，鲍伊滔滔不绝地谈起了他喜欢的新生代音乐人、最近影响他的音乐、电脑程序、在大银幕上演安迪·沃霍尔，以及他如何渴望把他所有的兴趣都融合到一个新的混合型表演中。

琳达·拉班（以下简称拉班）：让我们从新专辑开始，《凡夫俗子》的制作人是谁？

大卫·鲍伊（以下简称鲍伊）：是我和马克·普拉蒂（Mark Plati）制作的，马克是专辑的混音师和录音师。专辑是我和里夫斯·加布雷尔斯共同创作的，里夫斯是我的吉他手，其实他和我已经合作十多年了，但我感觉就像昨天才认识他一样。

拉班：70年代以来，除了你自己的唱片，你好像很少为别人制作。

鲍伊：是的，很少，但这反而让我强烈期待未来做更多这种工作。我们乐队的贝斯手盖尔·安·多尔西，一个女孩儿，也是一个很棒的歌手，另外她也会创作，我想今年我可能会制作她的专辑。

拉班：你制作过卢·里德的《变形》以及伊基·波普70年代后期的很多专辑，这些专辑重振了他们的音乐生涯。

鲍伊：是的，这真的是出于我对他们作为艺术家的尊重和钦佩。他们两人都用各自的方式对我的创作产生过影响，所以我想要为他们做点什么。

拉班：我觉得我们最好还是回到现在，不提70年代的那些事了吧。

鲍伊：其实有一部分的"现在"也和卢·里德有关，因为他前两天有个晚上和我在麦迪逊广场花园的演出中有合作，非常愉快的一次演出，我们玩得很开心。

拉班：说回《凡夫俗子》，像以往一样，根据专辑的制作名单，你负责演奏了多种乐器：吉他、萨克斯以及键盘……

鲍伊：是，我每样乐器都喜欢瞎捣鼓一下。

拉班：不只是"瞎捣鼓"吧？

鲍伊：要是你在场就会知道了！

拉班：但"瞎捣鼓"出来的效果真的很好啊！

鲍伊：那是很有创意的捣鼓，我也知道哪种瞎捣鼓是真的瞎捣鼓啦！

拉班：新的听众可能不知道你是一个音乐人，他们只知道你是一个歌手。

鲍伊：只要是我有足够勇气的时候，我都会在专辑里演奏一些乐器。有些乐器我演奏得挺不错的，可能就是因为我缺乏专业技巧，但有些事能成就是没道理可讲的。我有自己的演奏方式，特定的和弦之类，还有吉他的演奏和萨克斯的断续，我还没遇到过还有其他人像我这样演奏的。

拉班：《凡夫俗子》里有一些地方会让人想起你以前的专辑，比如有一段钢琴听上去甚至让人想起了"齐吉·星尘"时期。

鲍伊：你说的那段钢琴应该是迈克·加森弹的，他从1973年"火星蜘蛛"乐队开始和我合作一直到1975年，还参与了《阿拉丁·萨恩》的演奏。他是我长年的合作伙伴，即便曾离开我很长一段时间去做他自己的东西。不过我们又重新在一起了，《凡夫俗子》应该已经是90年代以来我和他合作的第四张专辑了。

拉班：这张专辑中你还和谁合作了？

鲍伊：肯定有里夫斯，他从1988年开始几乎参与了我所有的专辑。盖尔·安·多尔西和扎克·奥尔福德对我来说是相对较新的两个乐手，但他们和我一起工作也已经有14个月了。目前就是我们这个五人组，我们是从1996年1月开始在一起工作的。

拉班：你是因为他们是你的巡演乐队而认识他们的吗？

鲍伊：是的，他们是在1995年时作为巡演乐队的成员加入的，当时我们在做"九寸钉"乐队的巡演。之后我就把巡演乐队减员了，因为我觉得它太大，不够实用。本来它是一个九人乐队，我把它缩减到四个人，这四个人继续和我一起完成了去年剩下的演出。我们几个现在已经是个相当稳定的组合，今年我出去巡演时，他们还会和我一起去。

拉班：你把"局外"巡演说成"九寸钉"的巡演了。

鲍伊：是的。

拉班：那个难道不是大卫·鲍伊的巡演吗？

鲍伊：呃……我是假设你知道我在那个巡演里面[*]！反正肯定是"九寸钉"而不会是帕特·布恩[†]巡演。

拉班：我不想让你在这里多提"九寸钉"。

鲍伊：为什么啊，他们很棒啊！

拉班：你和特伦特·雷诺合唱的那首歌的确很精彩。

鲍伊：我和他一起唱的那首歌，噢，天啊，那首歌叫什么来着……《伤害》（"Hurt"），想起来了，《伤害》，一首好听的民谣，是他写过的最好的歌之一。这次巡演是一次非比寻常的风格组合，我们都觉得这可能是那么多年来最具冒险性的巡演风格之一，我不知道是否有其他人想过要做这样的混搭，我们之后也没见过很多人这样搞。我们还真的把现场拍下来了，哪天会拿这些视频素材做点东西出来。

拉班：所以你现在和这个巡演乐队在一起已经非常适应了。另外，很明显你和里夫斯合作很长时间了，你们俩是怎么在一起写《凡夫俗子》这张专辑的？

鲍伊：去年一年我们都非常辛苦，巡演一路经过俄罗斯、日

---

[*] "九寸钉"是"局外"巡演美国站的暖场嘉宾，但特伦特·雷诺把自己的演出和大卫·鲍伊的演出主体有机地融合在了一起，因此大卫·鲍伊这里幽默了一下。
[†] Pat Boone，美国著名歌手、演员。布恩的音乐相对老派，但就在这篇采访进行的不久前，布恩出人意表地发行了一张重金属摇滚翻唱专辑，这很可能是大卫·鲍伊在这里提到他的原因。

本、斯堪的纳维亚半岛，然后来到欧洲。我们几乎参加了欧洲所有的音乐节，这也意味着我们有时最多需要和14个乐队一起演出，但都相处得挺好。到了巡演快结束时，我们觉得自己太厉害了，如果把我们喜欢的东西做成一个声音记录应该很棒，所以巡演一结束，我和里夫斯就马上开始创作了。巡演最后一站结束后，大概只过了五天，我们就又聚在一起创作和录音，一共花了两个半星期。说实话，整件事进行得超快。

拉班：所以这张专辑是你们四个一起合作的结晶？

鲍伊：这张专辑的编曲和架构或多或少都是里夫斯和我做的，但团队里每个人的反馈都很有趣，比如说鼓手扎克。和大多数"鼓打贝斯"唱片不同，我们这张专辑并没有从其他人的唱片里拿素材来采样。《凡夫俗子》里的小鼓打得非常快，非常癫狂，那是扎克拿他自己的磁带素材用各种奇特的时间和节奏控制做出来的，然后我们把它们的速度提高到常规的每分钟160个节奏点（BPM）。

你能想象吗，（"鼓打贝斯"）如今已经快到每分钟185个节奏点了，几乎已经没法跟着跳舞了。

拉班：你试过？

鲍伊：是，我用手指打节拍试了下，很难用来跳舞。"鼓打贝斯"发展得实在太快，有人说六个月后它的BPM会达到200。每分钟200个节奏点，完全不可想象，也就几个月前，BPM还只是160呢。采样都是扎克用自己的素材做的，这就是我们做这张专辑的方式：所有采样都产生于我们内部，在某种程度上我们也因此创造了我们自己的音景（Soundscape）。

拉班：你是怎么会去做一张受"鼓打贝斯"影响的专辑的？

鲍伊：谁能不受它的影响？它是当下最令人兴奋的风格。

拉班：那嘻哈和丛林电子是怎么回事？

鲍伊：是，我依旧喜欢嘻哈。我觉得，一般来说只要是新的音乐我都爱听，我以听这些为乐。我真正喜爱的音乐，是那些比较前卫的风格，我都不记得自己什么时候喜欢过主流音乐，可能真的很小的时候喜欢过吧。我十七八岁的时候开始喜欢那些更晦涩，或是那些所谓的"先锋"音乐，我就是一直和这类风格很搭调。某种程度上，这种情况在 70 年代末的时候重现了，当时伊诺和我听了大量来自杜塞尔多夫的德国音乐，我想大多数人那时应该在听朋克吧。我们不愿意成为主流音乐的一员，因为那些都是我们已经知道的东西，在我听来就是伊基和"傀儡"乐队在 60 年代末做的音乐的延续而已。我总是被那些我没有完全理解的东西所吸引，还有"罐头""发电站""哈耳摩尼亚"（Harmonia）和"克鲁斯特"（Kluster）等不同乐队使用的新技术手段，以及那些杜塞尔多夫的乐队，我觉得他们更有趣，因为我不了解他们是怎么做音乐的。我想这就是为什么布莱恩和我那么喜欢现在被称为"解构"或者"生锈"的工业电子之声，因为那种音乐仿佛是来自未来的信息。

拉班：很明显这些新的理念你可以拿来用在你的音乐里。

鲍伊：用这些理念来创作还是非常刺激的，我按照自己通常的方法来使用这些理念——把它们和我已经创作的东西混合起来。就像在做那种法式炖菜一样，每天你都往锅里加一样蔬菜，一周下来这锅混合物便特别丰盛，但你又说不清它是用什么做成的。我做音乐和做这种炖菜有点类似。

拉班：融合了嘻哈的摇滚乐的未来发展很让人期待啊！

鲍伊：对，而且这种融合真的在欧洲发生了，却完全没在美洲发生。北美最多就是——我不知道加拿大的情况，但美国最多就是像莫比[*]做的那种音乐。莫比很不错，我不是觉得他不好，但整体上美国这方面的音乐发展方向不够有趣，都很普通，几乎就是迪斯科。

拉班：那像贝克这样的音乐人呢？

鲍伊：很有趣，他有点奇怪，他延续了"野人"费舍尔[†]或者"传奇星尘牛仔"[‡]的传统。他是美国民谣先锋派，几乎已经超出了民谣范畴，是个诗人。这是有点古怪的，但他又不是开创全新音乐语言的那种人。

拉班：《凡夫俗子》里有没有歌是《局外》剩下的？

鲍伊：《说谎》（"Telling Lies"）这首歌其实是在巡演启程之前就开始写的，因为我想在巡演的过程中对它进行更认真的创作。我们一直在改它的编曲，也一直在尝试放入新的理念。这首歌完成的时候，我们发现构建这种特定风格音乐的方法效果不

---

[*] Moby，美国著名音乐人，世界最重要的电子舞曲音乐人之一。
[†] Wild Man Fischer，美国著名街头歌手。野人费舍尔一生无家可归，一直在洛杉矶街头卖唱，被称为"外行音乐教父"。
[‡] Legendary Stardust Cowboy，原名诺曼·卡尔·奥德姆（Norman Carl Odam），美国音乐人，"外行音乐"和"疯狂摇滚乐"先锋人物。

错，于是把它和我们在做的东西相结合，基本上就是把非常有攻击性的摇滚乐和"鼓打贝斯"结合起来。

在这之前，我和布莱恩在《局外》里就已经用过这种风格了。《局外》里有几首歌，尤其是《我错乱了》（"I'm Deranged"）和《我们要让你不好过》（"We Prick You"）是很重的丛林风格——我们当时是这么叫这种风格的。不过《局外》是张叙事性的专辑，我们不希望里面的音乐太高调，而这一次我感觉就自由得多，因为这张专辑不必考虑叙事性。

拉班：《说谎》是不是那首最初在去年9月通过互联网发布的歌？

鲍伊：没错，一共发布了三个版本。专辑中收录的版本是我最后觉得最好的那个版本，当然，也是最后发布的那个版本。

拉班：你在互联网上似乎很活跃啊，包括上周的生日秀节目和《说谎》的首发，都是在网上。

鲍伊：是的，我很活跃！我就是一个小小的网络冲浪者！

拉班：说真的，你真的对那方面那么感兴趣啊？

鲍伊：这是一个不错的消遣啊！上了网就可以让我很轻易地忘掉自我好几小时。不过那也是个麻烦，太他妈的上瘾了。我从上网中找到很多乐趣，但因为太上瘾，我其实也很小心。我还发现，当我真正地沉浸于网络，在发现真的有趣的东西之前，会先看到太多垃圾，有一半的上网时间是浪费在这些不同网页的垃圾里的。

这是我对互联网不太满意的一个方面。我得承认，我发现在巡演的时候更容易沉迷互联网。当你巡回到像克利夫兰或者阿克伦之类的地方,参观完当地博物馆,除了坐在那里看着进出麦当劳的人便没有其他事可做的时候,上网就特别容易上瘾。

拉班:在那种情况下,互联网就有点像救世主了。

鲍伊:是的,上网很有乐趣。我的电脑里还装了一些艺术类的程序,可以用来画图(模仿广告行业的人),那种时候我就觉得电脑好有趣!我甚至有时会匿名地发布一些假的谣言,让大家都看到。为什么不呢?毕竟我是喜欢误导的人。

拉班:你是怎么开始对互联网感兴趣的?

鲍伊:我一开始着迷的不是网络,而是电脑。我儿子一直很迷电脑,有次我们俩在玩他工作用的几款程序打发时间,他说:"爸爸,既然你喜欢艺术之类的东西,为什么不用用看这两个软件,你可能会喜欢的。"其中一个程序叫 Kid Pix,是一个给六岁左右的孩子用的艺术程序,我觉得挺不错,至今还在用。另外两个比较复杂,分别叫 Painter 和 Photoshop。

那是 1993 年左右的事,那时起我开始使用这些程序,还以我在电脑上画的图为基础做了一整个系列的版画作品。不可避免地,有人给了我一台调制解调器,我就开始上网了。(模仿可怜的伦敦瘾君子腔)我发现每天晚上回家我都要上网,持续了很长一段时间。最后我加入了一个匿名的网上小组,分享彼此的网瘾问题,现在我觉得自己已经戒掉网瘾了。

拉班:根据网络对音乐的影响,你认为其发展方向会是怎么样的?

鲍伊：克罗伊登[*]！

拉班：那么糟糕？

鲍伊：是 K 开头的那个克罗伊登[†]！发展方向会怎样？对于一个新的音乐人来说，他很有真材实料，却没有听众，得不到演出的机会，也没有一家唱片公司真的对他的音乐感兴趣，那么互联网至少可以帮他建立一个听众群，让对他的音乐有兴趣的人能找到他。他能把他做的音乐放到网上，让人免费下载，这至少给了他一个展示自己的窗口。我觉得网络对于像我这样的人来说非常好，尤其是那些创作太多的人，比如我。我的问题就是创作太多了——对我的唱片公司来说。可他们一年只想帮你出一张专辑——可能这都太多——最好是每 18 个月出一张，如果你积累了很多创作，那真是很沮丧。几个星期前我读到一篇"王子"（Prince）的访谈，他的问题和我完全一样，因为他也是一个创作过度的创作者，其中的一些东西大多数唱片公司都没有兴趣发行——因为这些音乐要不就是太深奥或者太艺术，要不就是太前卫，或者其他什么原因。把这些音乐放到网上是为它们找到知音的好办法，至少它们有了用武之地，你也不用觉得这些音乐只能束之高阁，没人能听到它们。

拉班：如果有些音乐对你的唱片公司来说太出格了，你就不能去找一家独立唱片公司，做一个小范围的发行吗？

鲍伊：可以是可以，但就算是独立厂牌，也需要好几个月的

---

[*] Croydon，伦敦南部一地区，是伦敦乃至英国的交通枢纽之一。关于大卫·鲍伊对克罗伊登的憎恶，参见本书"现在我要怎么说才好？"一章。

[†] Kroydon，美国一个高尔夫用具品牌。

时间来制作专辑，为专辑制作封面等，而如果是互联网，你事实上可以一边创作一边放到网上。

拉班：一切都是即时的。

鲍伊：这就是网络令人叹服的地方——它的即时性。我们在巡演过程中，在现场表演完像《说谎》之类的新歌，大约一小时后就能放到网上，演出结束我们就能得到它好还是不好的反馈，这也太棒了。这种反馈太惊人了，速度实在太快了。

拉班：你觉得美国的听众会接纳即将到来的英国电子音乐浪潮吗？

鲍伊：这里面是有问题的，不是吗？我也有疑惑。从我过去的经验来看，我觉得希望不大，看看对雷鬼之类的风格美国的公众接受度有多低就知道了。我觉得在加拿大的接受度会高很多，而在北美其他地方，从任何角度你都很难说英国电子乐融入了音乐界。美国很难接受所谓的"外部音乐"，也就是北美本土音乐之外的风格，那可能真是个问题，我不知道，得看了再说。不过也有几个好的信号：纽约有两家丛林电子夜店，洛杉矶也有几家，但那是在东西两岸，不是在美国中部，我不知道阿克伦会不会有玩丛林电子的音乐人。在美国，工业摇滚的市场一直比较大，至于泰克诺和"鼓打贝斯"，我无法肯定它们在美国能获得像硬摇滚和垃圾摇滚之类风格那样的好成绩。当然这些电子风格总有它们的一小群受众，对我来说那已经足够了。

拉班：有几个英国乐队正在努力，"神童"乐队就干得不错。

鲍伊：是，他们的确得到了一些反响。现在有一个新的多元文化乐队叫"皮金海德"(Pigeonhed),很有趣,但他们不完全是丛林电子。我认为像他们这样有不止一个源流——不止一个文化源流的多元文化乐队在美国会遇到问题。美国一直有这样的问题,混搭或者融合的东西在美国似乎都会碰到问题。欧洲就相对比较容易接纳多元文化,虽然在欧洲我们有我们的问题,但整个环境比美国要温和得多,美国的种族之间真是隔着一个可怕的深渊。

我告诉你个好消息,几周前"崔奇"在纽约演出时,很长时间以来我第一次看到了美国观众的多元化,这真是件大好事。也许"鼓打贝斯"也能在美国找到一个机会,在社会层面上有所作为,看看音乐是不是能像60年代那样再次影响社会,应该挺有趣的。

拉班:或者应该尝试一下。

鲍伊:至少要尝试一下。尝试不是坏事,不管结果怎样,至少你尝试过。

拉班:《凡夫俗子》里有一首歌叫《我害怕美国人》("I'm Afraid of Americans")。

鲍伊:是的,我其实没在歌里具体说明害怕什么,但我的意思是……

拉班:是不是说的是美式风格,而不是指具体的美国人?

鲍伊:是,完全正确。那首歌是关于美式风格的,约翰尼[*]不可避免地又成了歌的主角。可怜的约翰尼,老是在歌里出现。

---

[*] Johnny,英语中常见的男子名。

他代表的就是传统形象,时不时要被拿出来敲打一下。可他也就是想梳一下头发,买一辆车而已。

拉班:你似乎更多的是在谈论文化的同质化,以及这种同质化如何让一切都变得乏味和统一。

鲍伊:没错,我一直极度害怕这一点。我们生活在一个混乱和碎片化的时代,应该积极地拥抱它,不要害怕它,不要把它看成社会的毁灭,而是要把它看作重建社会的材料。看到人们去整理残垣断壁,或者试图重归极端是令人难过的,真的让人不安。世界变得如此不宽容,这不是我们想要的。我们不想如此,是吗?

拉班:让我们听听 50 岁的大卫·鲍伊对 50 岁有什么看法。

鲍伊:很棒啊!不过你也知道,我没觉得自己 50 岁了,我一天都没觉得自己超过 49 岁,不可思议吧?我还是很有活力的,活力满满。

拉班:你还像以前那样觉得做音乐很有效率,很快乐吗?

鲍伊:是的,我认为我的生活中并没有什么需要我去改变的,真的,完全没有。老实说,过去 10 年左右的时间里我达到了某个境界,完全可以这么说,我比 25 年前更自得其乐。

拉班:你还是会去演戏。

鲍伊:是的,但我没把演戏看得很重。我得到这些客串角色时只是觉得有趣而已,有趣之处在于演它们不需要长时间地待在片场,你不会觉得在浪费时间,不用被困在某个拖车停车场八个星期。我没有做演员的野心。

拉班：在《轻狂岁月》中扮演沃霍尔感觉如何？

鲍伊：非常好。那片子拍了十天，而且是在纽约，所以没有我的戏份的时候，我可以离开片场去玩。拍这部片子挺容易的，剧组里有不少很棒的人，像克里斯·沃肯我已经认识很多年了。这部电影上映不到一个星期就下了——我们也都猜到了。不过我们还是觉得它是一部非常非常好的电影。

拉班：沃霍尔那个角色让我乐不可支，太有趣了。

鲍伊：噢，太好了，我很高兴。我受够了大家把他描绘成一个冷酷无情、精于算计的人，他不是那样的。我觉得他只是一个非常没有安全感的女王，不太相信自己有那么出名，也不知道为什么会出名。我发现有趣的一点是，他其实很好玩，但大部分时间他对此都不自知。他就是个普通人，根本不是台机器。他总是被人说成一个危险分子，但其实不是。他和其他人一样活着，大部分时间为了活着而挣扎。

拉班：我觉得观众在看他去世的那场戏时会感受到这一点的，真的能感受到。

鲍伊：沃霍尔去世的时候，那些认识他的人真的很动情。他的死大家都没料到，那不该发生。

拉班：《凡夫俗子》有巡演计划吗？

鲍伊：我们会在 4 月开始排练，巡演是从 5 月一直到圣诞节。这一次巡演规模真的很大，时间很长很长。其实留给我的时间不多了，希望不要忙到去医院打点滴。

拉班：回头去看"玻璃蜘蛛"巡演和"局外"巡演，你现在是否觉得自己能在舞台上演绎一个叙事性的故事？

鲍伊：如果说我有一个野心，那就是要做一个能被称作"戏剧音乐项目"的东西来作为我音乐生涯的高峰。我不敢叫它"音乐剧"，因为我并不是想做音乐剧。这个东西是必须在体育馆里上演的，现在唯一缺少的就是台词。我相信一定有办法可以探索出一种叙事性的摇滚戏剧，而这种摇滚戏剧要可以在体育馆里演。我觉得我总有一天会做到的，我已经越来越明白这个东西的做法了，对应该怎么做开始有头绪了。

拉班：我觉得你今年会有大量的时间花在体育馆里，所以对此你会有更多的想法冒出来。

鲍伊：是的，我会想到更多解决之道。

拉班：这次巡演之后你有什么计划吗，比如说再出一张专辑？

鲍伊：我觉得现在还不能说有什么特定的计划，我只知道我不会去预想自己什么时候停止做音乐，或者哪天不再有像现在这么频繁的工作。目前这个工作进程是我以前从来没有过的，我很享受。我无法解释此刻它是多么令我满足。另外一件事就是，过去五年，视觉艺术在我的人生里变得非常重要，目前我也继续在这个领域做着很多项目。做展览，和别的艺术家合作，我想这两件事将会继续齐头并进。

"现在我要怎么说才好?"

大卫·匡提科
1999年10月,*Q*杂志(英国)

(原编者按)*Q*杂志在新旧千年交接之际发表的这篇专访,原意是宣传鲍伊的新专辑《小时……》(*Hours...*),然而,大卫·匡提科那著名的油嘴滑舌的采访风格让鲍伊也进入了一种轻松幽默的状态。这样的访谈状态下,鲍伊当然就少不了大爆自己的各种花边趣事——除了埋怨伦敦郊区克罗伊登的脏乱,本文另一个重要的话题是鲍伊究竟为什么会在1977年的圣诞电视特辑中和宾·克罗斯比对唱。

匡提科说:"能采访鲍伊让我出奇兴奋,一直以来他都是我的音乐英雄。这个访谈是一次欢乐愉快的经历,事后我才注意到我的下巴都酸痛了,因为一个小时的采访中我都在大笑,几乎没停过。"

"布利克·鲍勃"是纽约格林威治村的一家二手唱片店。尽管很难知道其中原因,但大卫·鲍伊是这家店的常客。

"如果你是一个歌手,鲍勃往往会叫你浑蛋。"鲍伊说,"而且他会播一些保证让你很难堪的唱片,比如我去的话,他通常会放《大笑侏儒》或者《亚瑟叔叔》('Uncle Arthur')。"

如今没有人会把鲍伊的老唱片往他脸上扔了,而他此刻正在纽约宣传他的新专辑。这张专辑的标题相当乏味,叫作《小时……》,是鲍伊在新厂牌(维珍唱片)旗下发行的第一张专辑。他的前两张专辑《局外》和《凡夫俗子》分别是癫狂的艺术摇滚和受"鼓打贝斯"影响的流行乐,两者都继承了鲍伊在《低》和《英雄》里表现出的一贯前卫,但《小时……》则几乎是简单直白的。虽然专辑里有《漂亮东西就要下地狱》("The Pretty Things Are Going To Hell")这样的狂野摇滚作品(光这首歌的标题就涉及了《明星海报》《万事顺意》以及伊基·波普的《原始力量》里的元素),但整体上《小时……》还是充满着半民谣情歌的原音风格,歌词的情感也异常地浓烈。专辑里还有一首歌《真实状况》("What's Really Happening"),歌词由亚力克斯·格兰特(Alex Grant)创作,他因为这首歌而在互联网上一个为鲍伊写歌词的比赛中胜出。互联网是鲍伊的一大爱好,他甚至运营了自己的互联网服务提供商 Bowienet 以及上面的网站。www.davidbowie.com 的访问者可以看到网站上存档的鲍伊的家庭照片、他穿着内裤的照片(鲍伊自己加了"我的裤子呢?"的图注)、20 世纪 60 年代的节目单〔鲍伊的附注指出,他于 1966 年组的"快感"乐队(The Buzz)曾经翻唱过"至高无上"演唱组(The Supremes)的《来看看我》("Come See About Me")。"哦哦哦哦,夸张。"他补充道〕等。另外,他也会在网站上回答歌迷提出的问题,这些回答中有一个令人印象深刻——一个来自伊利诺伊州的网友艾德丽安·勒妮·特拉帕问:"大卫,你还记得你的日本斗篷上写的是什么字吗？"鲍伊回答："那些字的意思好像是'到这里来买土豆'。"*

此刻，鲍伊正坐在他位于纽约的唱片公司的一间会议室里，心情非常好。原名大卫·罗伯特·琼斯的他如今52岁半，看上去很健康。他像女孩一样披着一头灰白色长发，穿着的时尚休闲长裤和衬衫看上去颇昂贵，只是他那双奇怪的眼睛表明他有可能来自火星。事实上，他和他那可爱的妻子伊曼住在百慕大，伊曼和鲍伊的儿子邓肯·海伍德·佐伊·琼斯（出于某种原因，他更愿意叫自己乔）关系颇融洽。

在接下来的一个小时里，鲍伊将做以下事情：冒充约翰·皮尔†、批评一个英国的大型城镇、采取胎儿的姿势、试图说瑞奇·马丁（Ricky Martin）的好话，以及不合时宜地把宾·克罗斯比比喻成一只橘子。鲍伊素来以同意采访者说的一切而名声在外，因此，在接下来的60分钟里，他说了12次"是"，但只说了一次"不"。

很自然地，我们的访谈从克罗伊登开始……

大卫·匡提科（以下简称匡提科）：在你的网站上，为什么会有克罗伊登一个房地产代理的链接？

大卫·鲍伊（以下简称鲍伊）：我特别讨厌克罗伊登，它就

---

* "日本斗篷"指的是由日本设计师山本宽斋为大卫·鲍伊"齐吉·星尘"时期的巡演设计的一件舞台服饰，上面写有"出火吐暴威"五个日文汉字。这五个汉字是根据"David Bowie"的日文发音选择的。虽然这件斗篷早已成为大卫·鲍伊演艺生涯乃至整个世界艺术设计史的经典作品，但据信，鲍伊从来没有问过山本宽斋这五个汉字的意思，因而此处他用胡说八道回答了网友。

† John Peel，英国著名音乐节目主持人，也是BBC广播一台工作时间最长的主持人。在他几十年的广播生涯中，为无数音乐作品的推广立下汗马功劳，尤其是较为另类的或者未被大众发掘的地下音乐得益于皮尔的大力推广，是世界流行音乐史上的重要人物之一。

是我的死敌，我真的恨死这个地方了！这地方代表了所有我不想要的东西，一切我想逃离的生活。我觉得对某个人或某件事我能想到的最贬义的形容词就是"克罗伊登"了："上帝啊，这事真他妈的克罗伊登！"本来克罗伊登要成为仅次于伦敦的英国第二大城市，但一直没成功。正在建造的那块区域，都是些千篇一律的难看的办公大楼，整个就是混凝土造的地狱。我觉得它现在应该看上去漂亮点了吧……我已经有好几年没有回去了，但我想还是让距离产生美吧……

匡提科：这张新专辑中的很多歌曲似乎都是关于错误的选择和错失的机会，这是一张多私人化的唱片？

鲍伊：我试图用这张专辑里的歌曲去捕捉我这一代人的所感所想，因此我必须从心理上代入一种对生活不那么满意的情境。因为我自己的生活并非如此，所以我必须去创造这种情境。这张唱片里有很多主人公热恋、失恋以及对一切失望之类的情境，我其实没有这些经历，但试着去体验那种感觉，甚至从我的朋友们过得不尽如人意的人生里去体验，这是一种不错的经验。不过对于他们对生活的不满足和失望等，你无能为力，什么都做不了，那感觉真的很悲伤。

匡提科：这和《七》这首歌有关系吗？

鲍伊：七天寿命，七种死法……我其实只是把七天寿命进一步缩减到了24小时。我很高兴只需要去处理活着的这24小时里的事，都不愿意去多想这周末或者这一整周的事，活在当下就好。

匡提科：这就是你能不断地创新出音乐风格、不断前行的原因吗？你的一张专辑就够大多数人玩上整个音乐生涯了。

鲍伊：就算我自己也一样！哈哈哈！"我为什么不坚守《年轻的美国人》的风格？"其实我完全可以这样做，也不会有半点不开心。会让我不开心的是我陷入了……拿我妈以前常说的话就是——"老路"。我亲爱的老母亲会说（响亮地）："你有点走老路了，是吗？"她会说自己："我走在老路上了。"我那时就想："如果你这样子就是走老路，那我永远都不会走！"

匡提科：《七》这首歌里还提到了你的父母和你的兄弟（特里·琼斯，他一生中的大部分时间都住在精神病院里）……

鲍伊：歌里说的未必真的是我自己的父母或兄弟，那是家庭私事。我完全知道人们会怎么解读这种歌词，肯定会有些傻子跑过来说（学傻子的腔调）："噢！那首歌是说他哥哥特里的，他对1969年那个姑娘的事很失望，当他想忘掉她的时候……"这种事情是无法避免的，再加上我一直是一个在创作上很隐晦的作者，我觉得人们可以——名正言顺地——用他们的方式去诠释我的歌词，而我只是大多数人认为的那个我。因此这一切几乎与我无关，既然知道一旦我完成作品，它便要离开我，并开始拥有它完整的第二次生命，那么我只要尽力做好我力所能及的事。

匡提科：再来说说《漂亮东西就要下地狱》，那不是一首歌，那简直就是一份人生简历。

鲍伊：哈哈！这首歌是不是吊足人的胃口？这是一首非常有趣的歌，一首好歌，我非常喜欢它，我都等不及要唱一个现场版了。

匡提科：身为唯一一个与卢·里德和露露都合作过的音乐人

是种什么感觉?

鲍伊:现在我都不确定这是对我的诅咒,还是对我的神化。我喜欢那种感觉,我相信……我不确定,但我相信我和宾[宾·克罗斯比,两人曾很意外地合唱了《鼓手小男孩》("Little Drummer Boy")]的合作后来引致波诺(Bono)与弗兰克(弗兰克·辛纳特拉)的合作,我开创了先例……我觉得我和宾的合作挺滑稽的……那个合唱看上去很好,但我们俩真是完全不相干的人。

匡提科:你还记得你们合作的时候你在想什么吗?

鲍伊:记得,我在想他是不是还活着,他……不在那里,他的人根本不在那里,只有他的声音在那里(模仿宾的低沉嗓音):"嗨! 大卫,很高兴在这里见到你……"他看上去就像一只坐在凳子上的又老又小的橘子,因为他上了很浓的妆,脸上还坑坑洼洼的,根本没有人在乎他。那是一种很怪的体验。我完全不熟悉这个人,只知道我妈很喜欢他。可能我知道他的(唱)"当月~~亮……",不对,是(哼)"哒哒,哒,哒哒,哒,有人在等我……",这大概是我唯一知道的他的歌。

匡提科:那《白色圣诞》("White Christmas")呢?

鲍伊:噢! 是,这首我当然知道。我忘了这首,(模仿肯尼斯·威廉姆斯*的嗓音)这首歌是他大红的歌,不是吗?

匡提科:除了宾·克罗斯比,你一直在扩展对音乐的兴趣,

---

* Kenneth Williams,英国著名演员。

比如是什么驱使你去听"地下丝绒"乐队的歌的呢?

鲍伊:我的内心深处藏着一个老师,我就是爱给大家介绍新鲜事物。为人父的最大好处之一就是你可以把你的喜好强加在(笑)孩子身上。你经常会对这可怜的孩子说"噢!还有件事"或者"你会喜欢这个……",比如在他们看过了《星际迷航》之后可以对他们说:"啊,你应该看看苏联人在《飞向太空》(1972年由苏联导演塔可夫斯基拍摄的观赏性低到沉闷的科幻片)里是怎么拍的。"让别人听你讲这些陌生的东西,然后看着他们默默走开去做别的事,这感觉真好。(模仿50年代的低沉美国腔)"我的任务完成了!"这就是父亲会做的事,真的。我肯定不是一个坏爸爸,我觉得自己是个有趣的爸爸。我也不是那种"兄弟父亲",你知道那是什么样的,就是那种说"噢,我和我儿子像兄弟一样"的那种爸爸。我的儿子很棒!

匡提科:如果你网站上的照片可信的话,那你儿子长得很像你。

鲍伊:他比我个子高得多。他是橄榄球运动员,是个运动健将,还练举重之类的。

匡提科:虽然你的照片有那么多,但我们还真的从来没见过发胖的鲍伊。

鲍伊:我不知道。"所有的肌肉——如果停止训练的话……"我的舅舅吉姆曾经这样说过——他一直在做负重训练,直到他去世的那天——他说(模仿咬牙切齿的声音):"必须坚持训练,因为如果我停下来就会变胖。"吉姆舅舅用毕生的努力掌握了牛津词典中的每一个单词,绝对是一个了不起的人。他在谢菲尔德的钢铁厂里工作，但喜欢研究学术。他藏书很丰富，却从来没机会施展才能。我母亲的家庭非常贫穷，吉姆舅舅一直无法学以致用，实为一件憾事。你可以感受到他的这种挫折感，我一直觉得他应该当一个作家。

匡提科：作为战后出生的第一位流行歌手，你认为你是沟通两个时代的桥梁吗？

鲍伊：对这一点我非常有自知之明。我觉得我的创作从根本上来说还是英国风格的，因此我其实并没有那么出挑。在某种程度上你可以把我的一些早期作品和贾维斯的放在一起……我承认我对他的创作很能共情，但我们也并不孤单。席德·巴瑞特做的东西也基本上是英国风格，美国就永远不可能出席德·巴瑞特这样的人，他们在那里会疯掉的。

匡提科：你是否觉得英国迷幻主义就是小熊维尼和英国茶？

鲍伊：没错。如果你回想一下约翰·皮尔的节目或者类似的东西，读托尔金……"然后，小矮人走了出去，门外一阵马蹄声。"这他妈的不就是《和妈妈一起听故事》[*]吗？！这有什么迷幻的？"你坐得舒服吗？"哈哈！当你回头去听皮尔之前做的介绍马克·博兰专辑的节目，它简直像一坨屎，真的真的非常傻，一点也不时髦，虽然由于某些原因在当时我们觉得是时髦的。太蠢了，而且真的很土，很没见识。

匡提科：那么你觉得像米克·贾格尔那种源自萨里郡的正宗

---

* *Listen with Mother*，BBC 的一档儿童广播节目。

三角洲布鲁斯怎么样？

鲍伊：那一派的音乐和我对音乐的理解绝对是截然相反的。我钦佩这种练就技艺的能力，但它有点像一个陶艺匠，因为一种制陶风格而成功，便穷其一生只做这一种陶器并且只想完善它，让这种陶器可以和伊特鲁里亚人*的陶俑媲美，期望它能永垂不朽。

匡提科：那你的陶器是什么样子的？

鲍伊：我的更像是凯马特超市†里卖的东西！哇哈哈哈！我也不知道，类似你付钱你说了算这种的。我更喜欢超市那样子的方式，而不是工艺品商店，那样就挺傻。（模仿彼得·库克‡）"我们不是你家楼下的小店，而是……"

匡提科：伍尔沃斯商店§？

鲍伊：对，伍尔沃斯。说来有趣，对我来说更像是凯马特，但伍尔沃斯也是美国的。我刚来这里的时候，不知道伍尔沃斯是美国的。"噢，看！这里有一家伍尔沃斯……"哈哈！

匡提科：在你的网站上，你推荐了很多书，这一点很鲍伊；但令人惊讶的是，你推荐的书都不是晦涩难懂的那种，这一点很不鲍伊。

---

* 伊特鲁里亚人，居住在古代意大利伊特鲁里亚地区的民族。公元前6世纪，伊特鲁里亚人的文明达到顶峰，公元前3世纪湮灭。陶器和雕塑是伊特鲁里亚人文明的最大特色之一。

† K-MART，美国著名连锁零售品牌。

‡ Peter Cook，英国著名喜剧演员、剧作家，世界讽刺艺术代表人物之一。

§ Woolworths，英国伍尔沃斯集团旗下的连锁零售商店，最初属于美国的F. W. 伍尔沃斯公司。和凯马特这种仓储式商店不同，英国的伍尔沃斯是高街商店。

鲍伊：没错。还是那句话，我读的书种类不拘一格。我读过斯蒂芬·金（Stephen King）的所有作品，很爱他，虽然他的书常常吓得我屁滚尿流。我也很喜欢朱利安·巴恩斯（Julian Barnes），他的书就是另外一个世界了。

第一部真正影响我的作品是杰克·凯鲁亚克的《在路上》，看完这本书会让你有种冲动，要离开布罗姆利、彭奇、锡德卡普等地方，当然还有克罗伊登，就想开着车穿过整个美国，去加利福尼亚和大苏尔，一直到旧金山……你会想：上帝啊，我想那样活！我再也不想每天去布罗姆利南站，乘该死的火车到维多利亚站，去那个该死的广告公司上班了。

匡提科：如果没有做音乐这行，你觉得现在你会在干什么？

鲍伊：哈哈！（鲍伊把右臂环绕在头上，左手拇指放进嘴里）什么意思？另一种生活吗？我想可能有两种。一种是做个全职画家，我非常喜欢当个画家；另一种是做个……我不太确定"图书管理员"这个词是否合适，一个图书管理员可以和书籍离得很近，还能做研究。我喜欢认真翻读那些书籍，喜欢这种实体的存在，这和我喜欢互联网是一样的。我永远不会放弃我的藏书。妻子和藏书可能是我永远不会放弃的两样东西。

匡提科：尼克·罗伊格最近说到你"非常好学"，带了很多书到《天外来客》的拍摄现场。

鲍伊：（尴尬）噢，上帝啊！不过我的确有太多的书，拍那部电影时我带了400本书到拍摄现场。我非常害怕把我的书留在纽约，因为当时我打交道的都是些非常狡猾的人，我不想让他们碰我的书。那时有太多毒贩子在我住的地方进进出出……

匡提科：那时候你长什么样？

鲍伊：你看过我和雪儿（Cher）一起演唱的视频吗？那时候我一头凌乱的头发……当时我心里想的是，我不要再穿那种很戏剧化的舞台服装了，只穿西尔斯百货*卖的衣服，因为这些衣服穿在我身上看起来比日本设计师为我设计的所有衣服都要怪异。这种衣服穿起来让我像个顽固不化的美国中部乡巴佬，俗气的格子外套和格子裤子。我那时看上去很糟糕，而且病得很重。我真的看起来病得很重，穿得很糟糕。

记得有天晚上我去一个毒贩那里，那天斯莱·斯通（Sly Stone）也来了。我看上去像极了普通的中年美国人，不过头上用"产品"固定着金色和红色的头发（笑）——现在叫作"发胶"的东西那时候叫"产品"。斯莱走进屋，看着我说（模仿斯莱·斯通讽刺的说话）："哼！我打赌他嗑了很多药！"我听了很生气，因为我的确嗑了很多啊！我说："大胆！我可是大卫·鲍伊！我嗑过的药比你他妈的看过的还多！"真是太有趣了，我简直歇斯底里。之后过了很久，有一次我们遇到对方，说起这件事还大笑不已。不过当时我是觉得被他冒犯了的，我想他这是以我的穿着评判我！是很有趣还是怎么着？他整个想法就是：这个直男是谁？我对此非常生气，想说（模仿托尼·汉考克†气喘吁吁的声音）："让我告诉你我嗑过多少药！"

匡提科：你一生中嗑过多少种药？

---

* Sears & Roebuck，美国著名连锁百货公司，20世纪80年代曾是美国第一大零售商。
† Tony Hancock，英国著名喜剧演员，1968年服用过量毒品自尽。

鲍伊：哦，五种……六种吧！我从大象镇静剂开始，什么药都嗑过了，但毒品这件事说过很多次了，我都不想再说了。

匡提科：最终会以小报上的标题"我拿了斯莱·斯通的药"收场？

鲍伊："我卖药给斯莱·斯通"这个标题更贴切。（模仿伦敦腔记者报道）"因为不满足于鲍伊债券的销售……向他的摇滚明星朋友出售毒品……"

匡提科：你觉得自己是个大忙人吗？

鲍伊：没错……我觉得自己的毒瘾可能也来自我是工作狂吧，但我一直以来都是这个样子的。如果说现在有什么不同的话，那就是我现在在工作以外也有社交生活了。在我人生的早期真的只有工作，这也让我变得非常孤僻。我得承认，简单来讲，70年代的我真的就是那样的，直到70年代末我开始渐渐走出那种状态。和伊诺在柏林一起工作在一定程度上开始改变了我的生活，我觉得我花了几乎整个80年代的时间才弄清楚我想要的生活到底是什么样的。

我想，和伊曼的相遇让我的整个生命有了一个美满的结果，就像是因为我做了那些决定，上天便给了我一个奖赏之类的东西一样。我先做了那些决定，然后（笑）上天就说："你是个好男孩，所以你将会如此度过余生。"天啊，哈哈！这就是我学到的唯一一课，其他东西一点都没学到。老鲍勃（我们猜他指的是鲍勃·迪伦）说得对，我现在懂的远比以前懂的少，但我以前比现在老，现在的我比以前更年轻。

采访快结束了,我们才开始聊起音乐。鲍伊透露,最近他被邀请为"红辣椒"乐队(Red Hot Chili Peppers)和玛丽莲·曼森(Marilyn Manson)制作专辑,但他太忙了,两张专辑都没时间做。他说这话时给人的印象是他对前者更热衷一点。他提到他很喜欢"亚洲音效转录机构"乐队(Asian Dub Foundation),但也承认自己近来和外界有点脱节,而这一点,据他自己声称,是为了制作专辑而有意为之。

"过去八个月,我强迫自己不听任何东西。"他补充道,"不幸的是,我没办法摆脱瑞奇·马丁,他真是神通广大……"

瑞奇·马丁还在很多采访里提到了你,说的都是好话。

鲍伊发出了一个奇怪的声音。

"啊啊啊……我知道!这就是为什么我在这里说话要小心。我真的对他还有他的音乐不是很了解,只知道一直能在电视上看到他,电台等地方也有他。他不像某些人那样会让人恼火,我只是知道有这样一个人存在……我们可以结束了吧?"

鲍伊仰天大笑,也只有一个讨厌克罗伊登的人才能笑成那样:"哈哈哈哈!"

鲍伊：最时尚男士

迪伦·琼斯

2000年10月，*GQ*杂志（英国）

（原编者按）骨瘦如柴的身材，左右各异的眼睛，以及（在很长一段时间里）歪斜的牙齿，一直以来大卫·鲍伊是最不可能成为性感象征的人，然而不可否认，他真是一个美人。

显然，鲍伊很喜欢当一个"漂亮的东西"[*]。自17岁时以时髦青年的形象出现在电视上为留长发的男生争取权利以来，鲍伊一直是个衣着华丽的贵公子。在他的艺术生涯里，他爱把自己高贵的身体当作画布来打扮，这也让他获得了"时尚变色龙"的称号，这一称号虽然被过度使用却无比真实。即便在他艺术的最低潮时期（《让我们起舞》和"罐头机器"乐队），每次亮相时他身上的行头依旧看上去价值百万美金。

因此，在2000年，年过五十的鲍伊被英国版GQ杂志的读者选为年度最时尚男士并不令人惊讶。为表感谢，鲍伊接受了该

---

[*] 借用鲍伊的名曲《噢！你们这些漂亮的小东西》。

杂志的采访。奇怪的是，本篇访谈并没有喋喋不休地讨论时尚话题，有的却是对鲍伊的艺术生涯和目标计划的有趣追问。

本文中提到的新版本的《明星海报》和"齐吉·星尘盛典"都没有实现。

大卫·鲍伊盛大回归！说他回归，不是因为他制作出了多年来最好的几张专辑；不是因为他蔑视传统，定义时代潮流，一如他当年那样；也不是因为他的明星债券或者那些关于互联网的言论。说鲍伊回归，是因为他带回来了有着巨大吸引力的现场表演。如今，鲍伊的演出是不折不扣的盛事。他今年在格拉斯顿伯里音乐节金字塔舞台上的亮相是一次足可青史留名的回归，能与猫王1968年那次在电视上的复出相提并论。这是鲍伊自1971年首次巨星亮相以来，第一次参加格拉斯顿伯里音乐节，他表演了一组经过精心编排的流行金曲，包括《压力之下》《金色年华》《出卖世界的人》《所有的年轻人》和《反抗，反抗》。

"看到那么多人在下面和我一起唱这些歌曲，我感到非常震惊。"鲍伊说，"他们是如此年轻，年纪比我大多数的歌迷都要小。'九〇一代'会听我最近几张专辑，但他们没听过我早期的歌。我觉得当他们第一次听到这些歌时会觉得很惊讶：'这是他写的歌吗？'我知道的，因为尤其是在美国，当我唱完《出卖世界的人》后，很多小孩子会过来说：'你翻唱涅槃乐队的歌可真酷。'我当时就心想：'去你的小浑蛋！'"

鲍伊的演唱会也是演一场少一场了，所以他希望每一场都值得观众深印脑海。如今"滚石"乐队已经沦为一台每隔几年做一次全球巡演的自动点唱机，同级别的乐队也都在学他们的敷衍了事,只有鲍伊,你看他的演出依旧会觉得是在看"新一代辛纳特拉"——小哈里·康尼克*,一边伤心去吧!

虽然辛纳特拉在他生命的最后 20 年里一张经典唱片都没有出,但他的演唱会俨然宗教集会,令人回忆满满。猫王埃尔维斯·普雷斯利本已准备继承辛纳特拉的衣钵,但他接连犯错,不仅搞起了歌舞表演,最后还翘了辫子。这两件事,鲍伊都没有做,而且可以打赌,他接下去出的唱片会比辛纳特拉或普雷斯利晚年出的那些更好。

当然,鲍伊没有辛纳特拉在夜店里的那种张扬,他早已洗心革面不再酗酒,所以不会带着一桶波旁酒上台演唱,虽然他的烟瘾为他赢得了"烟仔·星尘"(Ciggie Stardust)的绰号。这些烟还真的对他的声带大有裨益,让他的歌声越变越好,嗓音越来越深沉醇美——鲍伊如今已经成了一个完美的人声低音炮。在很大程度上,多年来鲍伊的歌唱技巧一直没有显山露水,如今这种技巧——他在《狂野的风》《英雄》和《初生之犊》中使用的醇厚男中音,再加上伦敦东区语调中的元音替换("a"变成"i"等)——已经成了他的名片。

鲍伊说:"我觉得这些年来我对自己的嗓音有了更好的控制。我在很长的一段时间里都觉得自己很幸运,能够拥有这副嗓子,用它来录制唱片,但我从来没把自己当作一个歌手。其实我也在思考作为一个歌手我要做什么,但我还没有答案。我想我今年晚些时候要做的新专辑将会作为我嗓音的一个载体而出现。"

鲍伊的影响依旧会出现在你最想不到的地方:他是哈兰·米勒(Harland Miller)最新出版的小说《亚瑟永远 30 岁》(*Slow*

---

* Harry Connick Jr.,美国著名爵士歌手、钢琴演奏家。

Down Arthur, Stick To Thirty）的人物原型，但鲍伊觉得这本书太晦涩："我挺喜欢这个创意的，虽然我不太确定他是不是一个好的作家。"

他也依旧影响着服装设计界，这就是 GQ 的读者会将他选为年度最时尚男士的原因。

鲍伊笑着说："我一直会问这样一个问题：如果我不做你们杂志的采访，给你们拍照，你们还会把奖颁给我吗？很多奖都不是为我准备的。大多数奖是基于这样一个原则：你来颁奖现场，我们才把奖颁给你。那样的话我就会说：我不要这个奖，如果你真想把奖颁给我，那就直接给我，我说不定会来现场，给你一个惊喜，否则就给我滚开！不过，如果是你们的读者选择了我……那我还是感到很荣幸的。非常棒！"

相比自己得奖，鲍伊显然对保罗·史密斯*封爵更为高兴："这真是个好消息！他一个人撑起了一个产业，给英国赚来那么多钱，我觉得那些个奖项就是应该颁给英国的实业家。他绝对担得起这个荣誉。保罗是我最喜欢的人之一，我会有意地多穿他设计的衣服，因为这对英国来说是很好的广告。他设计的服装有某种锋利感和讽刺感在里面，从来没有一件保罗·史密斯的服装穿在我身上是不好看的。英国制造的服装质量也很好，就像英国艺术和英国音乐：有点奇怪，但质量其实非常好。"

今年鲍伊生活中最重要的事，是他的新后代的诞生，为此他已经乐晕了，甚至打算把家搬回英国。"我不可能在美国养育我

---

* Paul Smith，英国著名时装设计师，1970 年创立同名时尚品牌。2000 年保罗·史密斯被册封为爵士。

的孩子，不可能的！毫无疑问，我们会搬回伦敦。我会对家人说："对的，亲爱的，我们最好开始找英国的房子！'"

今年的其他时间鲍伊则要变成工作狂。首先，他正在录制他自己版本的《明星海报》，找回十几首他的旧歌重新录制演唱。这些歌原本都非常冷门、老旧，有几首还非常无趣，其中的亮点包括他以"大卫·鲍伊"的名字发行的第一首单曲——1965年的《禁不住想念我》("Can't Help Thinking About Me")的新版本，以及同一时期的《我探究一切》("I Dig Everything")和《伦敦男孩》("The London Boys")。"其中好几首的原版做得都很次。"鲍伊说，"我对戈尔迪*说我们应该做一个'鼓打贝斯'版的《大笑侏儒》，但他似乎并没有这个意思。"接下来鲍伊会发行一张双CD专辑《鲍伊B司现场》[†]，收录了他1967到1972年间在BBC录制的现场演出。这张专辑将配有一张DVD，内容是鲍伊今年夏天在BBC的波特兰坊（Portland Place）录音室举办的一个小型演出的实况。

再来，就要轮到"齐吉"再度登场了，传闻已久的"火星蜘蛛"辉煌时代也将重现。鲍伊拒绝了电影《天鹅绒金矿》的制作人在影片里使用他在"齐吉"时期的任何一首歌，他说他正在准备自己的华丽摇滚盛典，这就是原因。不过，在这个演出里鲍伊不会穿上紧身连体衣和松糕鞋："我在这里把话说清楚：我不会参与演出。我不上场，伙计！我甚至都不会演'齐吉'的父亲！"

所以不会是一部《齐吉·星尘与最后的十字军》？"'印第

---

* Goldie，原名克利福德·约瑟夫·普莱斯（Clifford Joseph Price），英国著名电子音乐人、视觉艺术家。

† *Bowie At The Beeb*，"Beeb"是英国人对BBC的戏称。

安纳·星尘'"*这想法不错！但不好意思，还真不是。"

鲍伊也没在为这个"齐吉"项目写新歌。"我已经翻出了很多当年没有使用的旧曲，其中有一些只有30秒长，但我正在扩写它们。我想：是不是因为这些歌写得比较垃圾所以没有被收录在当年的版本里？这些歌是不是其实还行，我应该现在再来试试？所以我选了六首打磨了一下，把它们做成能配当年版本的歌。其中有一首叫《黑洞小子》（'Black Hole Kids'）的歌非常不错。"

这些旧曲是鲍伊从他保存的众多档案素材箱子的其中一箱里翻出来的，这些箱子全都堆在他瑞士的家里。他有800多盒录音带，里面有很多他和各种著名大佬之间的对话录音、数百场演唱会的录音（"我找到了1974年、1976年和1978年巡演几乎每一场的调音台直录带，他妈的几乎每场都有！"）、和"傀儡"乐队以及"滚石"乐队的巨星级即兴合作，以及一些他不让我们深究的东西（包括一段他在洛杉矶去医院探望伊基·波普时的录音）。大多数录音录制于鲍伊那臭名昭著的"沃霍尔风格"时期，那段时间里，鲍伊几乎会把周遭发生的一切都用录音带录下来，用宝丽来相机拍下来，就连所谓的"奇性"（odd sex）过程也都悉数记录。这其中最有趣的一段录音，记录的是"滚石"乐队的罗尼·伍德（Ronnie Wood）去洛杉矶探访鲍伊的时候，两人挤在小房间里，漫无目的地演奏着《金色年华》。罗尼会时不时停下来，大嗑"吉安卢卡"†。鲍伊对此的评价是："很滑稽,非常摇滚。"

---

* 电影《夺宝奇兵》第三部的名字叫《印第安纳·琼斯和最后的十字军》（*Indiana Jones and the Last Crusade*），采访者这里借用了一下，变成"齐吉·星尘与最后的十字军"，因此大卫·鲍伊会说"印第安纳·星尘"（Indiana Stardust）这名字不错。

† Gianluca，可卡因的暗语叫法。

这些年来,"烟仔·星尘"的生活过得云淡风轻,唯一的嗜好是他最爱的万宝路香烟。即便鲍伊自己拒绝承认,但随着年纪越大,他的生活的确越显高贵。他说:"我的艺术生涯从错误中所获得的,要比从正确中收获的多得多。从失败中我总能学到东西,我也把自己视为一个经常犯错的人。我总是被我的求知热情推着走,一生中都是如此。如果我发现一样令我着迷的事物,三个小时内我就能成为这方面的世界级专家。"

那鲍伊对"新一代辛纳特拉"这个标签怎么看?他能轻松地接受自己身上挂着这样一个标签吗?"辛纳特拉应该不会高兴吧?他的女儿南希曾经提过一个愚蠢的建议,让我在一部电影里扮演辛纳特拉。天啊,他恨死了。'我不想让一个基佬扮演我!'他特别怕我把这事当真。他痛恨长发,痛恨一切英国佬的东西!以前我的确会在巡演里使用一些辛纳特拉的元素,但后来就越来越少了。现在我已经不是为了巡演而巡演,如果你看过我最近几年的巡演,就会知道我现在做巡演就是因为想做,我也不需要靠巡演赚钱。我知道很多人去看我的巡演时就是这么想的,他们甚至都不喜欢那些歌,但他们会说:'我靠!看他活蹦乱跳的样儿!挺开心的是不是?'是啊,我就是开心,我就喜欢这样。

"一路而来,我和我的听众都背负着很重的负担。十年前我说过不想再唱我那些大热金曲了,可我现在53岁,完全变了一个人。我从来不是那种草率对待事物的人,不管面对的是一段感情还是一个舞台表演。如果我对某件事没有了热情,我一般会放手走开。我曾经抛下我那些老歌很多年,因为我觉得唱那些歌太久了,再也没有共鸣了,不过我现在变了。几周前我去看'电线'乐队(Wire)的演出,我喜欢的歌他们一首都没唱!一首都没有!

如果是我自己出的钱,我真的会很生气的!

"1997年左右,当我们参加各种音乐节的时候,我又把老歌放回到曲目单中。因为在音乐节上,你得假设并不是到场的每个观众都是为你而来的,你得这样想:'我靠,最好还是唱一些他们听过的歌!'因此我会唱一些《恐怖怪物》《低》或者《英雄》里的歌,再加几首像《名声》或者《压力之下》那样的歌。《压力之下》是音乐节必唱曲目,因为这首歌和弗雷迪(弗雷迪·莫库里)有关。知道今年要去格拉斯顿伯里音乐节的时候,我就想:'我这次就是去演出的,没什么东西需要推销,没有新专辑要宣传,我就给他们唱他们想听的歌。'虽然像《年轻的美国人》和《太空异事》这样的歌我依然不会唱,但当我觉得时间到了的时候,可能也会再唱的。"

好了,这就是大卫·鲍伊,*GQ*年度最时尚男士,新一代辛纳特拉。我们只希望他不要从此开始戴那种该死的软毡帽*。

---

* 辛纳特拉的标志性形象是头戴一顶窄边的软毡帽。

"这个奖对我来说比任何畅销专辑意义更大,非常感谢"

约翰·罗宾逊

2000 年 12 月 2 日,《新音乐特快》杂志(英国)

(原编者按)这个专访的标题有点笨拙,因为它是大卫·鲍伊在被《新音乐特快》评选为有史以来最具影响力的摇滚音乐人之后的"领奖采访",因此,这篇访谈只专注在他艺术生涯的巅峰时期。

当时《新音乐特快》的读者群已经和"齐吉·星尘"时代购买该杂志的人不同。大多数年纪较大的音乐爱好者早就转往购买月刊型的音乐杂志,而月刊音乐杂志的时代是由 1986 年开始发行的 Q 杂志开启的。因此,此时《新音乐特快》的读者群就显得太年轻,无法察觉这个奖项其实有很大的问题。鲍伊无疑在很多领域是先锋,但从为摇滚乐树立音乐榜样这个意义上来看,与猫王、"披头士"、鲍勃·迪伦和"滚石"乐队相比,他的重要性微乎其微。

然而,在极端折中主义、后现代主义、刻意的颓废、形象和音乐的互文以及性别模糊这些领域,鲍伊却是非常重要的人物,这也解释了为什么他会获得如此之多录音艺术家的支持——过去一年里，关于"谁是当前音乐界影响力最大的人"这个问题，这些艺术家都给出了同一个答案。所有这些，对一个艺术家而言，无疑比简单的人性、工匠精神和坚持初心的创作等更酷。值得强烈怀疑的是，在《新音乐特快》这个评选中，其他艺术家落选是因为他们在艺术性上曾有过急剧下降（以"披头士"乐队为例，就是成员们各自的单飞发展时期），而鲍伊从总体上来说没有经历这样的状况。

尽管如此，这个奖项还是很有意义的，它证明了大家对鲍伊的喜爱源自他对艺术的忠诚——他只在20世纪80年代中期才因为自身的沉沦而受到诟病。即使是鲍伊对那段低迷时期的自我否定，也让他显得如此独一无二。而和他同时代的大多数音乐人，除了自欺欺人地标榜自己过去的作品质量如何高之外，再无其他。

必须承认，这篇专访证实了仇恨鲍伊的人对他最主要的不满之处：他的创作似乎经常不是出于对摇滚乐或者流行乐的热爱，而是来自自我，或者正如他自己在这次采访里说的："我总是对改变我所认为的流行音乐更感兴趣……"

布罗姆利的大卫·琼斯今天已经不存在了，但这个年轻人的某些元素留存了下来：因为少年时的一次打架留下来的不同颜色的双眸，以及说话中明显的伦敦郊区音调。除此之外，其他的一切都确确实实地改变了，而且这些改变都是由他自己一手掌控的：头发，从长发变成烫卷再变成蓬松浓密的羽毛状；音乐，从忧郁的原声民谣变到华丽摇滚再变到放克音乐、欧洲合成器和"鼓打贝斯"；当然还有他的名字，从"琼斯"变成了"鲍伊"。

大卫·鲍伊做过很多事。他曾以身试"毒"，也曾做过日本戏剧（虽然两者不是在同一时间）；他曾实践过尼采的理论，也曾搞过放克摇滚（这两者几乎是在同一时间）；他曾学习哑剧，也曾写过一首讲花园侏儒的歌，令人无法忘怀；他曾攀上巅峰，然后又从零开始，与几个穿灰西装的人组成一个乐队；他曾当过乐芙（Luv）冰激凌的海报男孩，也曾出演过一部科幻电影，其角色没有正常的生殖器官；他曾有个"德国时期"——我们会在本次访谈中谈论这个问题——也曾热情拥抱互联网的无限可能性，但我们这次没有讨论这个问题。

他是大卫·鲍伊，一位纽约居民，正是出于以上原因中的某一些，他被《新音乐特快》选为"有史以来最具影响力的音乐人"。玛丽莲·曼森模仿了他的妆容和异世界的外表，"山羊皮"乐队借鉴了他的连复段和他那带着邪气的魅力，"电台司令"乐队（Radiohead）和他一样，选择在最受欢迎的时候去制作极具实验性的音乐。并不是说这些人在他们的创作中不具有自己的独特性，但就像鲍伊本人受到了其他人的影响一样，轮到他们时也是如此。鲍伊对此很高兴，他希望你们也能因此高兴。

电话响了。猜是谁打来的？是"瘦白公爵"。

事实证明，大卫·鲍伊对他带来的诸多影响并没什么可遗憾的，但有一个社会阶层，他本想提供更多帮助。

"我真的觉得我应该为侏儒做更多的事。"他说，"我一直感到有点内疚，因为我对他们的帮助浅尝辄止，没有继续深入进去。我其实可以为英国的侏儒带来一些新感觉，他们应该被更深入地认识。"

此话怎讲？

鲍伊继续说："帽子，我应该多戴帽子的。我在90年代初试过留胡子,但因为我是金发,所以效果不好。我和戈尔迪以及'一个叫杰拉德的家伙'[*]讨论过做一个《大笑侏儒》的'鼓打贝斯'版本,但最后没有做成。当'鼓打贝斯'再度流行,成为时尚的时候,是应该赶上流行做一个'侏儒打贝斯'的。"

大卫·鲍伊大笑,惊天动地。他的侏儒往事已经过去,讨论那些和侏儒无关的过往岁月还是会让他满足。不过最明显的一点是,他在因为被认为很有影响力而受宠若惊(他说:"这是件好事。")的同时,也乐于谈论他自己所受到的影响,而这些影响通过他又影响到了其他人。

基本上,鲍伊一直很善于把自己受到的影响用于音乐中。和戴蒙·亚邦[†]经常能用一首歌就精准表达整个英国的国民情绪相似,鲍伊在1970年到1980年这漫长十年里也影响力卓绝。他总是走在潮流的前头,将新的布局、新的技术和新的想法全部放进自己的音乐创作。听一张大卫·鲍伊这个时期的专辑便能听到一种全新的现代感,所有当时先进的技术理念都会出现在他的音乐里。这些唱片在今天听来依然精彩,靠的不是投机主义,而更多是他的天才。

"我一直会列举影响我的人和事。"鲍伊说,"我觉得让人们可以看到某个特定时期里某事物的来由是很重要的。我要让大家知道我脑子里在想什么,这么多年来我也一直是这么做的。有件事让我觉得很好笑,我经常看到一些乐队在他们听谁的音乐这件事上撒谎,因为他们不想让别人知道真正影响他们的是谁,所以

---

[*] A Guy Called Gerald,原名杰拉德·莱德尔·辛普森(Gerald Rydel Simpson),英国电子音乐人。

[†] Damon Albarn,英国著名音乐人,英伦摇滚乐队"模糊"和"街头霸王"(Gorillaz)主唱。

如此掩人耳目。他们这样做至少是不诚实的。而我却一直很喜欢探究事物来由的那个过程。"

来自他处的影响让鲍伊创作出了真正非凡的唱片,并且同时还能保持巨大人气。鲍伊可能并不是第一个这么做的人,但他在70年代非常漂亮地完成了看似自大且完全不靠谱的目标。对于由此产生的影响,鲍伊显得很谦虚,也不会透露他觉得谁会从中受益,但一切其实都在他的计划之中。

鲍伊说:"我想让音乐的语境更宽,有更多来自其他领域的观点和看法——比如艺术领域、戏剧领域等等——去扩大音乐的词汇量。我觉得它应该是一个聚集理念的篮子,而不是像嬉皮士那样与世隔绝,始终只活在自己的世界里。我从约翰·列侬那里得到启发……我学习他怎么把在其他领域的兴趣融入自己的音乐里,而不是只知道一味地做音乐。

"当我还是个孩子的时候,我总是对改变我所认为的流行音乐更感兴趣。"鲍伊继续说,"我一直觉得满足虚荣心比专辑大卖要让人开心得多,这是我一直想要留下影响的领域。任何一个行业的从业者都想在那个行业里留下自己的传奇。"

70年代,大卫·鲍伊是摇滚行业里最魅力四射的"从业者"之一,并且一心一意地制作着后来成为经典的音乐。那10年的开始,鲍伊少不更事,提着一把木吉他,带着淳朴和一点点嬉皮士的天真。而当那10年结束时,他则穿着白面丑角的服装在海滩上走着,重温他在11年前创作的那个角色——《太空异事》中的"汤姆少校"。*

---

* 这里指的是《尘归尘》的音乐录像。

而其间的那些日子，鲍伊可谓无处不在，在一些高度紧张的状况下，与一些非常奇怪的人混在一起。造访纽约让鲍伊的脑海中萌生了一些关于如何掌控音乐的理念——他在那里遇到了安迪·沃霍尔，同时，"工厂"*里的一些怪咖在鲍伊那里找到了工作。

安迪·沃霍尔是一个好相处的人吗？

"完全不好相处。"鲍伊说，"他给人的印象总是一副什么事都没发生过的样子。我从来不知道是因为他就是一个喜欢鲜艳颜色而且撞了大运的幸运女王，还是他自己有一套独特的哲学，我觉得是一半一半吧。之后我又遇到了《波克》（Pork，沃霍尔的戏剧）的那班演员，70年代他们为我工作了，那真是一个奇怪的时期。"

或许更重要的是，当英国朋克在鲍伊以及华丽摇滚界制作的那些激进摇滚乐的推动下兴起时，鲍伊本人与美国朋克教父中的两位——卢·里德和伊基·波普进行了合作。这种合作关系是互利互惠的，鲍伊可以回馈两位朋克英雄，反过来，两位朋克英雄也可以由此获得新生。

"我是他俩的头号超级大粉丝。"鲍伊说，"当我第一次见到卢的时候，他正经历着一段非常糟糕的时期。他曾有过很大的影响力，那时却被晾在一边，而我们也没料到后来他会再度带来影响——'地下丝绒'乐队的名气。

"我觉得是我重新发掘了他们。"鲍伊说，"当我在推广他们还有伊基的时候，没人相信我，没人知道他们是谁。可能他们在纽约还有点名气，但在英国肯定没有人知道他们。我有一张'地

---

*　The Factory，安迪·沃霍尔在纽约的工作室的名字。

下丝绒'首张专辑的试压碟*,那张碟对我而言就是一把通向全新创作方式的钥匙,而我要为卢做的就是让他出名。事情就是这么简单,所以人们后来会意识到他是一个多么伟大的创作者,通过他在'地下丝绒'里做的音乐,连小孩子都认识了他。当然,我们——'火星蜘蛛'乐队曾在演出里唱过'地下丝绒'的作品,我为他做的事就是让他的作品更容易为大众所接受。

"伊基对各种工作方式持更加开放的态度。我帮伊基写过很多音乐,我会给他提供和弦动机,有些时候还会给他提供现成的旋律。我会对他说'吉姆,这首歌给我的印象是关于远东的……',或者一些特定的环境等。可能我会给他一个点子,他就会跑到一个角落里去,大约五到十分钟后,他就会写出一段歌词,或多或少能反映出我们刚刚讨论的东西。我和伊基的这种方式更具有合作性,而就我记忆所及,我没有和卢一起写过任何东西。两个人的情况有点不同,对于卢,就是'这是卢写的音乐,我们一起让它流行起来吧',对于伊基,就是'孩子,你想写什么呢?'。在伊基早期的唱片里,我试着让他多唱点其他的歌,而不仅仅是表演'傀儡'乐队的那些东西,我认为这样有助于他找到自己嗓音的更多可能。"

然而,高工作量的"友情跨刀"渐渐对鲍伊自己造成了伤害。或许习惯性依赖着大量所谓"音乐人的早餐"†,鲍伊创作出了一系列非凡的音乐,但他也因此把自己推向了悬崖边缘——在"非音乐的影响"方面,毒品发挥了重要作用。

鲍伊解释道:"我并不是真的出于享乐主义的目的而去嗑药

---

* Acetate,在唱片正式压制之前,会先制作一些试验样品,以检查核对是否有问题。没有问题的试压碟有时候会送给媒体或相关人员用于试听宣传。

† 暗指毒品。

的。我真的嗑得不多,也不是为了去夜店嗨之类的事而嗑的,我真的没有嗑得那么厉害。我就是为了工作,因为我会连续工作几天不睡觉。那种感觉并不愉快,也不是让人兴奋的,我觉得都快把自己逼疯了。我应该是在《钻石狗》时期左右嗑得最凶,之后就变得……就像特伦特·雷诺那张专辑的名字说的,'螺旋下降'。"

事实证明,让鲍伊走出这个"螺旋"的方法之一是德国,另一个则是前"洛克西音乐"乐队的合成器奇才布莱恩·伊诺的自由思想。在鲍伊经历人格危机的时候,正是一群德国音乐家创作的音乐影响了他,让他做出了《低》和《英雄》等伟大的唱片,也因此为他带来了全新的生命。

"我认为他们对我的影响是在态度层面上的。"鲍伊说,"影响我的是他们的立场。如果你去听《低》《英雄》或《房客》,我敢说这几张专辑中'发电站'乐队的影响是很少的,更像是:'有另一个新的宇宙存在了,如果我去那个宇宙,会在那里发现什么?'"

因此当英国朋克发泄着挫折感,并慢慢演变成新浪潮的时候,坦率地讲,大卫·鲍伊根本没在意,因为他正沉浸在全新的"德国宇宙"里。

鲍伊说:"从1975年左右开始,我经历了一个非常奇特的时期。我想,朋克那时候开始在英国崭露头角了,而我却到了一个几乎与世隔绝的地方,因为我去了德国。德国电子音乐对我产生了极大影响,因而我可能都没有意识到朋克的重要性以及它正在英国产生的影响。

"当时我和康尼·普兰克*录音室以及所有的杜塞尔多夫乐队

---

*　Conny Plank,德国著名音乐人、录音工程师。

的合作非常紧密。现在想想,那个结果其实和朋克在英国的影响也差不多。当我 1980 年左右重返美国时,发现朋克浪潮已经起来了,但感觉很奇怪……我错过了朋克,我真的错过了朋克。太奇怪了,我那个时候处在一个非常脆弱的状态,所以视野相当封闭,看不到外面的世界。"

在伊诺的鼓励下,鲍伊开始制作全新的音乐,进入了一种相当轻松的"做好玩音乐"的角色中。如此做出来的音乐不仅仅是他音乐生涯中最好的作品,也基本上在 70 年代从思想和精神上治愈了鲍伊。

"对我来说,这非常有疗效。这是一个自我救助和自我治疗的过程,它使我摆脱了之前陷入的那种糟糕的生活方式,是时候让自己振作起来,重获健康了。"

大卫·鲍伊从他最具影响力的十年的回忆里抽身而出,回到了 21 世纪,向我们道别。他说:"这个奖对我来说比任何畅销专辑意义更大,非常感谢。"

真的不用谢,大卫,是我们该谢谢你。

大卫·鲍伊由以下人士提名:
布雷特·安德森("山羊皮"乐队)

"'山羊皮'乐队始终对自己来自何方有一种非常强烈的归属感。我一直觉得英格兰很奇异、很独特、很美丽,我想这就是鲍伊最初吸引我的原因。大家都以为我喜欢《齐吉·星尘》,其实我最爱的大卫·鲍伊的专辑是《英雄》和《低》。"

布莱恩·莫尔克(Brian Molko)["安慰剂"乐队(PLACEBO)]

"我记得11岁第一次看到《尘归尘》的音乐录像时,我便为之深深着迷。"

埃德·奥布赖恩(Ed O'Brien)("电台司令"乐队)
"我佩服70年代的大卫·鲍伊,那时的他是有使命感的。他的专辑时好时坏,但他也因此而杰出。"

保罗·德雷珀(Paul Draper)["曼森"乐队(Mansun)]
"他总是能做出具有开创性的音乐,更重要的是,他看上去永远才华横溢。"

大卫·鲍伊最有影响力的专辑
《万事顺意》(百代唱片,1971年)

纽约的影响在这张专辑里尽显无遗,收录《安迪·沃霍尔》和《荡妇皇后》,后者在专辑封套上有注释:"白光感恩归来。"这首歌听上去像华丽摇滚版的"地下丝绒"乐队。

"我觉得安迪·沃霍尔对我的影响不像人们想象的那么大。我喜欢他什么?他的一些言论吧。'万物皆可被复制',这个理念是伟大的,但他的角色形象并不是我的创作里想要的东西。一切要追溯到卢和'地下丝绒'乐队,我是因为'地下丝绒'才对沃霍尔产生了兴趣,但历时很短暂。"

《齐吉·星尘与火星蜘蛛浮沉录》(百代唱片,1972年)

鲍伊对终极悲剧摇滚明星的角色演绎。米克·容森为专辑提供了旋律连复段,而"火星蜘蛛"乐队则化了摇滚妆,穿上了风暴突击队的高筒靴——"鲍伊狂热"就此爆发。

"这张专辑是我第一次真正成功的跨界融合。我把我在东方文化里发现的精彩之处进行了类似杂交一样的混搭,使之变得非常丰富多彩。这些东西包括当时日本流行的图案和时尚,某种特定的形象等。当时我们很多服装都是从歌舞伎表演移植变化而来的,我认为那是一种很有趣的东西方混合体,也觉得并没有多少人会把这些联系在一起。"

《每一站》(百代唱片,1976年)

专辑封套照片来自电影《天外来客》,而里面内容的疯狂程度和封面不遑多让:专辑同名曲充满了"发电站"乐队的气氛,《金色年华》则是古怪的放克风格,而由迪米特里·迪奥姆金(Dimitri Tiomkin)创作的《狂野的风》,是鲍伊最好的翻唱作品。

"制作《每一站》的时候,我住在加利福尼亚。我在专辑里实验了各种来自欧洲的新音乐,这就是为什么整张专辑充满了对欧洲的真情实感,因为我当时正在经受思乡的煎熬。我真的对欧洲正在发生的一切感到兴奋异常,而且我又和布莱恩·伊诺联系上了,这两件事……我想:'这条路走下去应该会很美妙。'"

《低》(百代唱片,1977年)

专辑封面是一个双关语——一张鲍伊的侧面照片,暗示这张唱片的"低调"[*]特质。专辑有一半是器乐曲,包含非常出色的带有早期韦勒[†]风格的歌曲《做我的妻子》。

"这张专辑是在法国制作的,但它的影响则来自那些杜塞尔

---

[*] low profile,"profile"既有"侧面"的意思,在"low profile"中也是"低调"的意思。
[†] 此处应指保罗·韦勒。

多夫乐队——'哈耳摩尼亚''克鲁斯特''新！'和'发电站'，可以说是德国的利物浦或者德国的西雅图出品的。事实上，《做我的妻子》在很大程度上要归功于席德·巴瑞特——不是'平克·弗洛伊德'乐队，是席德本人，你懂的。席德对博兰也同样重要，我和博兰都视其为60年代末的英雄。席德没有用美国口音唱歌这件事是很重要的，人家就会这样想：'很好，你可以用英式英语做摇滚。'"

《英雄》（百代唱片，1977年）

和《低》一样，这张专辑也有一半是器乐曲。专辑同名曲很可能是鲍伊最长青的名曲。

"专辑里那种非常沉重缓慢的速度和节奏，都来自《等待那个男人》*，那些和弦行进……就是那个样子的。那个时候我已经基本上走出了情绪低潮期，觉得自己回归到了原来的样子。我在我的情绪里感受到了某些东西，它们正从精神和情感上治愈我，从这个层面上来说，歌里的主人公就是我自己，'我们能走出这一切，对我来说，一切都会好的'。"

---

* 指"地下丝绒"乐队首张专辑里的《我在等待那个男人》一歌。

接触

保罗·杜·诺耶

2002年7月,《魔力》杂志(英国)

(原编者按)2002年,大卫·鲍伊的专辑《野蛮人》(Heathen)在他的歌迷群中引起了不小的骚动。这张专辑不仅是他和托尼·维斯康蒂(一直被认为是鲍伊最好的制作人)近四分之一个世纪之后的首次合作,同时也见证了这位艺术家参与到了当时的一些新音乐潮流中。

不过,在这篇保罗·杜·诺耶为复古风格的英国流行杂志《魔力》采写的专访中,只有一两段内容是关于这张新专辑的。和以往一样,鲍伊好意地让采访者设定问题,而杜·诺耶并不想多聊鲍伊在新千年做的音乐,他更想知道鲍伊是如何一步步走到今天的。其结果就是这篇访谈成了对鲍伊的艺术生涯从最开始到"柏林三部曲"为止的一次轻松愉快但又充满启示的探索。

"我其实最想创作的是音乐剧。"大卫·鲍伊回忆着自己从胡萝卜头外星人变成摇滚巨星之前的日子,"当时我觉得这可能就是我的终极工作。我的脑海里都是各种做摇滚音乐剧的新方法。最初的结构框架是一个音乐剧／戏剧作品,搭建于 1971 年,当时我第一次开始构思'齐吉',但后来它有点变样,成了其他的东西……"

的确如此。命运决定了鲍伊 1972 年的唱片《齐吉·星尘与火星蜘蛛浮沉录》日后将成为音乐史上的一个转折点,因此,想想他差那么一点点就成了一名为来自俄亥俄州和西布罗姆维奇的大巴游客表演音乐剧的伦敦西区老炮就会觉得有点怪怪的。

我们应该庆幸这一切没有发生,大卫·鲍伊注定是为更重要的事情而生的。而《齐吉·星尘》也带出了后续一系列惊人的专辑,足以证明大卫·鲍伊应该是自鲍勃·迪伦和"披头士"以来最强大的音乐人。虽然他在艺术生涯早期也有很出色的作品(如今他把早期专辑《出卖世界的人》列为他的个人最爱),但当"齐吉"来临时,世界都没有做好准备。事实上,此时连大卫·鲍伊自己都没有做好马上要被推举成为那十年的代表人物的准备。

今年新专辑《野蛮人》的发行,让鲍伊自然而然地充满了慈父般的自豪感。这张专辑有一些鲍伊早年的影子,会让那些长年听鲍伊的听众有一种怀旧心态。最值得注意的是,这张专辑让鲍伊与他 20 世纪 70 年代几张重要专辑的制作人托尼·维斯康蒂再度聚首。《野蛮人》还充满了成熟稳重的音乐创作技巧,让人想起《万事顺意》等早期里程碑专辑。专辑中的一首翻唱歌《双子星飞船》("Gemini Spacecraft")是鲍伊对原曲创作者"传奇星尘牛仔"的一次致敬,感谢他为那个胡萝卜头外星人贡献了其艺名的一部分*。

---

* "齐吉·星尘"名字中的"星尘"取自"传奇星尘牛仔"。

鲍伊在他位于纽约的办公室里对此加以证实："很明显，我们的新专辑确实是精心打造的，因为我心意已决，托尼和我不能躺在过去的声誉上止步不前。很多我们俩合作的专辑都受到过相当高的评价，我们不想玷污它们。我知道当时那么成功的原因是我们一直精益求精地制作歌曲，因此去年年初的时候我就坐下来开始累积创作，我觉得那是制作专辑的一个很好的开端。做专辑的时候是不能随心所欲的……新专辑的每首歌都有很强的叙事性，也不是特别抽象。这张专辑是很私人化的，非常依赖于旋律。"

随着《野蛮人》的发行，再加上受邀担任今年"融化"（Meltdown）艺术节的艺术指导，这位"夫人"的思维将转换回英国人的方式，但鲍伊目前的身份依旧是一个"入赘"的纽约人。他用他最擅长的爱丁堡公爵的腔调说道："那就是一个糟糕的地方。"如今，鲍伊第二次成为有家室的人（他的妻子伊曼2000年为他生了一个女儿，取名亚历山德里娅）。今天他总体上是满足的，困扰有二———一是不时有电话打进来，第二个就是他和现在的乐队的排练时间非常紧迫，但他还是同意花一个上午和我们谈谈让他声名大噪的70年代发生的种种。

我们的话题转向"齐吉"。"齐吉"弹着吉他，穿着连体百衲衣徘徊在空无人烟的伦敦，他让孩子们起舞，他也令摇滚自杀……或者，这一切真的发生过吗？不仅仅"齐吉·星尘"音乐剧未能面世，连他的冒险故事情节也可能因为过于零散甚至都不符合做一张概念专辑的要求。"其实还是有一点叙事的。"鲍伊争辩道，"那是一条轻叙事的弧线，我本来是想以后补齐它，但一直没有去做，因为在我把一切想好之前我们已经把这该死的专辑录完了。时间等不起，我不可能坐在那里六个月就为了写一个完整的舞台作品出来，我太没耐性了。

"从长远来看,我很高兴当时就那样放下了,因为我从来不会把叙事的故事线描绘得那么清楚,这样就能为听者留出很大的理解空间。几年前,我都接近于完成这个作品了,但每次我越想更清楚地定义它,它就离我最初所想的越远,所以我想我的确应该放手了,因为一切都不对。因此我就停了下来,这个项目也就被放弃了。"

说好的"摇滚音乐剧"至今没有个影,是因为鲍伊自己无心恋战:"对这件事我是有负罪感的,可能我真是天生没耐性,没有足够的自律去完成一件事情。我觉得《钻石狗》是我最接近'摇滚音乐剧'的作品,里面汇集了我最常关注的题材,像是对世界末日的想象、与世隔绝和极度悲惨……"

从《齐吉·星尘》的开场曲《五年》,一直到《钻石狗》,再到之后的其他作品,一种世界末日的紧张感在鲍伊的作品里反复出现。如果"世界末日"这个词不甚准确,那应该就是在《1984》和《发条橙》中体现出来的反乌托邦气氛,有时也被称为"敌托邦"(dystopian)。

"敌托邦,太对了!"鲍伊笑道,"我还为了这个去看医生,你总认为你得了溃疡,但其实只是胃灼热……回想起来,在我这些年的作品里,反乌托邦一直是很常见的主题。事实上,如果说我的作品里始终有一种连贯性的话,那应该就是歌词内容。我会经常重复说同一件事,那就是自我毁灭感。我认为你可以把有关世界末日的事情看作一种内心问题的表现,对此的焦虑实在多到烦人,而可能我是在用'纪实'去架构和发展这种焦虑。"

鲍伊"纪实"创作的一个例子,就是他创造的孤独宇航员"汤姆少校"。这个角色首次出现于鲍伊1969年的热门歌曲《太空异事》里,11年后在《尘归尘》一歌中再度出现:"'汤姆少校'

第二次出现的时候，有一些我真的很想戒掉毒品的因素在里面。我把这些转化进了'汤姆少校'的角色里，因此《尘归尘》这首歌有部分自传性质，但也不完全是自传，其中也有幻想成分。这首歌可能……绝对是因为我对重获健康的渴望而写成的，但这个角色第一次出现的时候不是这样的，写《太空异事》只是因为孤独感。不过后来，时间像软壳贝类那样紧紧吸附在我的太空船上，当我写《尘归尘》的时候，我的太空船已经被腐蚀光了，一点不剩……上帝啊！"

听上去有点像"鸟眼船长"[*]。

"没错，戴维·琼斯的箱子[†]！"

这位戴维·琼斯成了大卫·鲍伊后选择了摇滚乐，而今天的他解释说，做出这样的选择是因为那是一个可以在工作中放入自己所有兴趣的职业："如果当个会计就没法那么做了。因为我喜欢艺术，喜欢戏剧，喜欢我们表达自我的文化，我认为摇滚乐的伟大之处就是我无须因为它放弃以上这些爱好。就像我想把方木塞塞进圆孔里，可以把木塞削到能放进去——这就是我尝试做的事：有一点科幻，有一点歌舞伎，有一点德国表现主义。这也像我让我的朋友留在身边。"

---

[*] Captain Birdseye，"鸟眼食品"是美国著名的冷冻海产品公司，"鸟眼船长"是公司商标上的形象，同时以演员扮演的角色在英美两地的电视广告中出现，结果大受欢迎，成为电视明星。1971年，广告商准备终结"鸟眼船长"，设计了他出海后沉船失踪的情节，引来观众大量抗议。数年后，在观众的要求下，"鸟眼船长"得以回归。

[†] Davy Jones' Locker，英语中指"海底"，是沉船或掉海里淹死的委婉表达。除了表达"鸟眼船长"沉船外，"Davy Jones"也是大卫·鲍伊原名的一种叫法，因此下文会说"这位戴维·琼斯成了大卫·鲍伊后选择了摇滚乐"。

除了《太空异事》这唯一的例外（其实到1972年时这首歌也已经在公众的记忆中迅速消退了），鲍伊的音乐事业花了很长时间才红火起来。在凭借《齐吉·星尘》取得事业突破前，他已经做了八年的唱片，历经了"戴维·琼斯和蜂王"乐队（Davie Jones & The King Bees）、戴维·琼斯(Davy Jones)、"马尼什男孩"乐队(The Manish Boys)以及从1966年开始的大卫·鲍伊等阶段，却都没能在排行榜上占有一席之地。"我花了很长时间才走上正轨。"鲍伊说，"我不懂怎么写歌，我并不特别擅长写歌。我强迫自己成为一个好的音乐创作者，我也真的成了一个好的音乐创作者，但这方面我真的没有天赋，就是把一份工作做到熟能生巧。我唯一的学习方法就是看别人是怎么做的，我不像马克那样打娘胎里出来就是那块料。"〔这里鲍伊借用的是马克·博兰的"暴龙"乐队的歌曲《宇宙舞者》（"Cosmic Dancer"）的歌词："我从娘胎跳着舞出来。"〕

"我不是在跳舞，我是在到处跌跌撞撞。"

鲍伊构思《齐吉·星尘》这一专辑的时候，马克·博兰是其在现实生活中最相近的参照：1971年，也就是专辑在企划的那一年，"暴龙"乐队正处于巅峰时期，博兰这位鲍伊的老朋友已经成为新时代里轰动英国的第一人——一个男孩为自己虚构出了一个完整的角色形象，纯粹凭借毅力在一夜之间成了摇滚明星。

"噢耶！博利大获成功，我们都嫉妒坏了。糟糕的是，我们为此闹翻了大概有六个月时间，我的感觉就像（低声抱怨）：'他干得比我好得多。'他也对我们这些还住在地下室里的人嗤之以鼻，但最后我们解决了这个问题。

"你知道我们第一次见面是怎么样的吗？很有趣。我们在60

年代中期是同一个经纪人［莱斯利·康恩（Leslie Conn）］。马克更像个摩德族,而我是那种新节拍嬉皮士——虽然我不喜欢嬉皮士的理念,因为我哥哥告诉了我关于'垮掉的一代'的情况,我觉得他们似乎更性感。当时马克和我都没有工作,我们是被赶到经纪人办公室帮着刷墙时认识的。

"于是我和这个摩德族就在一起帮莱斯的办公室刷墙。他问我:'朋友,你从哪儿搞到的这双鞋?'(鲍伊对博兰神经兮兮又很冷淡的态度模仿得惟妙惟肖)'你这件衬衫哪儿来的?'我们马上就开始谈论衣服和缝纫机了。'噢,我会成为一名歌手,我会很红,红到你不敢相信,伙计!'哦,好的!那我可能哪天会为你写一部音乐剧,因为我会成为有史以来最伟大的作家。'不,不,伙计,你一定要听听我的东西,因为我写的东西很厉害。我在巴黎认识一个巫师。'我们就这样说着,同时我们在经纪人的办公室里刷墙!"

从博兰惊人的成功,到公众对鲍伊自己的《万事顺意》(发行于1971年底,但直到"齐吉"时代才有了不错的销量)的反应冷淡之间的这段时间,鲍伊是否曾感到悲观?

"不,我从来没有这种感觉,因为我依旧喜欢做唱片的那个过程,我喜欢创作和录音,这些对当时还是一个孩子的我来说是很有趣的。那时我可能有了上帝视角,预见到在这张专辑上不会有大事发生,但情况很快就会触底反弹。"

果然,鲍伊在1972年反弹得非常快。《万事顺意》一上市,他就剪掉了自己那金色的长发,以全新形象展开了英国巡演,而他下一张专辑里的歌也已经准备就绪。在"齐吉·星尘"这一角色——成为摇滚明星的变形太空男孩身上,鲍伊的预言得到了自我实现。

可是，在大卫·琼斯变成大卫·鲍伊之后，他为什么还需要这第二次重塑？答案可能是：鲍伊需要"齐吉·星尘"作为自己的护身铠甲——用一个虚构的摇滚偶像帮自己成为货真价实的摇滚明星。有了"齐吉"这个工具，鲍伊就可以摆脱《万事顺意》中那个心虚而古怪的英国人形象，变得更像他当时正痴迷的两位偶像：野孩子伊基·波普和堕落黑牧师卢·里德。

"我发现自己……我极度害羞，对我来说，不管是台下还是台上，继续做'齐吉'反而简单很多。这件事似乎很有趣，是一种非常有趣的欺骗，大卫·鲍伊是谁？'齐吉·星尘'又是谁？我觉得和所有事情一样，这都是由害羞引起的，对我来说，做'齐吉'要简单得多。"

甚至，在鲍伊1972年以《齐吉·星尘》的先行单曲《星人》大获成功之前，他已经通过当年2月在《旋律制造者》杂志的一篇采访开始了这一年的宣传布局。在那篇采访中，鲍伊宣称自己是同性恋，一时激起轩然大波。

你当时为什么要那样说？

"我发现，如果尽早在媒体上通过那种方式'出柜'，我便能从肩上卸下很多压力，这样就不会有人突然钻出来说（模仿猥琐、八卦的嗓音）：'我要告诉你一些关于大卫·鲍伊你不知道的事情……'我不能让这样的事发生。我也知道总有一天我不得不说一些关于个人生活的事，而以'齐吉'的角色去应对这些事可以让我自己更轻松舒服一点。探索的时代终于到来了，其实是有一种兴奋感的。那就是当时我正在经历的事，完全反映了我当时的生活方式，就是在我身上发生的事。没有什么事情是我不愿意去尝试和探索的，我很愿意去看看那是否真的是我在心理上或天性中的一部分。我在各方面都有很强的探索欲，不仅仅在文化上，还有在性方面的……上帝啊,我不愿放过任何东西,就像……可能这个比喻不太好——但我就像一条咬着骨头不放的狗,最后索性把骨头给埋了!"

是的,这是常有的事,我懂你。

"我的那句话后来被人演绎出的意思可比我说的时候多多了。我非常自豪做了这件事,但另一方面,我此举并不是想为任何群体摇旗呐喊,我担心那样的误解,也担心被误解的后果——有些组织来联系我,我并不想那样,我不觉得自己是某个群体的一员。我不想这样的原因是,我如果去了,就会影响我的创作以及所有在做的其他事。不过事已至此,就这样吧。"

早在我们意识到之前,流行乐坛就已经存在一种奇怪的、东拼西凑的"同志"风潮,这股风潮把最平平无奇的乐队变成了所谓的"华丽摇滚"乐队,而有些华丽摇滚乐队其实非常糟糕,不是吗?

"对,糟糕透顶!那时候我们在鼓动的某些东西——我还把'洛克西'也拉进来了——天啊,我们该为自己感到羞耻。太可怕了,那种东西只适合非常卑劣的表演,因为你得玩到非常荒诞离谱的地步才能奏效。如果它不能奏效,我的上帝啊,整个表演就会崩溃。我记得有个美国艺人叫乔布莱特(Jobriath)的,哇!他的表演完全是不对的。他是个非常奇怪的人,我第一次美国巡演的时候,他每场都来,是我的头号粉丝。"

但文化上的不协调有时也会产生令人愉快的结果,例子除了《齐吉·星尘》本身,还有鲍伊写给"高个子莫特"乐队那几个健壮男孩的歌——1972年的绝对年度之歌——《所有的年轻人》。

"如果他们当时发展得不错,我觉得他们就不会想和我有关系。"鲍伊说,"因为他们很有男子气概,是早期的男孩乐队之一。但那时他们情况不太好,我在一份音乐小报上看到一篇文章,说他们面临解散。我认为他们是一个不错的小乐队,所以就想,我是不是能写首歌给他们,看看能不能让他们继续在一起。写那首歌只花了一个小时左右的时间。现在听起来好像我很不谦虚,但你年轻的时候也会这样:'周五之前我能做完所有事情吗?'我写了这首歌,心想,有了这歌应该就能帮他们解决问题。我好像是让我当时的经纪人给他们打的电话:'大卫·鲍伊给你们写了这首歌。'然后,这首歌就成功了!我真是大吃一惊。后来我又给他们写了一首《周六露天电影》,但那时他们可能会觉得'哦,我们不再需要那个软蛋华丽摇滚乐手了',便拒绝了这首歌。我觉得如果他们唱这首歌的话会很棒。"

在某种程度上,《所有的年轻人》的魅力所在,是这首歌导致了一个全新的流行乐听众群的出现,这个群体太年轻,没赶上伍德斯托克和 60 年代。

"是的,你必须试着摆脱老一套,我们必须开发出一种全新的语言,就像过去一代又一代人做过的那样。我们的想法是选取晚近的素材,以我们自己原创的方式去重新建构。我的主要'方式'是通过类似《发条橙》的事物:这是我们的世界,不是那些该死的嬉皮士的世界,这一切对我来说才有意义。对当下的形势做一个未来的预测,让两者适配,就像一套为一个不存在的军队做的制服。我想,如果我拿类似的事情用好的素材去颠覆它的话……《发条橙》里的人物形象就是'齐吉'的第一套'制服',只不过我把其中的暴力成分剔除了。"

就像上文说到的《周六露天电影》所表明的那样,当时鲍伊的心思已经在下一张专辑《阿拉丁·萨恩》上了。他说:"1973年的某个时间点,我意识到一切都结束了,我不想一生都被困在'齐吉'这个角色里。我想我在《阿拉丁·萨恩》里做的,就是试着走向下一个形象——不过是一个苍白版的'齐吉',用它来做我的第二个形象工具。在我的脑海里,'阿拉丁·萨恩'是'齐吉去华盛顿'——一个受到美国影响的'齐吉'。"

但"齐吉"看上去是受到了很多东西影响的,是吗?他额头上有一道闪电,是不是说明当时事情已经失去控制?鲍伊的回答是没有。

"没有,不是这样的,失控是后来的事。我当时只是意识到'齐吉'要结束了,就在想怎么才能让它结束。另外,我那时精疲力尽,'大人物'为我们安排的巡演日程太疯狂了。最出奇的是,他们没有为我们安排欧洲大陆的巡演,我们一直没离开过英国,此外除了美国,就是日本,就这些地方,我都开始想念欧洲大陆了。

"然后,我就开始进入了一个非常糟糕的阶段,它真的来了,我的毒瘾开始了,时间大概是'齐吉·星尘'时期的最后几个月。虽说不是特别严重,但足以让我身边的一些人为我担心。那之后,当我们开始做《钻石狗》时,才是真正的失控。从那个时候开始,我成了一个真正的病人。我没见过比我更……当时我的状态非常危急,你只要看看我那时的照片就知道了,我真不相信我活了下来。比如说,你可以看看我在格莱美颁奖礼上的样子,和列侬在一起的那次。真吓到我了,那就是一具骷髅啊,简直皮包骨,就是一个骷髅。

"我有上瘾体质,我如今很清楚这一点。那时候毒品很容易得到,它能让我不停工作,我不是用它来……我不是一个耽于玩乐的人，不太会去寻欢作乐。我更多的是类似'好，让我这周创作十个项目，再做四到五个雕塑'那样的人。我会一天 24 小时不睡觉，直到大部分工作完成。我就是喜欢做事，喜欢沉浸在创作的时光里，而我在药物里找到了知音，它们帮助我让这种创作的时光驻留。"

你是指可卡因？

"是，可卡因，其实还有冰毒，两者的组合。当然还要加上大量的大象镇静剂！"

在化学药品的刺激中，鲍伊第一次尝到了成为超级巨星的滋味，他重拾了做摇滚音乐剧的想法。第一个计划是改编《1984》，但这个计划被奥威尔的遗孀否决了。"因此我快速改换跑道，改做《钻石狗》，但《钻石狗》做起来比《齐吉·星尘》更难。回想起来，我们在舞台上并没有真的去创作'齐吉'，在这个角色上我只是有一些服装变化，所以他只关乎歌曲和衣裤，这是'齐吉'所有的卖点，我觉得是观众填补了所有剩下的部分。但对于《钻石狗》，我打算要有一番作为。那时候我们有了一点钱——尽管很显然还是不够多，最后我其实都因为它破产了。但《钻石狗》的舞台表现是一种开始，你可以在舞台上做一些更有趣的事情了，而不仅仅是穿条牛仔裤而已。做《钻石狗》很有趣，但做到一半我又感到厌烦了，扔掉了整套装置，所以到最后我只能怪我自己。"

不过，尽管姜黄色鲻鱼头发型没能持续多久，鲍伊还有更多方法可以征服美国。复杂精致到让人屏息的"**塑料灵魂乐**"专辑《年轻的美国人》突然面世，与此同时，鲍伊的形象也焕然一新。"我觉得这张专辑一开始的理念来自波多黎各的街头造型，比如佐特套装*，回到了更传统的服装造型。尽管你现在回头看《年轻的美国人》会觉得很奇怪，但在当时它是一个尝试，要在视觉和音乐上都做一个转变。

"因为和像卡洛斯·阿洛玛这样的人以及我当时的几个女朋友在一起，我确确实实见识了不少美国的夜生活，包括各种拉丁俱乐部，一切都让我非常兴奋，也重燃了我在60年代对灵魂乐和节奏布鲁斯的爱。事实上，我离开我的第一个乐队'康拉德'（Kon-rads）的原因，就是他们不愿意翻唱马文·盖伊的《我能有个证人吗？》。年轻的时候，灵魂乐和节奏布鲁斯对我而言是天大的事。当我身在美国亲耳听到这些音乐时，一切都回来了，而且带着报复性。那情形和我以前看到的所有事情都不一样。"

不过，在华盖俱乐部里翻唱白人节奏布鲁斯是一回事（鲍伊在1973年的翻唱专辑《明星海报》里重拾这一风格），在美国录唱片就是另一回事了，而且还是和黑人乐手一起录制。鲍伊有没有觉得从英国去美国录灵魂乐唱片是"有点过分"了？

"说实话，我从来没想过这个问题。"鲍伊反驳说，"我把自己密不透风地包裹起来，完全在自己的世界里，从没想过别人怎么想。我甚至都不知道自己很有名，真的不知道。我只是不停地创作，全力以赴地创作，其他的事我根本不知道，我只知道在一起合作的是个出色的乐队。显然我们在美国南方会遭遇种族问题，但直到多年后以后我才意识到，自己是摇滚界少数几个和多种族成员的乐队合作的白人音乐人之一。

"我觉得我们在那个特定的时期所做的事情是很重要的，它

---

* Zoot suit，一种高腰、阔腿的宽大男士套装，在非裔美国人、拉丁裔美国人和意大利裔美国人中非常流行。20世纪30年代因为喜剧演出和爵士乐歌手在舞台上穿这种服装而在全美流行开来。

以一种独特的方式打开了大门,就像《齐吉·星尘》当年打开的大门一样。《年轻的美国人》时期我们发展出了另一种做摇滚乐和流行乐的方法,对我来说那是另一种成功的混搭:欧洲的旋律性配搭节奏布鲁斯的节奏性。"

在鲍伊的潜意识里,来自欧洲的呼唤正变得越来越清晰可闻,但他首先经历的是两个工作的左右开弓——拍摄电影《天外来客》和录制专辑《每一站》,同时他还承担了为《天外来客》录制原声专辑的工作。让这段时间的忙碌雪上加霜的是,他经历了其嗑药的巅峰期(或者说深度期)。

"那之后的工作是拍电影吗?啊,我都忘了,谢谢你告诉我!好像是对的!我想起来了,那顶可爱的帽子就是那个时期的,是一顶软呢帽,博尔萨利诺宽檐帽。"

这顶帽子是鲍伊另一个风格重塑的例子,这一重塑是由他在《天外来客》中扮演的角色托马斯·杰罗姆·牛顿引发的。牛顿是一个表面衣冠楚楚但内心崩坏的外星人,只不过有着一个真实人类的外表形象。那时的鲍伊似乎就是为了扮演这个角色而生的,和他之前创造的"齐吉"一样,创造者和被创造者之间的界限已经越来越模糊。"两者开始相互重叠了。"鲍伊承认道,"我当时的心态是,这两者之间没有真正的区别。对我来说(发出一种可卡因偏执狂的叫嚷声),这一切都讲得通,伙计!噢,天啊,那些日子他们……"

原声专辑的事因为某些仇怨和争议取消了。"对此我很生气,他们没有给出真正合理的理由。我觉得应该由电影公司和我签约做原声专辑,而不只是给我一个想法的简介。他们给的理由很愚蠢、很幼稚,不过我也不做了。我女朋友奥拉·哈德森(Ola Hudson)——实际上她就是'枪炮与玫瑰'乐队吉他手斯莱史的妈妈,我曾经还在晚上哄过小斯莱史睡觉,谁能想得到这个?反正我让奥拉加入剧组,担任《天外来客》的服装师,她设计了电影里的所有服装,后来她还为《每一站》设计了衣服。"

在我们的印象中,《每一站》里的全套服装都是鲍伊的"瘦白公爵"造型——可能是所有"瘦白公爵"形象里最时髦潇洒的。鲍伊说:"全黑的、非常保守的造型相当特别,我必须把所有的功劳归功于奥拉。奥拉当时说:'以前没有人在舞台上这样穿,会很酷的,你为什么不把牛顿的形象带到舞台上呢?'这样我就有了打扮成法国迷人男演员的想法,穿马甲之类的。"

而且总会有小包的吉坦香烟掉出来。

"非常正确。香烟的功能也就变成了舞台表演的功能,而且我对它们上瘾了!"

但它们是真的香烟。

"噢,是的,对我而言毫无疑问是真的。我一天要抽 40 根。"

1976 年,鲍伊逃离了洛杉矶,这个几乎毁掉了他的健康和精神平衡的城市。那一年,他也最终得以在欧洲巡演,并搬到了柏林。这一时期他的一些谈吐奇怪的采访里充满着德国气氛,而他新的音乐则更积极地体现了这种德国风。

"我必须将这一切归功于'发电站'乐队。"鲍伊说,"我在美国得到了一张他们的《高速公路》(*Autobahn*)的进口版专辑,好像就在它发行的那一年,1974 年。我就这么迷上了这个乐队:他们是谁?他们和谁有关?

"接着我遇到了'橘梦'乐团和'罐头'乐队,然后是'新!'乐队,还有所有在德国冒头的新乐队。我想,哇!我已经看到了未来,未来听起来就应该是这样的,我很想参与其中。但有趣的是，当我现在回头去听托尼（托尼·维斯康蒂）和我一起做的那些专辑，《低》之类，会发现它们还真没怎么像人们预期的那样受到德国乐队那么大的影响。

"这些专辑依旧是非常有机的、布鲁斯底子的音乐，被包裹在很特别的氛围里。这氛围一部分来自伊诺，更大部分则来自托尼·维斯康蒂本人，再加上我决定用陈旧的老式合成器伴奏，在某种程度上这种音乐是披头士式的。事实上，这些专辑的节奏部分不是那种用节拍器做出来的，或者像德国人做的那种电子声音，而是丹尼斯·戴维斯、乔治·默里和卡洛斯·阿洛玛（其实就是《年轻的美国人》里的部分乐手班底）的真人演奏。这是另一种我觉得可能会很出彩的混搭，我只是想看看如果把我在美国发掘的音乐带回欧洲，并把它与德国正在冒头的音乐结合起来会发生什么。"

1977年维斯康蒂回归制作《低》，让我们的访谈首尾相衔完成了一个"圆"。正是因为和这位制作人的合作，鲍伊在1970年完成了他第一张完整的专辑《出卖世界的人》。那也是一个更大的"圆"的开始，因为维斯康蒂在鲍伊接下来的一系列精彩专辑（《英雄》《房客》和《恐怖怪物》）里一直陪伴在他的左右，并在今年的《野蛮人》中第三次回归，但这个"圆"并非我们今天能够讨论的。鲍伊抱怨道："我的日程安排满到无法让人相信。"

从鲍伊纽约办公室的对面传来了电话铃声。

"噢，闭嘴！"他呵斥道，"这一整个早上太糟糕了，就像贝克特的遗言说的，'这是怎样的一个早上……'。"

大卫·鲍伊：地球上的生活

肯·斯克鲁达托

2003 年 7 月，《索玛》杂志（美国）

（原编者按）肯·斯克鲁达托在美国杂志《索玛》(Soma)的这个专访中承认："我并不想浪费这个机会去和他讨论吉他音色和音乐制作人。"因为该杂志自述是"有关独立前卫艺术、时尚、文化与设计的开创性表达和展现"，所以斯克鲁达托和鲍伊的这次对话会涉及虚无主义、存在主义、语境重构，甚至世界末日等深刻的主题也就不足为奇了。

不过，此次专访也关注到了音乐，采访中提到了新专辑《现实》(Reality)。斯克鲁达托甚至设法从鲍伊那里挖到了《局外》（这个标题前其实有一个序号"1."）没能发展成其最初设想的三部曲的原因。

斯克鲁达托回忆说："他说：'我要给你播放一些我新专辑里的音乐，很想听听你的想法。'而我想的是：'如果我真的不喜欢，我要说什么好？'我在他对面的椅子上坐下，他迅速地把自己埋进沙发里，然后让我去坐在他旁边。一位素以精于塑造伪装和冰冷超脱形象闻名的艺术家，最后却是我采访过的最亲切和最不设防的人之一，实在有趣。

"他承认文化已经到了不可能有新东西出现的地步，这句话让我特别震撼，尤其因为他本人就推动了很多文化在现代的演进。"

伦尼，你知道我是怎么知道这是世界末日的吗？因为一切都已经做完了，每种音乐风格，每个政府，每种发型。看在上帝的分上，下一个一千年我们还能做什么呢？

——麦克斯·佩尔蒂埃，

选自电影《末世纪暴潮》（Strange Days）

用那些关于前卫当代艺术和文化的诚恳的喋喋不休，我们几乎成功愚弄了自己，不是吗？但如果你真去问一个人，艺术、音乐、电影或者任何艺术形式最近一次真正改变他对世界的看法是什么时候，你得到的肯定都是些似是而非的答案……这已经不错了。对于那些认为"电台司令"乐队或者大卫·林奇改变了世界的人，最好能找到一台时间机器，把他们送回到斯特拉文斯基的《春之祭》首演的前排，或者回到1916年的苏黎世伏尔泰咖啡馆（Café Voltaire），拉开一张达达主义的椅子，坐在雨果·鲍尔*旁边……如此他们才能理解"颠覆现状"的真正含义。或者，他们可以穿上"齐吉·星尘"的行头，假装回到31年前。

抱歉，这篇专访本应是关于大卫·鲍伊的，而对这位在现

---

* Hugo Ball，德国作家、诗人，达达主义运动的主要奠基人。伏尔泰咖啡馆是达达主义艺术家们的聚集地，1916年，雨果·鲍尔在这里发表了达达主义宣言，标志着达达主义运动正式开始。

实生活中不是"出卖世界的人"更不是"天外来客"的人的定论也难免争议多多。他是个英雄吗？因为他在宇航员还没有真的踏上月球的时候就带着我们去了火星，还亵渎、摧毁和解构了现实人性中第二神圣的东西——性别认同？还是说他应该被责难？因为他走得太远太快，让包括他自己在内的所有人都无计可施？

对于前者，答案几乎无疑是肯定的，但对后者，鲍伊似乎并无意阻拦。对此，他曾经妙语应对："是我开创了一个全新的矫情流派。"这句话并不是玩笑，鲍伊是认真的。

但不幸的是，任何形式的责难都无法阻止这头可怕的后现代主义野兽，因为他让我们陷入对某种文化的无望怀旧之中，这种文化曾改变了我们对世界的认知。这头野兽还以莉莉丝音乐节[*]的可悲命运嘲笑我们，这个浑蛋！难怪现在大家吃得最多的药物是百忧解、帕罗西汀和左洛复，否则为什么那些无伤大雅的废话听起来似乎还不错？

21世纪男孩版的大卫·鲍伊最引人注目的一点是他的绝对尊严。他自己承认已经不再做任何他以前没有做过的事情，由此，他便不能被算作对文化艺术喋喋不休的人了。如果真如加缪所说，"艺术无法容忍理性"，那么无论在什么情况下，鲍伊都依旧是一个完美的艺术家。

拜鲍伊先生重回窥镜录音室的机缘所赐，我获得了和他在录音室其中一间房里同处的特权。在那里，他为我播放了他的新专辑《现实》中的歌曲，此张专辑预计在9月发行。鲍伊向我献殷勤！

---

[*] Lilith Fair，由加拿大歌手莎拉·麦克拉克兰（Sarah McLachlan）创立的音乐节，参加演出的全部是女性音乐人或者以女性为主唱的乐队。音乐节从1997年到1999年办了三届，之后暂停。

这有多奇怪！（后来他还为今天状态不好而道歉。状态不好？大卫，你一定是在开玩笑。）并不意外，他完全不用对我那么殷勤就能让我相信他今天继续在歌坛存在的意义——我从专辑的第一首歌就能听出来。这首歌像是一台狂躁的后朋克太空摇滚压路机，听上去像是被当年的《房客》不小心遗漏的歌。（"所以这张专辑不会全是你的抒情慢歌了。"我自作聪明地说。）接下来是一首过耳难忘的日耳曼式挽歌，然后是乔纳森·里奇曼（Jonathon Richman）的《巴勃罗·毕加索》（"Pablo Picasso"）的一个诡异翻唱版，再加上几首吵闹到不行的未来主义摇滚歌。这些歌很强大有力，但又不可预测，而且，没错，是有存在意义的。

但我并不想浪费这个机会去和他讨论吉他音色和音乐制作人，让那些专业音乐杂志去关注这种东西吧（好啦，鲍伊在这张专辑里的确再度和托尼·维斯康蒂合作了），我想问他的是这个：大卫，在这个让人悲哀、令人失望的后现代主义新世界里，你怎么还在做音乐，又是如何做到的？

肯·斯克鲁达托（以下简称斯克鲁达托）：在音乐方面，你还在迷惑大众，但你是否也同时在迷惑你自己？

大卫·鲍伊（以下简称鲍伊）：我很高兴听你这样说，因为这似乎就是我本来的意图，就是做一张反映我在纽约生活的专辑。我在纽约断断续续住了十年……我是一个纽约人！这十年里，有八年是伊曼和我一起在这里住的，除了我们在洛杉矶短暂停留的那段时间以外……

斯克鲁达托：噢，抱歉。

鲍伊：……洛杉矶那段我至今没理解，我没懂那时发生的事，真的没懂,所以我们马上想办法回到这里来了(笑)。因为我不在纽约的时候的确非常想念这里,我在这里住的时间比在其他城市都长,真的很奇怪。

斯克鲁达托:曾有段时间,你醉心于探索艺术的包装技巧和角色伪装,如此便沉溺在了你自己的世界里。而你也很愿意披上这样的伪装,但其他人会认为这不是一个艺术家表达自我的适当方式。

鲍伊:是,绝对是这样。

斯克鲁达托:你用那些能代表你的角色进行了逃避……

鲍伊:我不会用"逃避"这个词,但事实的确如此。

斯克鲁达托:在你的演艺人生中,是否会有这样的时刻:你站在舞台上,面对着两万名观众,说你想说的话而不用……

鲍伊:我一直都会说我想说的话。

斯克鲁达托:不用某些东西引导就能说吗?

鲍伊:你是指不用某个角色?是的,反正我已经不为自己创作这种角色了。20世纪70年代后期我经历了一个创伤期,完全改变了我的方向,(最近这些年)我都没有再用那种叙事的方式来创作了。好吧,我承认在《局外》里也有叙事性的东西,但那是布莱恩(布莱恩·伊诺)和我从某种奇特的点上切入的,我们有点要为90年代初发生的事写一份宣言的意思,所以我觉得用叙事性来做没错。

斯克鲁达托：《局外》是我最喜欢的专辑之一。

鲍伊：非常感谢你。我得说我的死忠歌迷——那些真正懂我唱片的人真的很喜欢这张专辑。这张专辑里面有很多人物，如果我那时有更多动力和专注力，它应该会呈现得更丰满的。我们确实录了很多东西，而且真的有计划用这些东西再做出第二辑和第三辑。第二辑的标题是《污染》（Contamination），哎，也太确切了！如果这个系列能做成戏剧三部曲就好了，可我就是没有耐性。我觉得布莱恩会有这个耐性。

斯克鲁达托：他的工作就是要对天才有耐性。

鲍伊：他自己就是一个天才啊！

斯克鲁达托：我们知道的那种无须使用非常直接的情感方式就能影响世界的文化，基本上已经终结了……

鲍伊：是，那就是后现代主义的思维，文化的终结已经到来。我觉得他们真正想说的是，我们将会用不同的方式重复以前做过的一切。我不太肯定文化本身是否已经结束，但的确不会有新的东西产生了。

斯克鲁达托：但互联网还没有终结。

鲍伊：对我来说终结了（苦笑）。你最近有没有试着在网上买过东西？

斯克鲁达托：是的，但那只关乎信用卡。如果你看过一些泄露出来的东西……互联网有一种潜在的颠覆力量，它给了人们发声的机会，而这些人以前从来没想过自己的声音能被20个、50

个乃至上千个人听到。

鲍伊：是的，是的，那是当然！但在某种程度上，你在互联网上依旧是寂寂无闻的。现在在互联网上可能有100万个乐队，但有几个会被你偶然发现？

斯克鲁达托：没错。

鲍伊：我不知道。我觉得更令人担忧的是，人们可以通过互联网找到那么多东西，但我认为大家没有以正确的方式去利用它。

斯克鲁达托：人们害怕某些信息。

鲍伊：没错。举个例子，我是一个叫"Truth-Out.com"的网站的主要推手，那是一个很厉害的关于政治和世界局势的论文和文章的集合，真的是一个惊人的信息仓库，收集了各种另类媒体还有世界其他地方的媒体写的东西，这些东西从来没在我们这里出现过。我知道没有几个人会上这个网站，真是可惜。

斯克鲁达托：说回你的音乐。现在看来，很明显你如今做音乐只是为了快乐，但你可能对你所做的事有一种语境重构的意识，因为在1977年人们认为音乐可以改变世界，但现在没有一个摇滚乐队能有这样的特权……来改变世界了。你现在有没有想要退缩的感觉？

鲍伊：嗯，我想那个时候大概是我们这些人在搞那些新的多元化词汇吧，就是一整套的乔治·斯坦纳（George Steiner）主义〔斯坦纳是1971年出版的《在蓝胡子公爵的城堡：文化重定义的几点纪要》（*In Bluebeard's Castle: Some Notes Towards The Redefiniton of Culture*）一书的作者〕。你懂我的意思吗？但世界很快就赶上了我们的步伐，大家都明白了我们抛出的那些个词汇，不过现在看来挺没必要的。我依然喜欢我的事业，但我不觉得我做的事是这个世界必需的东西……完全不是，而且我现在做的和我当时做的事情真的没什么大的不同，但现在是出于……

斯克鲁达托：出于对音乐的爱。
鲍伊：是，没错，绝对如此。

斯克鲁达托：当你看到那些平平无奇的当代观念艺术时，难道没有一种很徒劳的感觉吗？
鲍伊：是的！肯定会有！但我宁愿把这种徒劳感转变成……我觉得有徒劳感其实是因为你认为我们是在进化的，或者说应该是在进化的。你之所以会觉得徒劳，是因为你觉得我们需要遵守一些体系，比如某个宗教体系，或者某种文明的哲学体系，认为我们必须坚守这些体系，它们能帮我们渡过难关之类的。但如果你能接受——这是一个很大的飞跃——如果你能接受我们活在绝对的混乱里，那一切都不会让你有徒劳感了。只有你相信我们创造的这个叫作"上帝"的无敌体系结构，才会有徒劳感，在那里面你就会觉得：不要跟我说整个体系正在崩塌，这个体系是不可能崩塌的。所有这些体系结构都是我们自己造出来的，只是为了生存而已。我们需要道德准则只是因为，就总体而言，帮助我们生存的只有道德准则，它也不是从哪里传授给我们的。

斯克鲁达托：有这么一个故事……
鲍伊：我已经知道你说的是哪个故事了（笑）。

斯克鲁达托：人类以上帝为希望，我们以信仰换取希望。

鲍伊：这就是一个悲剧，而且还可能是一种对发展的阻碍，真的。我觉得人们已经开始感受到，我们现在所经历的是一种过渡。不管喜不喜欢，我们都在抛下那些旧的体系结构，它们都在崩塌。这不是道德上的衰败，这就是世界演进的方式，是我们改变的方式。

斯克鲁达托：我有时会疑惑我们是否就应该去破坏这个世界，我们是否没法不破坏它。

鲍伊：我不觉得，我完全不相信我们会破坏这个世界，我不是那么悲观的人。我只是认为我们正在经历一种转变，我们将变成接受混乱是我们存在的基本前提、接受混乱就是我们的存在方式的人类。我认为现在我们正处于从结构到混沌理论转变的中间阶段，你能确实地看到那种演进。

斯克鲁达托：但我不能确定地球能否承受得住，它可能无法经受住我们的进步。

鲍伊：噢，那就糟了（笑）！

斯克鲁达托：噢，不过那个时候你和我早就不在了！

鲍伊：我不准备和我女儿说这个。我要和她说，她将会有一个出色的人生，这是一个了不起的世界，她应该去拥抱所有的经历……但得小心一点。我必须这样做，对我而言，努力发展一种积极的心态真的很重要，因为这已经不再是我一个人的事了，我完全能意识到这一点，我不能自私。我这个人很容易往生活中更压抑、虚无主义和黑暗的一面倾斜，我太容易如此了，但我现在不能这样了。这一面现在只会体现在我的创作中，因为那是我允许自己自私的唯一空间。

斯克鲁达托：创作也是你去展现所有那些负面的地方。

鲍伊：没错。就像布莱恩常说的那句老话：在艺术里，你可以撞毁你的飞机，然后像没事一样离开，而这在现实生活中显然是做不到的。在创作的过程中，你可以为自己呈现一幅非常黑暗的画面，然后再拒绝它。（新专辑中）有些歌是我不认同的，但事实上就是我写了它们，就这么回事。

斯克鲁达托：就像你在和自己对话。

鲍伊：我想这就是世界留给我和音乐的一切。我想以前我有话要说就一定要说出来，因为我很年轻（笑）！而且我那时觉得自己懂得一切。现在我却发现我会和自己说话，我就是这么做的。如果我不能做想做的事，我还能去干什么？如果我不能写歌和唱歌了，那我做什么都无所谓了。我真的觉得，我必须做音乐。

斯克鲁达托：这一点很有存在主义精神，存在主义也是我一直会从你的作品中听到的，但人们会更倾向于关注你作品中的虚无主义……

鲍伊：我的作品更多的是存在主义，而不是虚无主义。

斯克鲁达托：我一直觉得你是那种会把自己的可能性转化为理念，然后拥抱它们的人。

鲍伊：我一直觉得像加缪那样的作家很好。人们会认为他很消极，但事实并非如此！他说的那些话绝对是有道理的。

斯克鲁达托：很多人说这世上没有真正的人性，人性只是我们做过的所有的事堆成的一座山。

鲍伊：是的，一座风格的山（笑）！我们需要风格，风格就是我们希望用什么来代表我们的方式，而风格也让我们成为我们自己，这是一件非常特别的事。我不想这张桌子有金属腿，我想要木腿，风格就从桌子延伸到你面对万事万物的哲学层面，这就是你对风格做出的选择。

斯克鲁达托：回到你探索不同层次角色伪装的时期，人们会倾向于把你看成一个害怕世界的人，相反，我看到的你是一个不怕尽力深入自我去探寻选择的人。

鲍伊：我想那是需要勇气的。当时我并没有真的意识到自己探究得有多深，但后来回想起来，会想：该死的，我真的把自己逼到了绝路啊！但我就是在走自己的路而已。我认识的人都是很奇怪的那种，像是伊基他们几个，我身边没几个"好孩子"。

斯克鲁达托：你要为这张专辑做一次大型巡演？

鲍伊：是的，而且这次巡演会比较难，因为我已经有很长时间没有做过大型巡演了，而9月份开始的这次巡演规模会非常巨大。对我比较好的一点是，这次我可以，而且的确准备带上我的妻子和小孩。一般情况下，我可以把他们安置在欧洲的一个房子里，然后从那里去巡演的地方。这样的安排在欧洲是可行的，因为每个地方都离得不太远。

斯克鲁达托：所以你是怎么处理好所有这一切的？接下去准

备怎么做？

鲍伊：我不知道我面前的路还有多长，你懂我意思吗？但做音乐依旧是我的头等大事，我真的非常喜欢音乐，我喜欢写音乐，我喜欢创造音乐。我想我们都有一种渴望，渴望有一样东西可以灌注到我们的身体里，我们能用它来培育出自己的……浪漫人生。我觉得如今要获得这种特别的感觉已经变得越来越难了，但我除了做我能做的，还能做什么呢？

如此完美的一天

迈克尔·乔莱特

2003 年 7—8 月,《滤镜》杂志（美国）

（原编者按）在美国杂志《滤镜》(Filter) 的这篇专访中，又一位记者发现自己在面对鲍伊时被震得目瞪口呆，因为他发现鲍伊不仅是个音乐巨人，同时也像所有其他人一样是一个有缺陷的普通人。和其他访谈不同的是，这篇专访的记者迈克尔·乔莱特如今自己也处在了和鲍伊相似的位置上：在这个采访的几年之后，他华丽转身，从一个新闻工作者变成了独立摇滚乐队"毒害蔓延"(The Airborne Toxic Event) 的主唱。

此篇专访的娱乐性大于启发性——如果你不考虑乔莱特从鲍伊那里挖出后者讨厌乡村音乐这一点的话。

一切都非常奇怪，虽然很好，但很奇怪：我坐在大卫·鲍伊位于苏荷区的录音室的一张小皮椅上，面前是两个巨大的录音室扬声器。我一边听着鲍伊新专辑《现实》里的歌曲一边做笔记，而鲍伊则坐在我身后的一张沙发上翻阅杂志，还时不时地抬头观察我的表情。我手里拿着一个红色的小记事本和一支旧的钢笔,一直在想:"天啊,我希望钢笔不要没有墨水。"突然,鲍伊(或者是"齐吉""瘦白公爵",等等)跳到我面前(这家伙满脸笑容、精力旺盛),笑着说:"希望你不介意我看一下你的笔记……"我支吾着。他笑了,坐回了沙发上。我低头看了看自己手里的记事本,上面写着:

想法1:这首歌电台播放量会很高。
想法2:他这次回归乐坛是认真的。
想法3:我爱我的工作。

正在播的这首歌名叫《最孤独的人》("Loneliest Guy"),是一首戏剧性强烈、充满悲伤和渴望的钢琴歌谣。《最孤独的人》播完了,鲍伊又跳了起来,转向一个录音师(一个年轻的家伙,顶着一个克里德式的发型,一副典型技术男的表情)说:"好了,马里奥,我们听一下《巴勃罗·毕加索》如何?"我笑了,鲍伊也笑了,他知道自己是有好作品的,我感到一阵晕眩。《巴勃罗·毕加索》开始了,是一首轻松的电子合成器作品,翻唱自乔纳森·里奇曼的歌,这一版变成了英式摇滚。扬声器隆隆作响,鲍伊的嗓音显得粗粝且低沉:"女孩会晒成牛油果,他却开着他的'黄金国'。"随着激烈的弗拉门戈吉他的出现,歌曲的节奏渐渐加强,直到歌词唱道"有人想要泡妞,却被叫作浑球,这一切并没有发生在巴勃罗·毕加索身上",整首歌全部结束。这样很好,因为这至少意味着两件事:第一,大卫·鲍伊这段日子里心情不错,回到了为音乐而做音乐的状态——只管他妈的享受它;第二,我们接下来即将进行一次非常愉快的对话,因为很明显,我很喜欢这些歌曲,而(尽管他被许多人认为是 20 世纪最有影响力的音乐家之一)他首先是一个精神紧张、情绪狂热且完全没有安全感的艺术家,他希望有人告诉他他的歌很棒,而我就是那个告诉他这件事的人。这是最奇怪的部分。好吧,还有更奇怪的。

歌曲继续播放——总共六首——鲍伊又站了起来,双手叉腰,微笑地说着"噢,这首歌是以一个总写很糟糕的科幻小说的作家为原型的"或者"你听出来了吗?那是大卫·托恩弹的吉他,听起来不像他,是吧"之类的话。他很矮(大约五英尺九英寸),但精力充沛。他的下巴上有一圈灰色的胡茬,一缕缕淡金色的头发耷拉到他的眼睛上——岁月痕迹和不老容颜同时存在于他身上,令人称奇。我坐在椅子上记着笔记,却意识到这将是我生命中极其难得的时刻——一个必须全力以赴不要把事情搞砸的时刻。

纽约的录音室、跨国飞行,以及带着你来回奔波的大唱片公司的公关之类的事非常吸引人,不仅让普通人觉得十分晕眩,还特别容易把人吓到,但和大卫·鲍伊坐在一起时,我觉得他也有这种感觉。通过他的评论、他的手势、他说的那些校园趣事,我惊讶地注意到他有一种少见的真诚。这种真诚并不是因为他很放松——那种大多数摇滚明星在他们熟悉的环境里的放松,而是因为他很紧张。他试图在这方面压制我,因为他能看得出我也很紧张。他很……酷(就像"詹姆斯是个好人吗?是的,他很酷"里的那种酷),可当一个人的专辑销量比"小甜甜"布兰妮还要大、钱比"皇后"乐队还要多时,这样的酷就显得非常奇怪了。

"没什么比播放自己的专辑更可怕的了,真的很讨厌。过去我也遇到过这样的时候,我就想:'我为什么要做这事?我为什么要播放这专辑?我要把整张专辑重新缩混。'"鲍伊边说边笑,大概是因为说到这里他已经不紧张了。赏听环节结束,其他人都离开了,只有我和他坐在位于九楼的录音室的沙发上,我们脚下是纽约的商店、街头小贩、时髦人士和施工中的人行道。鲍伊盘腿坐着,梳起额头上的头发,有一点"脂粉气"。想象鲍伊扮演雌雄同体、双性恋以及来自外太空的摇滚明星的形象并不难——这些就是他在1973年做的事,并不是因为他的怪异——他其实并不怪异,而是因为他看上去就是那种什么事都愿意尝试的人。这一点,同样很酷。

"这张专辑是我在纽约创作的。"鲍伊一边说,一边起身走到窗边,看着窗外。他的双手插在牛仔裤口袋里,窗外的消防逃生楼梯和砖墙建筑映衬着他在玻璃上的身影,光线笼罩着他。"在纽约你能感受到某种能量。比如我感受到了人行道,当我的脚踩在上面的时候,会有一种拨弦的声音,我听得出来这种声音像什么,这也是我想把它录进黑胶唱片的原因。"

他坐回沙发上,抬起头,目光炯炯有神:"大概在我17岁的时候,我就对这座城市有了一种情感的联结,因为那个时候我买了鲍勃·迪伦的第二张专辑——就是封面是他带着他女朋友一起走在……我觉得是布利克街的那一张。我心想:'这家伙看上去也太酷了。'(对着旁边的我说)人总是先看衣装,对吧?(我们都笑了)我是英国人,你还想怎么样?然后我就播了那张专辑,我太喜欢里面的音乐了,绝对炸,就像一个小孩子的躯体里有一个60岁的嗓音在唱歌。我想:'这就是"垮掉的一代"啊!这一张专辑里就包含了美国的一切伟大之处,因此我非常想念布利克街等有关纽约的一切。'"

我想问一个关于鲍伊在电影《轻狂岁月》里扮演安迪·沃霍尔的问题,但他突然打断了采访的既定流程(他习惯如此),说:"我不敢相信头发上没有打任何'产品'就坐在这里接受采访了。

（他大笑起来。似乎只有鲍伊自己懂自己的笑话，而他没有安全感，因此在寻求认同，希望我在他身边时能感受到快乐。）我觉得自己像是个傻子。（我试图安抚他，告诉他说：'不，你的头发看起来很好。'）噢，我讨厌我的头发，这种头发如果不打上半磅发蜡就会很可怕。"

很自然地，我们聊了一小会儿安迪·沃霍尔——另一位具有巨大影响力的艺术家、一位据说和鲍伊特别亲密的人。"我和其他人一样不了解他。"鲍伊说，"有什么好了解的呢？和安迪相处非常非常困难。直到今天，我都不知道他心里想的是什么。除了那些表面上展现的东西之外，他心里是否藏着更深的东西，我真的不知道。或许他就是那种狡猾的女王，抓住了时代潮流，却不经大脑。他说的永远都是这种（惟妙惟肖地模仿安迪·沃霍尔慢吞吞的女王式口吻）：'哇，你看谁来了？'不会有比这个层次更深的东西了。（继续模仿安迪·沃霍尔）'天啊，她好漂亮，多大了？'卢（卢·里德）对安迪的了解当然比我多得多，他一直说安迪的脑子里装了很多东西，可是我从来没感觉到。"

这次采访的初衷此时已经不在了，在各种思维之间跳来跳去本来就是大卫的天赋。我想知道去扮演一个他认识的、后来却成为有历史意义的人物是一种什么感觉，当我正要严阵以待重新提问（一个前新闻工作者的尴尬的社交手段）时，我却想到，有人可能因为扮演鲍伊而有着和他相同的感受。鲍伊挺直地坐了起来，开始变得兴奋，说道："《天鹅绒金矿》就是这样子的，显然，电影里说的那人应该就是我。我告诉你（他的声音低了一个八度，像是要侧身过来讲什么秘密），我觉得电影里的那个我淡得像一杯白开水，我本人肯定比他有活力。他比我更像沃霍尔，那个家伙。他是一个漂亮的孩子，我心里暗想：'哇，谢谢你啦！'显然，他们没看到我那时候的牙齿。

"问题是，那部电影很明显是美国视角，但华丽摇滚从来没有在美国兴起过，本质上华丽摇滚是英国的事。你得去接受泥瓦匠和大老粗突然化上妆这种事，太好玩了。"关于华丽摇滚的奇怪之处在于，大卫·鲍伊一般不喜欢回答关于他音乐生涯里这个时期的问题。"齐吉·星尘"是这个时期里他众多角色化身中的一个——没错，就是在1973年，历时很短，只维持了一年多一点的时间。但这之外，他还在60年代末在派伊唱片公司出过一些时髦单曲，然后，他是写《太空异事》的迷幻唱作人（更不用说他还是成立了自己剧团的专业哑剧演员），再然后，他在1971年出了长发飘飘的风格杂烩专辑《万事顺意》。在《齐吉·星尘》之后，1975年他出了《年轻的美国人》来表达对塑料灵魂乐的迷恋，接着是《每一站》，这回是他把迷恋灵魂乐的前卫角色"瘦白公爵"介绍出场……对可卡因的偏执最终促成了鲍伊的柏林之行，在那里他爱上了实验电子，这在70年代后期布莱恩·伊诺制作的专辑《低》《英雄》和《房客》中得到了体现。1983年的《让我们起舞》中他又带来了流行舞曲……当然他还是演员、唱片制作人（为卢·里德和伊基·波普等人制作）、"罐头机器"乐队（此乐队受"小妖精"乐队和"音速青年"乐队的启发）的主唱……（这个清单甚至都还没包括鲍伊在90年代的各种艺术追求。）

但是，在鲍伊所有的角色化身中，"齐吉·星尘"似乎始终和他如影随形，摆脱不得——这并不是说对于这只鲍伊向世界释放的涂满口红的野兽，他作为创造者没有自豪感，因为"从另一个方面来说，从开始到结束，它只存在了18个月"。鲍伊接着说："整个华丽摇滚运动里，我们一直在往前走，'洛克西'（'洛克西音乐'乐队）和我都在朝前走。当然，也有后来者，加里·格利特等，但他们有点糟糕，我们不喜欢他们。我们——'暴龙''洛克西'和我三组人在这方面是非常势利的，事实就是如此。这些就是整个华丽摇滚流派了，它甚至都称不上是一个运动。"

如此，我们就被带入了大卫·鲍伊音乐生涯的核心悖论里：40多年，25张专辑，经历了歌剧式垃圾摇滚乐和电子乐（先是德国电子，之后是"鼓打贝斯"），穿过灰色商务西装和女装，演过大型现场巨制和纽约五个区的小型俱乐部里的近距离巡回演出，鲍伊是摇滚界受过最多音乐人影响同时也是最有影响力的音乐家——每个人都想成为鲍伊，而鲍伊却想成为所有人。借此，鲍伊表达了他的艺术、潮流的稍纵即逝、艺术影响的传承，以及后现代思想的基础——创作源头的缺失。又或者，鲍伊只不过表达了他是一个真的爱死音乐的人。

在纽约那栋大楼九楼的录音室的那张沙发上，我向鲍伊提出了这个悖论。他低下头，挠着脑袋想了很久，然后说："我从我听的所有音乐里吸收养分，我是听得最庞杂的乐迷。直到今天我仍然……像'爷爷'（Grandaddy）这样的乐队仍然会让我很有兴趣去看他们的演出。（我插话：'我也喜欢爷爷乐队。'鲍伊来了精神，提高了音量，听上去就是一个脑残粉丝。）我还没有拿到他们的新专辑，那张专辑周日刚上市。（我对他说我会给他拿一张来——这大概是这一天里我所有超现实的想法里最超现实的一个：我会给大卫·鲍伊一张专辑，他便可以拥有它，就像我给任何人一张专辑一样，这是出于他的要求，因为他喜欢那张专辑。）哦，伙计，这两三年里我一直在卖力地宣传他们，因为我看不过他们一直那样被无视。总有一些乐队——像'爷爷'还有'人行道'（Pavement）那样的——会让你想：'噢！他们说的就是我想说的'或者'我就是想这样说'。你懂吗？就是你和这些人心灵相通。"

聊到这里，鲍伊变得非常投入，滔滔不绝起来："我的音乐参考实在太多种多样了，以至于我自己做出来的音乐也会沾染到一些非常奇怪的东西，但这些参考帮助我理解了音乐。（然后，鲍伊以雄辩的演说风格做出一个结论）我从来没有把任何音乐风格排除在外……（紧接着，鲍伊又以一个旁观者的角度，低声说）当然，除了乡村音乐和西部音乐。（看到我笑得很厉害，他也笑了。他看着我，爆发出一阵狂笑）这是真的，是吧？噢，见鬼！你不讨厌那种该死的音乐吗？太可怕了，我没法忍。我爱美国，我爱美国的一切，但乡村音乐——我从来就没懂过。当米克（米克·贾格尔）说：'噢，我爱乡村音乐！'我就说：'你在乡村音乐里听到了什么？'都是些乡巴……（截住自己的话头）呃，我应该闭嘴了。"

此时，我们已经忘了时间，话题转到了摇滚乐的终结。事实上，摇滚乐如今已经陷入了自我参考的旋涡之中，新的音乐人不仅仅是去参考老的艺术家，而是直接抄袭他们了——正如爵士乐和古典音乐曾遭遇过的结局一样，这两种艺术形式对过去比对现在和未来更加痴迷。就在这时，鲍伊的公关从门外探身进来，看着我，悄悄地指了指她的手表。时间就快到了。我暗想，采访、摇滚乐、大卫·鲍伊，这一切都结束得太快了，所以在我们接下来的交谈和记录里，我可能最好不要插嘴，只让鲍伊一个人说，因为他说的都挺重要的，而剩下的时间非常宝贵……

"让我们把一切归结为后现代主义，由此造成的结果差不多就是鸡犬不宁。尼采说'上帝已死'，然后真的就把20世纪给搞乱了。当他说出这句话的时候，无论是在哲学上还是在精神上，一切都乱了。我认为当后现代主义者在60年代初提出不会再有新东西出现的理念时，同样也把世界搞乱了。这是一个潜移默化的过程,这样的理念现在绝对已经成为我们思维的一部分了。(他在此处停顿了一下,意识到跑题了,开始调转话题)你肯定会有疑惑:比如'电台司令'乐队,虽然我很喜欢他们,但他们是不是就是加上了基础节奏的'艾菲克斯双胞胎'(Aphex Twin)?我的意思是,他们的音乐有什么新东西可言?而且我想知道这一点是不是还那么重要?我们是不是不应该那么执着于认为原创就是一切的一切?我们的文化就是融汇……是风格,而不是时尚——我要强调这点——把我们的文化融汇在一起的是风格。为什么我们会选择这把椅子?因为它的样子让我们选择它。但我们为什么要这么选择?为什么我们要选择椅子?我们只是需要这样的选择来表现我们自己。"

他低头盯着自己的手看。他手里折着一张纸,似乎陷入其中。"但这正是有趣之处。我如今年纪大了,但60年代理想主义的记忆依旧清晰。我记得自己十六七岁的时候是一个理想主义者,对未来将会发生的事情等充满理想主义。我不知道现在比我更年轻的人——我不用'年轻人'这个词,因为我把你也算作'比我更年轻的人'——是否真的能感受到理想主义,就像我在60年代感受到的那种感觉。(此时我和大卫·鲍伊之间出现了一个怪异的'父辈和子辈'的时刻。我突然想到,这可能发生在他和任何一个读《滤镜》杂志的人之间,而我只不过碰巧是这个人。他在思考,然后稍稍抬起头说)对你们来说,意识到一定需要去遵守某些东西,是不是非常难?"

我回答了他。我的回答是什么并不重要。请别客气,在这里填上读者您自己的答案:_____。

"嗯,这个矛盾真的把你搞得一团糟,不是吗?"这是他的回答。

读者您或许可以把您的答案寄给他，我相信他一定很想看到您的回答。因为，上帝，这家伙就是块海绵，吸收着这个时代的一切——数学里的混沌理论、物理学里的统一理论（虽然求索无果）、从后现代主义到后后现代主义再回归到古典主义的演进以及对意义的求索，等等。我不知道他是否读过这一类的书，或者与这些领域的人交流过，又或者他是那种只要走在街上就能感知到这些东西的人，但不管怎么说，他通晓它们，理解它们，也吸收了它们。

"我认为今天我们的上帝已死，我们对任何政治形式都不会有真正的信任。从哲学上说，我们完全是茫然的。我觉得我们不想要新的东西，我们就在已知的事物中四处搜寻，看看里面是不是有某种文明帮助我们活下去，并生存到未来。我们不需要新的东西了，（强调）我们已经完蛋了。我们有的新东西已经足够，足够了！（他仰天大喊，请记住这一刻。）我想当我们能够接受生活是混乱的这一点时会更满足，在10或15年前我觉得这个想法很可怕，但我现在觉得我们已经开始变得更加适应生活是混乱的这样的理念。它是混乱的，就这么简单。没有架构，没有计划，我们也没有进化。我们只能把我们已有的东西做到最好，如果我们能因此变得快乐，我想我们就应该建立起一种让我们更满足的生活方式。"

他停顿了一下，让思维尘埃落定，然后显得振作了一点，笑着说："我刚才都说了些什么？"

我开始复述，但此时采访时间到了，他说：

"很高兴能和你交谈，很抱歉我们没有多点时间……"

你还记得你的第一次吗？

保罗·杜·诺耶

2003 年 11 月，《言语》杂志（英国）

（原编者按）在这篇英国杂志《言语》（The Word）的专访里，作者和艺术家鲍伊都走进了记忆的长廊。

保罗·杜·诺耶让我们了解到，当一个人成为专业作家，可以随时接触到他的偶像时，歌迷与艺术家之间的关系会发生什么样的变化。同时，在这篇专访里，鲍伊公开阐明了他在 1990 年做出在演唱会上不再表演过往金曲这一奇怪决定（并且之后还反悔了）的动机，通过此举也从事实上承认了他担心自己当时的新歌无法和旧作相比。

这篇专访里还隐藏着另一条线索，即为什么鲍伊不久之后就不再接受媒体采访，甚至不再做音乐。访谈中，鲍伊频繁提到妻子和孩子的事实也表明，此时他从家庭中感受到的幸福完全改变了他，唱歌录音以及在媒体采访中重复一样的话等事情对他来说已经不再重要。

2003年夏，暴热难当的一天，一辆黑色豪华轿车驶入一条被太阳晒得发烫的小巷。坐在空调车里，大卫·鲍伊向窗外望去，外面是他最忠实的信徒，他们被挡在临时的隔栏后面，已经在那里耐心等待了一整天。他们中的许多人是穿越了整个纽约州过来的，还有些人被路人认出是来自英国的死忠粉丝。我的目光被这群人最前面的一个高个子男生吸引住了，他那浓密的头发就是《天外来客》里鲍伊的那种橙色加金色的风格，如果不是日本人的话，那他肯定是干模仿名人这活儿的。

这里是波基普西（Poughkeepsie）。这个小镇离纽约城非常远，因此，摇滚乐队在巡演前可以在这里悄悄地排练他们的新歌。我们所在的这个场地是一个叫"机会"的摇滚俱乐部，看上去依旧像是查理·卓别林和巴斯特·基顿时代的小电影院。大卫·鲍伊的乐队已经在这里排练了一个下午，现在他们的头儿到了来加入他们。门外的这些粉丝是通过鲍伊的网上社区获得今天的门票的，他们每听到一首歌的前奏便会欢呼雀跃，大声喊叫——《妇女权利之城》《出卖世界的人》《反抗，反抗》……

鲍伊走进门时，注意到了一旁从英国来的乐迷，他又好气又好笑。"我真的跟他们说过这次表演时间不长。"他决定今晚不会完整地表演新专辑里的所有曲目——这张名叫《现实》的专辑离发行时间尚有一个月，所以他预计，如果全演的话，明天易贝（eBay）上就有现场私录版卖了。

鲍伊没花几分钟就站上了台，和乐队一起开始了剩下的试音工作。他身穿白色T恤和牛仔裤，脚蹬黑色靴子，头上成功复刻了《每一站》时代的发型——如果灯光合适，他就像刚从1976年走来一样。他和乐手们之间的交谈有如同志般热情，但所有有关技术的对话都是在他和吉他手格里·莱昂纳德（Gerry

Leonard）之间进行的——莱昂纳德是一个年轻的爱尔兰人，鲍伊任命其为音乐总监。舞台上纷繁缠绕的电缆线后面，站着引人注目的光头贝斯手盖尔·安·多尔西以及"不再摇滚"的吉他手厄尔·斯利克。鲍伊乐队的另一员老将迈克·加森则在他的键盘后面正襟危坐，看起来活像《现代启示录》里的马龙·白兰度在支离破碎地弹奏着玩具钢琴——当年正是这钢琴声让"阿拉丁·萨恩"栩栩如生。

试音是一个相当公事公办的程序。"你觉得这样可以吗，皮特？"鲍伊不时地问他的音响师。鲍伊团队的人个个皱着眉，忙得不可开交，马上要把这场演出推往世界各地的演出团队也同样忙碌。鲍伊的一个纽约公关在给排队等着做简短采访的电视团队做情况介绍。而这一切忙碌的中心则仿佛是静止的，鲍伊正仔细地看着自己面前谱架上的歌词本，偶尔也会蹲在台前和他一直以来的私人助理可可·施瓦布商议些什么。大卫·鲍伊没有手机，它的基本功能都能靠施瓦布实现。

对外行的我来说，试音很快就没有了吸引力。虽然近距离观察鲍伊很有趣，但我还是选择了去外面呼吸点新鲜空气。俱乐部后面的院子里，鲍伊那辆豪华轿车的司机正在表演一种叫作"把奇才的车掉头"的绝技，好让这位奇才一会儿能够顺利离开这里。粉丝们在下午的热浪中个个脸色发红，无比期待着日落的到来。我和一个来自英国的女孩聊了几句，她骄傲地说她第一次看鲍伊的演出是在1973年的哈默史密斯音乐厅，这让我想起了我自己的第一次……

我的第一次比那个女孩的早一点，是在1969年底。虽然此时鲍伊刚刚有了一首稍显古怪的流行热门金曲《太空异事》，但他个人依旧寂寂无名，在跟随史蒂夫·马里奥特（Steve

Marriott)的知名"超级组合"——"内脏馅饼"乐队进行的英国巡演中,鲍伊排在阵容名单的最后。他是作为巡演的暖场歌手出现的,当时这类"拼盘巡演"已经日薄西山,那次巡演是长发摇滚乐队的杂烩,其中包括埃德蒙兹(Dave Edmunds)的"爱的雕塑"(Love Sculpture)、名字与成员长相都像托尔金笔下的"霍比特人"的乐队。令我印象最深的是,卑微的鲍伊在里面显得非常不自在。他很害羞,表演时又没有放大器,在那个一众摇滚怪兽群魔乱舞的夜晚,他只是个一头电烫卷发的民谣歌手。

利物浦帝国剧院的观众都是些穿着皇家空军淘汰下来的大衣、头上满是头皮屑的暴徒,对鲍伊毫无恻隐之心。鲍伊唱错了几个音,不得不重新开始。接着他演唱了自己的那首热门歌,唱完后在稀稀拉拉的掌声以及嘲笑和沉默中下了台。我很同情他,但更多的是,我相信自己看到了一个超凡脱俗的天才——一个来自弗利克劳德的狂野男孩[*]。那时我才刚开始看音乐现场演出,觉得那晚所有的表演都很精彩,但唯独鲍伊的演唱让我久久难忘。那之后的几年,鲍伊似乎消失了,直到1971年《万事顺意》的发行,让我又重新注意到了他。

回到波基普西。当日晚间稍晚的时候,俱乐部里已经挤满了鲍伊的粉丝,尽管晚上到场的人看起来没有白天守候在门外的那些人那么铁杆。其实有点意外的是,场内几乎看不到有死忠歌迷的迹象——没有人脸上画了"阿拉丁·萨恩"的闪电条纹,也没有人穿亮片丑角服装。也许不像英国人那样喜欢把鲍伊看作太空时代哑剧皇后,美国人认为他代表的是更传统的摇滚。

---

[*] 这里借用的是大卫·鲍伊1969年《太空异事》的唱片B面歌曲"Wild Eyed Boy from Freecloud"的标题。

演出开始，乐队轻松地表演起了新专辑的同名曲《现实》。在黑暗的俱乐部一侧，鲍伊的妻子伊曼由保镖护送着被带了进来，而场内观众并没有注意到。这个俱乐部只能容纳 500 人，我在前区找到了个位置，离鲍伊的麦克风只有几码远。

但这并不是我离他最近的一次。思绪飘回到了我看的第二场鲍伊的演出，在一个名叫"利物浦体育馆"的阴暗的小拳击场里。那是 1972 年 6 月 3 日，我激动地盯着当晚的挑战者上场，却感到迷惑不解：我们一直期待鲍伊以《万事顺意》唱片封面上的好莱坞金发造型出现，但他穿越未来，换上了下一张专辑《齐吉·星尘与火星蜘蛛浮沉录》的封面造型。

他的发型回归了蓬松的前朋克造型，乐队的乐手和他一样穿着百衲连体衣和靴子，看起来没有他妖艳，却像在这个拳击场上比过赛的拳击手一样野蛮。我后来才知道"火星蜘蛛"乐队的风格非常像《发条橙》，但当时我只是为了看到一个我最想看的表演而狂喜。他们的那场表演，可以说最终埋葬了 20 世纪 60 年代。

我是多么讨厌嬉皮士和平绒喇叭裤，对于和平与爱的那十年，我感到了那种只有年少轻狂的人才能感受到的厌恶。那晚，我怀着感激和崇拜的心情仰望着鲍伊，而他唱了《坚持自我》（"Hang On To Yourself"）和我们以前从未听过的《齐吉·星尘》里的歌。而到那个夏天结束时，我已经记住了每首歌的每句歌词，这些歌词我相信直到今天我依旧记得。

那次演出后不久，我便开始了我伦敦生活的第一周。我去买了一本伦敦指南，并在电话本里查找"K. 韦斯特"——每个鲍伊粉都谙熟于心的《齐吉·星尘》专辑封面上的那个发光标志。去探访赫顿街是我和伦敦市中心的第一次亲密接触，我脑海中的伦敦地图就是围绕着这条街构建起来的。赫顿街就在摄政街后面，我只要去那里很少不顺便去赫顿街逛逛的——如今这条街已经满是时髦餐厅，但在那个时候还只是一条布满灰尘的做服装生意的小巷。回想起来也很奇怪，我那时虽然对赫顿街如此痴迷，却从没想过去探访一下就在它背后的一栋建筑——位于萨维尔街的苹果唱片公司的原总部。就在几年前，"披头士"乐队曾在那里举行了他们最后一次的公开演出。

31年后的今天，在我面前昂首走过的鲍伊惊人地容颜不老，唯一明显的改变是增加了一些体重，但增加的也是胸肌和肱二头肌。他穿着一件牛仔短夹克，收腰设计巧妙地展现出纤细的腰身。很快，他就脱得只剩T恤了，空气里充满了女歌迷的尖叫。如今的不同之处在于鲍伊和我们这些观众之间的关系。早期的"齐吉"在舞台上是相当有礼貌的，话不多，非常注意感谢我们的每一次掌声，然而，每个观众都觉得自己处在一个陌生的环境中，和鲍伊之间的距离是不可逾越的。年轻的鲍伊拥有不同寻常的魅力，我们甚至觉得自己就算成为这个宇宙吉卜赛人的弃婴也没什么大不了的。

相比之下，2003年的鲍伊更像是一个被粉丝簇拥着的欢乐牧师，主持着博彩之夜。"你们最近怎么样？"他问观众，"噢，我喜欢你的新鞋子！"给人的感觉是，他是整个场子里最放松的人。他一直在对观众说："听着，这只是一场秀，别表现得那么紧张！"这话不是应该反过来由观众对他说吗？

"我也不知道为什么会这样。"演出过后鲍伊对我说，"不管是不是因为我最近有了孩子……并不是说工作不重要了，而是我把它放在了正确的位置。你意识到在观众面前表演并不致命，就是出去唱几首歌而已，没什么了不起的，对我来说这已经是家常便饭，我也更享受于此。这些年来，演出这件事对我来说已经和以前不一样了，我会在台上说：'今天我会唱一些我写的歌，其中有一些你们会喜欢，有一些你们没有听过，还有一些你们可能不喜欢。'——我很喜欢这样子。另外我不是一个特别善于交际的人，所以演出对我而言基本就是一种社交上的突破。"

所以我看着这个新的、正常的大卫·鲍伊和他新的、正常的歌迷，觉得与过去那些年相比，一切都是非同寻常地正常。今晚演出的最后一个和弦消失，室内灯光亮起，一个眼神呆滞得可怕的女人拍了一下我的胳膊——她看见了我胸前挂着的后台通行证。"你能带我到后台去见他吗？"她用一种像梦游者般断续的声音说，"我一定要见到他。我是他最忠实的歌迷。"她郑重地点着头，说，"是真的。"

在一丝惊吓之中，我想起了在卡纳比街《新音乐特快》杂志的旧办公室上班的那些年，各路疯狂粉丝的来访并不少见，但其中最大的群体就是大卫·鲍伊的粉丝。因为我不太善于下逐客令，所以经常只能花上好几个小时听他们说些疯狂的东西，比如是鲍伊安排他们去那里和他见面的，或者他们被神的意志选中成为鲍伊在地球上的继承者，等等。

在鲍伊的音乐里，以及似乎由他扮演的角色所引发的怪异中，常常涌动着一股精神紊乱的暗流，令人不安，但说实话，对此我突然有一点怀念。

鲍伊昨晚大约一点半从波基普西回到家，但今天早上仍然在他习惯的六点半起了床。他喜欢清早就从市中心的公寓里走出来，他说他最喜欢这个时刻的纽约，除了会在唐人街遇到将当天的蔬菜送到市场的工人外，周围没有其他人。这时的鲍伊已经和《让·精灵》中那个惊讶地睁大眼睛为这座不夜城大唱赞美歌的英国男孩相去甚远。

我想知道,他是否还能在纽约找到那些年的影子?那些穿着"斜背西装"和"拉扯服务员"的日子*?他说:"我想,现在纽约对我来说更有家的感觉。比起现在,那时的我对纽约的想象更浪漫,但当然那个时候我也过着和现在完全不同的生活,基本上是夜生活,下午四点我才会醒来,然后整夜都在外面玩。我肯定那一面的纽约现在还在,只不过那已经不再是我的纽约了。"

我们坐在位于曼哈顿的窥镜录音室里,那里是鲍伊录制《现实》的地方。鲍伊像个导游一样指着房间的各个角落,告诉我录音时不同乐手分别站在哪里。他戴着一顶棒球帽,紧紧地扣在脑袋上,压住了浓密的头发,这使他看起来比昨天晚上更瘦小。他穿着干净的白色T恤、牛仔裤和运动鞋,当下午茶端上来的时候,他倚靠在了沙发上——现在的纽约,有家的感觉了吗?

"没错,确实如此。纽约有点像我一直想去度假的那个地方,只不过这个假期永远不会结束罢了,所以说'家'并不完全正确,不是吗?我一直感觉在这里我是个陌生客,一个局外人。我的确还是一个英国人,这一点无可否认,但我在这里有朋友。我对纽约可能比对新伦敦更了解——自从我来到美国后,伦敦那边的变化大得令人难以置信。我在这里认路比在切尔西认路简单多了,我已经记不起所有伦敦的街道了,(他用哑剧方式表现出茫然状)'请问克莱尔维尔园(Clareville Grove)以前的位置在哪里?'"

前两天当我到达肯尼迪机场时,一个移民局官员对我进行了例行检查。他用怀疑的眼光斜睨着我的记者签证,询问我此行的

---

* 二者都出自《让·精灵》里的歌词。

目的。"大卫·鲍伊？他还活着啊？"我很礼貌地向他保证鲍伊还活着。"哦，我上次看到他时，觉得他看起来已经一只脚进棺材了……"当然了，56岁的鲍伊看上去还活蹦乱跳的，状态好得让人羡慕。他重新剪回了1976年的发型，脸上虽然有岁月的痕迹，但脸型从"齐吉·星尘"时代以来就再也没有多少变化。不变之余，甚至还有了一个极大的进步——那变得整齐耀眼的牙齿。这大概是鲍伊应美国人对英国人的牙齿的疑虑做出的让步，毕竟鲍伊曾经的笑容会让你想起哥特墓地。

他那修整得很漂亮的牙齿间咬着牙签，似乎突然之间，牙签这样东西就在他最近所有的宣传照片里都能看到了。鲍伊一直宣称自己有成瘾的体质，像大多数已经戒断的瘾君子一样，他也很喜欢谈论过去的黑暗日子，因此一直在聊香烟。"我存在的痛苦根源。"他叹息道。对此，他选好了防卫的武器——一种草药制造的牙签（很显然，用的是澳大利亚茶树），他形容这种牙签有"一种很奇怪的薄荷味道"。如今的鲍伊发现，他无可避免地对这种牙签上瘾了。

尽管如此，他的身体状况一直处于最佳状态。他每周大约会去三次私人教练那里，这个教练的专长是把来自纽约下三烂地区的浑蛋小孩训练成拳击手。这教练想把鲍伊训练成什么样？鲍伊想到这点自己也笑了，毕竟他这个赢弱的英国唯美主义者连个纸袋都打不穿。"我想教练之所以会接受我是出于纯粹的疑惑，不过我真的很自律，我现在经常锻炼身体。我的确是从孩子出生后才开始锻炼的，因为我只是想为她活得更久一点：'来吧，振作起来，鲍伊！你以前很健康，重新健康起来吧！'"

据鲍伊说，三年前女儿亚历山德里娅的降生完全改变了他平淡的家庭生活。虽然他一直在试着跟上当下流行的音乐〔"丹迪·沃霍斯"乐队（The Dandy Warhols）、"复调狂欢"乐队（Polyphonic Spree）和"爷爷"乐队都得到了鲍伊私底下的赞赏］，但他说自己唯一一首经常听的歌是（他唱道）"巴士上的轮子转啊转……"*。鲍伊说："告诉你吧，时间是一个因素，小孩子会占用你很多的时间，因为他们想让你一直看着他们。'看看我，爸爸！逗我开心吧！'所以我就没时间出去做其他事了。带孩子真是一项辛苦的工作，烦心事实在太多了。"

鲍伊发现自己越来越回归到了听黑胶唱片。"我来告诉你我这几天在听什么：达维德·艾伦（Daevid Allen），他在'铜锣'乐队（Gong）和'软机器'乐队（Soft Machine）都待过，所有华丽摇滚的元素都在他的音乐里了，他玩华丽摇滚比我们早了大概两年。凯文·艾尔斯（Kevin Ayers）也是。'软机器'可是伦敦的大热门乐队，尤其是罗伯特·怀亚特（Robert Wyatt）在的那段时间，他们会说：'我们乐队可厉害了，伙计！'"鲍伊听黑胶的另一条音乐链条，则把他从回响诗（dub poetry）诗人林顿·奎西·约翰逊（Linton Kwesi Johnson）一路带到了吉尔·斯科特-赫伦（Gil Scott-Heron）和"最后的诗人"组合（The Last Poets）的说唱乐原型，以及肯·诺尔丁（Ken Nordine）的50年代"文字爵士乐"，再绕回到具有社会意识的当代嘻哈明星莫斯·戴夫（Mos Def）。在鲍伊的音乐学术研究中，他喜欢在各种音乐之间建立联系，从朗诵与音乐的融合，到非洲的格里奥†。

除了听唱片，他还会做些什么？"我们偶尔会去看电影，但

---

* 出自一首流行儿歌"Wheels on the Bus Go Round and Round"。
† Griot，西非地区对于历史学者、说书人、吟唱歌手、诗人以及音乐人等的总称。格里奥一般以传统的说唱方式口述历史故事。

最近很少去看了。成了一个恋家的人真的会对你产生各种影响,我以前很喜欢去剧院,现在已经不太能够去了。我最近一次进电影院是去看《狮子王》。"(他说他女儿对影片印象深刻:"她看过的最好的戏剧作品。")

当然,鲍伊对互联网的热衷也非常出名,他像一个极其勤奋的牧羊人一样运营着他的网上粉丝社区 Bowienet(我们都知道这么多年来鲍伊有各种角色身份,但我们中有谁曾预料到"互联网服务提供商"也会是其身份之一?但是,它就真的是)。鲍伊说他每天都要花很大一块时间在网络空间里,尤其是在为他的小说做资料研究时。

小说?他有点羞涩地咧嘴一笑,说:"这本小说需要做大约 100 年的资料研究,在我有生之年它永远不会完成了,但我乐在其中。我的研究从 19 世纪 90 年代伦敦东区第一批女性工会成员开始,到印度尼西亚,再到南海问题。在互联网上做研究太容易了,我在上面了解了所有这些以前从来不知道的非凡事情。过去 18 个月我一直在写这本小说,非常困难。麻烦的是,我的故事线在某些点上会断裂,因为我不停地发现有趣的事,我不得不对自己说:'不行,回到故事上来,不要再绕弯路了,只要他妈的拿出一个有开头、有中间、有结尾的故事就好了!'

"这本小说太宏大了,我不确定我能否写完,也许书的手稿会在我死后出版,那些笔记会很有趣!极大量的'你知道吗?',哈哈!(他换上一种乡下小酒馆酒客的嗓音)'你知不知道 18 世纪初伦敦人口中有 20% 是黑人?'他们都住在圣吉尔斯地区,那里有很多黑人酒吧……"

你应该读一下彼得·阿克罗伊德的书。

"哦!我很爱看彼得·阿克罗伊德的书,我读过他写的所有作品。我应该给他打个电话，我得抽空去做这件事。他看到了令人担心的伦敦底层社会，我也一样看到了。"

大家想象的年轻鲍伊早年对纽约的造访——就像《让·精灵》歌词里说的——是在安迪·沃霍尔派对上嗨到精疲力竭，是大剂量地嗑药，是在性方面全天候、新花样迭出地进行探索。排在这些之后的日程，可能就是翻翻《纽约时报》的八卦副刊。

但如今他的谈话风格——慢条斯理的知识分子腔以及满腔热忱的自由主义左派——都暗示着鲍伊已然是一个曼哈顿的学者。新专辑《现实》充满了对纽约的指涉，并打上了厌恶乔治·布什的文化烙印，而这一点已是纽约圈子里的标准了。

鲍伊在谈到这张专辑时说："纽约对它有影响，但纽约并不是专辑的内容。专辑里有关纽约的东西比我预想的要多得多，但我不希望它被认作我的纽约专辑，它更多的是关于其所处的时代。"

虽然《野蛮人》里有些歌有着一种荒凉的"9·11"气氛，但这些歌其实写在那一天之前，《现实》中的歌才是在那天之后写的，而鲍伊移居的这座城市纽约，才是这一切的中心。

"'9·11'事件为纽约的历史画下了一条分隔线。"他说，"这件事无疑改变了这个文明里的一切，即使是在最微妙的方面。纽约人在大停电时（2003年8月的纽约大停电）的团结让我感到非常惊讶，绝对史无前例。我记得上一次大停电是1977年左右，我那时还写了一首叫《停电》的歌，因为我当时也在纽约。我记得那一次到处是放火和抢劫，情况非常糟糕，但这一次每个人都在为他人着想，非常特别，也没有抢劫。如果有大停电，所有的警报都不响了，通常情况下都会发生抢劫，但是这一次不同寻常。这座城市有了一种守望相助的感觉,以前绝对是没有的。"

鲍伊提出了阴谋论,他认为"9·11"事件即使不是美国政府煽动的,至少也被他们利用来推进其一直以来的计划。他的很多怀疑来源于新保守主义智囊团——"美国新世纪计划"网站,该智囊团的成员包括布什的亲信圈子,他们主张美国要统治后冷战时代的世界。鲍伊说:"让我感到惊讶的是,除了某些左翼作家和类似《琼斯妈妈》这样的杂志外,几乎没有人会上这个网站,也没人拿它当回事。"

(当我回到伦敦时,发现鲍伊通过电子邮件给我发了一些网站地址。可以去 www.newamericancentury.org 了解该组织的宣言声明,至于反对的观点参见:www.informationclearinghouse.info/article1937.htm。)*

"所以我无法理解,看上去这是有计划的,但似乎没有人发现这个计划,一切都和你被告知的不一样。"

不过这种对表面现象的不信任是鲍伊的老习惯了,他向来是流行音乐圈里对摇滚音乐人渴望"真实性"这件事的主要反对者,但如今,这一点成了他新专辑的核心,甚至就是专辑的标题,这让你根本不会怀疑在《现实》这个标题上应该加个引号,或者至少要加一个问号。

"这些年来'现实'这个词已经有了很多衍生的含义,要说这个词,要不就是在前面加上'虚拟'†,要不就是在后面加上'电视'‡。所以这个词是被贬低了,那么是什么东西被贬低了呢?今

---

* 以上网址现已失效。
† Virtual Reality,虚拟现实。
‡ Reality TV,电视真人秀。

天'现实'的'现实性'实在太变化多端了，不同的人有不同的现实。"

作为一个追求绝对真理的老派人士，我拒绝接受这种否认现实存在的后现代学说，而鲍伊也承认自己对此有保留："我知道，第三世界国家的人不会在乎我们是否相信有没有绝对真实，因为对他们来说，贫穷什么的就是深刻的绝对真实，每天都能活下去就是绝对真实，所以这个词是西方世界少数精英的奢侈品。"

可当我提到汤姆·沃尔夫（Tom Wolfe）对后现代主义者的讽刺时，鲍伊对这个名字却不屑一顾："哦，我钦佩他写作上的流畅，但他是一个非常以自我为中心的作家，他的世界观有些狭隘，非常清高，这点让我对他不太感冒。"［还是请允许我向您推荐沃尔夫的散文集《勾搭》（*Hooking Up*），这本书对我们这个时代的知识分子的行为方式进行了强烈的讽刺。］

我们从对后现代主义的讽刺聊到神秘主义，又聊到了乔治·哈里森（George Harrison），《现实》里鲍伊翻唱了他的《看看，买买》（"Try Some, Buy Some"）。鲍伊说道："他对某种体系有一种信仰，但我在这方面就觉得很难。在日常生活层面我没有这种困扰，因为生活中有一些习惯让我相信有些坚固的东西是可以信仰的，但当我在那些'漫长的孤独时光'中慢慢变得豁达的时候，找不到信仰却成了我所有挫折感的源头，这是我从19岁开始就一直在苦苦寻求答案的问题。我觉得一切都没改变，我依旧在做这些令人望而却步的精神探索。

"如果你可以建立一种清晰的精神联系，那么其他一切事都会得到解决。信仰似乎会给你提供一套道德规范，会为你做好安排，一切也都变得合理，但这些事却没发生在我身上。不过，我还是得写信仰，我创作的主题储备越来越小，已经很快地缩减到了两三个问题上面，但它们都是持续存在的问题，似乎也是我长期以来创作的本质，同时我也不会停止基于这些问题的创作。"

我对鲍伊的忠诚在20世纪70年代从未动摇过。因为承袭了青少年自命不凡的"优良传统"，我拒绝去看他的"齐吉·星尘"大型巡演，因为我讨厌那些刚刚才发现他的新歌迷。虽然我喜欢《阿拉丁·萨恩》和《钻石狗》，但我不能忍受深红色鲻鱼头发型、紧身衣以及从整体上来说很骇人的华丽摇滚风格。随着鲍伊凭借《年轻的美国人》完成向灵魂乐男孩的转变，我终于可以接受他的时尚了，1976年，我重新进场观看了他接下来的大型巡演——配合《每一站》的"瘦白公爵"巡演。

那次巡演他的风格无可挑剔——黑西装配白衬衫，马甲口袋里放着吉坦烟，金色的头发剪成战前柏林流行的飞机头，这番衣着打扮很漂亮，而他最近也成功再现了这种风格。我在温布利体育场排队等待入场的时候，看到那些对新风向没有准备，依然穿得五颜六色、像包裹在铝箔里的小丑那样的粉丝，不禁产生了恶意的快感。那个5月，同一星期，鲍伊主演的电影《天外来客》上映，社会上出现了一种怪异的流行趋势：伦敦地铁站的电影海报上，鲍伊的颧骨上都被画上了一个小小的纳粹标志。我后来在100俱乐部看"性手枪"乐队的演出，发现那些有点艺术气息的人都有这么个小小的纳粹标志。

之后鲍伊每次在伦敦有演出，我都会去看，包括他1977年参加的伊基·波普的巡演，以及他1983年在伯爵宫（Earls Court）举行的"严肃月光"巡演——那是他在大众市场上取得突破的一次巡演。如今身为一名音乐记者，我已经习惯经常见到他的身影，并曾在纽约站在他和乔伊·雷蒙（Joey Ramone）旁边观看了整场"冲撞"乐队的演出。我本应对此欣喜若狂，但并没有，部分原因是我已经没有了那种处在音乐行业之外的孩子才有的新奇感，还有部分原因是现在的大卫·鲍伊并不像以前的他那样迷人了。

20世纪80年代，在流行音乐的康庄大道上，我们看到的是一个更阳光的大卫，但对我来说，这并不能算是一种进步。虽然他在20世纪70年代有挥霍健康和精神不稳定的问题，但那时候他至少拿出了极其精彩的音乐（《齐吉·星尘》《低》等等）。可在接下来的十年里，他在类似《永远不要让我失望》那样的平庸专辑中一路下滑，令我大失所望。我记得1987年我得到了他"玻璃蜘蛛"巡回演唱会的赠票，但我一时冲动，把它们送给了酒吧里的陌生人。

今天鲍伊回忆起那段日子，说那是一个创作危机时期。

"我认为作为一个音乐创作者和表演者，我的成功与否完全取决于在创作中是否忠于自我。我所有的大错都是当我在试着猜测观众要什么或者取悦他们的时候犯下的。我对创作越自私，越是只顾做我想做的事情时，出来的作品总是越好。80年代我有几张专辑并不受人待见，可能也有道理，但销量特别好——我本也不是靠销量取胜的艺术家——但这几张不是值得我骄傲的专辑。我更愿意强调自己做了《郊区佛陀》（他在1993年为同名电视剧做的原声专辑），我对这张专辑的感觉要比对《永远不要让我失望》好很多，尽管后者真的非常畅销。"

这个危机的症状表现为鲍伊1989年于他的巡演（以"声音+视觉"命名）宣布"告别"他的旧日曲库，以及他作为"罐头机器"乐队的一员的尴尬时期。许多人对前者持怀疑态度，而对后者则是嗤之以鼻。坦白地讲，我从他那次巡演的新闻发布会离开时,并不相信从此再也听不到《太空异事》了,不过事后回想起来,上述两个姿态最后也像是鲍伊复兴的开始。"声音+视觉"巡演在视觉上令人震撼,而我在基尔伯恩看的一场"罐头机器"的演出——相信我——真是非常精彩。

在鲍伊组建"罐头机器"之前不久,我第一次见到了他本人,并在纽约采访了他。此时的我已经是个媒体老炮,自觉不会紧张,有人建议我带一张老唱片的封套给他签名时,我还以不专业为由拒绝了。可是,在我和鲍伊的交谈中,身为他歌迷的生命记忆无可阻挡地在我脑海中徐徐展开。这个人实在太迷人了,而且在之后我和他的四次接触中,他也始终保持着这份魅力。这个在早年艺术生涯里扮演着外星人角色的小伙子,似乎正以童子军般的正经来扮演和蔼可亲的普通人,但他绝不可能那样普通,因为,当然了,他是大卫·鲍伊。

20世纪90年代的某天,我要陪他参加一个杂志的颁奖礼。仅仅是护送他和伊曼穿过酒店拥挤的大堂和酒吧,走到指定给他的桌子这点事,就让我意识到我们对名人的反应可以如此扭曲。当他走进来时,此前充斥着喧嚣嘈杂的讲话声的会场突然就变得几乎鸦雀无声。虽然现场没有人想给人留下好奇围观名人的印象,但他们的眼光其实都在不停地往鲍伊身上扫。鲍伊走过时,人群在没有指挥的情况下,像摩西面前的红海那样分开给他让道。虽然并不成功,但所有人都在试着不要太直白地盯着明星,只有狗仔队(两分钟前我都几乎没有注意到他们的存在)不屑于如此假装,一架架相机像海鸥啄食一样疯狂地围住了鲍伊。

鲍伊的长年粉丝必须为偶尔的单打独斗做好准备,对我来说,这样的事情发生在1989年"罐头机器"乐队发行他们首张西装革履的硬摇滚专辑的时候。从这张专辑发行开始,我就一直在无数的反对声音面前为它辩护。我认为这张专辑不仅比人们认为的更有旋律性、更令人激赏,而且发挥着更大的作用,即把鲍伊从低迷状态中重新唤醒。令人高兴的是,我如今终于找到了同意我这个观点的人,不过问题在于,这个人的名字是大卫·鲍伊:

"我喜欢'罐头机器'!我是乐队的大粉丝,我对乐队的作品评价很高。我们做的东西至少有百分之五十是佳作,令人兴奋,其中有些作品某种程度上有相当的创新。当时很少有音乐听起来像我们的一样,不知为什么我就是觉得,那时候的世界就是我们歌里唱的那样,就是这种感觉。但乐队成员的个性各异,很不稳定,你今天晚上猜不到明天晚上会发生什么,你什么都没法依赖。有人会失去理智,会没法表演,甚至某些时候都不出现。不过当我们'上场'的时候,那是好到不可思议的。

"观众们很爱'罐头机器'。《局外》是一张很受我的听众欢迎的专辑,他们很爱它,但我要告诉你,'罐头机器'的观众才是最有耳福的。当'罐头机器'不好的时候,它真的挺糟糕的,但这就是做乐队的全部意义。这是一段了不起的经历,让我感觉很好,因为我觉得现在我可以为未来几年想做的事情做出决定。我感觉当时我们真的无处可躲,所有人都在反对我们,但这很好!"

你认为这个乐队为什么如此不受欢迎?

"大家的共识是,因为我说我是'乐队的一员',大家便觉得这个乐队是一个巨大的炒作。我没办法说什么或者做什么来说服他们,但我真的就是那个乐队的一员,我只能说到这里了。当我决定我们要以一个乐队的形式做下去的时候,是真的让乐队以一种民主平等的方式运作的,我是乐队的一部分,但很多人并不喜欢这样,我始终不明白是为什么。70年代我为伊基弹键盘的时候,大家就都很愿意接受,并没有什么大问题啊。"

1990年你宣布不再演唱你所有的老歌，是因为你感受到了来自年轻时的自己的压力了吗？我有一种感觉，你最近的创作目标都是为了和以前的作品看齐。

"你说得一点没错。那段时间对我来说是非常动荡不安的，我知道人生必须有一个真正的改变，要么重整旗鼓，要么转去做其他一些我真正喜欢的职业，当一个画家之类的。我不知道自己的歌是否好听，心力交瘁，不想再因为自己的作品而有压力，所以我觉得真的得重新开始。对我自己来说，此时必须从头开始，建立起一个新的曲库，看看会去向何方。作为创作者我会向何处去？让我们拭目以待。

"随着90年代的发展，我觉得自己的创作越来越强大。我知道这些创作是和以前不一样的，可能没有年轻时写的东西的那种疯狂能量，但这就是你渐渐变老时会写的歌，创作上也有了某种特定的质感。坦率地说，我对自己过去三四年的创作非常满意。现在巡回演出时，我对把新歌和老歌放在一起演是非常有信心的，不会觉得有压力，就这么简单。"

"我想到，过去几年里我们一直生活在很大的压力之下，平静美好的日子真的已经过去了，进入了周期循环，我们都很焦虑，不是吗？所以我一直都在努力保持积极向上。上一次大家那么焦虑是在猪湾事件（1962年古巴导弹危机的前奏）的时候，我还记得我爸妈有多害怕，他们真的认为我们会在核毁灭中死掉。你时不时会想，好，上次我们平安度过了，然后我现在有了一个三岁的女儿，这次我们肯定也能平安度过，因为她将要过美好的一生，妈的！当我不断这样想时，我就不能再让自己消极了，不应该再做虚无主义者了，即使是出于创作上的原因，我都必须积极向上。

"我希望在这张专辑里能有这种积极的感觉，没有'算我倒霉'，也不像《钻石狗》，希望大家听完后最终会有一种好的感觉。我想要表达我们的未来会是一个美好的未来。

"乔治的歌《看看，买买》对我意义重大。当我第一次听到这首歌的时候，感受和现在完全不同，现在我和这首歌的联结是：我要抛下旧的生活方式，寻找新的生活。大多数摇滚歌手戒毒的事都是被夸大的，令人生厌，可是我在1974年第一次听到这首歌的时候，还没有经历重度嗑药时期，而现在，这首歌对我来说是关于摆脱了所有过往，重新生活的那种安慰。"

经历过了所有这一切，你是不是感觉更好？

"这才是最可怕的部分。我真的没有太多的遗憾，我自己的遗憾是对我自己、我做过的事以及这些年来对我相当失望的人的，但我的生活就是如此，就是这么过来的，我不能把它看作是遗憾。如果我觉得自己浪费了生命中的那些年，那我早就去了另一个完全不同的行业，音乐之外的行业，所以我不后悔。如果有人告诉我一切将再来一遍，并且我能保留对前生发生的事情的记忆，我想我根本不会再那样活一遍，因为太冒险了，下一世我可能会死掉，或者变得非常不正常，这是天大的事。想到我现在所知道的……我不会再让自己照那样活一遍。"

你觉得你一直以来都很幸运吗？

"我觉得自己幸运吗？应该说运气与此无关……"

或者说，一直很有福气？

"很有福气？我应该给我的一张专辑起这个名字，我要感谢上帝，但给哪张好呢？"

图书在版编目（CIP）数据

大卫·鲍伊访谈录 /（英）肖恩·伊根编；蔡哲轩译 . -- 北京：北京联合出版公司，2023.6
ISBN 978-7-5596-6881-3

Ⅰ . ①大… Ⅱ . ①肖… ②蔡… Ⅲ . ①大卫·鲍伊—访问记 Ⅳ . ① K835.615.76

中国国家版本馆 CIP 数据核字（2023）第 076366 号

北京市版权局著作权合同登记号 图字：01-2023-2483 号

大卫·鲍伊访谈录

编　者：［英］肖恩·伊根
译　者：蔡哲轩
出 品 人：赵红仕
策划机构：明　室
策划编辑：赵　磊
责任编辑：龚　将
特约编辑：李洛宁
装帧设计：山川制本 workshop

北京联合出版公司出版
（北京市西城区德外大街 83 号楼 9 层　100088）
北京联合天畅文化传播公司发行
北京市十月印刷有限公司印刷　新华书店经销
字数 408 千字　880 毫米 ×1230 毫米　1/32　17.5 印张
2023 年 6 月第 1 版　2023 年 6 月第 1 次印刷
ISBN 978-7-5596-6881-3
定价：108.00 元

版权所有，侵权必究
未经许可，不得以任何方式复制或抄袭本书部分或全部内容
本书若有质量问题，请与本公司图书销售中心联系调换。
电话：（010）64258472-800

BOWIE ON BOWIE: INTERVIEWS AND ENCOUNTERS WITH DAVID
BOWIE by SEAN EGAN
Copyright © 2015 BY SEAN EGAN
This edition arranged with Chicago Review Press & SUSAN SCHULMAN
LITERARY AGENCY, LLC
through BIG APPLE AGENCY, LABUAN, MALAYSIA.
Simplified Chinese edition copyright
© 2023 Shanghai Lucidabooks Co., Ltd.
All rights reserved.